一頁 folio

始 于 一 页 ， 抵 达 世 界

日本三部曲之二

日本变异二千年

李永晶

著

GUANGXI NORMAL UNIVERSITY PRESS
广西师范大学出版社
·桂林·

图书在版编目(CIP)数据

变异：日本二千年 / 李永晶著. —
桂林：广西师范大学出版社, 2021.7
　　ISBN 978－7－5598－3855－1

　　Ⅰ.①变… Ⅱ.①李… Ⅲ.①日本－历史－
研究 Ⅳ.①K313.07

中国版本图书馆CIP数据核字(2021)第105790号

BIANYI：RIBEN ERQIAN NIAN
变异：日本二千年

作　　者：李永晶
责任编辑：张　涛
特约编辑：任建辉
装帧设计：陈威伸
内文制作：燕　红

广西师范大学出版社出版发行

　广西桂林市五里店路9号　邮政编码：541004
　网址：www.bbtpress.com

出 版 人：黄轩庄
全国新华书店经销
发行热线：010-64284815
北京中科印刷有限公司印刷
开本：880mm×1230mm　1/32
印张：18.25 字数：378千字
2021年9月第1版　2021年9月第1次印刷
定价：89.00元

目 录

中篇 日本二千年

下篇 现代日本的深层结构

导论 | 变异：日本认知与想象的二重奏

一　日本：奇迹还是奇异？

在大多数人的心中，现代日本是一个特殊的存在，容易让我们联想到中日历史上的各种恩怨情仇。人们会因为日本历史上曾尊崇和学习中华文明而对它抱有好感，隔海相望、"一衣带水"是我们用来描述中日关系的特殊词汇。但另一方面，因日本在近代转向西方世界，并转而侵略中国，人们又会对它的"背叛"耿耿于怀。日本的这种形象由我们自身的想象与认知交错而成，但这是一种有待反思和省察的朴素的存在。

日本从 19 世纪后期开始崛起，一举成长为改变东亚与世界秩序的大国；1945 年战败后，它很快又再次崛起，如今正走在世界文明发展的前沿地带。很多西方学者将这一现象称为"日本的奇迹"。但从中国的角度看，我们还要继续追问的是：日本是如何从历史上中华世界边缘的蕞尔小邦、一个世界史上无籍籍名的东海小国，转变为让世界惊异的存在？日本如何转变为异于我们的陌生存在？如何理解日本在现代化进程上堪称卓异的各种表现？

　　或者说，与西方视线中的日本不同，我们要理解的不是"日本的奇迹"，而是"日本的变异"，是要建立一个理解日本的框架，将日本纳入一个可理解的认知体系中。

　　现代中国人看日本时的视线颇为复杂：在我们想象的某个角落中，日本是和我们相同的存在；但在现实中，日本又有着许多我们不易理解的奇异属性，甚至是一个矛盾的复合体。其实，现代日本人看中国时同样如此：他们也是以一种纠结的心态观察着中国的一举一动。这种彼此打量对方目光的奇异性，是历史上中日两国特殊关系的一种呈现。

　　正因如此，我们必须去理解日本的"变异"，日本的这种转变为"异质"的、有着诸多"卓异"品质的他者的过程，从而获得一种关于日本原理的精深认知。重新审视日本的演化历程，描绘日本在政治、经济、文化与社会上的历史变迁，这种工作构成了我们解析日本"变异"的基础。

　　本书还有一个与此并行不悖、相辅相成的目标：获得一种全新的自我认识。"我们"是谁？在这个巨变的时代，这是一个我们无法回避的问题。我们是要把日本当作一面镜子吗？日本诚然是一面镜子，我们可以通过光学折射看到自己的镜像；但这还不是一个恰当的比喻，因为镜子是外在于我们的一种事物，是一种工具，而日本在本质上并不是外在于我们的一个国家。其实，日本内在于我们自身，我们对日本的想象与认知方式，正是自我的建构与外在呈现。

　　这种看法可以在我们的日常生活经验中得到确证。想想看，平时提到日本时，我们的第一印象是什么？我们会用哪些关键词来描述它？显然，诸如"文明""干净""安全""认真""勤奋""执着""有礼""拘谨""变态"等说法,很容易出现在我们的头脑中。
这里要注意的是,这些说法其实有着共同的起源,即都来源于比较,
而比较的对象主要就是我们自己。

　　我在前面说"日本是一个矛盾的复合体",其实这是对人们日
常感受的一种郑重、严肃的表达;在日常生活中,人们更愿意直
接用"变态"来描绘他们眼中的日本的奇异属性。

　　既然如此,我们不妨就从"变态"这个标签说起。这个常见
的说法因其高度的通俗性和表现力,只要对它加以恰当的阐释,
就会构成我们认知日本的独特视角——"变异"。

二　关于日本"变态"的想象和认知

　　让我们暂且回到上面提到的包括"变态"在内的说法上。这
些说法的本质是社会学当中所谓的"刻板印象":它是指社会上一
般流行的关于其他族群、关于他人的看法,通常都夹杂着特定的
成见和偏见。我们如果想要深刻认识日本,首先就要对这些刻板
印象进行一番论辩与反思;而对"变态"进行分析,会给我们提
供直抵问题核心的入口。

　　现在,我们的问题变得非常简单了:日本真是"变态"的吗?

　　显然,"变态"是一个极其口语化的说法,亦庄亦谐;人们在
平时读日本小说,看日本电视剧、电影或者阅读日本社会新闻的
时候,经常会遭遇到一些情节或事件,然后不经意地评论说,"嗯,
有点变态","哇,真是变态"。这么说时,人们其实是要表达一种
特定的扭曲现象,尤其是指"心理变态"与"性变态"。这些"变

态”不是什么好事，但正因为如此，反倒会激发我们去探寻，在人们日用而不知的这个“变态”所指涉的现象的背后，是否有着我们不熟悉的日本的特殊原理在发挥着作用？

这个问题把我们导向了严肃的思考。事实上，当我们在日本社会和文化的某些领域中发现“变态”现象时，我们正是用它指称一种和我们不同的、日本自身特有的形态；而“变态”的称谓，恰好表明了我们对日本特殊性的一种朴素感受。

其实，从字典的标准来看，“变态”有两种严肃的含义。首先，它是指事物的形态或姿态发生了改变、变形，是指一种“变化了的形态”；其次，它是指一种“非正常的状态”。无论哪种含义，问题的关键在于，当我们说“变态”时，我们心中一定有一个“常态”，即我们自己认为的“正常”标准。因此，“变态”在本质上是指一种和我们预设的标准不同的状态，我们可勉强称之为“非常态”。

日本的这种非常态现象，似乎举目皆是。日本人对汉字的用法就是很典型的例子。比如，他们的地名或姓氏里面有“我孙”、“我孙子”、“吾妻”这样莫名其妙的说法，而名字里则有“龟太郎”、“花子”等同样不可思议的叫法。这种奇异的汉字用法不胜枚举，但如果我们不以我们自己当下的用法为准绳去判断，就很难说日本的用法“变态”了。我们再看一个例子。日语中有“雪隐”一词，看上去颇有意境，但意思却是“厕所”，这似乎显得很不可理喻。但翻阅日文字典我们会发现，这个用法其实出自中国佛教典故，源于雪窦禅师在浙江雪窦山灵隐寺司职清扫厕所的故事。“雪隐”的这种古典用法在现代汉语中几乎已完全隐去。

再有，日本的和尚可食肉，可饮酒，可娶妻生子。即使走在东京、大阪等现代化大都市的街道上，你也会随时发现大小不一的佛教寺院，而佛寺里面通常就是墓地，密密麻麻地竖立着木制或石刻的墓碑。日本人的社区和墓地毗邻而居，阴阳两界似乎相安无事；更让人叹为观止的是，日本的电视台、报纸等各种媒体还会投放关于如何办理个人丧事、料理后事的广告。我们觉得这些现象是一种"变态"，它的佛教规定违背了中国现行佛教"断酒禁肉"的戒律（形成于南北朝时期），而它的生死观也和我们中国人的大相径庭，触犯了我们心中的一些禁忌。

日本社会和文化中还有无数的这样让我们啧啧称奇、深感费解乃至瞠目结舌的例子。可问题也出在这里：我们同样可以在美国、印度、非洲发现让我们震惊的文化现象，但我们通常不会说"美国变态"、"印度变态"或者"非洲变态"。那么，"变态"为何成了我们心目中几乎是日本专属的标签呢？

问题其实出在我们自己身上。原来，我们每个人的心中都有一把为日本定制的尺子，无论我们怎么用它来衡量，都会发现日本和我们不一样，于是就认定是日本"变态"。我们潜在的意识是日本应该和我们一样。至于美国或印度等其他国家，它们本来就跟我们不一样，我们不必为本来就不一样的事物感到惊诧。

这意味着什么？这意味着"日本"一直在我们的心中！我们每个人的心中都有一个特定版本的"日本"，而对其他国家与民族的不同并不十分在意。换言之，我们都认为日本和我们中国的关系特殊，以至于我们对日本的"不同"、对日本的"非常态"非常敏感。我们有意无意使用的"变态"这个说法，将我们日本认知的深层逻辑或者说无意识暴露了出来。

我们的日本认识由此就深入了一步：日本并非一个纯然外在的对象，它和中国有着千丝万缕的内在关联，甚至就是我们的一个"分身"。中国的文人学士们很早就表达了这种面对日本时似曾相识的感受。比如，周作人（1885—1967）在1935年的一篇回忆性文章《日本的衣食住》中曾这样写道：

> 我们在日本的感觉，一半是异域，一半却是古昔，而这古昔乃是健全地活在异域的，所以不是梦幻似地空假，而亦与高丽安南的优孟衣冠不相同也。[1]

周作人的意思是说，他在日本发现了中国美好的古代形象，那是尧舜禹汤、文武周公这些圣人在位的时代，是中国政治和文化史上的黄金时代；而朝鲜、越南这两个国家虽然也在"优孟衣冠"，同样在模仿中国的礼仪典章制度，但我们却无法在它们身上看到这样美好的中国。中国的"古昔"在故土已经失落为"空假"，这更是耐人寻味的文化与文明意识。

这样的例子其实还有很多。比如清朝末年驻日参赞、被誉为"近代中国走向世界第一人"的黄遵宪（1848—1905），比如懂九种语言、获得十三个博士学位的"文化怪杰"辜鸿铭（1857—1928），比如晚清变法领袖、"南海圣人"康有为（1858—1927），再比如大思想家、"最后一位儒家"梁漱溟（1893—1988），他们都有过类似的日本体验：有人在日本发现了"中国"，有人说遇见了自己的"故乡"，有人看到了中国古典政治理想中的"三代之治"。

再回到当下。如果你有过日本旅行的体验，或者通过影视节目有过间接的体验，当你看到日本满街的汉字时，是否同样有"发

1　周作人：《苦竹杂记》，北京十月文艺出版社，2011年，第177页。

现中国"的感觉？比如，现代日文中的汉字字体就与我们广泛使用的"宋体字"不同，他们使用的字体叫"明朝体"，是中国明朝时传入日本的标准字体。这种字体虽然本质上也是一种宋体字，但和我们当下印刷体使用的"宋体"或"仿宋体"在字形上有很大的差异。单从汉字字体上，我们就会发现我们身边还有一个不同的"中国"。

如果对书法多少有所了解，我们可能还会在内心深处认同周作人曾经的印象。周作人回忆说，当时他和他的伙伴们，"看见店铺招牌的某文句或某字体，常指点赞叹，谓犹存唐代遗风，非现今中国所有"。[1] 即便我们对书法不了解，多半也会感觉到日本很多店铺招牌的汉字书写让人耳目一新，似乎更有古风，更为古雅。

在"变态"的日本，我们竟然发现了另外一个"中国"！

我们在日本能够发现"中国"，这只是因为我们内心有着一种观念，即日本文化是长久以来接受中华文明的哺育而成的；而我们在日本的所见，恰好印证了我们内心的日本形象。观念和现实感受相互强化的结果，就是日本构成了"我们"的一部分：我们看到了另外一个中国。

因此，当我们认定日本的某些现象是"变态"时，根本原因在于日本的发展变化偏离了我们心目中的常态，变得"不正常"。这个常态就是我们自己。因为古典文明的关系，我们在看待日本人、日本文化以及日本社会时，会倾向于认为他们应该和我们一样。

当然，这是一种误认。

1　周作人：《苦竹杂记》，第176—177页。

三 日本是一种"心理情结"

再换一个角度，借用"羡慕嫉妒恨"这个流行的大众心理学的说法，我们就能更进一步捕捉"日本在我们心中"的经验证据。每当我们提到日本时，这些情绪中的一种或全部可能会以某种形式或多或少地出现在我们的脑海中。

比如，在提到现代日本国泰民安、衣食丰美、秩序井然时，我们会羡慕，会把日本当作自己的奋斗目标；但提到他们中的一些人，比如右翼政治家或右翼学者否认侵略战争、否认战争中的各种罪行，我们当然会愤怒。同样，想到日本在历史上长期受惠于中华文明，到了近代却后来居上、反超中国时，有一些人内心难免会有一丝嫉妒，这也是人之常情。

这些都是变化不定的情绪，想象、事实、认知与偏见杂糅在一起，我们不必较真。但这些日常的经验与观感的普遍存在恰恰表明，日本内在于我们的心中，我们随时会拿出我们内心的尺子来对它测度一番。问题还有更复杂的一面：我们面对日本时的这些或温和或强烈的情绪，还深深地影响了我们内心衡量日本的那把尺子，影响了我们对日本事物的判断。日本内在于我们的这种心理机制，可以称之为"日本情结"。

"情结"是一个心理学、精神分析学上的专门说法，近似于我们日常口语中的"心病"。"情结"影响了我们对日本的判断，也影响了我们对自己的看法。比如，刚刚提到的"日本右翼"政治家与学者究竟是怎么回事？日本军国主义会死灰复燃吗？再比如，迄今为止，日本已经出现了二十多位诺贝尔奖获得者，这意味着什么？我们不能因情绪和刻板印象而影响了对这些问题的判断。

俗语云：心病还须心药医。既然日本是我们的"心病"，认识日本就是认识我们自己的问题。

这个心病有多种起源，我会在本书中加以分析。如果举出其中的荦荦大者，那就是最近一百多年来，日本深深卷入中国的革命和建设过程中：甲午战争，二十一条，济南惨案，九一八事变，抗日战争……这些历史，我们耳熟能详，它们强烈地影响了现代中国人国家和民族观念的形成，而这种历史记忆和观念更进一步强化了我们心中的情结。

情结是心理上的事物，虽然对我们的观念和行为有着深刻的影响，但不容易让人把捉。与此相对，"日本"还有另外一个我们随时可见的面相：日本就在我们身边。

这不是说日本在地理上距离我们很近，而是说它实实在在地就在此刻你我的身边。比如，在我们的手机上，各种品牌的手机或多或少都有日本制造商提供的零部件或设计方案；我们可能通过手机上的应用软件，看日本电视或电影节目，或者玩日本游戏。再比如，我们到处都可以看到日系的汽车；中国每年销售的家用汽车，日系大约占了四分之一。

日本在我们身边，是因为它有着庞大的经济体系。日本的经济总量在 1960 年代末跃居世界第二，仅次于美国。直到 2010 年，这个第二的位置才被中国取代。但要注意的是，中国的人口数量是日本的十一倍，国土面积大约是它的二十五倍。如果不比较总量而比平均，我们会看到，日本是一个名副其实的大国！这时候我们如果还说日本"变态"，那么它的真实含义就是"优异"和"非凡"意义上的"非常态"。

早在 19 世纪末的甲午战争之后，当时中国的一部分士大夫就意识到了日本的优异属性，开启了学习日本的热潮。整个 20 世纪，中国都一直在奋起直追。时至今日，我们取得了显著的进步，但日本更富有危机意识，时刻关注着中国的发展和变化。为了准确、及时把握中国的动态，日本投入了大量的人力和物力对中国进行研究。告别了 20 世纪上半叶血与火的生死之争后，中日两国如今建立了异常紧密的经贸关系，但双方在政治关系上一直起起落落，处于一种低信任的状态。[1]

这是第二次世界大战后东亚世界秩序的常态，但又与我们所期待的理想状态不同，是一种非常态。因此，我们的日本认知要先行一步，指向一个更好的中日关系与东亚世界秩序的建构。从世界主义的视角来看，建构一个积极的、富有建设性的中日关系，在长远的意义上关乎世界的文明进程。[2]

四　探寻日本"变异"的特殊原理

日本的"变态"是指日本的一种"非常态"，在根本上意味着日本有一种不为我们所知、不为我们所理解的独特品性。日本在近代以后迅速成长为一个大国、一个工业化的文明国家，与它的这种独特品性有着直接的关联。在本书中，我将日本这种转变为异于我们自身形态的过程，以及日本呈现出的令世人惊异的转变，统称为"变异"。

1　关于现代日本的中国认识以及中日关系的特征，参见拙著《友邦还是敌国？——战后中日关系与世界秩序》，上海人民出版社，2018 年。
2　关于世界主义的构想和实践，参见拙著《分身：新日本论》，北京联合出版公司，2020 年。

如果"变态"强调的是想象，那么"变异"则将我们导向认知。由于地理上的接近，中日两国分享了古典东亚世界的文明观念和文明成果，我们容易认为历史上中国是老师，日本是学生。但这其实是一种误认；日本是一个相对独立的共同体，有着自己的生存、演化的自然地理条件，有着它特有的生存处境和困境。因此，日本和中国不同才应该是"常态"，而我们发现的相同、相似之处反倒可以说是一种"非常态"。在"变异"的视角下，我们要重估中日关系的本质。

因此，"变异"同样是我们在认知我们自己时的观念工具。我们要时刻留意日本与中国的不同，从而时刻提醒我们去探寻"变异"的特殊原理。最终我们将会认识到，"变异"的本质是一种日本文明演进的机制，是推动日本自身和世界文明演化的力量。

本书共分为九章，结构上分为三篇。

上篇相当于"文化篇"，我将提炼出观察日本的五个重要视角，然后对日本社会的奇异属性从类型学的角度进行分析。

中篇相当于"历史篇"，我将具体探讨日本在传统东亚和近代西方两种文明空间中的演变，探讨日本在过去二千年中自我意识的成长历程，进而揭示，现代日本身兼传统中华属性与近代西方属性于一身，正是日本"变异"的结果。

下篇可称之为"社会篇"，我将聚焦于现代日本在政治与经济领域的特殊呈现，进一步分析它们背后蕴藏的独特原理。同时，我还将讨论当代日本社会面临的几个问题，它们既是日本演化的结果，又是推动日本演化的动力。

在本书的结尾部分，我还将对日本二千年的演化史进行一次总结。

上篇

变异

第一章 ｜ 日本的原理

东亚
造就日本的世界体系

在导论中，我们首先讨论了人们在表述日本时常常使用的一个特别的关键词，即"变态"，来呈现日本文化与社会的特殊属性。"变态"这个说法虽仅仅停留在对日本特殊性的表象认知与想象上，但非常有益于唤醒我们的问题意识，并将我们导向对日本文化与社会的"非常态"与"异质性"的认知。

接下来，我将具体提出并论述五种从整体上认知、把握日本"变异"的方法与视角，以建构一个整体性的解释框架，帮助我们理解日本文化和日本文明的特殊性。当然，这五种视角彼此之间并非完全独立，而是相互支持，相互证明，进而形成了一种多重但统一的解释体系。

我们要从一个根本的问题开始我们的认知之旅：究竟是什么造就了我们今日所见的日本，使得它在我们的世界认知当中占据了特殊的地位？

这种特殊地位，我在本书中将用"变异"来加以描绘和刻画。此前人们用"变态"而非"变异"去描绘他们眼中的日本，是因为人们传统的日本认知中存在着不易被察觉的偏差。造成这种认知偏差的原因与造就我们所知的日本的原因，其实属于一体两面。

在现存的日本认识模型中，最为常见的就是"师生关系"：中国是老师，日本是学生或弟子。这个认知模型确实反映了一部分历史事实，现代日本的文化论者也有注意到"弟子"身份意识对其思维结构的影响，认为日本人善于学习，"开发出了世界上效率最高的学习装置"。[1] 不过，从中国的角度来看，这种模型有着显著的缺陷：它预设了一种非对等的上下关系，预设了一种单方向的影响关系。历史上的中国曾经以"天朝上国"自居，就是这种认知模型在对外关系上的呈现。这种傲慢的自我认知，阻碍了我们自身的文明进程。所以，要破除认知偏差，首先就需要找到一个新的认知框架，能让我们从平等的、对等的角度去看待中日两国的历史演化。这个框架就是"东亚世界体系"。

东亚世界体系是国际关系学中的一个说法，是指不同的民族主体在"东亚"这一区域内通过长期的互动而形成的一种秩序。从这个角度看，当下的"中国"和"日本"都是这个体系造就的产物。现代的人们倾向于从自己所属的国家的角度看待历史进程，这其实是一种封闭的自我认识，无视了现代国家形成的真实机制。如果从东亚世界体系内部来重新观察，我们就会发现我们的日本认知偏差产生的结构性、体系性的要因。

为了理解"东亚世界体系"在日本认知中扮演的角色，有必要从偏差或者说误认开始谈起。从类型上说，这种偏差可以分为

1　参见 [日] 内田树《日本边境论》，郭勇译，上海文化出版社，2012 年，第 106 页。

两类：一类可以称之为"同质性偏差"，另一类可称之为"异质性偏差"。前者是指我们从"同质"的角度观察日本时产生的误认，而后者则源于我们对"异质"自身缺乏准确的认知。

先举一个历史上的例子。中国在中日甲午战争中惨败于日本，战败的原因当然多种多样，但当时中国士大夫对日本缺乏准确的认知可以说难辞其咎。当时的中国士大夫普遍将日本视为"蕞尔小邦"，认为日本是中华世界边缘的一个小国，而且还是一个穷国；他们没有注意到明治维新后日本形成了全新的近代国家体制，还依然认为日本与自己的属性相同，而未能洞察到时局的走势。这就是一个源于"同质性偏差"的致命事例。

在当下，我们的日本认知当中也不时出现这种类型的偏差。比如，1990年代的日本发生了"泡沫经济崩溃"，日本国内的各种媒体先是哀叹自己"失去的十年"，后来随着时间的流逝，又接着哀叹"失去的二十年"。这个说法的意思是说，日本经济停止增长，正在走下坡路。于是，我们的很多媒体也亦步亦趋地跟着喊：日本失去了十年、二十年，仿佛日本真的一蹶不振，甚至哀鸿遍野。但这并不是事实。由于未能注意到日本文化的特殊属性，我们的一些学者和评论家想当然地将日本国内的哀叹当成了不证自明的事实。

其实，日本"失去的十年"或"失去的二十年"这样的说法，与我们认知当中的涵义有着本质上的差异。诚然，进入1990年代以后，日本经济增长失去了往日高歌猛进的速度，但它此前已经实现了高度的现代化，成为世界上最为发达的工业化国家之一。在1990年初泡沫经济崩溃后，日本经济确实陷入了低增长的状态，但日本上下致力于将危机化为机会，借此开始经济转型，强化制造业，尤其是强化自身在全球产业分工中的布局。这一转型为它随后的复苏创造了条件。更重要的是，日本国民的生活与福利在总体上并未受到影响，而是一直保持着上升的态势。

对于此间日本经济与社会变化的认识，西方学者并未简单地闻鸡起舞。在日本经济如日中天的 1970 年代末，有一本关于日本经济成长奥秘的书《日本第一》异常畅销，该书的副标题是"对美国的启示"，作者是美国著名的东亚史专家傅高义（Ezra F. Vogel）。《日本第一》的日文译本，在 2004 年出了新版；新版前言中的一段话，非常值得我们深思。傅高义指出，人们齐声说 1990 年代的日本"失败"了，但这是一个过于夸张的说法。他这样反驳道：

> 西欧的一部分人不看日本的生活水准有多高，而是仅仅强调日本内需的衰弱。可是，在 1990 年代，日本消费者比美国人使用了更多的彩电、音响、相机、游戏机、手机。日本大街上行驶的汽车，平均比美国的更新，装备更齐全。到日本旅游的西方人，更是感叹大街上、地铁里的日本人服装精良，仿佛身着时装一样。[1]

现在我们已经看到，误解日本并不是我们的专利，美国等西方国家的观察家可能同样在误解日本。这种情况出现的原因，正在于人们习惯于用自己的标准来进行判断，而未注意到日本的特殊属性。我们之所以很容易接受日本国内"失去的二十年"这类

---

[1] 参见 Ezra F. Vogel, *Japan as Number One* 的日文版《ジャパン　アズ　ナンバーワン》，阪急コミュニケーションズ，2004 年，第 4 页。

说法，除了一些所谓的客观经济指标的迷惑性，更是因为在我们的意识深处，横亘着一种"同质性偏差"——认定"他们"和"我们"对事物的判断是一样的，让我们失去了客观的视角。

那么，当日本新闻媒体哀叹"失去的十年"或"失去的二十年"时，这些说法、这种哀叹行为究竟表达了日本国民怎样的独特属性？

我们当然可以找到特定的指标，来证实或者证伪这些说法，但在日本认知上，特定的指标高低并不是核心的问题。这些说法或哀叹首先表明了日本与众不同的危机意识，以及与此相辅相成的低调行事的品格。这种危机意识与行事风格不是我们习惯的"常态"，而是一种非常态，是一种"变态"。与这个世界上的许多国家不同，现代日本上上下下都尽低调之能事，夸夸其谈、空话大话连篇的情形非常少见。相反，它有着高度的危机意识，媒体总是在喊：狼来了，狼来了。这个世界的多数国家都自我感觉良好，甚至自吹自擂，但日本朝野上下倾向于自我"唱衰"，甚至到了"变态"的程度。如果有人相信狼真的来了，那是谁的错呢？答案不言而喻。

这种对日本国民感受性与危机意识特征的误认，本质是一种非认知的状态。简单地说，这种认知状况源于我们原有的认知框的束缚。我们觉得日本应该和我们的本质、质地一样。比如，我们会认为日本文化为中华文化的庶出，中国是日本的父母之邦或者是文明的老师。但事实并非如此。这种观念造成的对日本的认知偏差，就是我们这里所说的"同质性偏差"；而这种偏差产生的历史根源，正在于双方处于同一个演化体系当中。我们将体系的同一性，想当然地认为是彼此的同质性。

　　我们日本认知当中的"异质性偏差"，产生的机制跟上面所言的"同质性偏差"相反，但在认知效果上却相辅相成。这种说法强调的是我们对日本的"异质性"缺乏敏锐的感知。

　　首先要指出的是，这个异质性不是指在传统的"东亚世界体系"框架内中日两国的不同属性，而是形成于日本与西方文明的互动过程，在今天尤其受到了美国的影响。美国不仅是日本的邻居，而且内在于日本——第二次世界大战后遍布日本的美国军事基地就是一种明证；美国文化在日本大为流行，日本国民甚至不认为英语是外语。很多评论家用"美国化"这个说法来描述二战后日本的国家重建过程。

　　再进一步说，日本的异质性就是指近代日本获得的西方世界的属性；它不但是指日本在精神和观念上的西方属性，还包括西方在日本的现实存在。明治时代的日本人普遍认为，日本集东洋文明与西洋文明于一身。这个显得颇为自负的说法并非空穴来风。从明治维新后的"脱亚入欧"，到第二次世界大战后的"脱亚入美"，人们惯用的这些说法描述的正是日本深受西方文明的洗礼，获得了另外一种迥异于东亚传统文明的属性。由于"同质性偏差"的强烈作用，我们对这种日本的异质性更缺乏敏感，从而忽视甚至无视了近代日本特殊的演进历程。

　　上面的分析意味着，我们的日本认知偏差产生的原因在于我们缺乏一个有效的、一以贯之的认知与解释框架，无法将各种单独的事实组织起来，进行有意义的解释。正因如此，我们要引入"东亚世界体系"这一认知框架，来剖析中日两国的这种特殊关系。这个说法意味着，日本和中国同属于一个更大的认知框架，即"东亚世界"；在这个框架内，中日两国形成了一个相互作用的体系，彼此给对方都造成了难以磨灭的影响。

　　我们要从这个"东亚世界体系"内部的各种相互作用的角度，而不是从孤立的角度来理解日本以及我们自身。在这个新的认知框架中，日本和中国不再是现代民族国家观念中彼此独立的国家。相反，它们都是古典东亚文明体系中的一员，在生成上有着相同或相近的起源。由此我们可以获得一个新的视角——比如，倘若从双方共有的古典东亚世界文明的角度来看当下的中日两国，那么谁的"变异"更为显著呢？

　　在历史上，中国曾以东亚古典文明的本家自居，并且事实上，在很长的历史时期内是东亚世界体系的中心。以中心—边缘的视角看日本，这个视线当然是有梯度的，而不是水平的，自然会产生重大的偏差。历史上，我们曾经想当然地认为，日本虽然和我们有着高度的同质性，但在文明上落后于我们。但在历史的实际进程中，"我们"和"他们"其实共生于"东亚"这个地理和文明空间当中；合作、竞争、敌对，这些构成了双方演化的基本动力。尤其是当历史上的日本开始大量摄取大陆的文明成果后，我们对双方文明的高下非但很难进行比较，这种比较自身也不再有意义。

　　随着 19 世纪近代西方势力的到来，东亚世界体系整体性地镶嵌到了世界文明的巨变当中。第二次世界大战后，日本和美国结成了军事同盟，导致东亚世界体系出现了结构上的变化。这个体系不再是只有一个中心或一个圆心的圆形结构，而是出现了一个新的中心，即美国。换言之，我们今日置身其中的"东亚世界体系"是一种椭圆结构，它有两个焦点，分别代表了历史上的两种文明，代表了当下世界秩序当中的两种力量。

　　在这个东亚世界体系演变的历程中，日本曾经游刃有余，周旋其中；但到了 19 世纪中后期，它的运行轨迹开始遭受两种力量的左右：传统的东亚文明与近代的西方文明都试图将日本拉向自己的阵营。

　　我们所说的"东亚世界体系"的世界性就体现在这里。它不再是传统的以东亚朝贡—册封体系、以中国为中心的"天下"秩序，而是两种不同制度、不同体系的重叠与竞争。当下我们对日本的误解，源于我们对内在于日本的异质性的陌生；而日本的异质性，正形成于两种东亚世界体系的重叠之处。"成也萧何，败也萧何。"中国的这个成语将东亚世界体系的作用恰如其分地揭示了出来。日本的成功和失败，都可归因于日本所处的这种特殊位置。

　　东亚世界体系的属性造成了今天的日本，也造成了我们对日本认知的偏差。要正确地看待日本，就要将日本置于东亚世界体系中，在日本和其他国家的互动模式中去理解和认知。

　　我们之前对日本的认知，过度依赖了当下我们自身的标准。就如同我们对自己传统的认知充满了矛盾，对于有着同样东亚传统的日本的认知，我们同样充满了矛盾。如果换个视角，从日本的角度看，他们可以同样主张说现代中国背离了东亚传统文明，才是"非常态"呢。事实也正是如此：现代日本的一些评论家用"异形"来描述他们眼中的中国。[1] 当然，这些都是特定的认知偏差。我们要从这些偏差存在的事实当中，探寻有意义的历史与文明解释。

1　在日本的中国论当中，"异形"是一个相对常见的说法，意思是"和普通不一样的形状"，兼备汉语中"变态"与"变异"双重含义。

　　从东亚世界体系的视角来看，无论是对于东方文明还是西方文明，日本似乎都构成了一种例外。现代西方国家不容易理解日本精神深处的东方文明，从而造成了对日本的误解。而我们则是不容易觉察日本近代以来在吸收西方文明的基础上，已经形成了一种异质的属性，结果在日本认知上很容易陷入"同质性偏差"和"异质性偏差"的双重束缚当中。

　　我提出这两种偏差的目的就在于，今后我们无论是看日本和中国的"同"，还是"不同"，都要由表象观察进入本质省察的层面。就此而言，"东亚"是我们重新认识日本的首要框架；或者说，从世界体系的角度来理解日本的变异，是我们把握日本的第一原理。

风土

加拉帕戈斯化的文化起源

在"东亚世界体系"的框架下，我们看到的是造就日本属性的结构性力量。那么，为什么这种结构性力量能在日本的身上得到充分的展现？这个问题将我们的目光引向了日本的一种天赋属性：日本在东亚世界中有着独特的自然地理状况。

提到自然地理条件时，我们通常会想到物种的分布状况。其实，我们在认知日本时，可以使用一个生物学上的比喻，把日本看作一个与我们不同的独特"物种"。这样，我们对日本的各种变异现象进行识别和判断时，就不再依赖于关于"相同"的预设。不过，物种这个说法不仅仅是比喻，它还有着刻画现实的一面；我们今日所知的日本的形成，的确有着它特定的自然环境的要因：日本是日本列岛这一自然环境塑造的"物种"。

那么，究竟是怎样的自然环境造就了日本让人感到奇异的属性？我们首先要探讨日本的"风土"，即日本固有的自然造化的特殊性格。

这种自然造化首先是指它的岛国特征；它有着天然的封闭属

性，海岸线就是它的边界。值得留意的是，日本的经济领域新近出现的"加拉帕戈斯化"的说法，就来源于人们对日本的岛国印象。这个说法的大意是，日本相关产业出现了闭锁的性格，与外界缺乏交流，从而在世界市场上丧失了竞争力。显然，这是从风土的角度对现代日本的一种解释。

那么，这个说法有道理吗？

我们就从"岛国"这个说法开始。在当代日本文化论当中，有"岛国根性"这样一个特殊的表达。依据日文辞典《广辞苑》的解释，它的意思是说，由于和其他国家交往少，生活在岛屿国家的人们通常会形成视野狭隘、封闭、小气这样一种"岛国根本的属性"。日本的一些文化评论家经常用"岛国根性"这个说法来进行自我剖析和自我批评。不过，对于日本评论家这种自嘲式的看法，不能照单全收。我们可以看几个事例。

从近代史上看，日本在第二次世界大战期间提出了"大东亚共荣圈"这样的政治、经济一体化构想。近代日本还有个口号叫"八纮一宇"，源自8世纪的史书《日本书纪》，意思是将天之"八维"置于同一屋宇之下，因而它宣扬的就是世界一家，有着统治世界的意图。近代日本的视野和雄心之大，由此可见一斑。另外，第二次世界大战后，日本确立了"贸易立国"的国策，贸易机构遍布世界各地，如今它的商品具有的全球竞争力也是有目共睹。所以，"岛国根性"这个说法固然触及了日本社会与文化的某些特征，但却未能在更深的层面上把握"岛国"这一自然地理条件对其演化路径造成的影响。

要探讨日本的风土与其独特的文化属性之间的关联，我们需要从两个形式上相互对立的视角进行把握。这两个视角可称之为"大陆性"与"海洋性"。简单地说，"大陆性"就是指陆地的属性，它相对稳定、固定，受这种属性影响的人们富有保守气质；与此相对，"海洋性"则是指一种开放的属性，受此影响的人们灵活而善变，富有进取气质。我们只有从这两种属性统一的视角，才能理解日本的独自属性。事实上，日本文化论者很早就尝试过从类似的角度对日本进行解释。

在20世纪二三十年代的日本，活跃着一位非常有名的哲学家，叫和辻哲郎（1889—1960）。他毕业于京都帝国大学，曾经跟随海德格尔学习哲学。在他论述日本文化的著作《风土》中，和辻哲郎将"风土"定位为"人类自我了解的现象"，认为人们"可以在文艺、美术、宗教、风俗等一切人类生活表现中发现风土"。在长久的自然演化过程中，风土发挥了超出我们想象的作用。这个说法表面上是一种所谓的"环境决定论"，但其实不然。在人类的真实生活中，在跟周边自然环境的互动过程中，人类的文化生产必然会将这种相互关系呈现出来。

和辻哲郎将风土分为"季风型"、"沙漠型"和"牧场型"三种类型，并分析了生活在各种类型下的人们的精神气质。比如，和辻认为日本和中国同属于季风型风土，但中国是"沙漠式"季风风土，呈现出"空漠"——如同空旷的沙漠一般——的属性，从而文化形成了"单调"的精神特征。与此相对，日本可称为"台风式"季风风土，包括热带和寒带，富有变化，形成了"寂静式激情"的矛盾性格。

这里没有必要重述他的具体分析，因为这些说法已经给我们提供了有益的启发：我们可从风土的角度探索一个民族的精神属性。我们先稍微具体看一下日本列岛的自然特征。

首先，日本国土的大约四分之三是山地，火山活跃，地震频发，所以日本列岛又被称为"火山列岛"、"地震列岛"。据统计，世界上20%的大地震和10%的活火山集中在日本。日本列岛还位于台风的通道上，堪称"台风列岛"。每年入夏开始，太平洋上生成的台风如同赶场一般，竞相从日本南端的岛屿登陆，然后纵贯列岛，一路北上，前赴后继。与此同时，从菲律宾群岛东岸形成的暖流沿着列岛北上，直到东京湾北部的千叶县才离开大陆，一头扎入太平洋中部。由于暖流远观呈现蓝黑色，日本国民称其为"黑潮"。到了冬季，来自千岛群岛的寒流，则沿着日本海一侧南下，形成所谓的"亲潮"（千岛寒流）。日本民众的生活既受惠于这些自然地理特征，也要忍受它们带来的灾难。

其次，日本列岛极为狭长，从南到北跨越了多种气候类型。在日本的东北地区，由于冬季受来自西伯利亚的寒流影响，降雪异常丰富；相反，在太平洋一侧的夏季，降水异常丰富。日本人分别将它们命名为"里日本气候"和"表日本气候"。关于列岛的气候，日本还有"内陆性气候"和"濑户内式气候"的说法，前者用于描述中部高地温差较大的特征，后者是指濑户内海周边那种温暖湿润的气候。总体上看，日本列岛四季分明，风花雪月在日本的四季各领风骚。

根据和辻哲郎的说法，日本列岛的这种风土特征，造就了日本人丰富的感受性以及文化的多样性。这一点其实并不难理解。如前所述，日本列岛在气候类型、物种分布、地质地貌等方面都极富多样性，为人们的生活提供了复杂多彩的环境。

在这样的环境中演化出的一些文化特征，从外部来看可能显得奇异古怪，但对于列岛上生活的人们而言却是极为自然，因为它们起源于生活问题的解决，是人们生存智慧的结晶。在这方面，日本的建筑风格就是一个典型。今天的日本建筑设计师的作品在全球赢得了很高的声誉，其实在各种设计的背后，都有着对自然环境细致入微的考量，有着深刻的美学和哲学原理。比如，日本的传统房屋多为木质结构，就是人们长期应对台风、梅雨、暑热、地震等自然环境条件的实用主义结果。

日本学者竹村公太郎认为，日本人在应对变幻莫测的地震和气象条件下形成了一种"无原则性"，因为"人们必须诚惶诚恐地顺应大自然的脾气"。相反，西方文明有着诸如"永恒"、"无限"和"绝对"这样严格的理念与原则性特征，同样是人们适应单调的自然环境的结果。他这样写道：

> 支撑西欧文明和伊斯兰文明根基的是基督教、犹太教和伊斯兰教。这三个宗教都是"一神教"。作为一神教原点的犹太教是从沙漠中产生的。在一望无际的沙漠，到了晚上除了月亮和星星什么也没有。在那里人们能感受到的是"永恒、无限、绝对的上帝"。……沙漠的时间是停止的。从时间停止不动、没有变化的沙漠中产生了"永恒"的时间概念。在气象和自然时刻发生变化的日本，无法产生时间永恒的感觉。……在季节时常发生变化，东西发生变质和腐朽的日本产生出来的概念是"无常"，而不是"永恒"。[1]

1　[日]竹村公太郎：《日本文明的谜底：藏在地形里的秘密》，谢跃译，社会科学文献出版社，2015年，第194—195页。

日本风土所造成的日本人精神生活的特征，用前面提到的"大陆性"和"海洋性"可以将它准确地表达出来——日本文化是一种"大陆性"与"海洋性"的混合物。说它是大陆性的，是因为日本从古代开始到进入近代以前，一直在不断地摄取东亚大陆的文化和文明；在这一过程中，东亚古典文明的大陆性气质，自然会反映到日本的文化呈现当中。说它是海洋性的，除了岛国四面环海的自然条件外，还意味着日本进入近代以后，转向了西方的海洋文明。在吸收西方文明的过程中，日本文化的海洋性得到了丰富和发展。

因此，日本自身集大陆性与海洋性于一身的风土条件，事实上培育了日本开放而非封闭、多元而非单一的文化形态与精神气质。日本国家与文明的特征，当然无法用"岛国根性"这样的说法来形容。

封闭性不是日本文明的属性；非但如此，日本风土的这种复合性质还意味着日本文化的开放性、多样性与芜杂性，因而在外部观察者的眼中，无论是从中国的角度还是从西方的角度，日本显现出某种非常态的、奇异的属性。前面提到的与岛国属性相关的另外一个说法，即"加拉帕戈斯化"，给我们提供了观察、理解日本文化的一个新视角。这个说法本来是指一种生物进化现象，有人推而广之，用它来解释人类社会的一些特征。

加拉帕戈斯本来是地名，是指距离南美大陆大约一千公里外的火山群岛，又叫科隆群岛，隶属于厄瓜多尔。因为与大陆距离过于遥远，与外部交流的渠道严重匮乏，群岛自身形成了一个与世隔绝的封闭体系。这种情况使得岛屿上动植物的生存环境与大陆那种开放式的空间迥然不同。岛屿上物种在闭锁的空间中长期生存的结果，导致动植物呈现出独自的进化特征。人们在岛上发现了大量的奇花异草、珍禽怪兽，这个群岛也由此获得了"生物进化活博物馆"的美誉。

在日本的经济学领域，"加拉帕戈斯化"这个说法颇为流行，评论家们用它来描述日本的一些技术在岛内、在一个相对封闭的体系内的独自进化现象。很多人指出，日本在一些工业技术领域中走上了独自进化的道路，这导致日本的相应商品与外部格格不入，无法进入国际市场。日本的互联网搜索引擎就是一个活生生的例子。

一般来说，搜索引擎这种工具在各国市场上都呈现出一家通吃的局面。从世界范围来看，最常见的搜索引擎可以说是美国的Google（谷歌），当年和它竞争的Yahoo（雅虎）几乎不见了踪迹。但如果去日本网站看一眼，我们就会发现Yahoo在日本活得非常滋润；事实上，"Yahoo日本"甚至是日本本土最受欢迎的门户网站，很多新技术新功能，都围绕这个网站得到了进一步开发。在手机上，还有各种Yahoo的应用软件。

类似这样的例子还有很多，很多在世界市场上已经消失的品牌都能在日本找到它们的升级产品。当然，日本市场还有许多世界市场压根看不到的新奇商品。这里要说的是，像Yahoo这样的种子落到日本列岛之后并未被其他物种消灭，而是开始了独自的演化历程。

另外一个典型的例子就是人们日常生活必备的手机。看一下我们每天都使用的智能手机，你会发现日本品牌的手机——索尼、松下、东芝等——在世界市场上仿佛消失了影踪，但日本的国内市场则是另外一番景象：这些品牌都非常活跃，各领风骚；而外国制造商除了苹果公司外，在世界市场上叱咤风云的华为、三星等品牌却不容易分一杯羹。这样的例子在电子、汽车、游戏等产业部门也极为常见。

不过，倘若由此下结论说，这就是日本的"加拉帕戈斯化"，日本面向世界的技术创新丧失了活力，走向了自我封闭，那就大谬不然了。如果说"岛国根性"夸大了日本的封闭属性，那么用"加拉帕戈斯化"来描述日本的经济现象，同样是不得要领，无法触及日本产业技术演进的根本属性。事实上，在这个人云亦云的"加拉帕戈斯化"现象背后，隐藏着现代日本另外一种不易为人们所察觉的真实。

技术在日本的独自进化，从技术自身的角度来看，它首先意味着一种技术上的创新。人们没有必要担心，日本独自进化的技术会走向自身被淘汰的地步，因为独自进化的技术只是创新的一部分，是逸出创新常轨的变异部分。这种变异的前提则是日本有着大量与世界市场接轨的创新，都已广泛应用于世界市场，为世界各地的人们所接受；而其中的一小部分，则专门为苛刻的日本消费群体所开发，并得到了他们的认可。从这个角度看，日本独自进化的技术是其技术创新的一种溢出。在这个意义上，说日本是岛国、自我封闭，其实只是现代日本国民自我反省、自我激励的批评性说法，而不是对日本的客观认知。

我们还可以进一步从我们已经讨论过的"东亚世界体系"的角度，来说明日本的非封闭属性。由于古代日本文明起步较晚，在面对东亚大陆的先进文明时，它无法保持自我封闭的能力。到了近代以后，日本则遭受了西方文明的冲击。两种异质的、性质截然不同的文明先后作用的结果，使得日本对外部的世界变得异常敏感，从而使得日本获得了不断向外开放的思维方式。因此，非封闭的属性其实构成了日本主体性的一个重要特征。

在这里，我们有必要注意一下日本在吸收外部文明时的主体性。日本主体性的形成有多种原因，这里要给出的正是地理环境角度的解释。首先，也是最重要的一点，就是距离。在古代世界，一个文明与其他文明的距离，对该文明的存续与发展有着宿命般的意义。在这一方面，英国是一个典型的对照事例。[1]

表面上看去，英国和欧亚大陆的关系跟日本和欧亚大陆的关系很相似，同样都是隔了一道海峡。但是，海峡宽度的不同导致了英国和日本面临的处境大异其趣。英国和欧洲大陆之间的多佛海峡，最狭窄处大约只有三十四公里，简单的帆船就可以横渡。所以，英国人并不认为在著名的"诺曼征服"（1066），即法国诺曼底公爵对英格兰的入侵和征服前，英国有着自己的古典文化。相反，他们认为自己的文化从来都是跟欧亚大陆一体的。多佛海峡并未构成英国地理条件中的独特属性。

而日本和大陆之间的海峡，即它和朝鲜半岛之间的对马海峡，宽度是多佛海峡的五倍，这对当时试图渡海的人们而言是不小的困难。如果进一步将朝鲜半岛视为对马海峡的延长，将历史上的朝鲜王国视为日本和大陆之间的缓冲带，那么我们可以说，日本事实上成了欧亚大陆的一块飞地，只有通过超乎寻常的努力，大

---

[1] 日本学者非常重视这种地理空间对其文化产生的影响，政治思想史学者丸山真男就是一例。参见［日］丸山真男《丸山真男讲义录》（第六册），唐永亮译，四川教育出版社，2017年，第一章。

陆的力量才能对日本列岛造成直接的冲击。唐朝高僧鉴真和尚
（688—763）东渡传播佛法的事迹，以及人们对鉴真的敬仰，正说
明了当时文明传播的困难。但反过来说，这种地理环境使得日本
可以有选择地、自主地吸收大陆的文化和文明，从而为自己独特
的文化保留了生长、演化的时间与空间。

　　日本的这种孤悬海外、近乎孤立的状态，的确导致了列岛文
化上的一些加拉帕戈斯化特征。美国著名的日本专家埃德温·赖
肖尔（Edwin O. Reischauer, 1910—1990）在有名的作品《当代日
本人：传统与变革》中，就比较准确地把握了地理环境和日本文
明特征之间的关系。他这样写道：

　　　　实际上，孤立状态也许使日本人比世界上任何一个类似
　　民族创造出更多自己的文化，并形成别具一格的文化。日本
　　人的引人注目之处不在于模仿别人，而是在学习和改造外国
　　文化时并不丧失自己的文化个性的那种特性和能力。其他民
　　族也曾这样努力过，但是成效不大。[1]

　　不过，引文中所说的日本人那种"并不丧失自己的文化个性"
的特性和能力，依然停留在现象描述的层面上，还只是将那种特
性和能力当成了一桩不证自明的事实。著者未能进一步明确指出，
那种能力和特性并非天然就存在，而是历史演化的结果。事实上，
日本文化上的加拉帕戈斯化与生物学现象上的独自进化之间有着

1　[美] 赖肖尔、詹森：《当代日本人：传统与变革》，陈文寿译，商务印书馆，2016年，
第39页。该书的新版本为赖肖尔与詹森的共同创作。

本质的不同，而不同之处就在于日本人的主动选择性或者说是自主性。换言之，日本对外来文明和文化的吸收，有一种比较强的主体性在发挥着作用。这是理解日本文化与文明演化的关键所在。

这样看来，人们津津乐道的日本文化的加拉帕戈斯化现象背后，隐藏着日本文化与社会演化的独特机制。上面的分析表明，这个说法在本质上意味着岛国日本的一种特殊能力，一种对技术、对终端产品极端的差异化、多样化需求的敏感与创造能力。日本在特定技术领域出现的加拉帕戈斯化现象，更能说明日本在研制、开发、生产适用于世界市场的产品上的卓异能力。

日本在技术和文化上的独自进化不是一种孤独的进化，而是通过有选择地吸收外来文化而与世界保持同步的过程。在这一过程中，日本列岛演化出了具有独自民族特色的技术和文化特征。因此，加拉帕戈斯化其实是奉行低调主义的日本国民自嘲的说法，我们要从中看到这个现象的本质。

现在，我们有必要再次回到风土的话题。形成日本风土的两种对立属性，即大陆性和海洋性，意味着一种矛盾。这种矛盾性格产生了文化与技术的多样性，而不是人们想象的单调性。那么，我们平时所说的表达单一属性的"日本文化"、"日本文明"这些说法，又有着怎样的含义？

近代日本的著名哲学家西田几多郎（1870—1945）给我们提供了一种解释。他有这样一个有名的说法："绝对矛盾的自我同一"。比如，大陆性与海洋性就是一对绝对矛盾。一般说来，根据辩证法的矛盾相互转化的原理，大陆性与海洋性最终无法共存，而是会发生化学上的化合作用，形成新的事物。但西田几多郎并不这么认为。他在思考日本文化的本质特征后发现，日本文化的特殊性恰恰在于，它能在完整保存矛盾的双方——比如说大陆性和海洋性——的基础上，形成一种新的统一的文化样式。这正是"日本文化"以及"日本文明"不容易为人们所注意到的特性。

按照西田的解释，无论是来自大陆的东方文明，还是来自海洋的西方文明，都在日本列岛上生了根。它们在各自保持自身属性的同时，在日本得到了进一步的加工、创作，得到了进一步的演化。重要的是，正因为这些外来的文明保持了各自的属性，今天的日本才显现出一种与东西文明都殊为不同的特色。这正是日本"变异"的一种独特的原理。

明治时代蜚声欧美的思想家冈仓天心（1863—1913）的一个论断，同样说明了这一点。在有名的作品《东洋的理想》中，冈仓天心将日本描述为"亚洲文明的博物馆"；他紧接着指出，"日本民族生来就有一个特点，他们在接受新事物时，并不抛弃以往的旧事物……力求保存以前每个时代的理想之变化"。[1] 当然，"博物馆"只是一个巧妙的比喻，他接下来的解释也有理想化的，甚至民族美化的成分，但究其实质而言，冈仓天心的确把握了日本风土对其精神形态所造成的根本影响。

由此，我们还可以进一步得出这样的结论：日本的风土以及它所孕育出的精神文化，保证了日本文化既是不断进化的文化，又是进化停止的文化。这正是日本文化殊异性格的根本原因，是日本文化"变异"属性与机制的另外一种表达。

和辻哲郎在《风土》中还有一段关于中日文化异同的说法，

1　[日]冈仓天心：《东洋的理想》，陈小妹译，商务印书馆，2018年，第12页。

事实上描绘了日本在其自身的风土环境中的演化历程，并暗示了它所到达的位置。他这样写道：

> 日本人在明治维新之前的一千多年间尊敬中国文化，且放下自我观念，致力于摄取中国文化，衣食住等各个方面都是如此。但是日本的衣食住和中国的有着显著的不同。同样，日本人所摄取的中国文化已经不是中国式的了。日本所尊重的不是空漠的广大而是细致缜密；不是外观的整齐而是内部的整体醇化；不是形式上的体面而是内心的感动。日本人不管吸收了多么深的中国文化，但其最终并没有带上如前所述的中国特征。但是尽管如此，日本文化还是将先秦到汉唐宋的中国文化精髓纳入自身内部予以充分发挥。中国人理解这一点反过来也可以重新认识到现代中国已经消失了的过去那种高贵文化的伟大力量吧！……中国必须复兴，必须恢复到汉唐时代那种文化的伟大。世界文化的新发展需要中国文化的复兴……[1]

在这段话中，和辻哲郎表达了几重意思，其中最值得我们留意的有两点。第一，日本可以"放下自我观念"，以空虚的自我吸收外部文化。这一点其实还可以用来解释西田几多郎"绝对矛盾的自我同一"这个命题。由于不执着于观念中的"自我"，日本文化呈现出明显的"进化的文化"特征。第二，和辻哲郎认为，中

---

1 ［日］和辻哲郎：《风土：一项人间学的考察》，朱坤容译，东方出版社，2017年，第132页。

国可以在日本看到自己已经消失的那种高贵文化。这其实说的就是我在前面提到的"进化停止"：中国曾经的高贵文化止步于日本列岛。如果我们放弃文化必然是向着更高程度无止境进化的预设，回忆起"礼失而求诸野"（《汉书·艺文志》）的儒学教诲，那么当和辻哲郎说日本为中国保留了"过去那种高贵文化"时，我们就不能简单地视其为自大，而要理解他的深刻洞察。今天的日本被视为"礼仪之邦"，其实是因为它继承了古典东亚文明的礼仪品性。

　　此外，和辻哲郎为中国提出的方案也值得关注。他的方案不是我们熟悉的所谓的"继承"和"淘汰"，或者"创造性转化"这样的说法，而是直接要求"恢复到汉唐文化的那种伟大"。这一点，今天的人们可能不容易理解，但却正是日本独特的思考问题的方法。我们可称其为"向过去的进化"。

　　我们从风土的角度对日本变异的探索，最终的目的是为日本文化的特殊性寻找一种自然主义的解释模式。在人类的真实生活中，人们必然和周边自然环境发生各种互动，他们的文化生产必然会将这种相互关系呈现出来。日本文化呈现出的多样性、驳杂性、丰富性，以及在这些现象后面的某种自主性，都可以从风土的角度获得一定程度的合理说明。

　　比如，最近数十年间，日本在技术上的创新以及获得的专利数量一直居于世界前茅。日本的创新模式不是单纯的破旧立新，而是用旧的技术和知识叠加孵化出的创新。这种创新路径和很多国家大相径庭。多数国家的技术演进过程，更多地表现在新旧淘汰上。但这种淘汰很可能忽略了原有技术或文化形态尚未被开发、被穷尽的可能性；每一次新旧淘汰，很可能同时淘汰了前人在生活上沉淀的智慧和努力。以我们前面提到的手机为例，日本翻盖功能手机虽然看似落后，但在长期的独自技术积累中，现代智能机能够实现的功能也几乎样样不缺。技术开发人员将各种新功能叠加到原来的功能机上，结果形成了新的技术和产业链。这种开发思想，赋予了日本的手机产业独特的生命力，而这种生命力正是日本技术积累厚度的展现。

因此，"加拉帕戈斯化"这个说法的价值就在于它非常富有启发性。日本的技术确实有独自演化的成分，但旧有的或者竞争力弱的要素还储存在市场中，相当于为日本保留了可能被淘汰的"物种"。而一旦创新需要时，这些看似缺乏竞争力的要素，就会转化为富有国际竞争力产品的重要养料，从而满足各种各样的用户，甚至是小众用户的挑剔需求。就此而言，日本的创新文化并不仅仅是推陈出新、新旧替代，还有着新旧双方并存、相互加持的一面。其实我们观念中的"厚积薄发"，也正是这个意思。

在论述日本文明的特征时，法国人类学家列维－斯特劳斯（1908—2009）曾经分别使用"分色主义"（这个词通常指一幅画中将几种纯色调并置）和"原始主义"来表达他所发现的现代日本人的精神与智力秉赋上的特征。[1] 这些说法都可以在我们讨论的风土的框架内得到重新的认知和理解。因此，沿着这种由自然风土到现代文化的解释路径，我们可以走进日本独自的属性中，对日本社会进行更为深入的观察和深刻的判断。

1　［法］列维－斯特劳斯：《月亮的另一面：一位人类学家对日本的评论》，于姗译，中国人民大学出版社，2018 年。

神祇

初民文化的现代异彩

　　日本固有的风土特性之所以造成了日本文化的特殊性，从根本上说，是因为风土从外部塑造了人们面对世界的思维方式，它在日本人"沉淀于思想深处的思考方式与世界观"的形成中扮演了关键的角色。[1]这种深层的思考方式与世界观的一种古典显现，就是我们现在要具体探讨的"神话"。

　　事实上，初民在长期的生产和生活经验中，一再遭遇无法控制的自然力量对他们造成的伤害，时时刻刻感受着生命的脆弱，人们感到恐惧与不安，于是他们将一种魔法般的力量赋予周围的自然世界，以便解释他们的丰饶与灾难，以及命运的变幻莫测。初民的这种自我意识觉醒的第一个标志，就是将自身与天神地祇建立起有意义的关联。借助与神祇的交流，人们开始营建自己的文明。这是神话诞生的历史。如果说风土是一种塑造文明的外部力量，那么神话既是这种文明最初的产物，又是文明得以继起的

1　[日] 丸山真男 :《丸山真男讲义录》（第六册），第19页。

内在力量。

　　从本质上说，神话自身是一种初民的思考方式，它所创造的神祇——所谓的"天神地祇人鬼"其实就是各种超自然力量的人格化表达——必然内在于人们的生活世界，成为影响文化表达的一种特殊的精神力量。当然，由于神祇是世界各地所有初民共有的一种观念，说它是一种"自然现象"也未尝不可。法国著名的宗教哲学家柏格森（1859—1941）直接将神话命名为"自然秩序"，正是有着这方面的考虑。[1]

　　那么，生活在日本列岛上的初民在与风土长期互动中形成的神话观念，在造就日本民族非常态的属性上，扮演了怎样的角色？

　　首先，我要继续解释一下为何要选择"神"这个视角。除了上面提到的神话与文明的关系外，这个视角的设定还有一层特别的考虑："神"对于我们现代中国人而言，是一个相对陌生的概念。孔子"不语怪力乱神"（《论语·述而》）的著名说法表明，传统中国社会在春秋时代就显现出了非常世俗化、理性化的世界观。"临时抱佛脚"这样极为常见的说法，说的就是中国人在平常的生活中佛教观念淡薄，平素缺乏敬佛礼佛之心，但出于临时的功利目的，又会去拜佛，希望获得佛祖保佑。所以，提到"神"，我们多数人会敬而远之，甚至将其视为封建迷信。这种对"神"的陌生性会妨碍我们对日本文化属性的认知。

　　其实，我们稍微观察一下当代日本的电影、电视剧、漫画等

1　[法]柏格森：《道德与宗教的两个来源》，彭海涛译，北京时代华文书局，2018年，第142页。

大众文化就会发现，日本国民似乎对"怪力乱神"有着格外浓厚的兴趣。被人们称颂不已的宫崎骏的电影《千与千寻》就是一个富有代表性的事例。日语当中有"八百万神"的说法，来自日本最古老的史书《古事记》，意思是说有八百万的神灵居住在日本，这些神灵都有着介入人间秩序的超凡能力。即便在东京这样的现代化大都市，也几乎随时可以看见大大小小的神社、佛教寺院、地藏菩萨的石刻造型等坐落其中。另外，在日本各地，日本人都会举行各种以祈福消灾为目的的祭祀活动，祭祀的对象当然就是名目繁多的各种"神灵"，比如先祖的"祖灵"、保佑顺产的"产神"、主管五谷的"仓稻魂"（或"稻魂"）以及各种产业的守护神等。[1]

　　日本的诸神诞生于初民的生活世界中，当时的人们认为万物有灵，但多无影踪。只有一个"神"是例外，那就是作为天照大神的后裔"天皇"。天皇有行迹，有肉身，与佛教寺院那些造型截然不同。因此，提到日本的"神"时，世界各地的人们可能都会想到日本的天皇。不过，我们中的很多人会认为，历史上的天皇不过就是一位凡人，是世俗的国王，而不是什么神；退一步而言，心智未开的初民虽然把天皇当作了神，但到了近代以后，随着科学的发达与理性的昌明，天皇自然也就褪去了神秘的面纱，成为一位普通的凡人。

　　但问题并不这么简单，日本国民对神灵的认知远非上面的几句话所能涵盖。所以，接下来我们就以天皇为例，探讨一下列岛初民的神话观念在近现代日本社会变迁中所扮演的角色。我们将会看到，日本文化之所以在今天大放异彩，在我们的眼中呈现出

1　[日] 谷川健一：《日本的众神》，文婧等译，社会科学文献出版社，2015 年。

一种奇异的光景，一个极其重要的原因就在于初民文化得到了大量的保留和继承。因此，我们这里所说的神祇首先是指一种文化现象，它表达的是一种超凡的存在、力量或机制。在这个意义上，日本的文化类型就是一种与神共生的文化。[1]

　　我们先看一个与日本的"神"观念有直接关联的经典事例：第二次世界大战期间日本的"神风特攻队"。今天的美国人提到日本的标签，"神风"一定是最热门的一个选项。这一点和我们中国人的感受不一样，我们可能会想到"樱花"、"寿司"、"和服"、"富士山"等，但一般不会想到"神风"以及这两个字所代表的"神风特攻队"，后者意味着战争的暴烈与生死。所以，不同于日常情境中神人相对和平的共生关系，在战争时期，这个与神共生的文化有着生杀予夺、让人生让人死的力量。

　　有关"神风特攻队"的故事，在各种版本的二战史记录中都会出现。第二次世界大战末期，在太平洋战场上经过一系列与美国的激烈搏杀后，日本海军和空军力量几乎损耗殆尽，日本帝国也走到了穷途末路。1944年10月，为了对抗美国在菲律宾的登陆作战，一位叫大西泷治郎的海军中将出了一个主意：组建一个新的航空队，让飞行员驾驶飞机，直接撞击美军的海面舰艇，这

1　无论是在日本文化还是在中国文化观念中，"神"都具有多种含义，日本汉学家津田左右吉将其归纳为三种：（1）宗教或咒术上的神，是指有着超越人类的能力，能以某种方式驱动人们日常生活的存在；（2）在宇宙观上，神是一种宇宙本身具有的玄妙能力或作用；（3）神还指内在于人的一种属性，通常"是在心的内部主宰着心、主宰有生命的肉体的灵妙之存在"，也就是"精神"一词的来源。参见［日］津田左右吉《日本的神道》，邓红译，商务印书馆，2011年，第10—11页。

样既可以节省燃油，又能提高命中率。由于飞机大多只装有单程的燃油，多数飞行员有去无回，异常惨烈。在半年多的时间里，据统计共有 3843 名特攻队员战死。

有人会说，神风特攻队就是一般的敢死队，但事实并非如此，二者在属性上截然不同。敢死队通常也是临危受命，为了完成特殊的战斗任务临时组建而成，队员通常要面临高度的生命危险，但其前提依然是队员完成任务并且能够生还。神风特攻队则完全不同，它被设计成当时日本海军的常设兵种，而且最初的设计就是飞行员有去无回，必死无疑。

这种以命相搏的疯狂行为给当时的美国海军士兵造成极大的心理震撼。日语中"神风"的罗马字母拼读，即 Kamikaze，已经进入英语辞典，含义就是"自杀式攻击"。比如，2001 年 9 月 11 日，美国纽约、华盛顿遭受了恐怖主义袭击事件，基地组织劫持飞机进行了多起自杀式攻击，这个场景就让很多美国人想到了"神风"这个说法，人们纷纷用 Kamikaze 来表达他们的震惊。

这里要关注的不是上述历史过程，而是这样一个特定的事实：特攻队员多由学生兵组成，多数受过高中以上甚至大学教育，接受了相当高的科学与理性教育，有着合理的思考方式。[1] 那么，究竟是怎样的命令能让他们自愿赴死？

我曾经撰写过一篇回忆性的文章，里面的主角就是一位学生兵神风特攻队员。不过，我写的不是我所读到的历史故事，而是

1　特攻队的主体是学生军官和海军实习飞行员，他们留下的家书和长篇日记等文字资料，显示了他们受过的教育水准。参见 ［美］大贯美惠子《神风特攻队、樱花与民族主义：日本历史上美学的军国主义化》，石峰译，商务印书馆，2016 年，第六章。

一位和我有过深度交流的真实人物。上面说过，神风特攻队员多是有去无回，而我认识的那位队员，据他说，就在他等待出征时，日本宣布战败，于是他侥幸生存了下来。我曾经问过他，为何要当那种自杀式攻击队员。他的回答并不出乎意外：保护家人、保卫国家、保卫天皇陛下。[1]

他没有谈到的是，在当时的军国主义教育下，为天皇陛下牺牲生命是士兵的最高美德；更重要的是，他们相信死后的灵魂会在靖国神社得到国家的供奉，成为被祭祀的神。国家，具体而言是天皇，对战死者进行"封神"，意味着政治权力掌控了传统的神道观念与习俗。这种观念又被称为"国家神道"思想，国家成为神道的代表。这时候，人们相信天皇就是"神"，而且认为天皇具有非凡的神力，可以让死者成为"神"。天皇是活在现世的"神"，这就是所谓的"现人神"；他的命令不仅仅是世俗国家的命令，还具有了神格。

说到这里，我们有必要进一步去追问：这个国家神道思想，为何会有这么大的力量？这是一个比较复杂的问题，人们也进行了各种分析。

在我看来，在这个神道思想的背后，有着日本民族起源的神话传说，或者说，神道的思想与日本民族共同体的远古记忆，甚至与他们不可追忆的远古时代的生活，有着内在的关联。这就如同风土会在民族的心灵打上难以磨灭的刻印，日本列岛初民的神话观念，同样深深刻印在日本民族心灵的深处。事实上，很多学

1　参见拙著《东京留学忆记》，广西师范大学出版社，2015年。

者都认为神话构成一个民族自我与世界认识的心理原型。就此而言，神道思想体现的正是日本国民的生命观。

这个关于民族起源的神话传说，最初出现在公元 8 世纪初编纂的两本书中：一本是成书于 712 年的《古事记》，是日本最古老的史书；另外一本是成书于 720 年的《日本书纪》。[1] 这两本书在开篇处都有神话传说的记载，神话和历史最初就通过文字结合在了一起，因此也有人笃信它们就是历史事实。

日本最初的创世神话出现在《古事记》的开篇，叙述了两位有着兄妹关系的神（即伊邪那岐和伊邪那美）的事迹。他们结合在一起，诞生下了数十位神、江河湖海以及日本列岛，因而被视为开天辟地的始祖。日本皇室奉为始祖的"天照大神"，就出生于伊邪那岐的左眼。天照大神的曾孙就是传说中的"神武天皇"，是降临在日本列岛进行统治的第一位神人。结果，所有的日本人都被视为神的后裔；他们接受神的庇佑与统治。日本以"神国"自称，最初的根据就是这个神话。

经过后世的学者与政治理论家的逐步加工，这个神话最终在 1860 年代明治维新成功之后，获得了政治力量的加持，上升为近代日本国家的意识形态。简单地说，天皇是这个神国万世一系的统治者，德川幕府的末代将军将大政"奉还"给了天皇。这种新的意识形态将天皇建构为"现人神"，天皇具有神和人的双重属性。在中央集权国家强大的意识形态宣传教育下，已然步入近代的明

---

[1] 这是一般的说法。也有日本学者认为《古事记》是成书于 9 世纪的"伪书"，日本的第一部书应该是天武天皇在公元 681 年下令开始编纂、最终于 720 年成书的《日本书纪》。参见［日］冈田英弘《日本史的诞生》，王岚等译，海南出版社，2018 年，第 170—173 页。

治日本反而成功地确立了自己的"神国"形象。

　　当时生活在日本的外国人，敏锐地注意到了近代日本国民精神生活的这种异常特征，留下了许多出色的观察和描绘。比如，日本文化论领域中有一位颇负盛名的作家，叫小泉八云。他原名叫赫恩，1850 年出生于希腊，父亲是爱尔兰人，母亲是希腊人。赫恩于明治二十三年（1880）来到日本，后来娶了一位叫小泉节子的日本姑娘为妻，并加入日本国籍，改姓小泉。他先后撰写了十几本关于日本的书，被誉为"比西洋人更理解西洋，比日本人更理解日本"。他最后一本解释日本文化的著作，就以"神国"二字题于书中空白处，人们通常称其为《神国日本》。

　　当时正值日俄战争期间，日本正在挑战强大的沙皇俄国。由于士兵作战异常勇猛，日本在付出了巨大的代价后，最终获得了胜利。关于取胜的原因，小泉八云这样写道：

　　　　日本人这样出人意料地表现了战斗力的背后所潜伏的道德力，的确是靠了长期间的训练的。日本国民因默从变革而被隐藏的精力——浸透在这由四千万人而成的集团的不自觉的勇气，——天皇的一声命令，立刻在建设上也好，破坏上也好，能够发挥出来的潜伏力，——这是肤浅的观察者所不能看出来的。……这次战争中被召集出征的数万青年之中，吐露希望太平无事光荣凯旋的话的人，一个也没有。口中吐露出来的唯一希望，是被祭祀在那信为为天皇而死者之灵来集的招魂祠——"靖国神社"，而长为世人所记忆。……作为爱国之宗教的神道，如果使其充分发挥力量，不独会影响整个远东的命运，而且是能影响文化的将来的力量。[1]

　　小泉八云能够有这样的观察，显然源于他自身对"神"和宗教现象的深刻理解。不过，小泉在上述引文中描述的还只是现象和结果。在这个极端的军国主义意识形态中，其实包含着日本固有的"神话"、"神国"与"神道"的思想和逻辑，它们相互叠加、交织在一起，构成了一种强大的观念与意义体系——从本质上说，它是一套源于神话、具有宗教特征的"神国"意识形态。这种意识形态要求人们为这个"神国"而奋斗，甚至献出生命，而"神道"则以宗教信仰的面目，在初民观念和现代极权国家之间建立了一条强韧的精神纽带。

　　人们多会注意到军国主义意识形态有着针对国民的生杀予夺的力量，但我们这里还要注意的是，这种政治思想还是初民神话观念在近代日本的一种表达，有着深层的观念和认知基础。第二次世界大战后，它虽然最终在政治上毁灭了自身，但在其他领域，我们依然可以观察到这种文化观念在今日的各种呈现。

　　近代日本精神生活的最大秘密，就在于日本文化是一种神人共生的文化。

　　一般而言，宗教虽然都是以神为核心建构而成的一套信仰观念与组织体系，但神通常高高在上，并不直接显现，而是通过它在人间的代理人，也就是各种神职人员来进行精神上的统治；基督教的牧师是最典型的例子。有神的彼岸和无神的此岸可能偶有

1　［日］小泉八云：《神国日本》，曹晔译，吉林人民出版社，2008年，第281—283页。

跨界现象发生，在原理上却是泾渭分明。但在日本的"神国"观念中，神人不分；天皇就是以神人合一的方式君临天下，直接实施统治。因此，天皇的命令就不仅是世俗国家统治者的权力意志，还是一种超越理性认知的神秘力量，从而获得了操控国民生死的巨大能力。

第二次世界大战后，在占领军主导的民主化改革中，军国主义思想遭到了铲除，但作为民族远古记忆的神话和民俗信仰的神道，却在自由的政治制度和社会生活中得到了保存。这其实是一种非常特殊的世俗化路径——日本迅速转变为自由民主体制的社会，国家权力退出了宗教领域。结果，近代日本国家一直试图强化的那种神人共生关系，在极端的形态遭到切除之后，反倒获得了自在自生的土壤。这一点非但和我们中国不同，与经历了长时间世俗化过程的西方社会相比，也迥然有异。

我们可以在很多文明或民族的初民阶段观察到神人共生的关系。比如，屈原的《楚辞》里就有大量关于巫鬼、神灵、祭祀等怪诞奇异场面的描写与渲染。在那个时代位于中国南方的楚国文化中，大凡日月星辰、江河湖海、雷电风雨，都被视为有神灵的，人们就生活在神灵主宰的世界。事实上，在一些神话学者看来，今天被视为中华文明始祖的"伏羲""黄帝"等，本义就是"太阳神"或"光明之神"。华夏初民的这种思维方式的遗迹，可能就表现在用于自身命名的"华"字上，它有着"日光"的含义。[1] 不过，

---

[1]　有意思的是，对太阳的崇拜并非中国独有，可广泛见于古代埃及、印度、希腊等初民的神话观念当中。参见何新《诸神的起源》，民主与建设出版社，2018年，第一章和第二章。

随着中国北方儒家文化的崛起和发展，儒家理性主义上升为主流文化，并开始塑造人们的心灵。

其后，中国神人关系的历史可以说就是一部神逐渐隐退的历史。到了宋朝新儒学那里，"鬼神"或被视为"天地之功用"，或被视为阴阳"二气之良能"，而朱熹提出的"鬼者阴之灵也，神者阳之灵也"（《四书章句集注·中庸章句》）的说法，则被后世视为一种经典的"无神论"的表达。[1] 到了近代之后，随着科学世界观的胜利，除了在一些民俗习惯中，鬼神可以说被屏蔽于人们的心灵之外。

著名社会学家马克斯·韦伯认为，"世界的祛魅"或者说世界观的"合理化"是大多数民族都曾经历的一个过程，但日本却显得颇为例外。我们在今天高度现代化的日本，反而能看到古代日本一些原滋原味的神人共生的现象。

据统计，今天的日本社会有八万多座大大小小的神社，它们构成了日本宗教生活的一部分。与此同时，数百种源于古代日本文化传说的妖怪与精灵，同样活跃于现代日本人的文化观念中，可以说是一种"与妖怪共生"的现象。这意味着神灵、妖怪等异界的事物在日本的社会生活中依然扮演着特定的角色，为日本文化抹上了一层氤氲、神秘的色调。在政治制度上，天皇虽然丧失了神格，但作为象征君主，尤其作为起源于神话的君主，仍与国民有着超出我们想象的关联。法国人类学家列维-斯特劳斯就曾经

1　当然，此处对新儒学关于"鬼神"及其"无神论"的表述还只是通行的看法。如果要深入探讨中国文化中的"神人关系"，我们还需要对中国文化中的"神"、"气"、"阴阳五行"等观念展开更全面的讨论。

对日本这个"处于科技进步的前沿"的国家依然"保留着万物有灵论思想的敬畏"赞叹不已。[1]这种现象在文化和政治上造成的结果依然有待于我们去观察、探索和辨析。

当然，在今天并不是每个日本人都虔诚地信仰这套体系。但这种依靠祭祀和传统遗留下来的文化氛围，却在潜移默化地影响着日本人的生活。我们在前面提过一个非常态的现象，即现代日本人能心无芥蒂地和墓地毗邻而居，就是现代日本人与神共生文化观念的显现。

这里要强调的是，这种文化观念与类型其实生成于日本固有的神的观念，扎根于社会生活自身。有许多学者指出，日本的神本质上是一种共同体的神，或者说就是共同体本身。比如，日本文化学者荒木博之曾经这样论述道：

> 基督教的神或佛教的各种佛，都与个体的灵魂救济有关。与此相对，日本的神并不以个体灵魂救济为目的而出现。……日本的神最初就是共同体的神，在与共同体的关联当中显现而出，这是日本神的本来样子。日本的神出现在牢不可破的共同体结构之上。因此，共同体的解体，对于日本而言就意味着神的消灭、神的死亡。神与共同体共存亡。从这个意义上来说，日本的神就是共同体自身，或者说是共同体的逻辑、共同体的意志自身。[2]

1　[法] 列维-斯特劳斯：《月亮的另一面：一位人类学家对日本的评论》，第24—25页。
2　[日] 荒木博之：《日本人の心情論理》，講談社，1976年，第121页。

　　沿着这种解释路径，荒木博之实际上对日本的"神国"观念给出了一种社会学的解释：村落共同体的神就是村落共同体自身；同样，日本民族共同体的神，即天皇，就代表了日本国家自身。在这个观念与逻辑中，我们再次看到了自然风土条件（即岛国与山地生活）对于日本初民心智结构的影响。这种心智结构是在长期的历史演化中沉淀、结晶而成，形成了相对稳定的结构，因而并不会简单地随着外部环境的变化而发生显著的变化。

　　因此，日本文化中"神"的观念持续为日本国民的生活提供了一种深远的意义来源。围绕"神"形成的感受性与思考方式，就是生活在日本列岛上的人们最特殊的思维方式；把握了这个"神"的视角和维度，我们就获得了理解日本文化精神的捷径。"神人共生"是这种文化原理的凝练表达，但如果要进行更深刻、更细致的分析，我们还需要进行所谓"深层心理学"的研究，要进入神以及神话世界的内部，与其共存共生，从而获得切实体认和回答。[1]

　　现在我们就可以回答前面提出的问题了：与风土对日本国民心灵造成的恒久影响不相上下，日本列岛的诸神同样在日本人的心灵上刻下了不灭的印记。初民时代诸神纵横宇内、森罗万象的幻象，以及它们的踪迹，在往昔的苍茫岁月和近代时势的陡然巨变中并未湮灭。在高度现代化的社会生活中依然可见初民的宗教遗迹，就此而言，日本列岛还可以说是一个"人类宗教的博物馆"。

1　[日]河合隼雄：《神话与日本人的心灵》，王华译，生活·读书·新知三联书店，2018年，第13页。

文字

日本思维样式的形成

　　日本列岛"神人共生"文化的起源不可溯及，在本质上，它是初民文化的一种延续。作为一种源于历史和民族深处的绵延不绝的力量，我们可以把"神"视为一种近似于"自然"且对日本人的世界观造成深远影响的事物。但这并不是日本文化特异性的全部起源。事实上，在古代日本出现的一种"人为"的事物，同样对日本人的思考方式造成了强烈的影响。

　　这种人为的事物，就是汉字的导入以及日语的创造。超越的、彼岸的、不可思议的异界事物生成于人们理智未开的初民时代，而日语的创造则是理性主义的杰作，有着可以追溯的相对确凿的历史，对日本思维方式、日本文化带来的影响，也更为有迹可循。

　　这种"迹象"首先在于我们自身的一种感受：我们对日本有一种非常特殊的亲近感。其实，无论是否了解日本，当我们看到现代日本人大量使用汉字时，那种亲近感会油然而生。而当我们看到日本人在使用一些古雅、富有传统文化特征的汉语词汇时，更是如此。比如，日本享誉世界的化妆品品牌"资生堂"，其中的"资生"二字，就取自中国儒家经典《易经》中"至哉坤元,万物资生"一句。再比如，日本有一家很有名的书店，叫"有斐阁"，其中"有斐"二字就源于儒家经典《诗经》中"有斐君子,如切如磋,如琢如磨"这一名句。这样的例子不胜枚举。此外，像"明治"、"大正"、"昭和"、"平成"等近现代日本的年号，皆直接取自诸如《尚书》《史记》等中国典籍。2019年4月1日日本发布新元号"令和"，这个汉字组合虽说出自日本古典诗集《万叶集》中"初春令月,气淑风和"一句，但这句话本身却同样是化用中国古典诗文而来。[1]

　　如果置身于这些古奥、文雅的汉字空间中，我们可能会产生错觉，认为日本就是古代中国的兄弟；当然，这么说的前提是中国是本家。但这些都是我们自己的看法和想象，日本人并不这么认为。对于日本人而言，汉字并不是单纯的外来文字和语言。

　　那么，汉字在日本文化演化过程中究竟扮演了怎样的角色?

　　汉字，传说是黄帝的史官仓颉所创，人们通常将其视为生活于东亚大陆上的"汉民族"的语言文字。但实际上，作为比较成熟的汉字，甲骨文诞生于距今三千多年前的商朝；"汉"这一说法的成立和普及要归功于公元前202年刘邦建立的汉朝，而"汉字"这个说法直到元代（1271—1368）才出现，"汉族"则是更晚近的

<hr/>

1　这里仅举几个例子:东汉时代的文学家、数学家张衡（78—139）的《归田赋》中有"仲春令月，时和气清"的说法；南北朝时期梁国诗人王台卿的《陌上桑》中有"令月开和景，处处动春心"一句；唐代薛元超（623—685）在《谏蕃官仗内射生疏》中有"时惟令月，景淑风和"这样的表达。《万叶集》中的这一句出自第五卷《梅花歌卅二首并序》，描述的是公元730年大和朝廷贵族宴饮的情形。该序的原文为汉文，模仿东晋著名书法家王羲之《兰亭集序》的序文撰写而成。

说法。所以，我们今天重新思考作为文化现象的汉字时，应该暂时将它和"中国"的关系悬置起来，将它还原到前近代的东亚世界的历史时空中。在那个时候，"汉字"并不具有特定民族的属性；古典的"汉文"（即文言文）是当时东亚世界的通用语言，人们可通过"笔谈"的方式进行直接的交流。文化学者常常使用的"汉字文化圈"就是对这一事实的一种比较贴切的表达。

从"汉字文化圈"的角度来看，汉字对于古代日本人而言，就不再仅仅是一种外来文字。语言是人类表达自身思维的一个极其重要的手段；我们借助文字符号，表达头脑当中的世界。因此，古代日本人在使用外来的汉字时，当然会产生一种特殊的精神体验。这个体验在长期的生活实践中稳定下来之后，就转变为人们在思考事物时日用而不知的手段。这正是汉字转变为日本人母语的演化机制。

我们可以联想一下自己使用外语时的经验：除非我们掌握得非常精到、纯熟，否则在某时某刻可能就会出现一种"言不由衷"的感觉；也就是说，我们的所思所想与我们的表达并不一致。由此，我们会产生一个合理的推断：古代日本人因长期使用汉字，这对他们的表达方式造成了影响，进而影响了他们对周围世界的认知。换言之，汉字的使用造成了日本思考方式的特殊属性。这种思考方式的特殊性生成于汉字的母语化过程中。

现代日语的书写采用的是"假名"（包括平假名与片假名）和"汉字"共同表达的方式。一般认为，"假名"是日本固有的表音字母，专门用于表达声音；而"汉字"则源于中国，用来表达意思。但这是现代人的误认。如果奈良时代（710—794）或随后的平安时代（794—1185）的日本人穿越到现代，拿起一张日文报纸，他们看到的可能都是汉字；他们会认为假名也是汉字。当然，在历经千年后，汉字字形、假名写法以及日文语法都有很多演化，古代日本人未必能读懂现代日文。

古代日本人的这种日语观到底意味着什么？我们可以对比一下我们自身的汉字观。我在上文提到，我们因为汉字而对日本抱有特殊的亲近感，这虽说不上是错觉，但的确妨碍了我们对日本的认知。汉字对日本人的心灵塑造和思维方式所产生的影响，可能超乎我们的意料，毕竟古代日本人经历了汉字母语化的过程。

对于中国人而言，汉字就是我们母语的书写与表记方法；对于日本人而言，汉字的意义却不仅仅如此。事实上，使用外来的汉字表达自己的意思，这是一个涉及"日本"诞生的重大历史事件，我们有必要重新认识一下汉字在"日本"形成中的关键作用。这种作用，我们在前文已经所有触及；概括而言，那就是它体现在日本人对事物的认知方法上，或者说，汉字的采用塑造了日本特有的思维方法。

在这里，我要引述一下当代日本文化评论家松冈正刚关于汉字的论述。在题名为《日本方法》的书中，他提出了这样一个观点：日本独特的、固有的、本质看待事物与思考事物的方法，就是"日本的编辑"；而这个方法，正是来源于日语书写体系的发明。[1] 那么，这位评论家到底想说什么呢？

提到编辑，人们一般会想到书籍、报纸、杂志、电视剧等创作或制作的一个环节。它通常是指基于特定目的对资料或材料进行的一种操作，包括资料的收集、分类、包装、变形等。松冈正刚在使用"编辑"一词时，不仅仅是指上面说的这一系列操作，

1　[日] 松冈正刚：《日本という方法：おもかげ・うつろいの文化》，日本放送出版协会，2006 年。

而是进一步把它提升为日本文化的一种原理。松冈认为，日本人在面对外来事物和外来文明时，首先把这些外来事物视为一种信息、一种资料，然后对这些信息进行收集、加工等编辑工作，以便为某种特定的目的服务。

那么，这个"编辑"的方法是如何演变为日本文化的一种特殊原理的？按照松冈的说法，这个方法正是起源于一种特殊的历史实践——古代日本人吸收、使用汉字，进而形成日语的实践。松冈的解释的独特性在于，他注意到了文字的形成对于人们思维方式可能造成的巨大影响。其实，我们对语言，尤其是语言的书写方式在人类思维方式中的本质作用的认知，还远远不够。我们可以先看一个例子。

古代南美洲印第安人创造的文明，即印加文明，是古代屈指可数的几大文明之一。然而，当印加王国在1532年被西班牙殖民者灭亡后，印加文明旋即消失了影踪，如今只剩下若干建筑物的遗迹供后人凭吊。印加文明为什么如此干净利落地退出了人类历史的舞台？其中一个重要原因，就在于它没有发明文字，无法将它的文明记载并稳定地传承给其后裔。在长达三千余年的文明发展过程中，印加文明在物质层面已经相当发达，这一点从它留下来的极其壮观的建筑遗址上就看得出来。但在文字上，印加人却停留在结绳记事的阶段。文字的发明是文明传承中一件性命攸关的大事，当然更是一件难事。

由此看来，汉字传入日本，再由古代日本人将其改造为自己的语言，这实际上是日本的文字文明的一个从无到有的本质性飞跃。这和日本吸收了某种具体的生产技术有着本质的差异。松冈正刚的"编辑"文化论，实际上涉及的是日本经由摄取汉字、创造日语，进而确立其思维方式的过程。因此，如果只是将汉字理解为日本的外来语，会错失许多有关历史与文明的认知。

这一从最初的外来语（汉字）变为后来的母语（日语）的演化过程，有相对清晰的路径可循。据说，公元285年，位于今天朝鲜半岛南部的百济王国的博士王仁携带《论语》和《千字文》赴日，后人视其为汉字和中国儒学传入日本的开始。还有一种说法，时间上更晚一些，说是公元5世纪时，百济王国的学者将汉字引入日本。值得注意的是，这些说法应当是指大规模、系统性地导入汉字。因为与大陆有各种联系，生活在日本列岛的原住民，即所谓的"倭人"，接触汉字的时间可能比这些年代早很多。

关于日语的形成，起源的时间并不十分重要。因为，直到现代日语的"假名"（相当于日语字母）文字被创造之前，古代日本人一直在直接使用"汉文"，即古代汉语。当然，此时汉文主要用在政府公文、外交事务、祭祀礼仪等场合，与一般民众的使用还有较大的距离。而且，掌握这些汉文的人更可能是从事贸易活动的华侨或者来自大陆的移民。不管怎样，那时的汉语的确是日本人或者说"倭人"的外语。但随后"假名"的发明，使得日语的演化出现了突变，最终使得日语从汉语中独立出来。这其实是日本文化史、文明史上极为重大的事件。

由于所有民族都有着有语言而无文字的历史阶段，在汉字传入日本之前，日本也有着很长的无文字的历史时期。所以，古代日本人最初看到汉字时，可能无法在这些文字符号和他们的口语之间建立起有意义的关联。这就如同我们今天看甲骨文时的感受一样，我们多数人看到的是"图形"，是一些无意义的、纵横交错的线条。不过，由于仓颉造字时的原则是"依类象形"，古代日本人据此或许能猜到其中的若干文字的意义。

当然，汉字并非突然出现在古代日本人眼前；如前所述，华侨与移民可能扮演了重要角色。随着东亚世界商贸网络的逐渐发达，或者为了躲避东亚大陆的战乱，包括"秦人""汉人""百济人""新罗人""高句丽人"等在内的所谓的"渡来人"或"归化人"，大量进入日本列岛。通过各种交流，日本列岛的一部分原住民，包括他们的部落首领，逐渐认识到了文字符号和语言的关系。

于是，一个大问题也随之出现：如何用汉字这种外来的文字符号来表达自己的观念世界？古代日本人想到了两种解决方案。第一种方法是直接使用汉语。比如，在日本有圣人之誉的圣德太子（574—622）在604年发布的著名的《宪法十七条》，就是用纯正的汉文书写而成，而内容则取法于儒学和佛教的教诲。日本最早的史书，即公元712年编辑的《古事记》以及720年编纂的《日本书纪》，同样直接使用了汉文。而公元751年编辑而成的诗集《怀风藻》，收录的则是当时日本文人创作的汉诗，可见当时的人们还直接用汉语抒发内心的情感。这种直接使用汉语的传统，一直延续到20世纪初。这其中，从1657年开始编撰、最终于1906年完成的《大日本史》是这一传统的最高典范，而且在观念上对明治维新产生了深远的影响。在学术与思想领域，江户时代的日本儒学者还留下了大量的汉文哲学著作。

用外语来表达自己民族的思想和感情，在实践中会产生各种问题，因为汉语毕竟起源于另外一个民族共同体，有着自己特定的"民族"属性。日本汉字学者白川静就曾指出，汉字的历史构成了这个民族的精神史的支柱。[1]因此，如何用汉字来表达当时日本人的语言或者说"倭语"就成了一大问题。结果，古代日本人开始改造汉字与汉文的表达方式，形成了第二种方法，也就是用一部分汉字来表达其口语声音。今天我们使用的诸如"法兰西""菲律宾""加拿大"这样的名词，以及以"佛陀"为首的大量源于佛教的词汇，就是借用文字来表音。这种方法的本质是将汉字视为纯粹的表音符号；文字的意义由声音承载，而不用字形表达。

虽然说汉字六书中有"假借"，即纯粹用汉字表音的文字使用方法，但非常有限。总体上，汉字的造字还是以"象形"、"指事"为本源，从根本上说是一种表意文字。因此，古代日本人将整个汉字体系用来表音，也就是采用完全的"假借"方法，正是汉字在日本母语化的开始。

公元 8 世纪中期编纂的诗歌集《万叶集》，在日语演化史上具有重要地位，集中反映了这一时期日语的形成状况。诗集的编辑者、奈良时代的著名诗人大伴家持（717—785）用汉字表音的"假借"方法，结合部分表意的汉字，巧妙地表达了当时诗人们的内心世界。根据诗歌创作年代的不同，《万叶集》收录的诗歌可分为三种，分别是纯粹用汉字表意的诗歌、用汉字表意和表音混合的诗歌以及纯然用汉字表音的诗歌。那些用来表音的汉字就是日语形成史上有名的"万叶假名"。假名的另一个说法就是"假字"。

我们如果直接看《万叶集》的原文，就会发现里面的汉字都

1　白川静认为，古代文字的起源都与神事相关，承载着人的意志，通常作为神人交流的手段而得到发明和发展。这种看法很可能将文字与其"民族"精神深处的要素的关联揭示了出来。参见［日］白川静《汉字的世界：中国文化的原点》，陈强译，四川人民出版社，2018 年，第一章。

认识，但很多汉字组合会让人莫名其妙。比如，诗集里"美邪古"三个字就容易让我们联想到"美丽"、"邪恶"、"古老"的形象。但日本人却不会这么认为，因为只要他们按照日文中的汉字读法mi—ya—ko来读，马上就会明白它的意思：它就是现代日语里"都"字的读音，表达的正是"都"、"首都"、"都市"的含义。

我们再看一个例子。诗集中收录了大伴家持的父亲大伴旅人创作于793年的一首诗："余能奈可波 牟奈之伎母乃等 志流等伎子 伊舆余麻须 万须加奈之可利家理。"在我们的眼中，这只是一排无意义的汉字，但现代日本人按照这些汉字的日本读音读出来，诗歌的意思就大致出来了："这个人世间啊，当我知道它的空虚时，就愈发悲伤起来。"这首诗就是完全用万叶假名书写的。

采用这种文字表记方式的前提是要对汉字的发音体系有彻底的掌握，而且还要为其他人所共享。无需说，7世纪的日本人早已精通了汉字的用法，最具代表性的事例就是前面提到的《宪法十七条》；到了8世纪，日本已经出现了汉诗集《怀凤藻》。用汉字的本意来作诗，将复杂的内心感受和意义世界呈现出来，意味着汉字已经高度母语化了。《万叶集》中有一种叫"略体歌"的诗歌形式，就与中国的古体诗类似，用汉字表达意思。比如，诗集中有这样一首诗："春杨 葛山 发云 立居 妹念。"这样的诗歌，我们中国人通过望文生义就可猜测到它的大意：春天杨柳依依，白云从葛山升起；此时我坐立不安，辗转反侧，因为思念着妹妹。[1]

在随后一个多世纪的汉语使用过程中，进一步出现了两种变

---

[1]　在《万叶集》时代的日本，夫称妻为"妹"，妻称夫为"兄"。上面的说法是对这首诗大意的解释，而不是呈现诗意的翻译。《万叶集》的汉语译本，可参见《万叶集精选集》，钱稻孙译，上海书店出版社，2012年。

化：一方面，僧侣们在阅读、抄写佛经时，由于要使用工整的楷书，为了方便，经常取汉字楷书的一部分来表达发音，这种方法创造了"片假名"；另一方面，日本诗歌的编纂者们在书写时从楷书逐步过渡到行书和草书，于是就形成了"草（书）假名"，这种假名在字体上进一步演化，就成了我们今日所见的"平假名"。至此，表音的平假名、片假名，再加上表意的汉字，就构成了我们今日所见的现代日语。[1]

　　日本人在这个过程中还自己创造了一些汉字，即所谓的"国字"或"和字"。比如，"峠"（山巅）、"榊"（神社内的一种树）、"辻"（十字路口）等就是按照汉字"指事"造字方法创造而成。我们今天看到这些字，基本上能推测出字面的含义。这些字的一部分也进入了中国的汉字字库，成为汉语的一部分，其中颇为典型的一个字就是表示身体器官的"腺"。这个字无论在日本还是在中国都很常用，人们多认为它起源于中国，但实际上却是由日本"兰医"——学习荷兰医学的学者或医生——宇田川榛斋（1769—1834）在翻译荷兰语 klier 时自己创造的汉字，正式出现在他自己于 1805 年刊行的著作中。而在此前，日本的兰医或者用万叶假名的方式将其表记为"機里爾"、"机里尔"或"吉離盧"，或者用表意的汉字将其表记为"濾胞"，但皆未能流传。[2]"国字"的出现意味着汉字母语化的完成。

1　同古代日本的许多文化一样，日语"假名"的发明也有来自朝鲜半岛的汉字文化的影响。朝鲜半岛的住民很早就使用汉字来表达他们的声音，这种方法被称为"吏读"或"吏吐"。因此也有学者推测，日本的假名是由朝鲜半岛迁居过来的众多归化人所创造的。

2　[日] 笹原宏之：《日本の漢字》，岩波书店，2006 年，第 177—179 页。

这里还要一提的是，日本在近代开始接触西方文明后，还大量引入了荷兰语、英语、法语、德语、葡萄牙语等欧洲语言的词汇。这些词汇一部分用汉字的形式表达，更多的则是用片假名的方式直接进行音译，人们一般称它们为"外来语"。这种用片假名来直接表达"外来语"的门槛极低，比如英语的 yes（是）、no（不）、wife（妻子）、cake（蛋糕）等最简单的词汇，都有各自的片假名写法。日本人还利用自己固有的假借方法，对英语文字进行了大胆的改编与使用，其中的一些日式英语让许多西方的日本专家也常常感到莫名其妙。[1] 其实，日语文字的表记与语法正是在这个过程中得到了进一步的发展和完善，现代日语最终得以定型。

对于这种外来语的大量"入侵"，日本人的看法出现了分歧；保守主义者视这些"日语"为肉中刺、眼中钉，呼吁立法禁止，但无济于事。其实，从我们介绍的古代日本人发明假名的过程来看，现代日本人在外来语使用上呈现出的激进性格，其实正是日本思维方式的根本反映，是日本人固有的一种创造性的表达。反过来说，我们要从这个复杂的日语表达体系中，识别出日本思维方式的根本特征。

我们上文的目的并不是介绍日语形成的历史，而是要谈一个关于日本的认知。作为总结，我们还要进一步思考一下日语演化史的精神维度。

第一，我们在前面说过，语言是人类表达思维的一个极其重要的手段；我们借助语言，表达头脑当中的世界，而语言也会反

1　[美] 赖肖尔、詹森：《当代日本人：传统与变革》，陈文寿译，商务印书馆，2016年，第442—443页。

向影响我们的思维。对于中国人而言，汉字就是我们母语的书写方式与表记方法。如何说、如何写以及如何思维，对于我们而言是一致的。但古代日本人并没有文字，所以汉字就不仅仅是表达日语的一种书写手段；汉字固有的对世界的感知与认知特征，随着日语的成立，就必然以潜移默化的方式影响着日本人的世界观与生命观。这意味着，日本人的精神世界可能因此而存在着某种矛盾：他们要借助一种外来的文字来表达自己原有的思维和观念。古代日本人使用"编辑"的方法，逐步把汉字、汉语编辑成自己的语言，目的可能就是要逐渐消除这种紧张。同样，日本人在摄取外来文化时的主体性格，可能就表现在这里。

我们在前面介绍的《万叶集》，它在日本国民心中相当于《诗经》在中国人心中的地位，是这个民族心灵的故乡。正是在这个故乡的深处，我们看到了汉字日语化的历程，看到了汉字对日本民族心灵的约束以及激发。当代日本文化学者试图将"编辑"提升为一种原理，触及了文字发明在日本文化演进中的关键作用。

由于语言是我们表达思想最根本的工具，当古代日本人用"编辑"的手法来弥合精神世界的矛盾时，这种方法本身对日本人思维方式的塑造，就变得愈发强固了，因为"编辑"并无法在根本上改变作为编辑对象的材料的自身属性。而且，随着日本文明的发达，日本语言承载的内容越来越丰富，这种"编辑"方法和思维方式，也就最终演进为日本固有的一种思维方式，尤其是面对外来事物的思维方式。

第二，日语自身固有的一个说法其实已经显示了精神层面的问题，那就是"假名"或"假字"这个说法自身的涵义。前面说过，这个名称可能源于汉字六书的"假借"方法，但我们的头脑中仍不免会出现更朴素的疑问：古代日本人将自己创造的文字称为"假名"，难道还有"真名"吗？

事实还真是如此。日语的"假名"正是相对于"真名"而言的，而"真名"就是指汉字自身，是事物真正的"名称"。当时的日本人非常谦逊，认为相对于从中国传来的"真正的"事物，日本自己的创造"不是真正的"，而是"假的"或者说"假借的"。这种对文字的看法，自然会对日本人的自我意识和心理结构产生深远的影响，因为"真"、"真正的事物"要到中国文化中去寻找。从这里我们亦会发现，当代日本国民谦逊、低调、内敛的精神气质其实有着深刻的历史根源。

古代日本的这种对待中国事物的态度，一直持续到江户时代中期。当时新出现的学派"国学派"试图摆脱这种尊崇中国事物的习惯和思维方式，要在自己的文化传统和历史典籍中寻找"真"。这是一种对汉字作为"真名"与"帝国的语言"的反抗。[1] 由于汉字、汉文在当时的日语书写体系中处于优先地位，结果，主要用假名书写的《万叶集》以及《古事记》、《源氏物语》等成为"国学派"学者们极其看重的日本古典，而这正是现代日本文化民族主义的起源。[2] 这是"汉字"在东亚世界体系中的政治效果的一种呈现。

所以，我们不能将现代日语中的"汉字"简化为中国人自己的文字。作为一种表达思考与思维方式的工具，现代日语的形成是一种独特的发明。这种发明的方法，这种对待外来事物的方法，

1　[日]柄谷行人：《民族与美学》，薛羽译，西北大学出版社，2016年，第191页。

2　[日]吉野耕作：《文化民族主义的社会学：现代日本自我认同意识的走向》，刘克申译，商务印书馆，2004年，第54—58页。

是一种独特的类型，它在保留外来事物特征的同时，呈现了主体的创造。这种日本独特的思维方式，在古代日本人创造日本语的实践中得到了展现和完成。

由此，我们还可以进一步思考汉字和我们自身的关系。众所周知，明治维新前后的日本学者在翻译西方书籍时，创造了大量的新的汉语词汇。中国当年的有识之士，随即引入了这些词汇，为中国打开了文明的一扇窗户。我们很熟悉的一些双音节词汇，比如"科学"、"艺术"、"哲学"、"市场"、"经济"、"干部"、"阶级"、"解放"、"希望"、"时间"、"空间"、"电话"、"银行"、"正确"、"优秀"等等，都凝聚着近代日本知识分子的创意与匠心。[1] 我们今天使用这些语汇时，我们的头脑世界同样会为这些语汇所约束。事实上，我们此刻使用的现代白话文自身，很多学者就指出，它在语法上有着"欧化"的特征，但实际上，它更是受到了 19 世纪末逐渐定型的现代日语表达方式的影响，有着浓厚的"日化"特征。[2]

如果说近代日本人通过对"汉字"词汇的创造进一步改变了自身的思维方式，那么，中国对这些词汇的输入，同样也改变了自身。在现代中国国民的精神生活的深处，有近代日本的影子。

1　我们常用的双音节词汇中，很多是日本学者的独自创造，但也有近代西方在华传教士翻译西方学术作品时的创造，其中的一部分途经明治日本后又"返销"回中国。此外，还有一部分词汇见于中国古籍，但明治日本知识分子赋予了它们新的意义，进而转化为现代汉语的一部分；我们常用的"学校"、"社会"就是典型。参见陈力卫《东往东来：近代中日之间的语词概念》，社会科学文献出版社，2019 年，第一章，以及沈国威《一名之立 旬月踟蹰：严复译词研究》，社会科学文献出版社，2019 年，第五章。
2　所谓现代汉语的"欧化"或"日化"，其实就是指一种翻译体，在翻译中逐渐定型的新的表达方式。近代日本在翻译欧文时，最初将其直接译为古典汉文，随后出现了用"汉文体"的日文翻译；1887 年后，日本出现了"欧文直译体"，这被认为是现代日语形成的开始。参见陈力卫《东往东来：近代中日之间的语词概念》第十章。

文明
日本民族的演化机制

古代日本对汉字的吸收和假名的创造，无疑意味着日本文明的一次飞跃。日本学者用"编辑"来概括文字创制过程中体现的日本方法和原理，亦即日本面对外来文明、外来事物时的一种根本的思维方式：日本人善于通过自己的独特加工，将外来文明转换成自己的发明和创造。

文字的创制是这种思维方式的一次重大的实践，反过来又促进了这种思维方式的发展。由此，一个新的问题出现在了我们的面前：如果说日本只是善于学习、善于将外来文明转换为自己的文明，那么"日本文明"这个说法还有意义吗？

提到日本文明时，不少中国的学者、评论家，甚至包括一些日本学者在内，会有这样的想法：日本专事借鉴其他文明而已，没有自己的文明。在他们看来，所谓的古代日本文明就是模仿、吸收而来的中华文明，公元 7 世纪中期的"大化改新"就是一场大规模吸收隋唐文明的政治改革；到了近代之后，日本转换了方向，开始模仿、吸收西方文明。这些看法司空见惯，但问题非常大。从根本上说，这还只是停留在事实的描述层面，没有进入认知的领域，尚未回答日本到底是不是一个独特的文明。

这个问题与文明的定义或评价标准有关。在中国的古典语境中，文明的主要含义是"文教昌明"，是描述与衡量一个社会综合状况的整体性概念。从这个角度来说，"日本文明"这个说法自身不存在问题；人们的疑虑似乎在于，日本没有对这个文明作出自己独特的贡献。日本只是模仿、吸收外来文明而没有自己的"创造"的看法，堪称根深蒂固。然而，这是对文明的误解，当然也是对日本的误解。

事实上，日本是一种自成一体的文明。比如，英国历史学家汤因比（1889—1975）有一部著名的历史学著作，叫《历史研究》，为他赢得了"近世以来最伟大的历史学家"的声誉。汤因比在书中提出了一个非常独特的观点，他认为历史研究的本质就是文明的比较研究。因此，他纵览全球历史的演变，从中一共找出了二十一种"文明"来作比较研究，其中之一就是"日本文明"。他有时用"远东文明"来指称中国文明和日本文明的整体，有时也会说日本文明是中国文明的一个分支。这意味着，汤因比注意到了日本文明和中国文明的亲缘关系，但他将"日本文明"视为自成一体的文明，却是不折不扣的事实。

有人可能会问，这是不是一个孤例，只是他的一家之言呢？而且，《历史研究》撰写于1930年代，差不多是一个世纪前的作品，他的观点是否陈旧了呢？事实并非如此，我们还可以举出很多论述日本文明的学者。

比如，美国国际政治学者亨廷顿（1927—2008）在其著作

《文明的冲突》中，就将日本视为一种独自的文明。这本书刊行于 1990 年代末，进入本世纪后，由于他的一些论断正在为新的现实所佐证，如今已经成为国际政治学领域中的名著。他在书中说，21 世纪国家间的冲突将体现为文明之间的冲突。文明冲突的观念是否把握了当下国际社会的现实，众说纷纭，见仁见智，我们暂且存而不论。重要的是，亨廷顿认为当代世界主要由七种文明构成，其中之一就是"日本文明"，它与中华文明、西方文明、印度文明、伊斯兰文明等并列，是一种具有世界规模的力量。[1]

另外，以色列历史学家艾森斯塔特论述日本的著作的题名就是《日本文明：一个比较的视角》。在这部书中，他例举了许多将日本视为一种文明的学者的看法。而且，他还指出了日本文明的独特性：作为非轴心的文明，日本在发展过程中"一直保持了自己的历史，直到现代"；日本"没有被轴心文明——中国和朝鲜、儒教和佛教——边缘化，并同它们一直处于不断的接触交往中"。[2]

简言之，把日本看作一个相对独立的文明，这几乎是西方学术界的共识。这一点和我们中国略微不同；现代中国人似乎不太愿意把日本看成一种独立的文明。那么，这种观念的形成机制是什么，在认知上又有着怎样的问题？

日本人善于模仿，尤其是模仿隋唐中国、模仿近代欧美，这

1　[美] 亨廷顿：《文明的冲突与世界秩序的重建》，周琪等译，新华出版社，2002 年。

2　[以] 艾森斯塔特：《日本文明：一个比较的视角》，王晓山译，商务印书馆，2008 年，第 23 页。

几乎是全世界的共识。但这并不意味着我们可以由此而得出结论，说日本没有自己的文明。其实，妨碍我们认知日本文明的要因首先就出现在对"模仿"一词的理解上。难道"模仿"就不是文明，模仿就无法创新吗？说日本文明只是模仿而没有创新，既是对日本"模仿"的误解，同时也是对日本"创新"的误解。

实际上，汤因比已经给我们作了准确的解释。在《历史研究》中，他专门论述过"文明的成长"的过程和动力，其中就特别提到了"模仿"与"文明"之间的关系。汤因比这样写道：

> 运用模仿能力对于要达到的目的是必不可少的……模仿是社会生活的一般特征，原始社会和文明社会都是如此，但是在两种社会里，它运用的方式却不同。在静止的原始社会中，模仿行为直接面对活着的老一代人以及死去的人……然而在走向文明的社会里，模仿行为直接面对的是开拓新天地的创造性人格。本领是一样的，但是它转向了相反的方向。[1]

汤因比告诉我们，除了原始社会之外，对于处在文明进程中的社会而言，模仿正是文明成长的一种机制和动力，因为模仿者面对的是"创造性的人格"。他所说的"创造性的人格"，其实就是指文明开拓者、文明先行者富有创造的人格。从而，文明的后发者通过模仿，他们最终学到的将是"创造性"自身。这可是非凡的行为，因为模仿者会有意识地将"创造性"当作自己要追求和培养的品格。而创造性自身极为稀缺，是文明演进的根本动力。

1 [英]汤因比:《历史研究》(上卷),郭小凌等译,上海人民出版社,2010年,第216页。

汤因比说模仿者最终学到的是"创造性人格"，就是指这种文明动力机制的学习。

不仅如此，对于模仿，汤因比接下来还进一步告诉我们：

> 模仿可以收获许多社会资产——才智、情感、观念等等——这些资产不是获得者创造出来的，而且如果他们没有遇到过并且没有模仿那些拥有"资产"的人，他们也不会具备这些"资产"的。事实上，它是一条捷径。[1]

如果将汤因比的这些洞察运用到日本的事例上，我们就会看到，日本其实一直在走一条"捷径"，一条通向文明的捷径。无论古代中华文明，还是近代西方文明，对于当时的日本而言都是压倒性的、高度原创的文明。这其实意味着日本在世界文明演进史上获得了相对特殊的位置：日本处在两大文明的交汇之处。所以，它只需要模仿，并以自己独特的"编辑"方式将这些成果化为己有，就能保证它始终处在文明的前列。而当这种"模仿"变成日本自己的文化基因和行事逻辑时，一种自成一体的"日本文明"就出现在人类文明进程中了。

当代的很多评论家都注意到，日本目前的文明水准在很多方面超过了一般公认的标准。这种状况的根本成因就在于，日本对现代世界上的各种文明保持着高度的敏感，并善于运用自己的方法——比如说"模仿"，比如说"编辑"——将其据为己有，从而实现了文明的进化和升级。可以说，日本文明的特殊性就在于，

1　[英] 汤因比：《历史研究》（上卷），第216页。

它有着一种强烈的文明化的主体意志。

我在这里提到的这种日本文明观，也不仅仅是我个人的看法。比如，近代日本启蒙思想家福泽谕吉（1835—1901）在其著名的《文明论概略》中念兹在兹的，就是如何推进日本的文明化进程。他告诉他的同胞说：

> 文明是一个相对的词，其范围之大是无边无际的，因此只能说它是摆脱野蛮状态而逐步前进的东西。交际活动本来是人类的天性，如果与世隔绝就不能产生才智。……文明之为物，至大至重，社会上的一切事物，无一不是以文明为目标的。[1]

我们不难看到，福泽谕吉的说法其实与汤因比的说法共享了文明的一个内核，亦即他所说的"交际活动"。各个民族之所以要进行广泛的交流，是因为交流源于人们的本性。"如果与世隔绝就不能产生才智"，这个判断更是表明了日本人对文明特征的理解——这个理解首先是对文明化，亦即走向文明的方法的理解。法无定法，只要能"摆脱野蛮而逐步前进"，就是文明化的过程。对于这个过程自身，日本人有着深刻的认知。

在福泽谕吉的这几句话中，其实还潜藏着理解文明的一个要点，那就是"文明"是和"野蛮"相对而言、相对立而存在的。这其实是"文明"的另外一个极其重要的含义，但又是一个过于

1　［日］福泽谕吉：《文明论概略》，北京编译社译，商务印书馆，2007年，第30页。

日常的含义，以致常常被人们所忽视。我们可以看一个例子：多少有过日本体验——比如说去过日本旅游或生活——的人都会说，日本是一个非常非常文明的国家。这句话到底是什么意思呢？

我们如果反过来理解这句话，就豁然开朗了。它的意思是说，和日本相比，很多国家还"不文明"，或者说不够文明。这个"不文明"其实还是一个含蓄、委婉、客气的说法。因为作为"文明"的对立面，还有一个很不客气的，甚至刻薄的说法，那就是"野蛮"。

当然，现在这个世界不能说还有"野蛮"国家，但具体的"野蛮"现象和事件层出不穷，几乎遍布于所有的国家，却也是有目共睹的事实。在我们享受的文明的另一面，还有一个灰色乃至暗黑的世界；比如，屡禁不绝的妇女与儿童买卖，就是让很多文明国家感到羞愧的事实。我们平时很愿意使用"文明"这个词，其实潜在的意思就是对"不文明"现象存在的承认和批评，并且表达了一种向好、向善、向文明方向转化的愿望和意志。

在我们日常使用的文明的观念上，我们还常常说英国、德国、法国、瑞士、美国等这些发达工业化国家也是非常文明的国家。所以，单单指出日本是非常文明的国家还显得不够精确，因为它尚未注意到日本文明的特殊性；而正是日本文明的特殊性，才保证了它所达成的文明超过了目前一般的文明水准，使得它站到了人类文明发展的前沿。

这个文明的特殊性，就是日本在长期的文明演进过程中形成的"模仿"和"编辑"的方法与深层的思考样式。日本通过强大的模仿、吸收和转化的能力，借助着它自身明晰的文明意志，将当代世界文明的长处据为己有，从而在国民的日常生活中呈现出了一种高水准的文明形态。汤因比在讨论文明衰落的本质时，曾指出过三点要因："少数创造性群体丧失了创造力，大多数人不再进行相应的模仿，随后整个社会出现分裂。"[1]从这个角度看，日本的"模仿文明"堪称人类文明的中继站，是一种人类文明演化的机制。

福泽谕吉的《文明论概略》之所以能风靡一时，原因就在于他将日本文明观念的本质特征揭示了出来：从本质上说，日本文明是一个向前看、向未来看，而不是向后看、向历史看的文明。它并不预设一个日本固有的所谓的文明的内核；相反，社会上的一切事物都要"以文明为目标"，都要向最新、最前沿的文明水准看齐。当然，何谓"文明水准"，日本在长期演化中也形成了自己的看法。因此，福泽谕吉的说法并非他个人的发明，而是其来有自，有着历史的根源。

要言之，日本之所以是一种文明，一种高于一般水准的文明，原因正在于它在长期历史演进中形成的独特的文明观念和方法论。这种文明观的长处在于，它将日本民族与国家的存在置于世界文明演进的浪潮之中。换句话说，日本的国家理性中存在着一种明确的文明冲动和意志。

日本的这种文明观和我们通常的观念迥然有别。我们平时谈论的文明，多数情形是"古代四大文明"或"四大文明古国"意义上的文明。这个层面的文明又叫"轴心文明"，是德国哲学家雅斯贝尔斯（1883—1969）的说法。这个说法的大意是指，在公元前500年左右，人类在中国、印度和西方这三个地方实现了文明

1　[英]汤因比：《历史研究》（上卷），第247页。

的突破，是历史"最为深刻的转折点"。[1]这种文明突破的主要标志就是实现了人的自我的觉醒，人们开始反思自身的存在，从而为后世奠定了宗教、哲学、美学、政治学等一系列观念与知识的基础。

不过，如果只是停留在这种人类自我意识觉醒的层面上谈文明，会妨碍我们对文明的进一步理解，容易让我们自满，进而忘记了进取与创新才是文明进步的本质。而且，这种进取与创新并不要求我们与传统文明一刀两断；相反，模仿、继承传统曾经孕育的"创造性人格"，正是我们今天得以进取与创新的文化红利。我们在前面已经指出，今天的日本在文明进步上之所以成绩斐然，与它喜新而不厌旧的思维方式息息相关。这种思维方式，其实就是日本文明固有的特征。

因此，无论是停留在轴心文明的层面上沾沾自喜，或是想要彻底克服自己的传统文明，这些都是对文明的本质以及文明进程的误解。

---

1 [德]雅斯贝尔斯：《论历史的起源与目标》，李雪涛译，华东师范大学出版社，2018年，第8页。

第二章 | 日本的奇异性

清寂

日本社会秩序的美学根源

　　前面，我们尝试建构了一套重新审视日本变异的原理性框架；现在，我们要从一个具体的经验现象来谈日本的"变异"，亦即日本的"非常态"。初次到日本的中国人大多会有这样的感叹："日本真是干净啊！日本社会太有秩序了！"这样的感叹当然不是凭空而来，而是初次与日本相逢时的第一感受。当然，你如果在日本稍微生活一段时间，还会发现日本社会有一种强烈的秩序特征，到处都是秩序井然。日本国民在公共场所的安静、从容、淡然，市容市貌的清洁、整齐等等，都无疑会强化我们对日本社会富有秩序的感受。

　　日本社会的高度秩序性特征，在危机面前表现得更为鲜明。很多人可能还记得 2011 年 3 月 11 日日本发生的东海大地震。大地震引发的海啸摧毁了位于福岛县境内的核电站，引发了巨大的核泄漏灾难。在巨大的灾难现场，当时受灾的民众表现得异常平静，未出现诸如疯抢救灾食物、盗窃等常见的混乱现象。当时各国媒体对此高度赞誉，认为日本国民的素质高。日本国民在灾害面前表现出的那种坚毅、沉着、富有秩序性的态度，其实是它当下文明的一种呈现，有人将其命名为"生存的艺术"，成为现代日本社会文化的一部分。[1]

不过，事情还有反常的一面。如果在日本生活时间稍微长一点，你很可能就不只是赞叹，还会感到一丝困惑：在日本生活，虽说是岁月静好，但就是过于寂寞、冷清了！如果用一个词语来描绘这种感受，"清寂"可能是不二的选择。其实，这些人在日常生活中都有自己的社交圈子，但为什么还会有那种"清寂"，那种虽然不浓烈但却如影随形的孤独、寂寞、冷清的感受呢？旅日的中国人，在他们的早年岁月可能都会经历这种日本文化的异质性对他们造成的冲击。

很多人都注意到了这个现象，但很少人会去分析它到底意味着什么。在我看来，旅日中国人的这种感受源于中日两国不同的文化类型的矛盾和冲突。日本社会的清净秩序是其文化类型的社会呈现，这让来自不同文化类型的中国人感到一种文化上的不适应。当这种不适应进一步转化为心理上的感受时，"清寂"就成为人们普遍的观念。换言之，在人们对岁月静好的不同感受背后，有着日本文化和社会秩序的特殊原理在发挥着作用。

那么，日本社会生活整体上呈现的秩序特性，又是怎样形成的？有人说，这是因为现代日本的国民素质高，2011年日本东海大地震发生后国民的表现就是现实的例子。从国民素质的角度来

1　从这个角度对灾后日本重建的一个观察，可参见［英］皮林《日本：生存的艺术》，张岩译，中信出版集团，2020年，第十六章。由于地震、火山、洪水等自然灾害频繁爆发，日本社会形成了一种"与灾害共生"的文化。这种"生存的艺术"也可以说是日本的"灾害文化"的一种表达。关于日本的灾害文化，可参见［日］大矢根淳等编《灾害与社会1：灾害社会学导论》，蔡驎等译，商务印书馆，2017年，第四章。

解释日本的社会秩序，固然不错，但还只是停留在表象上，关键的问题依然没有解决：为什么日本国民素质高？要回答这个问题，我们不能只停留在现象的罗列上，否则就变成了先有鸡还是先有蛋的循环论证。

有人认为可能要从社会的伦理道德角度来谈，但这还不足以解释日本人行为背后的精神原理。社会的伦理与道德本质上还是共同生活的一种约定俗成的规则，是一种习惯。这些规则或者说习惯的形成，源于日本民族共同体自远古以来的生活实践。比如，"集团主义"被认为是日本的文化类型，它虽然可以用来解释现代日本人的一些行为特征，然而，这些源于社会行为规范的说法，依然无法触及"清寂"这种文化类型的精神特征。

事实上，文化类型揭示的逻辑和原理还只是一种静态的刻画和描述，人们的日常行为还受另外一种非逻辑的、感性的原理所支配。现代日本社会秩序的背后，有着尚未被揭示的感性原理。我将这种原理概括为"审美原理"或者说"美学原理"，用来指称日本国民在长久的生活中形成的一种对事物的深刻感受。从这个审美的角度来说，日本文化可以称为以审美为导向的"美感文化"。日本文化类型的精神属性，因为这个审美原理而获得了殊异的品性。[1]

---

[1] 在继续阐述之前，这里有必要作一些补充性的说明。显然，各个民族的文化类型的精神属性并不相同，主要原因在于主导那个民族的精神生活的机制不同。比如，人们不难观察到，基督教社会和佛教社会呈现出的精神品性往往大异其趣。同样，在基督教内部的不同派别——如英国的清教徒和意大利的天主教徒——之间，我们也不难发现他们的不同。我们同样可以从宗教的角度来描述现代日本人行为背后的精神原理。我在这里提出的"审美原理"当然有着特定的历史的宗教的起源，但在高度现代化的日本社会，这种原理更呈现出一种独特类型上的特征。换言之，我们可以单独从审美的角度，来刻画日本文化的精神侧面。

　　关于什么是审美，美学家们已经给出了各种解释。简单地说，它就是一种感知、识别和判断事物的美和丑的能力，是一种从事物的造型、色彩、节奏、韵律、秩序等现象中感受到的精神愉悦。著名美学家李泽厚曾经引用"有意味的形式"（Significant form）或者说"有意义的样式"这一说法，来表达审美对象的本质特征，认为它是人们长期的社会生产与生活实践在心理上的一种积淀，是一种"社会内容"所孕育的"心理结构"。[1] 这种从生活实践到心理沉淀的逻辑链条，构成了对审美何以形成的一种简明有力的解释。

　　这种"审美"的能力，这种精神层面的能力，又是怎样转化成了清寂的社会秩序呢？这个问题不容易回答。按照李泽厚的美学观，日本国民的审美能力从根本上说与他们的感受性有关，是一种心理与精神层面的事物。道德与社会制度相对容易观察并能进行逻辑解释，审美则不同；审美是一个民族心灵中最为敏感的那一部分，是一种心灵上的事物。

　　因此，旅日中国人最初体验到的那种"清寂"，那种集孤独、寂寞、冷清于一身的感受，并不只是来源于对日本社会伦理、道德、习惯、制度以及法律的不适应，更是源于对日本社会的审美原理的直接感受。那是一种对异质性事物的感受，无法用简单的语言来把握和形容；审美原理虽然流溢于社会生活的方方面面，但它在本质上缥缈不定，只在心灵的层面上才能觉察与捕捉。对于许多旅行者而言，这个审美原理可能是完全陌生的事物。但也正因

1　参见李泽厚《美的历程》，生活·读书·新知三联书店，2012 年，第一章。

为陌生，我们才能在东洋异域、在不同的日本文化中迅速将它识别出来：日本社会有着浓烈的清寂特征。

这个"清寂"既然是主观的感受性，那凭什么说它代表了日本的一种审美原理呢？其实，这个说法有着特定的理论基础和经验依据；在日本美学家的笔下，这种感受性背后的原理有一个更简洁的表达，它在日文当中被表达为"寂"这个字。

近代日本的美学大家大西克礼（1888—1959）曾撰写有《日本风雅》、《日本物哀》和《日本幽玄》等探讨日本审美原理的书。他通过对几个关键词的解释，将日本文化的根本的审美原理呈现了出来。在《日本风雅》这本书中，大西克礼给我们提供了认知日本审美的第一个原理，就是这个"寂"。

按照他的说法，"寂"这个字的含义包括了诸如"寂寥""寂寞""孤寂""闲寂""静寂""空虚""朴素""淡薄""清净""幽静""古雅""冷清"等多种复杂的含义；一言以蔽之，这个字的首要含义就是不渲染、不热闹。[1] 由于这个美学原理的独特属性，它并不容易翻译为恰如其分的现代汉语词汇；我使用"清寂"二字，目的正是要尽可能涵盖并突出"寂"的精神意蕴。

值得我们注意的是，大西克礼用这么多词语描述"寂"的含义，正说明"寂"已经不再是描绘现象的用语，而是一种原理，是一种需要解释的本质性的东西。当大西克礼说"寂"只能说是一种审美范畴和一种原理性的存在时，他要表达的就是这个意思。

既然是原理性的存在，我们就可以在一些文化现象上发现它的功效。比如，日本有一种被认为是世界上最短小的诗歌体裁，

1　[日] 大西克礼：《日本风雅》，王向远译，吉林出版集团，2012 年，第 78、98 页。

叫俳句。俳句的格律很简洁，一行文字可以断为三小节，每一节的字数是五、七、五，分别由五个发音、七个发音、五个发音组成，一共只有十七个发音。如果翻译成汉语，一首俳句就相当于只有十七个汉字，这比中国古典诗歌中的五言绝句还要少三个字。俳句最初用来表达机智、诙谐、幽默的诗人情感，但到了江户时代的成熟阶段，俳句的最高审美标准就被认为在这个"寂"上。

我们可以举一首在中国也广为流传的俳句来具体看一下。这首俳句题名《古池》，作者是生活在江户时代早期的伟大诗人松尾芭蕉（1644—1694）。这首俳句有多种翻译，我自己比较喜欢的是十七字的版本：古老一池塘，一蛙跳进水中央，扑通一声响。那么，这首俳句到底好在哪里？大西克礼引述了一位日本评论家的说法：

> 他在江户深川闲居的地方有一个古池，时至春天，徘徊于池畔的青蛙，从岸上跳入水中，发出清冽的水声。作者不写梅、桃、樱依次开放，不写柳叶日见其长，不写蕨草、鼓草从杂草中窜出，只写在悠闲、寂静的草庵中，听得青蛙扑通入水的声响。这简直难以言喻，写得春色满满，细致入微，恰如其分。[1]

这就是说，春天本来会给人们一种春花烂漫、草长莺飞，万物生机勃勃、郁郁葱葱、一片欣欣向荣的情境，但芭蕉的俳句仅仅捕捉了青蛙"扑通"一声跳入池塘的画面，其余一概略而不谈，都交给了画面的留白和余韵。这位评论家进一步总结说，这首诗

1　[日] 大西克礼：《日本风雅》，第 90 页。

就是"寂"为体,以"寂"为根本的骨骼和精神。我们由此可以推知,这首诗之所以家喻户晓,就在于它以最为凝练的艺术形式表达了日本国民精神深处的那种审美感受。后世的人们也公认,俳句到了芭蕉这里,才具有了"冷峻、孤寂和幽玄的艺术高度",成为闻名世界的最短诗型。[1]

值得一提的是,这位评论家担心松尾芭蕉的境界不被理解,接着就举出了唐代著名山水诗人王维的一些名篇,比如《鹿寨》《竹里馆》《辛夷坞》等作品来进行类比。在《辛夷坞》中,诗人这样咏叹道:"木末芙蓉花,山中发红萼。涧户寂无人,纷纷开且落。"这是一幅极为清寂、简素的山水画面,很容易为我们中国读者理解。不过,这并不意味着我们可以通过中国的山水诗来简单地理解"寂"这一美学原理。

在我看来,日本俳句中的"寂"原理,并非中国文化中的普遍原理。我们固然可以说中国文化中有推崇"淡然""悠闲""高远""宁静"的山水诗歌和山水画,它们的确构成了王维所代表的一部分读书人、士大夫的审美境界和标杆,但这种审美趣味的根源在于儒家学说、道家思想与中国化的佛教文化,它们无法脱离中国固有的美学与艺术精神而存在。[2]用王维的诗歌来类比,可能还无法触及日本"寂"原理的根本属性。大西克礼告诉我们,

---

1　[日]冈田武彦:《简素:日本文化的根本》,钱明译,社会科学文献出版社,2016年,第149页。

2　按照徐复观的看法,中国的艺术精神由两种系统,即儒家系统与道家系统奠定而成,二者均有"为人生而艺术"的根本关切。中国文化观念中的这种对"人生"的关切——核心是人生的自由——或许是我们观察中日山水画精神异同的一个要点。相关论述,参见徐复观《中国艺术精神》,辽宁人民出版社,2019年。

除了俳句外，日本的茶道、花道等传统文化中都渗透着这种"寂"的原理。"寂"在日本是一种弥漫性的存在，是日本艺术的根本精神。

有评论家指出，日本的这种"寂"是一种"佛心发露"，是一种参禅悟道后的精神状态。这虽然也是一个类比的说法，却深刻揭示了这个原理的宗教性内容。进一步说，源于中国的禅宗思想，与日本国民固有的那种追求洁净、追求清净的心智结构发生了共振，最终形成了一种普遍性的追求"清寂"的生活习惯和准则。

事实上，"静寂"精神在受禅宗影响的艺术形式上得到了最高的表现，而茶道就是这种美学原理的典范。日本历史上的茶道大师都被视为禅宗的弟子；比如，被誉为日本茶道的集大成者的千利修（1522—1591），他开创的茶道流派就将"静寂"与日本文化的关系揭示了出来。日本美学思想家冈仓天心在他的《茶之书》中这样写道：

> 像利休那样追求无上孤寂的人，主张修建露地的秘诀应如以下的一首古歌：放眼皆寂寥，无花亦无枫，秋深海岸边，孤庐立暮光。……即使是在白天，茶室的光线也很柔和，因为只有少许阳光进入倾斜屋顶下的低檐。……一切东西都呈现古雅的韵致，除了洁白无染的竹制茶筅和麻布茶巾，与之形成鲜明对比以外，任何令人想起新制品的东西都被禁用。尽管茶室和茶具褪色古旧，但一切都绝对洁净。连最幽暗的角落也一尘不染，否则主人便不能被称做茶人。茶人首要具备的条件之一就是打扫、擦拭、洗刷的知识，因为清洁和打扫也有艺术。一件金属古玩不要让热心过分的荷兰主妇用力

擦洗。不用擦掉从花瓶里溢出的水滴，因为它使人想起露珠而感到清凉。[1]

这一段引文体现的正是茶室设计的基本原理。如果没有这些预备知识而突然进入日本的茶室，我们也会自然感受到那种"清寂"的氛围。不过，冈仓天心的说法为我们解释了那种感受性的成因——茶室设计者有意传达的正是茶道的清寂美学。实际上，日本茶道的始祖村田珠光（1423—1502）认为茶道的精神就是"一味清净""谨敬清寂"，千利休自身也倡导"和敬清寂"的精神。

日本茶道的清寂美学固然受到了禅宗的强烈影响，但这种影响之所以能够发生，还有着日本特有的宗教观念要素在发挥着作用。比如，日本文化学者荒木博之就试图用"清净志向"来表述日本固有的这个要素，而这个要素的本质是日本共同体——它被表述为"岛屿共同体""村落共同体"——生活的本质属性。[2] 这个属性也被普遍视为日本本土"神道"的属性：神道对"清净"的极端追求，本质上是一种对"生命力"的追求，是一种日本固有的生命观的呈现。[3]

因此，无论是从传统日本的社会结构还是从它的宗教观念来说，这个"清净志向"都内在于日本人的日常生活当中，并已然

1　[日]冈仓天心、九鬼周造：《茶之书·"粹"的构造》，江川澜等译，上海人民出版社，2011年，第43—45页。
2　参见[日]荒木博之《日本人の心情論理》，第107—166页。
3　这是日本文化论中非常常见的观点。参见[日]本田総一郎《日本的神道》，日本文藝社，2006年，第88页。

成为一种心理沉淀，从而是一种审美的心理结构。从近代天皇制、从民众对天皇无条件的忠诚上，我们可以看到清净这一美学行动原理，而它的极端形式和"危险力学"，就是二战末期日本"神风特攻队"队员赴死时给人们留下的"纯洁""洁白""清纯"的美学印象。

说到这里，我们还可以顺便解释一个现象，即最近数年日本流行的"佛系文化"。这个"佛系文化"已经传入中国国内，引发了各种讨论。不过，那些讨论都没有触及日本文化的审美原理，也就是这里说的"寂"的原理。中日两国虽然表面上都流行佛系文化，但在审美上却是大异其趣。佛系文化在日本并不是简单的"低欲望"，不是"什么都行""都可以""没关系"，而是有着一种美学上的意蕴，有一种审美的意志。决定二者差别的，正是中日两国社会属性的不同。

日本的"寂"这种原理，实际上非常复杂、精微、深刻，我在上面展示的也并非其全貌，但多少会有助于我们理解日本社会清净秩序的成因。我们所见的秩序，无论是事物的秩序，比如城市或乡村的风景，还是人的秩序，比如在公共场合讲究规则，讲究低调、内敛的行为方式，都是日本文化中源远流长的"寂"这一精神和审美标准的外在显现。"精神还仗精神觅"（汪藻《赠丹青僧了本》），我们可能要在这种精神自觉的意义上去认知日本社会的美学原理。

对于这种美感文化，中国的日本论先驱们早有体验，并且有极为深刻的洞察。比如，戴季陶在他的《日本论》中有这样一个论断："在人类当中，美术进步而普及的民族，也就是创造文化能力最大的民族。"对于日本国民的艺术生活，他这样写道：

> 然而我想称赞他一句话，就是"日本人的艺术生活，是
> 真实的。他能够在艺术里面，体现出他真实而不虚伪的生命
> 来"。我还想称赞他们的一句话，就是"日本的审美程度，在
> 诸国民中，算是高尚而普遍"。……一个人如果不好美懂得审
> 美，这一个人的一生，是最可怜的一生。一个民族如果把美
> 的精神丢掉，一切文化，便只有一步一步向后退，而生存能力，
> 也只有逐渐消失。"美"是生存意义当中最大、最高、最深的
> 一个意义。[1]

因此，戴季陶不是在单纯地赞美日本民族"优美而丰富"的
审美情绪，而是要论述日本民族力量的一个主要来源，即源自审
美的生活的力量。这种审美在生成国民力量上，仅次于信仰。无
需说，戴季陶这一番日本美学论述的目的，正是要激发当时中国
国民的潜在力量，为国家和民族克服危机寻找道路。

简言之，日本国民行为的背后有着一套独特的审美标准和原
理。我们最初提到的日本社会呈现出的异样的"清寂"氛围与秩
序特征，就是这套审美原理的社会功效。我们还可以更进一步说，
人们的精神世界的属性，会在根本上决定这个社会的呈现方式。
日本社会的"清净秩序"，正是我们观察者理解这一社会构成原理
的绝佳样本。

当然，从人们的精神秩序、心灵秩序到外在的物质世界的秩

1　戴季陶：《日本论》，九州出版社，2005 年，第 148—154 页。

序，这个转换过程非常复杂，也有各种哲学思辨。认为物质世界
的状态决定人们的精神世界秩序，这也是一种很常见的观念，这
里无暇对这些说法进行辨析。18世纪德国的伟大思想家席勒在
他有名的《审美教育书简》中的一段话，值得我们特别留意。他
这样写道：

> 从审美状态到逻辑状态（从美到真理和义务），比从自
> 然状态到审美状态（从纯粹的盲目到生命形式）的步骤，不
> 知要容易多少。前一个步骤，人通过他的纯粹自由就能完成，
> 因为他只需要自己接受而不需要给予……有审美心境的人，
> 只要他愿意，他就会普遍有效地判断，普遍有效地行动。……
> 因此，文化的最重要的任务就在于，使人就是在他纯粹的自
> 然生命中也有一定受形式的支配，使人在美的王国能够达到
> 的范围内成为审美的人，因为道德状态只能从审美状态中发
> 展而来，却不能从自然状态中发展而来。[1]

　　这其实是席勒的一个结论：审美教育才是教育的根本。简单
地说，人的审美能力其实等同于人的自由能力，从这种审美能力
到人的道德状态，是自然而然的，如顺水行舟，但相反的过程却
是道阻且长，困难重重；因此，如果道德教化是教育的目标，那
么教育要从审美教育开始。我们从日本事例上看到的，恰恰是精
神世界的不同所带来的社会秩序或道德秩序的不同。日本的审美
教育，已经内化为日本国民日常生活的一部分。

1　[德] 席勒：《审美教育书简》，张玉能译，译林出版社，2009年，第72页。

　　从这个角度反观一下中国社会，我们也会获得有意义的启发，有助于增进我们理解精神秩序与社会秩序之间的关系。比如，与日本这种呈现"孤寂""冷清"的文化相比，中国文化因其"群居"的社会基础，可以说是一种彰显"热闹""喜庆"的文化。[1]如果说前者和秩序有着天然的契合关系，那么后者对于秩序和清净就不会提出更高的要求。前者的重心在于个体的禁欲与内省，后者的重心在于群体的享乐与达观。

　　当然，我们的目的并不是对中日两国的文化类型进行比较，而是要透过奇异的文化与社会表象，揭示日本民族共同体生活的本质特征。在当代日本社会呈现的高度的秩序性当中，我们看到了日本独特的美学原理在发挥着功用。

1　对于中国文化的这种源于"群居"或"群"的特征，钱穆对中国和西方文化的差异进行了仔细的对比与辨析后，这样指出："中国人主要在从群中求有孤，西方人主要在从孤中求有群。双方之心理出发点不同，斯其表显在外之一切事象亦不同。"这个说法非但指出了中国社会文化的独特属性，还揭示了人们不易窥见的心理与社会秩序的隐微关联。参见钱穆《晚学盲言》，九州出版社，2011年，第413—435页。

耻感
一个生杀予夺的传统观念

　　现代日本人独自的审美感受，赋予了日本社会一种审美的品性。现在我们要观察日本国民的另外一种感受，它在日本文化和社会中扮演的角色堪称与审美不分伯仲，甚至有过之而无不及，那就是"羞耻感"。下面，我们具体从"自杀"这个特定的现象开始讨论。

　　现代日本是一个自杀大国，自杀率在世界上一直名列前茅。有名的公众人物自杀，无名的庶民自杀，大臣级的政治家自杀，普通的官员也自杀，在很多中国人看来，这是一种非常态的奇异现象。比如，2020 年 2 月 1 日，日本首相官邸的一位官员跳楼身亡。此前因新型冠状病毒的突然流行，这位官员负责从武汉的撤侨行动。新闻媒体分析说，这位年仅三十七岁的官员可能因撤侨工作中受到日本社会的指责，压力过大而自杀。这是令当时困在疫情中的中国人感慨甚深的一桩悲剧。

　　提到日本人的自杀，人们还会联想到日本历史上有名的自杀方式，那就是武士的切腹自杀。这种自杀方式因其残酷性而显得极端反常，人们认为它"野蛮"，甚至就是"变态"。[1]那么，为什么日本人容易选择轻生？这是一个事关日本国民生命观念的严肃问题，我们不能只是满足于对特异性的观察与描述，而是要探讨现象背后的机制和原理。

在日常所见的社会秩序的后面，通常隐藏着一种无形的精神秩序，而这种精神秩序扎根于这个民族深层的心理结构，深刻地影响着人们对外部世界的反应。那么，从日本社会的自杀率异常高的现象中，我们又能读取出日本国民怎样的精神秩序与心理结构？

我的观察是：从文化类型上说，日本文化是一种对羞耻高度敏感的文化，堪称"耻感文化"；造成日本是自杀大国的精神方面的要因，就在于这种文化特征。由此出现的问题是，耻感文化与日本的高自杀率之间可理解的逻辑关联又在什么地方？我们要先看一下事实。

根据日本"厚生劳动省"——主管国民健康福利的政府部门——的调查报告，日本自 1978 年开始详细统计自杀数据以来，每年自杀人数均超过二万；从 1998 年开始的十余年间，每年自杀人数都超过了三万。这个数据在 2003 年达到了峰值，有 34427 人自杀。在每年自杀的人当中，男性大概是女性的两倍。这种倾向让日本政治家和社会有识之士担忧不已。在人们的共同努力下，日本政府在 2006 年制定了一部叫《自杀对策基本法》的法律，

1　关于切腹自杀的描述，可参见［日］新渡户稻造《武士道》，张俊彦译，商务印书馆，2006 年，第 68—72 页。

防止国民自杀成为国家层面的意志和政策。此后，由于政府和社会的积极干预和介入，自杀者的数量开始逐年减少。2017 年，记录在案的自杀者人数为 21321，基本恢复到了历史上的最低水平。[1]

可是，就是这个最低水平的自杀率，在国际上依然名列前茅，基本在前十位以内徘徊，而在工业发达国家中则名列第一。

回到我们要探讨的主题：日本经济高度发达，人民生活富裕，社会生活秩序井井有条，人们为何动辄就用自杀来解决问题呢？根据日本政府的自杀统计报告，自杀的原因主要集中在"健康问题"、"经济状况"、"家庭生活"、"工作问题"等几个方面。我们似乎很容易接受这些导致自杀的原因，它们和我们的日常观感并无太大出入。

这样的统计报告似乎已经对自杀的原因做了科学的定论，而且符合一般人对自杀现象背后因果关系的理解。不过，在我看来，政府的统计报告并不是我们认知的终点；事实上，这些关于自杀原因的说法虽然都能成立，却无助于我们认知日本社会的特点，因为它们并没有触及日本社会固有的原理，没有揭示日本社会相对独特的性格。

日本社会的高自杀率现象，其实另有隐情。

我们首先要面对这样一个问题：如何看待自杀才是深刻而有意义的？政府的统计报告将责任清晰地划给了自杀者个人。诚然，在国家制定的法律体系中，在我们的日常观感中，自杀的

1　这些数据均采自日本"厚生劳动省"的官方网页。

责任最终要归属于个体。但对于社会而言，这并不是一种有意义的解释，更不是对自杀原因的深刻揭示。社会失去了一个成员，国家失去了一个公民，本质上是共同体自身的损失。因此，只有在共同体的层面上、在社会的层面上探明自杀的原因才有意义。事实上，每个社会相对稳定的自杀率，以及自杀者在性别、年龄层上相对稳定的比率，正恰如其分地表明，自杀乃是一种社会现象。

法国社会学家涂尔干（1858—1917）率先揭示了自杀的社会要因；他撰写的《自杀论》至今还被全世界的文科类大学生们广泛阅读，是关于自杀现象研究的经典著作。他通过仔细研究法国、德国、意大利等欧洲国家的自杀数据，发现了一个有趣的现象：各国的自杀率有高有低，但各国的数据基本上保持着不变。高自杀率的国家，一直保持着高自杀率；相反，自杀率低的国家，自杀率也一直在低位上徘徊。这意味着，自杀虽然是人类普遍的现象，但自杀率高低则因社会的不同而不同。

这还不是涂尔干最重要的发现。他通过反复研究数据后进一步发现，诸如精神疾患、心理变态、家庭纠纷、经济损失等通常被认为自杀的动机，并不能解释各国自杀率相对稳定的现象。这些动机都还只是导致自杀的表面原因。因为，各个社会相对不变的自杀率，其实反映的正是各个社会的特定属性。

所以，涂尔干接着告诉我们，自杀的真正原因不在于个体，因为"生活中没有必然引起自杀的不幸"。[1]个体选择轻生的根本原因，在于个体所处的"社会的性质"，或者说社会环境。自杀者

1　[法]涂尔干：《自杀论》，冯韵文译，商务印书馆，2005年，第329页。

个体的生活状态，是社会力量作用于个体的后果。每一个社会群体都有一种整体的自杀倾向，这是一种外在于个体的力量和事实；这种社会力量对个体的入侵，最终导致了个体的自杀。这就是涂尔干这位伟大的社会学家的发现。

那么，社会自杀率居高不下，到底意味着日本社会具有怎样的特殊性格呢？

涂尔干已经作出了非常出色的解释。他把自杀分成了若干种类型，其中的一种他称其为"利他主义的自杀"。这个说法的意思是，在具有"集体主义"或者说"集团主义"强烈特征的社会中，人们倾向于抱团生活，于是人和人之间的关系纽带显得特别紧密，集团对个体也就获得了更大的约束力量。当个体和这个具有巨大力量的团体产生难以调和的矛盾时，个体出于对团体的道德感与责任感，就倾向于以暴力的方式毁灭自己。

日本国民的自杀类型就被视为属于这种"利他主义的自杀"。事实上，"集团主义"或"集体主义"是文化人类学家描述日本社会与文化时极为常用的说法。与这些说法相对的是"个体主义"或"个人主义"，比如说，英国、法国、美国等西方国家，就被认为是这种个体主义社会的代表。日本社会的"集团主义"性格，亦即日本社会内部的特殊结合方式，导致了它独自的、整体上偏高的自杀率。

涂尔干的理论给我们提供了关于日本高自杀率的科学解释，但新的问题也随之出现：日本特殊的社会内部的结合方式，又是通过怎样的路径或渠道具体作用到个体的身上的？毕竟，在集团主义类型的社会中，个体通常对所属集团负有高水准的"责任"

和"义务",这是普遍的现象,那日本集团主义的特殊性又表现在哪里?

这个特殊性主要就体现在日本个体在他者、在集团面前异常敏感的自我意识上,而"羞耻感"就是这种自我意识的一种显现。换言之,日本集团主义的特殊性表现在它的"耻感文化"的类型上。日本文化是一种把"羞耻"感觉纳入道德与行为体系的文化。在规范人们日常行为的各种感觉中,对"羞耻"的感受占据了核心的位置。在日常生活中,表达自己感到尴尬、羞耻、难为情或者丢脸的名词与形容词几乎是日本人的口头语,日本人几乎随时随地以此舒缓自己的内在紧张。[1]

日本文化的评论家们很早就在用"耻感文化"来刻画日本的文化特征。比如,美国文化人类学家鲁斯·本尼迪克特(1887—1948)在有名的《菊与刀》中,就从文化类型的角度,用"耻感文化"刻画了日本文化的这种独特属性。[2]本尼迪克特的这个说法,源于与西方社会的对比。她认为主导西方社会的是"罪感文化",是一种以"罪"为基本色调的文化。对于这两种文化的差异,她这样分析道:

> 真正的耻感文化依靠外部的强制力来做善行。真正的罪感文化则依靠罪恶感在内心的反应来做善行。一个人感到羞耻,是因为他或者被公开讥笑、排斥,或者他自己感觉被讥笑,

---

[1] 日语中表达羞耻、耻辱的名词是"耻"或"辱",形容词是"耻ずかしい";尤其是后者,在现代日语当中是与"好吃"、"可爱"等并列的高频词。

[2] 关于对本书的详细分析,可参见拙著《正眼看世界:历史、国家与文明新论》,广西师范大学出版社,2015年。

> 不管是哪一种，羞耻感都是一种有效的强制力。但是，羞耻
> 感要求有外人在场，至少要感觉到有外人在场。罪恶感则不
> 是这样。[1]

　　无需说，两种文化对个体都有强制力，都构成了道德体系的内在驱动力；不过，日本以"羞耻感"为驱动力的文化在发生作用时，要有一个前提条件，那就是要有其他人在场。换言之，"羞耻感"的作用要以社会生活、群体生活为前提，而西方文化中的"罪恶感"仅仅诉诸个体的内心感受。

　　本尼迪克特继续论述说，这个"羞耻感"在日本文化中的地位，就如同西方基督教伦理规范中对个体所要求的"良心纯洁""笃信上帝"，居于伦理规范的核心地位。她接着指出了关键的一点："由此得出的逻辑结论则是，人死之后就不会受惩罚。"[2]这其中的逻辑关系不难理解：在罪感文化中，当事者可以通过认错、忏悔、赎罪等方式，从罪恶中获得解脱；但在耻感文化中，不良行为只要暴露就无法简单消除，因为它依赖于外部对他的看法。在后者的情形中，自杀相当于主动解除了自身与他所属的集团的联系，个体的羞耻感也随之自然消失。

　　从这个角度，我们还可以对日本传统的切腹自杀方式略作解释。有评论家将这种残酷的方式提升到了自杀方法中的"贵族的地位"，但这只是出于美化武士道的意图。[3]实际上，对于自杀者

1　[美]本尼迪克特：《菊与刀》，吕万和等译，商务印书馆，2002年，第154页。
2　同上，第155页。
3　[日]新渡户稻造：《武士道》，第75页。

而言，他在切腹过程中显示出的"冷静"与忍受长时间痛苦的程度越高，就越能显示他为自身"雪耻"的意志，进而彻底解除了他对共同体负有的责任和义务。

因此，"人死之后就不会受惩罚"的这种生死观事实上揭示了自杀和羞耻感之间的一种更为深层的关联。这种观念显然扎根于共同体生活的久远历史。我们还未完全揭示出它的精神特征，但它在社会生活中的一种呈现，就是我们在这里讨论的日本社会的高自杀率现象。在以集团主义为特征的日本社会生活中，自杀是避免遭受耻笑、挽回名誉的最后手段，因为人死之后，他与集团生活的一切关系都随之得到了解除，伴随他的羞耻感、责任感等当然也都随之消失。

在日本人的日常生活中，这种避免行为给自己带来羞耻的文化，也进一步强化了个体行为的自律。换言之，作为一种外在于个体的力量，"集团主义"正是通过"耻感文化"这一观念管道，对日本国民个体发挥着强大的约束作用，甚至扮演了生杀予夺的角色。由于事关生死，如何避免不当行为带来的羞耻甚至成了个体行为的最高律令。其实，日本社会的秩序之所以井井有条，某种意义上也可以从这个角度加以解释。

罪孽

低犯罪率背后的文化与社会

自杀是日本社会自身的一个沉重话题，我们已经发现，这一现象背后有日本独特的文化观念在发生作用。接下来，我们还可以从相反的现象，即"他杀"的角度继续观察日本社会在文化类型上的特征。

自杀是针对自身的暴力，而他杀是针对他人的暴力犯罪。日本社会在犯罪现象上同样呈现出很多异色。日本小说或影视节目中有着大量题名为"某某杀人事件"的作品，尤其是日本高度发达的侦探和悬疑小说，往往以杀人事件为中心展开。如果将影视和文学作品中的犯罪事件视为日本社会生活的反映，人们会认为日本社会有着很高的凶杀率。

但事实正相反，日本社会的犯罪率，尤其是从抢劫、强奸、诈骗、凶杀等恶性犯罪的角度来看非常低。问题由此而来：这种犯罪率低的现象是否同样意味着日本文化的某种特殊属性？日本社会的集团主义原理显然可以用来解释犯罪率低的原因，因为集团主义将秩序的价值放在了首位，有着维护秩序的内在机制。那么，这种机制具体是怎样运作的？在一个被视为高度发达、高度文明的现代社会中，其犯罪具有怎样的属性？

我们先来看一下实际情况。根据英国一家名叫"列格坦"（Legatum Institute）的智库在 2017 年发布的一项调查报告，日本在犯罪的主要指标，即"杀人"这一恶性犯罪率上，名列全球犯罪率最低国家的第三位。这家智库依据的数据采自 2015 年；这一年，拥有 1.27 亿人口的日本的杀人案件是 933 件，仅仅高于新加坡和卢森堡，而要比其他通常被认为是世界上最安全的国家——诸如冰岛、丹麦、挪威、瑞士等——还要低，而新加坡等国的人口不过数百万，同日本相比远非同一量级。

如果将所有犯罪案件都包括在内，根据另外一项统计，日本的犯罪率在经济与合作组织（OECD）加盟国家中，也就是在当今主要发达的工业化国家中，几乎一直居于最低。这个超低的犯罪率，我们可视之为社会健康的一个指标。

不过，如果有日本生活的经验，我们还会注意到，日本的电视新闻中经常报道杀人事件。如果说文学和影视作品描写的杀人事件是虚构的，这些新闻报道则是完完全全的社会现实。这给我们造成了一种相反的印象：日本凶杀事件频发，社会很不安全。

新闻报道的当然是事实，但我们不能只知其一不知其二。其实，日本几乎所有的凶杀犯罪事件，甚至公民的所有非正常死亡事件，日本电视新闻与报纸都会报道。岂止是人，就连一只猫、一条狗的非正常死亡，往往也会被新闻报道一番。在一个高度平和、安宁的国家，新闻媒体不会放过任何具有新闻价值的事件；而杀人作为最极端、最恶劣的犯罪，新闻媒体当然更不会放过。一些让人联想到"变态"的杀人事件，更是会给日本社会带来强烈的冲击。

那么，这些报道是要满足国民的猎奇心吗？其实不然。这些新闻报道，构成了我们观察日本社会犯罪问题的一个窗口。

我先举两个例子，然后我们一起思考，这些恶性事件究竟在什么意义上是非常态或者说"变态"的；更重要的是，我们要弄清楚，造成这些罪孽的机制是什么。

第一个事件，也是在最近十几年的犯罪事件中首屈一指的事件，发生在2006年年末，地点在东京一个姓武藤的牙科医生家中。这个武藤医生有两个儿子，一个女儿。小儿子叫武藤勇贵，高中毕业后为了考上大学的牙科专业，在家复习了三年。比他小一岁的妹妹叫武藤亚澄，高中毕业后上了两年制的短期大学。在日本，这可以说是一个典型的中产阶级家庭。然而，不幸却突然降临了。12月30日这一天，兄妹二人发生了口角，哥哥随后用木刀反复殴打妹妹，然后用绳索勒住她的脖颈，将头部按到浴盆的水中，直至亚澄死亡。这个过程大概花费了两个半小时。

但事件并未就此结束。在妹妹死亡后，哥哥又花费了两个小时，用刀和锯肢解了妹妹的遗体。接着，他又把肢解过的遗体分别装入了四个塑料袋，然后又从浴室搬到了自己房间的壁橱内。四天后，这对兄妹的父母发现了遗体。无需说，这种杀害近亲的行为会引发人们强烈的罪恶感和厌恶感，人们当然也高度关注事件的真相。

案发两年后，东京地方法院对武藤勇贵宣布了有期徒刑7年的判决。在案件审理期间，一些相关事实相继得到了披露。比如，被害的这个妹妹是一个不良少女，离家出走、卖春、在色情场所打工，还堕过一次胎等等。这些事实无疑加重了事件的离奇性与残酷性，引发了日本全社会的关注，并勾起了人们对早先发生的另外一起非但残酷，而且更为惊悚的杀人分尸案件的回忆。

这个事件发生在 1997 年 5 月，当时被命名为"神户连续儿童杀伤事件"。这个事件的凶犯是一个十四岁的初中二年级学生，他先后杀害两名小学生，重伤三人。由于案犯未成年，此后他一直被称为"少年 A"。这个少年 A 杀害一个小学生后，将其头部残忍地割下来，放到了一个中学的门前。同时，他还以"酒鬼蔷薇圣斗"这样一个奇怪的名字写了一张声明文，上面用英文写有"学校杀手"、"游戏开始了，愚蠢的警察诸君，来阻止我吧"等字样。他把这些纸条放到受害者头上，极具挑衅性。随后，他还给当地的报社写了一篇犯罪声明文。这些行为让日本国民受到了巨大的冲击。

人们可能会说，这不就是变态杀人吗？的确如此，这两起让人惊悚的案件，的确显现了非常强烈的心理变态特征。不过，我们的认知不能止于事件的定性上；日本社会接下来的对应与举措非常值得我们仔细思索。简单地说，如果把事件定性为"偶发事件""变态杀人事件"，那么凶犯所造成的罪孽就变得无意义了，因为责任都甩给了凶犯个体。

我们此前分析日本社会的自杀现象时，曾提出过同样的问题：如果把自杀统统还原为自杀者个体的遭遇，我们就会错失深刻理解人类社会和文明发展状况的契机；只有从社会层面、从共同体生活的层面思考这些悲剧事件，才能找到降低自杀率的有效手段。对于恶性的犯罪同样如此。比如，人们倾向于认为贫困会导致犯罪，这就是有意义的一种解释。关于日本犯罪率低的理由，人们也通常指出战后日本非暴力的和平观念、对礼节的高度重视、羞耻感等社会与文化方面的原因。这些都有意义，因为它们指出了犯罪的根源在于社会，而不是被简化为那些个体的属性。

回到刚刚介绍的两起案件。第一个案件中，武藤勇贵被判处七年徒刑；第二个案件的"少年 A"被少年犯管教所收容。值得关注的是两位凶手的供词。随着案件审理的展开，两位犯罪嫌疑人的口中都出现了大量诸如"自己身体内有另外一个自我""我真的存在吗"的奇特说法。更重要的事实是，在案件的最终判决书中，法官也采信了案犯有"人格障碍""人格分裂""多重人格"等说法。这些在我们看来奇特的、变态的说法，被认定为法律事实，其中，"多重人格"等说法因这些案件还成为当年的流行语。

把犯罪的动机归结为个人的精神与心理状况，法官的判决书当然只能这么做。而且人们已经看到，造成这些惨剧的直接原因确实有着强烈的个体性格。那么，人们又是通过怎样的操作，将这些个体因素转化为日本社会的原因呢？

其实，往往被我们当作追踪热点问题、进行猎奇报道的日本新闻媒体，还有另外一面，那就是对事件进行深度的专业分析。这些让人震惊的凶杀案件发生后，日本各方面的有识之士进行了极其广泛的讨论，使得罪孽发生的机制和救赎方法得到了各种分析和呈现。这些分析也都呈现在新闻报道中。比如，有学者认为，"多重人格"这样的说法能够流行起来，说明了它和社会现实的一种高度契合，是一种社会事实。换言之，这个说法之所以会让很多人由衷地感到认同，原因就在于他们认为自己的生命、自己的人格处于某种程度的分裂状态。

这么说来，我们就看到了问题的反常之处：在国民生活高度富裕、高度文明的社会中，出现了这样一种被称为"人格分裂"的病理。如果说恶性案件所呈现的病理只是冰山一角，或者说是一种极端现象，那么我们就有理由推断，非极端的、还处于不可见的类似病理现象更为广泛地存在着。这就是所谓的"文明病"。

那么，这意味着日本社会正在陷入一种病态的状况当中吗？

我们在思考这个问题时，首先要注意到一个基本的事实：现代日本社会的犯罪率非常低。从大的方面说，这反映了社会的健康和文明水准处于较高的状态；从个体的角度来说，日本国民在日常生活中高度自律，以不给对方添麻烦为道德准则，从而也降低了社会生活中各种犯罪事件的发生。而正是在这个高度安全、平和的社会背景下，偶发的恶性杀人事件，会让日本国民感到极大的震惊。我们在上面举的两个例子，就属于这个级别的事件。

不过，我们的目的并不是重复低犯罪率的事实，而是要去探寻日本的犯罪率为何低。日本偶发的恶性犯罪事件具有强大的冲击性，但它们并不是产生于我们常说的贫穷和社会失序。如前所述，我们只能从现代文明的生活方式中去寻找它们产生的原因。这也正是日本国内讨论这些犯罪的方法。

在今天的日本社会中，流行着诸如"学校制度崩溃""家庭制度崩溃""义务教育制度崩溃"等等说法，这些正是从社会的角度分析病理原因的尝试。由于日本高度的现代化成果，如果将这些病理称为"文明的病理"，它的经验教训所具有的普遍意义就呈现了出来。

从这个文明诊断的视角，有日本学者将问题的根源追溯到明治维新以来文明化的进程自身。他们的诊断大意是说，明治以来整个社会在传统和现代、日本和西方之间处于高度紧张甚至分裂的状态，人们被迫要在传统或现代的价值上作出选择。这种社会状态，通过学校、家庭这些个体再生产的机制，最终传导给了个体。[1]
这个说法将日本的病理分析提升到了非常高的水准上。这是文明
自身的不满与病理。

因此，在现代日本社会，人们对于社会病理的反思会通过政策、
法律等流畅的渠道，最终反馈到学校教育制度、家庭观念等社会
基本观念与框架上，从而激发人们去进行社会变革。换言之，人
们不是把这些犯罪事件当作奇异的变态现象，或茶余饭后的谈资，
而是当作深层的社会病理的症候，并且集思广益对它们进行会诊
和治疗。人们持续从社会、从共同体生活的角度分析犯罪发生的
原因，并在同样的层面上寻找减少犯罪的方法。这正是现代日本
的犯罪率低的根本原因。从文化类型上说，这是一种有着高度的
自我意识、高度自省的文化。

日本社会的自我学习与自我矫正的机制，同时反映了它的文
明水准。对于一个社会而言，犯罪率高低并不是本质问题；这个
社会的成员是否有高强度的自我反思能力，是否克服了那种遇到
事件就"甩锅"（即转嫁、推卸责任）的低级思维方式，才是决定
社会能否维持健康的根本。如果讳疾忌医，不允许人们自由地对
社会进行深入的批判，或者把犯罪的责任统统推给个体，那么这
个社会就丧失了自我校正的良机，文明化过程也会变得缓慢。现
代日本之所以被誉为最安全的国家，与这种文明化的机制和能力
息息相关。

1　[日] 佐藤健志：《バラバラ殺人の文明論：家族崩壊というポップカルチャー》，
　　PHP 研究所，2009 年。

仪式

日本文化中的彼岸因素

我们在讨论现代日本的自杀和犯罪问题时，对现代日本国民自我意识的深奥层面，亦即生死观，都已经有所涉及。对于现代世界上的绝大多数民族而言，生死观又都与特定的宗教有着根本的关联。此前，我们要努力从现象层面下沉到精神层面，借以分析日本变异的本质原理；现在，我们就直接聚焦于作为精神现象的日本的宗教观念自身，看一下日本的宗教有着怎样独自的属性。

提到日本的宗教，或者日本与宗教相关的事物，神道会首先进入我们的视野。神道通常被视为日本特有的宗教，是日本国民的普遍信仰。不过，通过日本的影视节目或者日本小说，我们还会注意到一个细节：普通日本人的家里，通常都设有一个专门的场所，里面摆放着佛教的"佛龛"和神道的"神棚"。这意味着日本国民还普遍信仰佛教。而基督教在日本也非常流行，拥有大量的信徒。所以，日本是一个典型的宗教信仰多元化的社会。对于民族构成非常简单的日本而言，这首先就是一个特异的现象。

　　问题还有更复杂的一面。首先，我们今天所了解的"神道"很难说是日本固有的宗教信仰。"神道"二字最初出现在日本古老的正史《日本书纪》中，是用来表达祭祀诸神的一种习惯做法，而不是一套关于日本固有的神的体系性理论。比如，古代的日本宫廷神道非常重视"园韩神祭"，而"韩神"被认为是来自朝鲜半岛百济王国的神。所以，这个"神道"更是通过借鉴、吸收大陆传来的道教、佛教与儒学的一些教义、仪式与学说而逐步形成的体系。[1] 因此，日本的宗教特征要与日本文明的形成过程一同观察。

　　同样，日本宗教或信仰的多元性也与众不同，这一点见于一个广为流传的说法：日本人出生时是神道，结婚时是基督教，送终时则是佛教。这也是日本国民自身认可的一个说法，因为它和人们的生活经历高度吻合。这意味着，一般的日本人在一生中会同时信仰三种宗教。问题正出现在这里。从历史的经验来看，宗教信仰具有排他性，一个特定的个体通常只能信仰一种。这种排他性甚至可以说是宗教信仰的本质属性；"叛教"这个说法之所以有着强烈的批判色彩，原因就在于它破坏了人们对于信仰的纯洁性与唯一性的"信仰"。

　　那么，日本国民在宗教信仰上表现出的这种非常独特的多样性，是否意味着他们没有真正的信仰呢？这是一个很多人都未注意到，或者说未充分思考的问题。其实，日本文化风景在今天所呈现出的殊异之处，都可以从日本独特的宗教文化的角度来解释。日本宗教文化的异质性，正体现为日本文化与社会的固有属性。

1　关于日本神道的一种历史叙述，可参见［日］津田左右吉《日本的神道》。

首先，我们从一个具体的日常经验现象来说明日本宗教文化的特殊性。最近几年，中国社会流行一个非常新颖的说法，叫"仪式感"。它的大意是说，由于礼节、礼仪在日常生活中的相对匮乏，中国人的生活显得过于平淡与无趣；于是很多人提倡说，生活需要有一点额外的形式上的东西来点缀一下，换言之就是要有适当的仪式感。

对于当代中国的这个文化现象或者说文化需求，日本国民可能会感到费解，因为日本国民最不缺乏的就是仪式感——从出生到终老，他们都是在各种仪式中度过的；仪式堪称日本国民生活中须臾不可离的要素。这正是文化人类学上"过渡礼仪"——也称为"通过礼仪"——这个经典概念所描述的现象。

过渡礼仪，是法国人类学家阿诺尔德·范热内普在1908年提出的概念，意思是说，从一个群体到另一个群体，从一个世界到另一个世界，人们都需要举行一些"仪式"来将前后两个阶段进行区隔。比如，人的一生从一个年龄段过渡到下一个年龄段，意味着与此前身份的分隔、和此后身份的结合，这个过程伴随着特定的仪式。女性妊娠、出产的仪式，婴儿出生和成长中的仪式，各种入学典礼、毕业典礼，成年后的订婚仪式与婚礼，从此世（生的世界）到彼世（死后的世界）的葬礼等等，是典型的仪式。通过这些仪式，一个人获得了表明他具体社会身份的标签。[1] 更重要的是，人们在这些仪式中获得了各自生活的意义。

我们前面提到的那个说法，即日本人出生时是神道，结婚时是基督教，送终时是佛教，其实说的就是日本人以宗教仪式为他

1　[法]范热内普：《过渡礼仪》，张举文译，商务印书馆，2012年。

们的主要仪式标签。这些宗教因素更广泛地表现在日本形形色色
的节日中。

今天日本社会生活中的仪式，主要包括个体婚丧嫁娶的仪式
和全国性的传统仪式；后者又叫作"年中行事"，也就是一年内人
们要参加、举办或庆祝的节日和仪式。在这些"行事"当中，既有"正
月"、"成人日"、"春分日"（又叫"彼岸日"）、"儿童日"、"七夕"、"盂
兰盆会"、"秋分日"等典型的传统节日，还有"母亲节"、"情人节"、
"海之日"、"山之日"等相对新的节日，总共有数十种之多。这些
节日或来源于传统和习俗，或源于全新的创制，不一而足；这其中，
来源于佛教、神道、基督教的节日构成了节日的主体。通过这些
名目繁多的节日，宗教特有的神圣感和神秘感广泛渗透于日本人
的日常生活中，为他们提供了丰富的意义来源。

日本的一部分传统节日和法定假日与我们中国的非常相似，
那么二者到底哪里不同呢？这就又回到了前面提出的问题。当代
日本社会生活中的仪式如此多，每种仪式又都各有一套基于传统
的做法，以至于我们可以说，"过渡礼仪"这个说法简直就是专门
用来形容现代日本的术语。换言之，中日两国节日的一个显著差异，
就在于仪式数量的多寡及其呈现方式。

比如，前面提到的每年 8 月 15 日前后的"盂兰盆节"，就集
宗教感和仪式感于一身。在这一周，日本国民通常要回到老家举
行扫墓、祭拜等活动：首先要在 8 月 13 日点燃灯火，迎接祖先灵
魂，即所谓的"迎火"；经过两日供奉后，再欢送回去，是为"送
火"。京都每年 8 月 16 日举行的"大文字五山送火"（即用篝火在
半山腰描绘出"大"等字样），就是为亡灵引路的群体仪式。另外，
每年这个时候，各地区还会举行热闹的"盂兰盆舞"，人们穿上传

统的服饰，跳起流传千年以上的舞蹈，集巫术与宗教气息于一身，将日本国民日常生活的仪式感与非日常的精神生活推上了巅峰。[1]

由此，我们可以暂时得出一个中间性质的结论：日本一年之中多达数十种的"行事"，实际上反映的正是日本国民的信仰；这种多姿多彩的仪式感的生活，就是日本国民的宗教生活自身。

现在，我们要经由外在仪式的观察更进一步，深入观念层面去探索日本宗教的核心信仰。仪式通常是指人们外在的、可观察到的有规则的行为，这些行为也通常有着约定俗成的意义。那么，我们从中能看到人们内心深处的信仰吗？

社会学有一个分支就是专门从人们行为的"外形"——比如说各种祈祷、祭祀的做法——去探讨"信仰"的实质内容，这就是宗教社会学。从宗教社会学的角度来说，仪式就是信仰，信仰要依凭特定的仪式呈现自身，而不是单纯的教义或人们头脑中的观念。那么，日本这种让人眼花缭乱的仪式背后，到底有怎样的信仰？

我们还得从具体的经验现象开始。比如，前面提到，现代日本的普通家庭大多有一个专门的场所来摆放"佛龛"和"神棚"。"佛龛"又叫"佛坛"，里面通常摆放有佛像和祖先的牌位，用来礼佛和供奉祖先；而"神棚"，又叫"神龛"，则是指从神社请回来的一个架子，外形类似神社，用来供奉免灾招福的护身符。

这种家庭内的仪式的特殊之处在于，它将来源于两种宗教的

---

1 这些宗教与巫术仪式，多数的根源都在中国大陆。参见 [日] 诹访春雄《日本的祭祀与艺能》，王保田等译，南京大学出版社，2013 年。

神圣之物并排放到了一起。从这种做法中，我们可以发现日本国民宗教生活的本质特征——这种做法不仅意味着日本国民既信仰神道，又信仰佛法；在根本的意义上，它还意味着日本国民信仰的是作为整体的"神佛"。日本宗教学者山折哲雄将其称为"神佛信仰体系"。[1]

这种神佛一体的信仰，是公元6世纪时从中国大陆经由朝鲜半岛传来的佛教与日本古来的宗教观念相互作用、共同演化的结果，是日本型宗教信仰的核心。

要理解这个作为整体的"神佛信仰"，我们首先要重新了解一下日本的原始信仰——"神道"。在分类学上，日本的神道信仰可归纳为"泛灵论"和"多神教"两种类型。作为多神教的一种，神道与佛教类似，而与犹太教、基督教、伊斯兰教等"一神教"形成对照。日本《古事记》中有名的"八百万神"的说法，形容的就是神祇的数量巨大，有八百万之多。可以说，古代日本人认为自己就生活在神祇中。

要注意的是，日本语中的"神"读作kami，跟中国文化观念中的"神"有很大的区别；其中最为显著的一点是，日本的神祇并没有自己的固定形象和居所，在类型上属于不可视的神，这一点和其他文化中的神形成了对照。比如，提到希腊万神殿的诸神，比如太阳神阿波罗、智慧女神雅典娜、爱神阿芙洛狄忒、海神波塞冬等，我们会想到他们的雕像或画像。同样，提到佛教诸神，比如如来佛、观音菩萨、地藏菩萨、不动明王等，我们也会想到

1　[日]山折哲雄：《神と仏——日本人の宗教観》，講談社，1983年。

寺院或石窟中那些栩栩如生的造像。有形的偶像崇拜是绝大多数宗教共有的仪式。

顺便一提的是，被认为生活在日本列岛的数百种妖怪，都有着自己的形象。比如，作为妖怪一种的"鬼"，就有着明确的图像。如果观察一下日本的一些"鬼"的图像或造像，比如位于奈良的著名的兴福寺的"天灯鬼"和"龙灯鬼"，我们会发现，它们的身体大致是裸露的，只是在腰部系着虎皮兜裆，它们的头上通常生有犄角獠牙，肤色或红或青。这些有形的鬼，通常来自从大陆传来的佛教造型。

除了不可视的性格，日本的神祇还有一个特异之处，就是它们没有特定的意志。它们既可以给人们带来福祉和安宁，也可能作祟，破坏人们的现世生活。与此相对，在中国文化中，神祇大致可分为善神和邪神两种，二者都有各自明确的意志。

在古代日本的泛灵信仰中，有一种信仰非常特别，那就是"祖灵信仰"。它是指古代日本人对已经故去的祖先的神灵，有一种特别的尊奉和信仰。不过，已故的祖先要想成为神灵，需要一个前提条件，那就是逝者子孙的供奉。对于刚刚逝去的死者，子孙们如果不加以供奉，就可能遭受死者之灵的惩罚。所以，这种信仰又称为"亡灵信仰"。经由死者子孙对死者之灵的供奉，并且经过一定的时间，诸如所谓的"三十三年忌"或"五十年忌"，死者就升格为"祖神"。

根据山折哲雄的解释，在佛教体系进入日本之后，祖神信仰与佛教的供奉仪式结合，就逐渐演化为"死者为佛"这种特殊的观念和信仰。在亚洲其他地区的佛教文化中，"佛"是指觉者，即觉醒的人，死者绝无成为佛的可能。因此，这种从"亡灵信仰"

到"祖灵信仰"再到"死者为佛"的观念体系，既是日本"神佛信仰体系"的核心，也是其信仰的殊异之处。

由此我们不难发现，在日本看似杂乱无章的宗教现象的背后，有着这种单一的核心信仰体系。其实这也并不难理解。2017 年年末上映的迪士尼影片《寻梦环游记》，就非常有助于我们理解日本国民的核心信仰体系。

电影讲述的故事发生在墨西哥，一位酷爱音乐的男孩米格在亡灵节（每年 10 月 31 日起的三日）那一天偶然闯入了亡灵的世界，随即经历了奇幻般的冒险和历险。但电影的真正看点不在这里，而在于它描述了一种近于永恒性的观念：家庭。米格在这部电影中的角色，只是要引出真正的主角、他的曾祖母 Coco 和她父亲的故事。

Coco 的父亲埃克托富有音乐才华，在一次外出演出之前，他给当时大约三四岁的女儿 Coco 唱了一首自己创作的歌曲，名叫《请记住我》，场面温馨感人。然而不幸很快降临：埃克托不幸因才华被同伴谋杀，而不知情的 Coco 家人却以为遭到了抛弃，从此对埃克托产生怨念，闭口不谈他。不过，经历过亡灵世界历险的米格弄清楚了整个过程后，及时返回人间，并在当时已经进入弥留之际的曾祖母 Coco 面前弹起吉他，唱出了《请记住我》这首歌。

奇迹发生了：意识已然模糊的 Coco 最终在歌声中忆起了父亲当年给她唱歌时的情境，对往昔快乐时光的回忆让她流出了热泪，口中喃喃发出"爸爸""爸爸"的呼唤。她最终原谅了父亲，拿出了他留在世上的唯一一张照片，米格随即将照片摆到了家族的祭坛上。而真正的奇迹其实发生在另外一个世界：Coco 的父亲埃克托由于在最后一刻获得了这个世界上唯一一个亲人的思念和祝福，避免了因被遗忘而化为金粉彻底消失的命运。

电影的最后一幕之所以让无数人泪崩，就在于它激起了人们心中的那种祖灵观念。电影中的一句台词，即"死亡不是生命的终点，遗忘才是"，之所以让很多人记住，就是因为这句话触碰了人们内心深处的生命观念和最为敏感的心弦。事实上，在有着同型信仰文化的日本，也有"人因被遗忘而死去"的说法。让我们感到惊奇的是，这种祖灵信仰在生活高度现代化的日本，依然保持着千百年来不变的规矩和做法。

一般说来，宗教是一个社会的政治、经济、法律、文学和艺术之间的枢纽，深深地渗透于社会的各个部门，塑造、导引着人们的思想观念和行为方式，是一个社会最为根本的制度。理解了一个社会的宗教特征，其实也就把握了它的根本原理和精神机制。日本宗教学者铃木范久在一本介绍日本宗教的小册子中，有一个非常形象的比喻。他这样写道：

> 与宗教无缘的人仅有现世，这种情形就像仅仅居住着一间平房一样，而宗教家却拥有来世、天国和地界，就像居住着带有地下室的二层小楼，或者可以说，在海边和山上各有一座别墅。因此，思想可以使人摆脱只有一间平房的穷困而获得某种程度的自由和解放。[1]

从这个比喻来看，要理解一个民族的精神结构，观察它的宗教是一条捷径。反过来说，不理解它的宗教，对一个社会的认知

1　[日] 铃木范久：《宗教与日本社会》，牛建科译，中华书局，2005年，第4页。

难免会停留在表面。正因如此，很多有名的日本专家在理解日本宗教现象时，顿然失去了思想的锐利和锋芒。比如，20 世纪下半叶美国著名的日本专家埃德温·赖肖尔与另外一位日本研究专家詹森（Marius B. Jansen）共同撰写的《当代日本人：传统与变革》一书是一部出色的日本论。在讨论宗教一章的末尾，书中有这样的说法：

> 日本的宗教向人们展示了一幅色彩斑斓、与众不同的画卷。神道的神社和佛教的寺院到处可见。多数日本人的生活与宗教仪式密不可分。……日本人的伦理道德基本上源于儒教和基督教，但是今天所有的人都不属于儒教，基督教徒也不到人口的 2%。日本人的宗教习惯主要起源于传统的神道教和佛教，但是真正信奉佛教和神道教的人寥寥无几。多数活跃的宗教界人士信奉名微望低的民间迷信和新宗教。显而易见，宗教不是当代日本社会和文化的核心。[1]

类似的说法在日本宗教的外部观察者当中非常常见，但这里面其实包含着许多矛盾。比如，一方面他们说神社和佛教寺院在日本随处可见，日本人的生活与宗教仪式密不可分，这可以说是事实；但另一方面他们又说，真正信奉佛教和神道的人寥寥无几，这显然与经验事实不符，而"宗教不是当代日本社会和文化的核心"的结论，就更显得草率了。实际上，这样的矛盾贯穿于他们对日本宗教的整个描述中。两位作者虽然非常准确地描述了日本宗教

1　[美] 赖肖尔、詹森：《当代日本人：传统与变革》，第 249 页。

多样性的画面，但并未深刻洞察日本宗教的特征，未能给读者提示日本式的"宗教信仰"的真谛。

当然，这里面涉及"宗教"的定义问题。社会学家杨庆堃在其名著《中国社会中的宗教》中，提出了一个非常有名的说法，即"弥漫性宗教"（diffused religion），用来表达中国社会的宗教特征。这个说法的意思是，组成中国宗教的诸如神学、信仰、仪式、组织等各种要素，因为广泛地与其他社会制度结合在一起，从而失去了西方社会中典型的"制度性宗教"（institutional religion）特征。[1] 日本社会中的宗教，同样具有这种"弥漫性"特征，殊异之处在于，它有着明确的核心信仰，即"神佛信仰"。日本社会的核心仪式所流溢的精神，正是这一信仰体系的显现。

作为社会的一项基本制度，宗教极其复杂，我们也只是透过现象努力接近它的本质。日本社会的宗教现象所呈现出的多样性，正是它文化多样性的根本原因。

进而言之，现代日本文化的创造性活力，可视为远古时代人们的生命冲动的表达形式——即宗教——在现代社会的呈现。人们的生命冲动虽然在急剧的现代化进程中遭到压抑或扭曲，但仍然涌动于人们的意识深处。现代日本文化的创造者们，正是借助各种包含着宗教意蕴的仪式，抵达了人们的内心深处，从而将人们的生命热情以艺术的手段再次呈现出来。因此，理解了日本宗教的特征，也就理解了日本文化背后的根本精神；人们所说的"日本文化"，归根结蒂就是指日本的宗教文化。

1　杨庆堃：《中国社会中的宗教》，范丽珠译，四川人民出版社，2016 年，第 17 页。

上面的考察还让我们获得了一个观察生活的新视角，那就是从彼岸的角度来观察我们此世的生活。20 世纪著名的宗教学家米尔恰·伊利亚德（1907—1986）的一个说法，就非常有助于我们理解这个"彼岸"视角的意义。他这样写道：

> 人类不管在其他方面多么自由，却永远都是自身原型直观（archetypal intuitions）的囚徒，在他第一次意识到在宇宙中地位的那一刻，这样一种原型直观就形成了。对天堂的渴望甚至在哪怕最平庸的现代人那里也能找到些许遗迹。人类关于绝对的概念不能被彻底连根拔除：它只能被削弱。原始人的灵性仍以其自身的方式继续存在，不是在现实的活动中，也不是作为能够有效实现的事物，而是作为一种乡愁，创造着那些本身具有价值的事物：艺术、科学、社会理论以及所有其他赐予全部人类的事物。[1]

当然，这个说法其实是很多宗教思想家共有的观点。比如，法国社会学家涂尔干在更早的时候就曾指出，人们已经意识到他们的"法律、道德甚至科学思想本身都是从宗教中产生的，长期以来，它们始终与宗教混同在一起，始终渗透着宗教的精神"。[2]在他看来，宗教是一种强烈而持久的人类意识，远不是 18 世纪启蒙哲学家所说的"僧侣阶层意欲欺骗人民"的工具。从神圣—凡

---

1 [美] 伊利亚德：《神圣的存在：比较宗教的范型》，晏可佳等译，广西师范大学出版社，2019 年，第 424 页。
2 [法] 涂尔干：《宗教生活的基本形式》，渠东等译，商务印书馆，2011 年，第 91 页。

俗这种宗教思维固有的认识角度来看，"彼岸"的视角就意味着从"神圣"的视角来重新审视"凡俗"；后者在现代世界中对人的全面支配妨碍了人们对自身及所处的时代和社会的认知与理解。

由此，我们还可以进一步思考我们置身其中的现代中国社会。比如，中国也是一个宗教多样性的社会。现代中国人的宗教意识被认为非常淡，但佛教、道教、儒教又被视为中国传统文化的核心。那么，我们内心深处蕴藏的生命热情又有着怎样的品性？通过和日本的信仰类型进行对比，我们会发现，虽然形式上中国和日本的宗教信仰有类似性，但在深层的精神结构上，二者却有很多不同。[1] 这种异同正是需要我们用力思考的地方，它们在深远的意义上决定着我们生命的成色。

1　兹举一例。日本学者通常将"儒学"称为"儒教"，倾向于强调儒学的宗教性格，这一点和中国社会就有较大的不同。比如，日本学者加地伸行用"沉默的宗教"这个说法来描述"儒教"往往被中国学者忽视或过低评价的宗教属性。通过理解"儒教"的宗教性，日本学者试图为理解、应对现代社会的变迁提供一种新的认知与价值体系。参见［日］加地伸行《沈黙の宗教——儒教》，筑摩书房，1996年。

色情

日本风月文化的本质

　　传统宗教元素在当代社会多姿多彩的表达，往往会给生活在现代社会中的人们带来异常新鲜的体验。贯穿日本全年的数十种节日及其庆典仪式，正因其浓淡不一的宗教色彩而让日本文化自成一格，获得了一种独特的属性。不过，当某种现象或习俗超越人们心理与认知上的某个阈值时，人们的评价可能就从最初的"新鲜""新奇"上升到让人费解的"奇异""奇怪"，乃至转变为可能令人感到不愉悦的"变态"了。

　　与宗教文化保留的那种神秘感、仪式感和意义感不同，大众文化则因其消费主义的导向而主动制造从"新奇"到"变态"的感官属性，目的是刺激人们的消费欲望。事实上，当代日本大众文化中涉及艳情的呈现，以及风月场中相关的习俗或做法，在许多外部观察者的眼中，就是"变态"的大型现场。毕竟，"变态"在日常口语中的首要含义，就是指"性变态"与"心理变态"。

　　现在，我们就专门看一下日本文化与社会呈现出的"色情"

或者说"情色"现象，探究一下这种现象背后是否隐藏着日本的独自原理。

对今天日本的大众文化略加浏览，人们差不多会有这样一种印象：日本是一个名副其实的色情大国，有着异常发达的色情产业。这个产业的商品有多种形态，比如，城市中各种被称为"风俗"的花街柳巷、书店及便利店大量出售的含有色情插页的杂志、各种描写风流韵事和情爱的文学作品以及漫画、每年大量生产的 AV 电影等，共同构成了日本的风月文化。闻名世界的"女体盛宴"——以女性身体为食物器皿的宴会——可以说是这种风月文化的极致表达。如果说日本的色情文化是"变态"的，那么"女体盛宴"就是"变态"的"现行犯"。

"艺伎"也是日本传统文化的一个标签；它是一种在宴会上以高雅的舞蹈、音乐与歌谣为客人助兴的传统职业。艺伎的另外一个说法是"艺者"，它的读音早在 19 世纪就成了英语单词；它在今天的存在更是强化了日本是情色大国的印象。诺贝尔文学奖获得者川端康成（1899—1972）的名著《雪国》与《伊豆的舞女》，描写的正是"艺者"的恋情。此外，在今天被视为日本绘画艺术代表的传统浮世绘，尤其是其中的"枕绘"（春画）的夸张、奇异的画面感，同样给人造成了日本文化是色情文化的印记。[1]

---

1 浮世绘是指江户时代盛行的一种风俗画，版画是主要的表现手段，主题涉及花街柳巷、戏剧、历史、花鸟等，其中的一大类是美人、演员、相扑力士等的肖像画。这些题材与表现本来在日本难登大雅之堂，但在 19 世纪传入西方后，受到了西方美术界与收藏界的热烈追捧，成为"日本主义"的代表。通过这种西方的审美视线，日本的评论家也开始注意到浮世绘的美学价值。

　　日本著名的哲学家九鬼周造（1888—1948）更是从艺伎的生活中提炼出一个"粹"字，以刻画日本风月文化的本质属性。这个"粹"字，同作为美学原理的"寂"一样，也被认为是一种原理，含有诸如"媚态""妩媚""风流""气魄""达观""脱俗"等多重含义。这些含义的根源都可以在日本的艺伎身上发现。[1] 其实，九鬼周造的母亲就是京都的一位有名的艺伎；而且，在京都大学工作期间，他自身也经常出入京都著名的艺伎区祇园。

　　上面介绍的这些现象其实还只是一小部分。那么，日本文化在类型上可以说是一种色情文化吗？我们如果只是停留在现象的观察层面上，就无法回答这个问题，因为很多现象同样可见于其他社会。同样，关于日本色情文化的想当然的看法，尤其将其表现形态简单描述为"变态"，更会妨碍我们对人类事务和自身本性的洞察。要理解这个话题的严肃性，我们就要从原理上去分析日本的色情产业为什么发达。

　　说日本的"色情产业发达"，其实包括三重含义：第一，日本文化是"色情的"，相当于给日本的社会属性贴了一个具体的文化标签；第二，色情成为一种"产业"，变成一种经济行为；第三，"发达"，也就是说和其他社会相比，日本与色情相关的产业规模巨大、商品品质优良、从业人员数量众多。从这三个角度来观察，我们就会发现日本风月文化的本质。

　　首先，说日本文化是色情的，这一判断的前提是其他社会不是色情的。这其实是一种误认。比如，大约成书于 16 世纪明朝的

1　［日］九鬼周造：《九鬼周造著作精粹》，彭曦等译，南京大学出版社，2017 年。

小说《金瓶梅》，被认为是人类史上色情文学的代表，里面有大量的情事描写，在道德家看来简直就是"淫书""淫秽"的代名词。但在很多文学批评家的眼中，这部小说与《三国演义》、《西游记》等并称明代的"四大奇书"，其思想和艺术成就唯有后世的《红楼梦》方可比肩，甚至有人说后者脱胎于前者。[1] 这意味着文学或艺术作品中的色情描写或表现，可能不是重要的问题；我们也无法单纯从现象上界定一个社会是否热衷于色情文化。

诚然，现代日本的很多作家在其作品中都以各种极致的笔触，描绘了人间形形色色的爱欲。当我们初次读到这些作品中的一些非常奇葩的桥段或露骨的描写时，很容易惊呼小说中的人物"变态"。这个问题我们稍后再讨论，这里我要说的是，这些作品在中国的人气却也一直处于满格状态。比如，日本"官能小说"的代表作、渡边淳一（1933—2014）的《失乐园》在中国已经出版了多个译本，人气长盛不衰。日本的"AV女优"苍井空在中国也非常有人气，粉丝们称其为"苍老师"。如果从色情文化的消费市场而不是生产者的角度来看，那么说哪一个民族的文化是色情的就有点站不住脚了。

当然，今天日本社会中各种风月场所的存在，似乎在提醒着日本文化的色情属性，但这仍然不是本质的问题。我们如果把目光投向西方社会，会发现类似的现象比比皆是。比如，法国著名思想家福柯在《性经验史》中，就详细介绍了古代西方对快乐、对肉体享乐的追求。其实，色情所指涉的现象内在于所有的民族和社会，认为日本或日本文化是"色情"的这一说法并没有根据。

1　参见王汝梅《王汝梅解读〈金瓶梅〉》，时代文艺出版社，2015 年。

　　同样，日本色情的第二层意思，即认为色情的产业化是日本特有的，这同样不符合事实。色情的产业化本质是指"性"的商品化，这更是一种人类社会的普遍现象。在德国、荷兰等国，性商品化的最古老的方法（亦即"卖春"）还受到法律的保护，是一种合法的职业。在制度史上，这个获得行政许可、受法律保护的制度叫"公娼制"。现代大多数国家都废除了"公娼制"，但非合法的"私娼制"却屡禁不止。这一现象同样说明了娼妓现象的本质不是文化意义上的色情，而是"卖春"与"买春"二者之间进行的商品交易。如果法律对此加以了禁止，那么相关行为就成了非法交易。

　　不过，传统日本的色情文化非常发达却也是事实。传统日本社会实行公娼制，场所称为"游廓"或"游里"；在江户时代，江户的吉原、京都的岛原等都是有名的风月场。这种文化高度发达的一个标志，就是"好色"被提高到了"道"的层面上，"色道"——"世人与游女发生的风流韵事和性爱之事"——由此诞生。藤本箕山于1688年撰写的《色道大镜》被认为是一部划时代的著作，而稍后出现的柳泽淇园的《独寝》，在阐释上则更上一层楼。据此，有学者感叹说，"纵观人类历史，还从来没有哪个国家的妓女像江户时代的艺伎一样，对本国文化起到如此重大和显赫的作用"。[1] 日本文化的评论家从中看到了"积极的文化创造"，看到了"性欲美化的道场"或者"恶的美学"——对堕落、邪恶的审美观照——

1　[荷]布鲁玛：《日本之镜：日本文化中的英雄与恶人》，倪韬译，上海三联书店，2018年，第93页。

的诞生。[1]在今日日本文化呈现的色情表象的背后，有着传统文化观念的影响。

第二次世界大战后，美国占领军当局基于自己的理念，在1946 年 1 月 20 日下令日本废除公娼制，日本这一古老制度才开始走向终结。其实，在占领军进驻日本时，当时的日本政府为了"保护一般女性的贞操"，特意成立了一个名叫"特殊慰安设施协会"的组织，负责给美国士兵寻找娼妇。[2]在兵荒马乱的年代，日本政府却有工夫办这件事，说明公娼制观念在日本并未遭到彻底消除。

如此看来，我们只能在第三个层面，即"发达"的意义上来谈日本色情文化的特殊性格。这个产业发达的本质究竟意味着什么？

其实，日本色情产业的本质与发达的逻辑，正是现代日本产业自身发达的本质与逻辑。比如，日本每年制作的大量 AV 电影，本质上就是性行为的表演与商品化。如同其他日本工业制品因其高品质而博得世界名誉一般，日本的 AV 同样凝聚了这个行业固有的匠心和思想。不过，这个显而易见的解释可能还无法满足人们的好奇心：日本色情产业与文化呈现出的那种极致的表现，尤其是在观察者眼中堪称"变态"的那部分现象，是否还有日本特殊的因素在发挥作用？

回答当然是肯定的。我们还要从前面谈到的性的商品化谈起。

1　相关的评论可参见［日］冲浦和光《"恶所"民俗志：日本社会的风月演化》，张博译，上海三联书店，2015 年；关于"色道"的解释，参见［日］藤本箕山、九鬼周造、阿部次郎《日本意气》，王向远译，吉林出版集团，2012 年。

2　参见［日］小谷野敦《日本卖春史》，新潮社，2007 年，第八章。

性的商品化虽然和人类的历史一样古老，但在今天，它的正当性并非不证自明，甚至可以说岌岌可危。人们通常认为它是男权社会的产物，是男性对女性压迫的一种手段和表现。当代日本的色情产业非常发达，虽然并不意味着日本没有法律限制，但问题也出现在这里。

前面提到，第二次世界大战后美国占领军出于基督教清教徒的禁欲主义理念，要求日本废除公娼制。日本的政治精英对这个命令并不陌生。实际上，明治维新以来，日本的一部分精英出于"文明开化"的目的就一直在推进废娼运动。在这个过程中，日本文化中传统的性观念发生了巨大的变化，其中最重要的一点就是，在基督教观念的影响下，谋求文明的精英们开始将肉体关系视为不洁和低劣，将日本传统文化中作为"神圣的好色"的性从神圣的领域贬低为兽欲的范畴。[1]

由于这种传统性文化与社会习俗的影响，日本反对废娼的势力也一直非常强大。在占领军当局发出废除公娼制的命令后，双方展开了博弈。1956 年，日本最终通过了《卖春防止法》，在法律上正式对公娼制下了禁令。不过，这个法律是一个多方妥协的

1　日本民俗学家、诗人折口信夫（1887—1953）很早就提出了"神圣的好色"观念。实际上，日本最古的史书《古事记》中就有对伊邪那歧和伊邪那美交媾的直接描写，很多学者据此认为，在日本传统的性观念中，性行为有着接近诸神世界的神圣属性。同时，受传入日本的佛教真言密宗等的影响，在日本的佛教文化中有视男女交合为神圣的观念；室町时代临济宗的有名僧人、京都大德寺的住持一休和尚（1394—1481）为后世留下了一部诗集《狂云集》，其中就有对男女情事极为露骨的描写。关于日本文化中性爱、恋爱观念的变迁和文学表现，可参见［日］佐伯顺子《爱欲日本》，韩秋韵译，新星出版社，2016 年；关于一休和尚的行迹，参见［日］梅原猛《梅原猛、日本仏教をゆく》，朝日新闻社，2009 年。

结果，留下了大量灰色的空间。结果，在"法不禁止即允许"这一法律观念下，传统观念与习俗中涉及色情的要素得到了继承和发展。

要言之，当代日本色情文化中的一些做法与呈现，实际上继承甚至是发扬了传统社会当中的观念和习俗，它们在其他国家可能已经被现代法律禁止了。从现代人的角度看，日本的大众文化自然呈现出一种风月上的异色。

但这仍然只是事实的一面。法律法规的宽松固然可以解释色情产业生态的多样性与繁荣，但还未触及日本文化何以将色情的表现推向极致的原因。实际上，现代的欧美国家在性的商品化、性文化领域的法律规则，很多都比日本还要宽松，但在欧美人的眼中，日本的漫画和影视节目中的情事表现更具有"淫秽"、"色情"、"猥亵"的特征。日本社会学家上野千鹤子在解释这种反常现象时，同样注意到了日本法规的特殊性：日本影视节目的伦理条款对隐私部位表现尺度的规定比欧美更加严格，结果在实践中却造成了意外的效果。她这样写道：

> 在日本不仅仅是裸体照片，包括漫画、成人电影在内的所有涉及性的视觉表现的体裁，由于将性器官及其周边部分列为禁忌，反而激发了这方面全部的想象力（也被称为"劣情"），为视觉表现增加了——如果可称其为"精致"的话——文化的精致程度。其中，的确存在着艺术至上主义的作品群，它们将女性身体还原为造型上、审美上的对象。与日本裸体艺术达成的文化成就相比，美国的裸体表现由于"性解放"

的原因，反而更呈现出写实的特征。[1]

上述说法并不难理解，它让我们想到了弗洛伊德精神分析学派的"压抑—升华"学说，即艺术的本质来源于性的压抑。不过，从文化表现上看，"压抑"并未导致更多的民族在情事表现上呈现如此高的水准。正是在这里，我们可以看到某种日本特有的元素在发挥着作用。上野千鹤子也注意到了法律压抑说的局限，在一本研究日本内衣文化的著作中，她曾这样写道：

> 与现实相比，想象总是更为色情，这方面的事例，就是连环漫画中交欢场面的留白。在日本生产的黄色刊物中，它是最让人感到淫秽的事例，应该说是日本文化达成的极致。它所产生的那种让人怦然心跳的效果，远远超过了浮世绘中以精细的线条描绘的春宫图。……在画面的留白之处，读者其实是在看着他自己非分的妄想。于是，就出现了这样的一种循环：所谓的淫秽，就是读者感受到了自身的淫秽。对于自我意识而言，没有比自己正在进行的意淫更为色情的。[2]

在这段话中，我们看到了色情文化在日本发达的心理学机制：日本文化的生产者在使人产生"妄想"这一点上堪称出类拔萃，

1　关于日本在西方人士眼中的这种色情性格，上野还指出了两种文化的一个重要差别：日本色情表现的尺度虽然比西方国家严格，但包含色情内容的商业杂志泛滥，在地铁、写字间等公共空间中，人们接触色情刊物的机会要比西方社会高。参见 [日] 上野千鹤子《発情装置：エロスのシナリオ》，筑摩書房，1998年，第42—43页。
2　[日] 上野千鹤子：《スカートの下の劇場》，河出書房新社，1992年，第131—132页。

远远高于世界上其他民族达成的水准。而当这种能力用于色情文化上时，人们就看到了那些反常画面，也就是人们一般所言的"变态"。这是一种深层的解释。我们可以看一个具体的事例，即谷崎润一郎在小说《疯癫老人日记》中展现的经典片段。这部小说早已改编成电影，很多人对情节可能都不陌生，但那种涉及主人公"妄想"的部分，则非笔墨而无法形容。

故事的男主人公是一位名叫卯木督助的耄耋老人，疾病缠身，需要靠药物维持生命。他坦白说，自己依靠对食欲和间接感受到的情欲乐趣活着，后者是指他自己的"恋足癖"。飒子是他的儿媳妇，有着让他崇拜不已、屡屡陷入意乱情迷的一双美足。卯木还喜欢心眼坏、刻薄的女人，于是飒子就成了他调教、引诱的对象。他故意挑拨飒子和婆婆之间的关系，而飒子将计就计，让老人数次在她的脚上得到了慰藉，自己则获得家庭内的权威以及金钱的回馈。至此，小说的叙事已经超过了很多读者能够接受的伦理道德的极限。

这些让人感到震惊的行为当然还不是终局。在和飒子去京都选择墓地时，老人做了一件怪异的事：不辞辛苦、不厌其烦地反复制作飒子的脚掌拓片，飒子不明所以，只是倾情配合老人的各种要求。最后，老人在自己无法忍受秘密的人类本性面前败下阵来，向飒子坦白了他的欲念：根据飒子的脚印制作佛足石，将她的容貌雕刻其上，自己死后埋骨其下。谷崎润一郎对老人决定向飒子说出秘密时心理活动的描写，极尽妄想之能事：

> 我想看到她喜不自禁的满面笑容。……我生前对她盲目溺爱，如果死后想对她报复一下，没有比这更好的办法了。……

当她踩着石头，感受着"我把那个耄耋老头的骸骨踩在地底下"的时候，我的灵魂也在某处活着，感受着她全身的体重，感受疼痛，感受她脚心细腻肌肤的光滑。我死后有这样的感觉，不应该没有感觉。同样，飒子也感觉到我的灵魂在地下满心喜悦地承受着她的体重，或许还能听到骨骸在地下咔嗒咔嗒发响，互相纠缠、欢笑歌唱、互相摩擦的声音。不仅仅是她踩踏石头的时候，只要一想到存在着以自己的脚掌为原型的佛足石，就会听见骨骸在石头下哭泣的声音。我一边哭泣一边叫喊："痛、我痛！但是我快乐。无比的快乐，远比我活着的时候快乐！"我叫喊："再使劲踩踏，再用力踩踏吧！"[1]

谷崎润一郎被誉为日本唯美派作家的代表，日本政府还授予其"文化勋章"，以表彰他杰出的艺术创造力。我们从上面的引文中已经看到卯木老人对自己死后情境的登峰造极的幻想与臆想。这其实既是作者炉火纯青的文学艺术的呈现，同时也是作者自身惊世骇俗的心理"变态"的现场。

当然，这么说的目的不是要论述谷崎的文学成就，而是因为我们在此捕捉到了日本色情文化"发达"的一个至关重要的因素：文化的创作者们有着突破或者说有意"触犯"生死与伦理禁忌的倾向与能力，并用高超的艺术技巧将这种观念展现出来。

其实，日本传统文艺作品在涉及爱欲时的伦理色彩本来就非常低，甚至付诸阙如。比如，江户时代著名的小说家井原西鹤

1　［日］谷崎润一郎：《疯癫老人日记》，郑民钦等译，南海出版公司，2016年，第118—119页。

（1642—1693）创作了以《好色一代男》为代表的一系列称为"好色物"的艳情小说，被视为日本古典小说一座新的高峰。文艺批评家阿部次郎曾经评论说："在他的作品中，天生俊美的男女只按照美的冲动而行动，而作者对这种美也抱有充分的理解态度。"作品中的人物对于人生、对于他人没有严格的伦理意义上的责任感，"不仅如此，作者也极其宽容地忽略了这种责任感"。[1]这种文学观念无疑会让习惯于"礼义廉耻""文以载道"传统的中国读者感到非常不适应。

　　因此，古代日本社会对男女情事的某种神圣性的崇拜、传统通俗文学作品中伦理道德说教的缺席、现代法律规制的相对宽松，以及文化制作主体拥有的想象力与创造力，共同造就了今日我们所见的日本文化的风月特征。有人将这种艺术表现称为"变态"，有人则将其称为"恶的美学"，视其为日本文化的一种极致。

　　上述说法是否意味着日本社会不够文明？这是一个复杂的问题。让我们暂时离开日本这个事例，站在理论的层面上审视一下爱欲与文明的问题。众所周知，性商品化的对象主要是女性，而消费者主要是男性，这有损现代社会男女平等的原则以及女性的尊严。因此，对性的商品化进行法律管制就是现代文明的一个重要标志。但在另一方面，性商品化实际上还涉及"色"在人类文明中的地位，而不仅仅是法律和道德观念的问题。对此，很多思想家都有过严肃的思考。

　　比如，恩格斯（1820—1895）在《家庭、私有制和国家的起源》

1　[日]藤本箕山、九鬼周造、阿部次郎：《日本意气》，第182—183页。

这部著名作品中，就花了大量篇幅讨论诸如性爱、性自由、娼妓、家庭、婚姻制度等涉及女性地位的问题。他对资产阶级的家庭观念有一个脍炙人口的说法："妻子和普通的娼妓的不同之处，只在于她不是像雇佣女工做计件工作那样出租自己的身体，而是把身体一次永远出卖为奴隶。"[1]恩格斯的意思是说，只有废除了资本主义制度，妻子才和娼妓不同，夫妻之间才会有真正的爱情。换言之，他认为只有消灭了意味着私有制的财产关系，男性对女性的压迫才能消失，欲望才能转换为爱情。显然，恩格斯这个富有颠覆性的说法同时也是他的文明论。

人们当然不会完全同意恩格斯的看法。现代人毕竟都生活在一定的经济关系、特定的财产状况中，而且，很多人无论如何都选择相信爱情以及相信爱情并不是虚构的，这也是事实。这个问题比较复杂，这里无法展开进一步的讨论，但我要说的是，在思考日本色情产业的发达与它高度的物质文明之间的关系时，恩格斯的说法至少给我们提供了一种视角——在人类文明的发展进程中对色情的角色加以定位。

再比如，法国思想家乔治·巴塔耶（1897—1962）在《色情史》一书中，讨论了色情和人类理智的关系。他将人类的性行为放到一个总体性的框架中去考察，认为人类的色情与理智"互相补充，地位平等"。[2]在人们的精神世界中，色情这一人类的性欲活动实际上受一套严格的观念上的禁令所制约，人们借此将自身和动物

1　[德]恩格斯：《家庭、私有制和国家的起源》，载《马克思恩格斯选集》（第四卷），人民出版社，2008年，第69页。
2　[法]巴塔耶：《色情史》，刘晖译，商务印书馆，2004年，第13页。

的性活动区分开来。这套观念上的禁规就是所谓的"禁忌"，人们因忌讳避而不谈；比如，我们在前面提到的"乱伦"就被视为一种典型的禁忌，"死亡"同样也是典型的禁忌。禁忌是宗教观念与宗教仪轨的核心准则。[1]从这个角度看，所谓的文明就是这些"禁忌"所划定的规则以及人们对这些规则的遵守。

当巴塔耶将"色情"视为与理智等同的人类属性时，意思是说色情是人类的一种普遍的本性，并没有"淫秽""纵欲"等消极的现代含义。实际上，这种色情观最初在弗洛伊德的精神分析中得到了全面的揭示和呈现。比如，美国文学评论家莫德尔（1885—1953）就继承了这种理论，他从大量的文学作品甚至《圣经》中，发现了这种色情欲望的广泛存在。他认为，人们的心中都有色情的欲望，这是一种无意识的欲望，人们不愿意公开承认，但又会以各种方式表达各自的兴趣。因此，"说到底，文明只是一种虚饰，许多人只要稍加诱惑，内心的野蛮激情就会被激发起来。这种情绪始终存在于我们的无意识中，所以它为作家提供了一种虽然危险，但很有吸引力的创作素材"。[2]

这些理论家对人类色情现象的精辟分析，无疑会丰富我们对现代日本的风月文化以及现代日本文明的理解。日本风月文化的创作者们无与伦比的"妄想"能力，的确给日本的文化涂抹上了色情甚至"变态"的色彩。其中，他们突破为大多数人所共享的

1　"禁忌"在宗教社会学当中的含义就是"隔离"和"禁止接触"，即"凡俗事物绝不能接触神圣事物"，否则会导致身体的疾病乃至更严重的后果。这种观念的意义在于，作为这种约束的无意后果，"它对于培养个体的宗教性和道德性具有最为重要的积极作用"。参见［法］涂尔干《宗教生活的基本形式》，第413—441页。
2　［美］莫德尔：《文学中的色情动机》，刘文荣译，文汇出版社，2006年，第9页。

伦理禁忌，在作品中展示出的高度艺术化的"反社会"特征，正是让很多人惊呼日本文化"变态"的核心秘密。但就其本质而言，是否将日本色情文化的极致表现称为"变态"乃至"病态"，其实是在考验着人们对自身本性以及文明本性的认知。

由于现代日本往往给初访者造成色情印象，人们很容易认为色情是日本文化的本质现象。但我们的分析表明，日本的色情文化并未表明它背后存在着特殊的原理。我们至多在文化创制者的身上，发现一种出色的想象——包括"空想""联想""遐想""幻想""畅想""妄想""臆想"——与创造的能力和勇气。他们带领日本文化的消费者共同经历一番超越世间伦理道德禁忌的游戏，给人们创造一种反观自身生活本质的契机。日本的文学与影视作品往往呈现出浓郁的反常态的伦理与心理色彩，根本的原因就在这里。

因此，思考日本的色情文化与产业现象，也是思考包括我们自身在内的人类社会固有的一大现象。如前文所述，日本外部的观察者之所以对日本的风月文化持有特别的观感，是因为他们多数时刻只是为自己的所见而感到"震惊"，里面夹杂着含混、微妙但又是人类普遍的心理机制。我们的分析只能揭示其中的一部分，但这足以将审视他者的视线导向我们自身。这里再略作总结。

第一，我们所说的日本外部的观察者，他们多数时刻还是日本文化的消费者。从色情产品的供给—需求这种市场关系的角度看，日本文化的创制者们处于供给一方，这造成了一种错觉，也就是在色情问题上"日本特殊"，甚至认为日本"变态"。但日本外部的观察者，其实同时也是这个生产体系的消费者。因此，从消费者一端来看，我们无法单纯地认为生产者是色情的甚至是变态的，而消费者是正常的。生产者与消费者的对等关系恰恰意味着"色情"在本质上是一种人类普遍的本性，因此我们并不能将这种属性视为日本文化的标签。

日本生产体制在总体上精益求精的性格，决定了它比其他社会更专注于色情商品的研发和市场开拓，这进一步强化了日本文化的色情形象。当然，这并不是说日本的色情产业完全走的是高端的艺术化路线。在资本与市场逻辑的主导下，日本的市场上并不缺乏颠覆禁忌的产品，它们毫无疑问符合"变态"乃至"病态"字面上的含义；其中，与恋童癖关联的产业，无疑是这种变态的典型。在批评家看来，宗教、道德禁令和禁忌这些保护人性的要素在资本面前节节后退，这才是"当代真正的猥亵"，或者说是文明的病症。显然，这是一种指向资本主义和市场体制的批判。[1]

第二，从法律和制度的角度来看，日本对性商品化的规制相对宽松，这导致了很多与色情相关的习俗和传统做法得以大量延续下来，成为现代社会生活的一部分。从现代社会的伦理价值观念反观，这些传统的文化内容自然大幅增加人们的异样感受。这说明，日本的风月文化并未脱离其他社会的传统文化与社会的运行方式。

第三，我们在文学作品所见到的对情欲与伦理极端的设定和极致的描写，实际上是对人类社会"禁忌"的一种挑战。我们当下的文明观念，其实正是建立在这些伦理规则与禁忌的基础之上。

1　参见［法］基尔伯《爱欲的统治》，菖蓿译，商务印书馆，2014年，第四章。

按照巴塔耶的说法，禁忌的存在使得人的欲望和兽欲区分开来。因此，对这些规则的挑战并不能简单还原为心理上的"变态"，它还有着对文明和人性自身进行反思的功能。

最后，我们还可以就色情自身来理解日本的文化特征。我们前面提到的哲学家九鬼周造的一个略显晦涩的说法，非常有助于我们认识其中的精微之处。针对艺伎身上彰显的"粹"的风月品性与日本文化深层的关联，他这样总结道：

> "粹"针对武士道的理想主义和佛教的非现实性处于紧密的内在关系之中。"媚态"因为命运而获得"达观"，并在"气魄"中自由生存的，那便是"粹"。不具有看透人类命运的明亮眼睛、面对灵魂的自由不抱有执着憧憬的民族，就无法理解体现"媚态"的"粹"的样态。"粹"的核心意义在于，当该构造作为我们民族存在的自我展现来被把握时，可以被充分领会和理解。[1]

1　[日]九鬼周造：《九鬼周造著作精粹》，第49—50页。

中篇　日本二千年

第三章 | 传统东亚世界的竞争者

（57—1868）

倭王受封
决定日本命运的历史时刻

　　我们在前面的讨论已经表明，在纷繁复杂的文化表象背后通常有日本文化与社会的特殊原理在发挥着作用，它们都起源于日本的演化进程当中。接下来，我们将首先考察在传统的东亚时间与空间当中，日本经历了怎样的心灵历程，从而形成了它特殊的国家与民族的品性。我们要看一下日本与东亚世界共同演化的历史。

　　在我们熟知的关于日本的街谈巷议中，有一个很常见的说法，即日本人是古代中国人的后代。这当然是一种误认，它的形成可能与历史流传下来的"徐福东渡"有关。司马迁在《史记·秦始皇本纪》当中记载，齐国方士徐福称海上有蓬莱、方丈和瀛洲三座神山，神仙居之，有长生不死之药，于是秦始皇就派遣他率领数千童男童女，入海求仙。这个传说的真伪以及海上三神山的具体所在，人们今天当然无从查考，但很多人信以为真却也是事实。比如，日本的一些地方每年会举行纪念"徐福东渡"的活动；和歌山县还有"秦徐福之墓"的墓碑和徐福神社。换句话说，有一些日本人认为自己的祖先来源于中国。

这些民间流传的看法，实质上关系着日本人以及日本文明起源的问题，它们都涉及了古代的中国。因此，在重新认识古代日本的起源时，我们将重新审视一个被命名为"倭王受封"的历史事件，来看看这个古代日本和中国到底有怎样的关系。

当时中国的史书称日本列岛上的所有国家——其实是一些较大的部落或城市——为"倭国"，称其中较大者的首领为"倭王"。倭王受封，是这些国王接受皇帝册封以及授予官职和爵位的一种政治行为。当然，这里所说的皇帝是指东亚大陆上的中华王朝的皇帝。倭王受封是我们理解日本的演化的第一个关键历史节点，但很多历史学家尚未注意到它的重要性，他们的历史叙述对此也通常是寥寥几笔带过。很多读者在读古代日本这一时期的历史时，很可能也跟着跳了过去，不会留下什么特别的印象。那么，这个事件对日本国家的形成有着怎样的影响？

如果先说结论，那就是，这一事件意味着日本历史的起点在中国，意味着在日本历史意识的深处，有一个摆脱不掉、无法磨灭的影子："中国"；用一个比喻来说，这个事件为日本自我意识的成长埋下了一粒特殊的种子。这也正是我在前面提出的"中国内在于日本"这个说法的另一层含义。

显然，说"日本历史的起点在中国"并非指日本就是从中国产生的，这不符合历史事实；这个说法的意思是，古代日本最初的历史记录，仅仅存在于中国古代的史书当中。在日本最早的史书，即编纂于公元8世纪初的《古事记》和《日本书纪》出现之前，关于日本历史的文字记录仅仅存在于中国的历史文献当中。这其中极为重要的就是"倭王受封"一事。

我们有必要回忆一下本书在前面提出的"东亚世界体系"这个概念。我们要从历史起源的角度去理解这个体系的形成过程以及它的独特属性，而倭王受封正是这个世界体系形成的标志性事件。今天的日本史乃至东亚世界史叙事对于倭王受封一事往往一笔带过，有若干原因，其中之一就是史料阙如，人们不容易看到它的全貌。所以，接下来我们稍微绕一点路，要先介绍一点关于日本的史前史，也就是有文字记载的历史以前的历史。

上面提到，认为日本人的祖先来自中国大陆的说法极为常见，依据就是司马迁在《史记》中记载的徐福东渡的事迹，有人甚至认为徐福就是日本神话传说中的"神武天皇"。[1] 提到日本皇室的起源，其实还有一种广为流传的说法，那就是皇室是"泰伯之后"，也就是殷商时期吴国国君泰伯的后裔。由于现存的历史文献多语焉不详，这些传说到底是真是假并没有明确的定论。不过，关于日本人的来源，从人类学的角度来看倒是有一个更为科学的说法。

在距今大约一万二千年至一万八千年前的冰河时期，日本列岛并不是像现在这样孤悬海外，而是和亚洲大陆连在一起的。那时候，它有三处和大陆接壤：北方的库页岛，中间的位于今天的日本和韩国之间的对马岛，以及南边的琉球群岛。日本列岛和大陆是相连的，这使得人们移动到日本列岛上非常容易。据说，从

1　神武天皇被认为是日本的第一位天皇，于公元前 660 年即位，但关于天皇本人的情况和即位年代，实际上都没有确切的文献记载。参见汪公纪《日本史话》，中国书籍出版社，2011 年，第 3—5 页。

遗传学的证据来看，现代日本男性的 54%、女性的 66% 有来自中国和朝鲜的血统。[1] 在 19 世纪末中日两之国间流行过一种"同文同种"的说法，今天看来，这并非空穴来风，并不只是当时双方为了结盟制造的一种意识形态。

历史在向前发展。在公元前 10000 年左右，日本进入"绳文时代"；这一说法因出土的陶器上有绳子的条纹而得名。这个时代延续了漫长的一万多年，这一期间日本的自然地理条件发生了决定性的变化：由于气候变暖，海平面上升，日本列岛与亚洲大陆分离开来，日本从此开始走上独自的演化道路。

虽说如此，日本的演化道路和大陆还是有着千丝万缕的关联。其中最主要的一点就是，来自大陆的移民持续不断地进入日本列岛。比如，秦朝末年为了躲避战乱而移居日本列岛的大陆人就是所谓的"秦人"；同样，汉朝时移居日本列岛的就是所谓的"汉人"。根据《隋书》记载，公元 609 年出访倭国的隋朝使者裴清，就途经了一个叫"秦王国"的城邦，当地居民很可能就是来自中国大陆的移民。

有关日本人的来源，在历史认识上其实并不十分重要。真正重要的是，如同《史记》所记载的，在二千多年前的秦始皇时代，日本列岛的存在就已经进入了中国的历史叙事中。日本国内的徐福遗迹和纪念活动，正意味着日本的历史记忆中有一种"大陆属性"。因此，如果要对日本起源进行探究，我们就得从人类学进入历史学的领域，后者提供了更可信，也更富有启发性的证据。

1　[英] 韩歇尔：《日本小史：从石器时代到超级强权的崛起》，李晋忠等译，北京联合出版公司，2016 年，第 17 页。

　　徐福的故事之后，关于古代日本的确切的文字记载开始出现在中国的史籍中。大约在公元82年左右，中国东汉大历史学家班固（32—92）所编撰的《汉书》"地理志·燕地条"中，第一次出现了关于古代日本的记载——这个时候的日本被称为"倭国"。书中记载说，倭国由一百多个"国"组成，定期到汉王朝位于朝鲜半岛的领地，也就是乐浪郡进行朝贡。这些所谓的"国"，其实就是一些比较大的部落，或者说是城邦。我们的历史叙述也由此进入"倭王受封"的时代。倭王受封实际上由一系列历史事件构成，前后持续了数个世纪之久。

　　第一个事件发生在公元57年。根据南朝宋范晔（398—445）等编撰的《后汉书》记载，这一年，东汉的光武帝刘秀赐给倭奴国使者一枚金印，上面刻有"汉委奴国王"五个字，学者们通常认为这是有名的"汉委奴国王"金印的起源。江户时代的天明四年，即公元1784年，一位农夫在今天日本福冈县的志贺岛发现了这枚金印。日本学者倾向于视其为真迹，但也有人提出了质疑，双方都各有证据。金印的真伪我们暂且不论，但《后汉书》中的这条记载是中国史书中关于倭王受封最早的文献记载，是历史认识的关键事实。这意味着此时的日本——当时的倭国——已经进入了以中国为中心的"东亚世界体系"。

　　接着，在由西晋陈寿（233—297）编撰的《三国志·魏书》中，有魏国使臣在公元240年访问倭国的记录；书中留下了对一百多个倭国中最大的"邪马台国"的位置、人民的装束与习俗等非常详细的描述。据记载，邪马台王国由一个叫"卑弥乎"的女王统治，她懂得巫术。这个女王在公元238年时，曾派朝贡使者到魏国，被册封为"亲魏倭王"。随后，在南朝历史学家沈约（441—513）

撰写的史书《宋书》中，提到了公元 5 世纪时"倭国五王"——
也就是古代日本的五位国王，即倭王讚、珍、济、兴、武——受
到中国王朝册封一事。这种政治实践的连续性，意味着古代日本
已经全面融入了以大陆王朝为中心的东亚世界秩序中。

　　日本东洋史学家西嶋定生（1918—1988）曾经指出，"倭国在
日本列岛的形成过程，并非与大陆绝缘状态下的独自演化，而是
最初就在与大陆的历史，尤其以中国王朝为中心的东亚历史的关
联中得以展开的"。[1] 这是非常富有洞见的说法。

　　而另一位东洋史家冈田英弘（1931—2017）更进一步指出，
中国史书中所谓的"倭人百余国"，都是从事贸易的华侨建立起来
的商业据点，类似于今天世界各地可见的"中华街"；光武帝授予
博多奴国酋长的"汉委奴国王"印绶，其实是委托其负责管理日
本列岛与汉王朝的贸易。从这个角度说，在古代日本的形成过程中，
公元前 108 年汉武帝在朝鲜半岛设置乐浪、真番、临屯和玄菟四
郡是关键的一环，这个举措直接将日本列岛纳入了中国大陆的贸
易体系当中。他最终的结论是，"日本建国者为华侨"。[2]

　　关于倭王受封的历史事实，我们就说到这里。若要进一步理
解这个事件在日本演化史中扮演的角色，我们就得上升到一个更
高的维度，那就是要理解册封这件事的政治本质与文明意义。

　　在中国历史上，朝贡—册封制度起源于汉王朝，是王朝内部实
行的封建制的延长。封建制是指天子为贵族、功臣等分封爵位与

1　[日] 西嶋定生：《日本歴史の国際環境》，東京大学出版会，1985 年，第 3 页。

2　[日] 冈田英弘：《日本史的诞生》，第 23—25 页。

采邑，而接受了册封的朝贡国或藩国，事实上就成为中华王朝天子的外臣，双方结成了君臣关系。这正是"汉委奴国王"、"亲魏倭王"等中华王朝所赐予的印绶称号的政治含义。从今天的角度来看，它实际上是一种东亚世界秩序的安排。

这种政治安排与实践的作用非同小可；打个比方，古代东亚的中华世界秩序就相当于今天以联合国为中心的世界体制。只要想一想 WTO（世界贸易组织）的作用，我们就会明白世界秩序的重要性。我们经常听到的"贸易战争"就是世界体系内部的一种变动。如果没有 WTO 这个体制，可能就真要发生战争了。这个体制在本质上维护的是一种和平的商贸与交流秩序。我们今天享受的和平与物质的繁荣，都与二战后形成的世界秩序息息相关。

古代日本能够进入东亚世界体系，当然是当事者政治计算的结果，中华王朝与藩属国可谓各取所需。中华王朝的皇帝因万国来朝而获得了政治上的正当性，同时保证了帝国边疆的安全；而藩属国则一方面获得了政治权威，另一方面获得了与中华王朝交往的正式渠道。这就是所谓的"中国治下的和平"体制，它创造并维持了东亚世界秩序。在这一体制之下，古代日本开始大量吸收中华文明，从而开启了快速文明化的过程。

说到这里，我们必须指出"倭王受封"的另外一个政治结果：正是在这个体制中，日本形成了一种宿命般的自我意识，那就是以日本为中心的"天下"观念。从后来的历史进程来看，这是决定日本历史意识与走向的一个关键事件。

根据西嶋定生的研究，大概在 5 世纪末期至 6 世纪时，日本完成了这种思想的内化，日本国内出现了"治天下大王"、"治天下天皇"的观念和说法。就是说，当时倭国朝廷形成了"天下"、"天皇"等以"天"命名的自我称呼。但这样一来，就出现了非常重大的问题，因为"天"、"天命"这些观念正是大陆的中华王朝政治正当性的终极依据，是中国古典文明普遍主义的最根本的原理。此时的日本用这些说法建构自身的政治意识，意味着一种试图与大陆王朝分庭抗礼的自我意识已经萌生。这种自我意识的特殊性，可以说深刻影响了此后中日关系千年史的走向。

当然，日本的这种自我意识的形成过程非常复杂。在古代日本史研究当中，由于史料严重阙如，3—5世纪也被称为"谜一般的世纪"。日本东洋史学家宫崎市定有一本书叫《谜一般的七支刀》，靠着一把被称为"七支刀"的刀身上残缺的铭文和极其有限的文献资料，试图对这一时期的历史进行"解谜"，但也有很多推测的成分。[1]所以，我们也无法深入具体的历史进程当中，通过详细的事件和思想分析，来揭示这种自我意识的形成过程。

不过，我们在上面借助大的历史脉络和迄今为止的历史经验，已经给出了一个解释，即历史上中华王朝主导的朝贡—册封制度本质上是东亚世界体系的一种政治安排，是中华王朝的世界政策；接受朝贡国的地位意味着同时接受了这个世界政策背后的理念。在后世的日本，人们通常称其为"中华思想"或"华夷思想"。另外，众所周知，历史上越南和朝鲜的王朝都有过"小中华"的自我意识，这也是朝贡体系所造成的政治后果的一种例证。

我们在上面通过重构往往湮灭于日本历史叙事中的"倭王受

---

[1]　[日] 宫崎市定：《谜一般的七支刀：五世纪的东亚与日本》，马云超译，中信出版社，2018年。

封"这一历史事件，对古代日本的起源进行了分析，而分析的重点则是古代日本国家的自我意识的生成机制。

在我们探讨日本变异属性的起源时，这个"倭王受封"之所以重要，正是因为它与日本的童年记忆息息相关。个体的童年记忆会影响人们后来的成长，尤其是心理感受；同样，国家的童年记忆也是我们理解国家行为时的一个重要视角。对于日本来说，接受外国皇帝的册封很可能是一种屈辱的体验，是一种"创伤记忆"。创伤记忆是精神分析领域的术语，而不是简单的比喻。日本在早期国家形成阶段所经历的特别事件，当然会对其自我意识产生不可磨灭的印记和影响。所以，如果要想在历史的深层去认识这个国家，想获得关于日本国家性格的洞察，我们就得去理解它的童年时代。当然，这也是我们重新认知包括我们自身在内的所有社会的方法与视角。[1]

因此，今天的日本国民在自我意识上呈现出的异色，其实有着深厚的历史与心理根源，它们正是形成于东亚世界史的演变进程中。从根本上说，东亚世界史上的倭王受封意味着中华王朝以非意图的方式，创制了一个具有同型自我意识的"小中华"，即我们今日所知的"日本"；反过来说，"小中华"这样的自我意识的种子，已经埋到了日本国家自我意识的土壤中。

那么，具有这样一种自我意识的日本，其后与周边世界究竟发生了怎样的互动？东亚世界史的帷幕，正在徐徐展开。

1　我在前面曾经谈到了我们在认识、理解日本时面临的困难，其中的一个重要的原因就在于现代中国的童年记忆。现代中国对日本的"创伤记忆"，也就是在日本压迫和侵略中形成的创伤，使得我们很难冷静地看待日本。我们在后面会具体讨论这个历史过程。

大化改新

日本自我意识的形成

我们在前面讨论的是"倭国"的历史，但现在我们在说起这个国家的时候，都称其为"日本"。那么，"倭国"是什么时候成为"日本"的？和"倭王受封"一样，这涉及日本的起源；但从时间顺序上来说，追问"倭国"如何转变为"日本"，实际是要探究日本自我意识的进一步成长。

公元 645 年开始的"大化改新"，构成了我们继"倭王受封"之后重构日本演化史的第二场历史事件。

今天的历史学家通常认为，"日本"这个称呼是古代日本人首先提出来并要求中国使用的。这个故事发生在唐代女皇武则天（624—705）统治的时期。唐代历史学家张守节在其撰写的《史记正义》中有"武后改倭国为日本国"的记载。那么，武则天为什么要改倭国为日本国？一种通行的说法是，此时列岛上生活的倭国人已经精通汉语，他们认为"倭"的字面涵义不美，有"矮小"的意思，这让他们的自尊心受损；而且，和位于他们西面的中华王朝相比，他们认为自己是更接近太阳升起的地方，于是，就给自己取了一个非常文雅的名字：日本。

这个说法简洁明快，很容易让人接受，却也同时遮蔽了问题。

我们今天不难推断，最初应该是日本的使节首先向中国提出了称呼上的要求，武则天才敕命更改，否则我们看不到唐王朝下令更改称呼的动机。其实，中国史书上的"倭"字源于古代日本民族自称，是记录他们自称发音的汉字。后来，日本民族自称为"大和"民族，使用诸如"和风"、"和魂"等意味着民族性的说法，其实就是用"和"取代了发音相同但文字不同的"倭"字。

问题的关键在于，当时生活在日本列岛上的倭国人要求更改国名的事，并不是简单的外交行为，而是有着明确的政治意图。简单地说，倭国改名这件事是一个标志，标志着日本此时已经形成了成熟的自我意识。

那么，"日本"这个自我命名的意识又是怎么产生的？根据史书记载，公元607年，倭国大和朝廷派遣特使小野妹子来到了隋王朝。他携带的国书有这样一个有名的开头："日出处天子致书日没处天子，无恙。""无恙"就是"敬颂无恙"、"敬问安康"的意思，自然是外交辞令，所以这句话的玄机并不在这两个字上。

这条历史资料最初见于《隋书》当中的"倭国传"，后世的日本历史学家和政治学者在论及中日关系时，都会拿这条史料说事。日本学者这么做，其实有十二分的理由。据《隋书》记载，隋炀帝看到这样的国书后，龙颜不悦，对鸿胪寺卿（主管朝贡事务的官员）说："蛮夷书有无礼者，勿复以闻。"[1]意思就是说，如果蛮

1　[日]藤堂明保等訳注：《倭国伝：中国正史に描かれた日本》，講談社，2010年，第468頁。

夷国书有违中华礼制，今后不要再拿给我看。

隋炀帝不愧是中华王朝的帝王，很懂政治，讲政治正确。他只是瞥了一眼国书，就洞穿了倭国大和朝廷的心思：用"日出处天子"说自己，用"日没处天子"说中华的天子，这分明是要和隋王朝分庭抗礼、平起平坐！非但如此，这个"日出"对"日没"的结构，虽然是对太阳东升西落轨迹的客观描绘，但将自己置于旭日东升的位置，大有后来居上、反客为主的气概。日本国家在初创时期的自我意识，由此窥见一斑。

事实上，日本历史学家之所以重视这一记载，就在于它表明了倭国的一种自我意识——一种要求和中华帝国平等、对等的自我意识。而这个自我意识，最终表现在"日本"这一文雅的自我命名上，表现在日本使节要求唐王朝更改名称这件事上。

日本之所以能够从"倭国"变成"日本国"，还不只是因为它获得了"日本"这个国号；"倭国"成为"日本"，这个转变过程伴随着实质性的国家建构。上面提到的小野妹子致隋炀帝的"国书事件"和"武后下令改名"事件，其实之间相隔了大约一个世纪。在这个时期，倭国的大和朝廷办了一件大事，那就是"大化改新"。

大化改新是日本古代史上的著名事件，所有历史叙述都有记载。历史学家们都会说，它是日本早期的一种"改革"，促进了日本国家的形成。这个说法当然不错，但还未给我们提供历史认识上的增量："改新"并不同于我们今日语境中的"改革"，它到底意味着什么？我们知道，19 世纪中后期日本还发生了著名的"明治维新"，那么，从"改新"到"维新"，这些略显特异的说法意味着什么？

其实，大化改新在本质上并不是日本历史上的一场普通的"改革"。从小的方面说，它是日本的建国行为；从大的方面说，则是一种文明的模仿、吸收、创造和运用。不仅如此，它还是一种方法，是日本追赶大陆中华王朝的方法。这个方法就是后世的人们所言的"开国"，全方位吸收位于它西部的大陆上最先进的"西方"文明，是一种"西化"或者说"中国化"。大化改新就是日本历史上的第一次开国，需要将其纳入日本国家与文明演化史的脉络中考察它的意义。[1]

　　大化改新这个事件本身并不复杂。日本第三十六代天皇孝德天皇在 645 年制定国号"大化"，并于翌年发布了进行改革的诏书。改革的内容，根据史书记载，就是模仿隋唐的律令，亦即法律（具体指刑法）与行政制度，实行中央集权的行政管理制度。这种中央集权的制度主要体现在财政和军事力量方面。比如，根据隋唐实行的"均田制"这种土地分配制度，日本实行了"班田制"，将此前各部族、豪族私有的土地收归国有，然后按照户籍分给民众。作为配套政策，日本同时划分了行政区划，并实行了相应的户籍制度，进一步为国家统一征税、征兵与征用劳动力提供了制度基础。

　　我们这里的目的不是重现此时大和朝廷新确立的各项制度的具体内容，而是把这个确定的、既定的历史事实放到历史进程中去理解它的意义。进而言之，我们需要在日本被编入东亚世界秩序的历史过程中去理解它的意义。这个过程非同小可，因为它是

1　顺便一提的是，这样的开国在日本历史上共有三次。第二次开国是指 1868 年的明治维新，它的主旨是吸收近代西方文明，是另外一种"西化"，或者说是"欧化"。而第三次开国，则是指 1945 年日本战败后，在联合国占领军司令麦克阿瑟主导下的战后民主化改革；有人将这次开国称为"美国化"。当然，人们也有不同的看法，比如日本政治思想史学者丸山真男在论述"开国"时，认为日本历史上的第一次开国发生在 16 世纪末 17 世纪初，其结果就是德川幕府体制的建立。参见［日］丸山真男《開国》，载《丸山真男集》（第八卷），岩波书店，1996 年，第 49—56 页。

日本独特的童年记忆，很可能还是一个创伤记忆：它意味着日本在早期阶段曾经向另外一个国家俯首称臣，完全为一种外来的文明所压倒。

如果将大化改新仅仅视为简单的模仿和制度借鉴，我们可能就忽视了它独特的意义。事实上，隋唐时代的中国实行的律令制是当时世界上最先进的政治和法律制度。通过全盘吸收、采纳这个制度，日本将自己从此前"倭国"时期部落制的落后状态，陡然拉升到了当时最高水准的文明状态，也就是中央集权制的国家形态。这意味着日本在制度文明上实现了飞跃。

与制度飞跃相伴的是观念的变革，它首先体现在年号的制定上。如果简单地将"大化改新"这四个字理解为后世的人们对历史事件的命名，我们就错失了观察日本自我意识演化的一个重要契机。如前所述，"大化"是孝德天皇在公元645年确立的一个年号，并在翌年颁布的《改新诏书》中正式昭告全国，这种行为在本质上就是一个创新——年号的使用不仅仅是形式上对中华王朝的模仿，还意味着日本已经形成了明确的自我意识。

这个年号化用《尚书》（"肆予大化诱我邦君"）、《中庸》（"小德川流，大德敦化"）、《荀子》（"列星随旋，日月递炤，四时代御，阴阳大化……夫是谓之神"）等中国古典中的相关说法，字面就包含着"深远、巨大的变化"、"伟大的文明开化"等涵义。日本的为政者使用这两个字，很可能是要表明此时日本的国家目标。我们熟悉的近代日本的年号，比如"明治""大正""昭和""平成"无一不是如此，都是国家政治意识的明晰表达。值得一提的是，日本是现在唯一保留了东亚传统"年号"这一政治制度的国家，日本国内的许多文明论者常常以此为傲。

年号的功用绝非仅限于纪年，而是有着明晰的理论上的考量。中国传统政治理论当中有"正名"的思想，说的是"名不正，则言不顺，言不顺，则事不成"（《论语》）。循名责实，从命名上，大化改新就是对于中国政治思想的一次实践，是一次改革的创举，其实质内容就是前面提到的效仿隋唐的国家体制，为日本确立新的政治和法律制度。这事实上意味着一场革命，对日本列岛过去的政治和经济关系进行了根本性的重构。

显然，公元 7 世纪的大和朝廷展开如此急剧的政治变革，一定有其特定的原因。那么，为政者们的政治意志以及精神能量又是哪里来的？一般的历史学家都会注意到当时大和朝廷内部的权力斗争。当时的天皇是皇极天皇，但朝政实质上把持在以苏我虾夷和苏我入鹿父子为核心的"苏我氏"集团手中。于是，富有政治意识的皇极天皇的弟弟、中大兄皇子和中臣镰足联手发动政变，剪灭了苏我氏而重新掌握权力。中大兄皇子即位后，依据唐朝的制度，顺势着手确立了天皇亲政的中央集权国家体制。[1]

但这么说并没有解决问题，因为它还未回答，为什么此时日本出现了激烈的权力斗争。我们前面讲述"大化"这一年号的创制意图时，已经触及了这场政治改革的深层动机：这个时候的日本要追赶中华王朝，和中国形成对等国家的自我意识。这是更为深层的历史推动力。从这个时代前提来看，大化改新在本质上就是日本实现自我意识的方法和手段。

1　关于此次事变以及随后政治变革的简洁描述，可参见［日］肱谷寿、仁藤敦史《倒叙日本史 04：平安·奈良·飞鸟》，韦平和译，商务印书馆，2018 年，第 179—190 页。

那么，为何此时日本出现了追赶中国的政治意识？按照我们此前的说法，这个追赶中国的"种子"早已经埋下，而它的生根发芽则要等待条件的成熟。这个条件通常来自外部。所以，我们有必要从日本跳出来，从国际政治——亦即"东亚世界体系"——的层面上来重现审视一下此间的历史变动。

我们在此前重现倭王受封的历史进程时，曾经提到公元5世纪"倭国五王"向当时的南朝宋（420—479）派遣使节，获得册封一事。册封的本质是东亚世界体系运作的一个环节，此时的倭国如此热衷册封的根本原因，正在于这个体系自身。通过接受册封，倭王有利于确立自身在日本内部的权威；但更重要的意图是，日本要借此获得对朝鲜半岛的控制权，强化倭国在朝鲜半岛的地位。

比如，"倭国五王"中最后一位倭王武（后来被称为"雄略天皇"）在向南朝宋奏请的封号中，就有"安东大将军"这样的称号。这实质上等同于要求中华王朝授予倭国控制朝鲜半岛南部的新罗、百济和任那等国的权力。事实上，公元4—5世纪，倭国的大和政权通过军事行动，在朝鲜半岛获得了一块领地。通过朝贡—册封的方式，这一领地的合法性进一步为当时东亚世界秩序的霸权国即中华王朝所承认。这意味着日本的国家形态，即它谋求建立的小册封体制，最终要依赖于东亚世界体系的承认。

不过，这个体系自身也是变动不居的。隋王朝在这一时期最终统一中国，就是此时东亚世界体系的最大变化。这种变动很快表现为隋王朝针对朝鲜半岛北部的高句丽国发动的大规模征讨战争。另一方面，在隋王朝成立的二十余年前，即公元562年，在新罗和百济的联合攻击下，日本已经失去了它在朝鲜半岛的属地。

隋王朝成立后，百济和新罗先后纳表臣服，获得了宗主国的军事保护，这导致了日本在朝鲜半岛建立小册封体制的努力以失败告终。出于自身安全的考虑，时隔一个多世纪，日本再次向中华王朝派遣使者，即"遣隋使"，此时正值日本史上大名鼎鼎的圣德太子担任女帝推古天皇的摄政时期（594—622）。

圣德太子本名厩户王，是用明天皇的皇子。他有一半血统来自当时在大和朝廷当政的"苏我氏"家族，而这个家族被认为是朝鲜人的后裔，非常热衷于吸收中国文化。据说圣德太子笃敬佛法，在执政期间营造了包括著名的法隆寺、四天王寺等在内的多座寺院，同时还撰有解释佛教典籍的《三经义疏》，有"倭国教主"与"圣人"之誉。尤其值得一提的是，他在604年制定了有名的《宪法十七条》和《官位十二阶》，在宗教上尊崇儒学和佛法，在政治上取法隋唐，实际上成为后来"大化改新"的发端，为日本的第一次"文明开化"奠定了基础。[1]

---

[1] 这些说法都是关于圣德太子的正统说法，可见于各类日本古代史的教科书，它们构成了日本国民长达一千多年的"圣德太子信仰"的基础。这里要补充的是，日本史学者对圣德太子的这些"事迹"一直持怀疑态度。比如，日本古代史学者大山诚一在1999年出版了《"圣德太子"的诞生》一书。在综合前人研究成果的基础上，他提出了圣德太子不是历史上的真实人物，而是在养老四年（720年）编纂成书的《日本书纪》当中虚构的人物的说法。根据他的考证，当时大和朝廷的主政者藤原不比等与长屋王为了实现以周王朝为模板的律令国家的政治意图，命令《日本书纪》的编纂者故意创造了以中国的皇帝为原型的历史人物。在这个过程中，702年入唐、718年归国的高僧道慈在具体创作上被认为扮演了关键的角色。大山诚一这样推测道："日本为了真正成为中国那样的国家，只采用法律和制度还不够。位于最顶端的天皇也必须像中国的皇帝一样，有着绝对的权威，作为儒释道三教的保护者君临天下。因此，在新的历史书中，先描绘一种中国天子的理想模型，然后说日本过去曾经有那样的天皇，这样就解决问题了。不比等、长屋王与道慈一定为此绞尽了脑汁，最后创造了'圣德太子'。这样的'圣德太子'的存在，就足以证明日本绝不是位于东海的未开化的国家。这应该是他们的想法。"参见〔日〕大山誠一《聖徳太子と日本人》，角川书店，2005年，第94—95页。

　　因此，圣德太子推行的包括派遣遣隋使等在内的一系列内政外交政策，正是倭国应对东亚世界体系变动的政治举措。但此时的倭国正在走向成熟，已经不再满足于自己的"倭国"地位：向中国皇帝纳表称臣被认为是一种有屈辱感的行为，这就是小野妹子致书隋炀帝国书事件的历史原因。据说，"日本"二字就是圣德太子的杰作。

　　同样，公元645年中大兄皇子发动的政变以及随后进行的大化改新，也是倭国应对此间东亚世界体系变动的一环。其中值得一提的是，大和朝廷在公元663年出兵朝鲜半岛，随后与唐王朝和新罗的联军发生交战，结果惨遭失败。这就是有名的"白村江之战"。公元668年，中大兄皇子在近江（大津宫）重新即位，成为天智天皇，并制定了成文法典《近江律令》，其中规定倭王今后对外自称"明神御宇日本天皇"，很多学者认为这是国号"日本"和王号"天皇"——此前称为"大王"——的正式诞生。因此，也有人将这一年视为日本的建国元年。[1]"天皇"这个名称的命名来自中华世界的"皇帝"称号，将日本与中华王朝分庭抗礼的自我意识完全显露了出来。在这一时期，中国的史书记载中首次出现了以"日本"指代"倭国"的说法。

　　当然，我们这里对"大化改新"和日本国号成立过程的重新叙述，目的并不是再次呈现相关的历史事实自身，而是要描述日本成长的具体过程。日本在公元7世纪已经有了相对成熟的自我意识，它在政治上的表现就是倭国谋求与中华王朝对等的地位。

1　[日]冈田英弘：《日本史的诞生》，第162—163页。

这种自我意识实际上又激发了它进行变革的政治意志，这可以说是大化改新这一历史事件的精神动机与心理机制。

无论是对于历史上的还是当下的中国人而言，这种谋求对等地位的心理机制都显得非常陌生。但实际上，一个国家和民族在历史进程中形成的心理能量往往有着巨大作用。这一点我们往往容易从人类个体身上观察到。那些在历史上留下名声的人物，无论是圣人英雄还是奸人恶棍，往往都有着隐蔽的、非同寻常的心理动机。

问题的复杂性与特殊性就在于这种谋求对等的自我意识自身：历史上的中华王朝的政治视野是一种普遍主义的"天下"观。从倭王受封到大化改新，日本非但吸收了中华王朝的物质文明与制度文明，连"天下"观念也同时吸收了过去，形成了独自的"天下"意识。这意味着一个重大的征兆已经出现：传统中国的天下思想的核是"天无二日，土无二王，家无二主"，日本"天下"意识的形成，意味着它获得了逐鹿中原的自我意识和欲望。

有着这样自我意识的"日本"甫一成立，就试图实现自己的意图。公元 7 世纪中日之间发生一系列事件，背后都潜藏着这种心理机制。因此，此后千年的中日关系史中暗含着一个大的脉络，那就是日本的自我意识和欲望谋求自我实现的历史。日本历史学家冈田英弘在探讨这一时期的日本历史时，有这样一种说法：

> 高句丽灭亡的 668 年，在近江大津即位的天智天皇成了日本最初的日本天皇，这就是日本建国。与拥有历史的中国文明绝缘而完全孤立的日本，由于同样也是拥有历史的文明，为了主张独自的自我认同，必须要有自己的历史。着手编纂

国史的是天智天皇的弟弟天武天皇。

《日本书纪》从公元 681 年开始编纂，经过三十九年，于公元 720 年完成。其内容宣扬天智、天武兄弟的祖先是从天神手中继承正统，一直统治着日本列岛，而且完全无视中国的影响。这与从中国历史文献中看到的事实完全相反。

无论是哪一个文明，最初写下的历史框架，限制了人们的意识。《日本书纪》中表现出的"日本与中国对立""奉天继承独自正统的国家"等封闭思想，永久地决定了日本的性格。[1]

这个说法从历史编纂的角度，触及了日本成长的问题：日本自我意识成熟于公元 7 世纪。在这一时期，日本以中国史书为模板编纂的《日本书纪》呈现出的"与中国对立"的意识，正是日本自我意识的核心，构成了此后日本国家行动的底层逻辑。冈田英弘说这种思想"永久地决定了日本的性格"时，其实已经洞察到了中日关系的隐微之处，将人们对日本的理解引向了日本民族历史的深处。因此，日本的这种自我意识是我们理解日本与东亚世界史的一个要点。中日两国的恩恩怨怨其来有自，并非历史的偶然。

1　[日] 冈田英弘：《日本史的诞生》，第 236 页。

白村江之战

在东亚世界的啼声初试

　　在重构日本的历史叙事时，我们所关注的焦点不是被记录在案的历史事件，而是日本在这个体系中自我意识的生成与演化。高句丽王国的灭亡与天智天皇即位这两件事在公元 668 年同时发生，这是历史记录；而进一步注意到这两件事彼此联动，它们都是东亚世界体系演化的结果，则是历史认知的领域。在我们的历史视域中，这两起事件的结果在日本自我意识上的表达就是"日本"国号的正式成立。国号成立事件既是我们理解古代日本国家形成的关键节点，又是理解其后日本演进的参照点，所以我们有必要继续在历史的进程中观察"日本"这种自我意识的生成过程。

　　今天很多人在提到日本时，仍然会把日本称为"小日本"。这当然是误解，我们在前面已经举过很多当下的例子，说明日本绝非小国；如果回溯历史，我们还会找到更多的事例。众所周知，19 世纪末 20 世纪初，日本先后和清朝中国、沙皇俄国开战，最后在 1941 年 12 月同时向美国、英国等公开宣战。从当时的情况来看，日本挑战的这些国家在当时都是响当当的大国，都是庞然大物。有人认为这些战争只是日本的赌博，但这种看法有可能会导致我们错失对日本深层的自我意识的认识。

如前文所述，古代日本有着与传统的中华帝国同型的天下意识。从这一政治意识的角度来看，日本当然不认为自己是小国，不是"小日本"，它有着与中华帝国一争短长的视野和意志。当然，日本获得与它表面上的体量似乎不相称的大国意识，是一个历史演化过程，是逐步积累的渐变过程，而非源于一朝一夕的偶然变化。

日本在历史上发动的第一场对外战争，本质上就是一场挑战大国的战争，是 7 世纪日本在东亚世界的初试啼声。这场战争就是"白村江之战"，又叫"白江口之战"。一般的日本史书通常有这样的记载：公元 663 年，日本派往朝鲜半岛的远征军与唐王朝—新罗联军在朝鲜白江（今韩国锦江）入海口海面上发生正面激战，结果日本完败。

这些历史叙事往往对一个关键的问题语焉不详：当时日本的大和朝廷为何敢和东亚大陆上的新兴帝国，亦即强大的唐王朝以武力相抗衡呢？此前日本已经连续三次、分别于公元 653 年、654 年以及 659 年派遣了遣唐使，意在吸收唐王朝先进的文物制度，对唐王朝的强大应该了然于心。

要回答上述问题，我们必须增加一个被忽视的变量，那就是朝鲜半岛的局势。这也正是我们最初提出东亚世界体系这一认知框架的原因。实际上，对朝鲜半岛的忽视，让我们失去了很多观察历史变迁的视角。

比如，隋王朝走向覆灭的原因之一，就是征讨横跨今天中国的东三省和朝鲜半岛北部地区的高句丽王国。这一军事行动劳民伤财，且以失败告终，最终造成民怨沸腾，隋王朝统治的正当性也损失殆尽。直到今天，当我们谈到日本的对外关系时，也很容易忽略"日朝关系"。最近十余年间，朝鲜因为发展核武器，一再成为世界舆论的焦点。到 2018 年，朝鲜又突然改变国策，宣布要废弃核武器，结束朝鲜半岛持续半个多世纪的战争状态。朝鲜半岛局势的每一次变化，都会让周边国家为之一动。显然，朝鲜是对东亚世界秩序造成持续影响的重要变量。

在最关注朝鲜半岛局势的国家中，日本当首屈一指；朝鲜这个变量在当下日本的世界认知中一直有着极高的优先度。从日本演化史的角度看，它这么做有着十足的合理性——朝鲜半岛的政权与政治形式，历来是东亚世界体系的一部分，深刻地影响了日本的国家形态。尤其是在 19 世纪后的殖民帝国时代，当时的日本战略家将朝鲜半岛视为指向日本腹部的一把利刃，必欲取之而后快。很多人之所以知道"白村江之战"这一历史事件而未看清楚它的本质，就是因为忽视了观察它的地缘政治视角与文明史的视角。

历史上东亚的地缘政治的核心力量，自然是中华王朝。不过，历史上的中华王朝分分合合，并不总是处于强大的状态。从公元 220 年曹丕篡汉、东汉灭亡到公元 618 年唐王朝建立，大概四百年间，中国大陆上演着王朝分裂、军阀混战、政权更迭的历史剧目。这一时期的东亚大陆先后经历了魏蜀吴的三国时代、南北朝时代，是中国历史上邦国林立、政权更迭最为频繁的时期。这种政治格局的变动，就像地震一样，将能量传输给了周边国家。比如，由于汉王朝的灭亡，中国逐步失去了汉武帝时期在朝鲜半岛中北部设置的四个郡县，即乐浪郡、玄菟郡、真番郡和临屯郡。

大陆王朝权力从周边地带的收缩，引发了朝鲜半岛局势的变化。从公元 330 年开始到 668 年为止，朝鲜半岛也进入了三国时代——南部的百济、新罗与北部的高句丽形成三国鼎立的局面。高句丽势力当时很大，通过武力兼并，建立了横跨今日中国东北、朝鲜与韩国部分区域的王国。隋王朝三次征讨，但都铩羽而归，并直接导致了自身的崩溃。以文韬武略著称的唐太宗随后再次发动征讨，但也未取得胜利。在中国家喻户晓的"薛仁贵征东"，就是对这一段及其后的历史演义。朝鲜半岛的三个国家之间，也上演着打打杀杀的征服战争。

这是一个东亚世界秩序重新定义的时代，它正在为自己寻求一个新的平衡与安全体系。在这一历史进程中，日本并没有置身事外，事实上，它是重要的当事者。

事情起因于一个叫任那的小国，它位于百济和新罗之间，大概在今天朝鲜半岛最南端的中间地带。根据日本史书《日本书纪》的记载，日本的大和政权一直将其视为自己的属国，向它征税。这也为大陆王朝主导的朝贡—册封体制所承认。也就是说，日本以自身为中心建构了一个小的朝贡—册封体系。

简言之，在中国大陆的分裂时代，在朝鲜半岛的三国时代，日本在半岛上有这么一块叫任那的根据地。这块根据地的价值不可小觑：一方面是商业价值和军事价值，它是日本接近大陆的前哨阵地；另一方面，它是日本从朝鲜获得先进文化、技术以及熟练工匠的根据地，是文明的入口。但在公元 562 年，这个局面被打破了。这一年，新罗和百济联合起来攻打任那，日本在半岛的势力被驱逐了出去。日本当然不甘心失去这个极其重要的根据地，分别于公元595年和602年进行了两次远征，试图运用军事力量夺回任那，但结果都未成功。

在这个时期，东亚大陆的政治格局开始发生巨大变换。首先是581年，在中国北方出现了隋朝政权；随后隋王朝南下，在589年消灭了陈朝，结束了中国长达数百年的分裂局面。隋王朝的成立在东亚文明史上意义重大，尤其是因为其创立了被后世广泛称誉的"三省六部制"的新型行政制度。它是一种新的中央集权国家体制，为随后直至清王朝的历代王朝所继承，并发扬光大。

隋王朝成立后虽与高句丽为敌，但事出有因。根据《旧唐书》记载，642年，高句丽与百济联合起来攻打新罗，攻占了四十多座城市。新罗由于此前受到欺压，曾向中华王朝上表称臣，先后成为隋王朝和其后唐王朝的藩属国，以求得政权安全。因此，新罗在643年再次向宗主国求援，游说唐王朝直接出兵百济；第二年，"太宗亲征高丽"。这就是唐王朝讨伐高句丽的前因。百济随即在645年、646年两度派遣使者赴日，意在获得日本的支持。新罗同样不甘落后，于649年主动采用唐朝年号，第二年更是采用唐朝衣冠，积极表明自己从属于唐王朝。面临压力的百济，则分别于645年和651年两次向唐朝派遣使者，展开积极的外交工作。[1]

经过数年间折冲樽俎之后，唐王朝和新罗联合用兵百济，百济遂于660年灭亡。百济不甘国灭，只好求助大和朝廷。这当然

---

[1] 这里的年代关系叙事，参见［日］鬼頭清明《七世紀後半の国際政治史試論：中国·朝鮮三国·日本の動向》，载上田正昭等編：《古代の日本と朝鮮》，学生社，1974年，第176—198页。

也不是不情之请：百济在历史上与日本交流密切，汉字、儒学、佛教等大陆文化和文明，都是经由百济而传到日本的。按照《日本书纪》的历史叙事，百济向日本"进调献物"，简直就是日本的朝贡国。所以，百济在生死存亡时刻的求救，与日本自身的利益发生了重叠。

日本在公元663年响应百济国王的请求，决意与唐王朝对决，展开百济复国运动。《日本书纪》记载，天皇下诏，宣称此次出兵的大义名分是"扶危继绝"[1]——这完完全全是正统的儒学王权观念。这一年，日本派出了一支约八百艘船只组成的大型舰队，兵力据估计达三万余人。由于要和强大的唐王朝为敌，日本的为政者们进行了历史上第一次全国战争动员，齐明天皇更是御驾亲征，赶往大军的出海前线。这个情境在1894年甲午战争爆发后再次出现：明治天皇到广岛设置行营，以激励国民与将士的士气。

战争过程详情今日不得而知，但史书多记载，日本大军在白江口与唐—新罗联军甫一接触，就遭到了痛击，全军覆灭。新罗在唐王朝的协助下，继续在朝鲜半岛巩固势力。公元668年，高句丽在唐和新罗的联合征伐下灭亡。而后试图统一朝鲜的新罗随即与唐王朝反目，双方进入战争状态。676年，新罗最终统一了大同江以南的半岛区域，唐王朝的势力随之后撤。

之所以说"日朝关系"在理解日本演化上非常重要，从上面讲述的白江村之战前后的历史来看，主要表现在两点。

首先，公元645年日本开始的"大化改新"是一种急速的中央集权化过程，除了内部的权力斗争的原因之外，此时东亚大陆

1　[日]舍人亲王编：《日本书纪》，四川人民出版社，2019年，第380页。

和朝鲜半岛的局势无疑是一种外因。尽管我们今天无法简单断定其中的因果关联，但仍可以合理地推测，日本大幅度导入唐朝的律令制度，有着与时代同步的压力。随着它在朝鲜半岛的准盟国百济和高句丽的灭亡，这种压力可以说陡然增大。公元 668 年天智天皇即位后，随即制定并实施了《近江律令》，加速中央集权国家的建设，正是这个过程的自然结果。

由于史料匮乏，这段历史充满了不解之谜。但值得留意的是，日本历史学家中村修也综合各种材料，提出了一种全新的观点：日本兵败白村江之后，唐王朝仿照此前在新兼并的土地上设立都护府的制度，意图直接将日本纳入统治秩序当中，而《近江律令》则是唐王朝直接为日本新王朝编制的宪法文件；因此，如果不是新罗随即与唐王朝为敌，日本的历史可能要被大大改写。[1] 历史的真相可能早已经湮灭，但今日可明确把握的是，战败后的日本很快就谋求和唐王朝恢复外交关系。始于 630 年的遣唐使这一日本国家事业在 669 年的重新开启，就是此间内政变革的一个结果。

其次，朝鲜半岛此间局势的巨变，还给日本带来了另外一个效果：在这些战争和动乱的过程中，尤其是在白村江海战之后，许多百济遗民和他们的大和盟友一同撤出朝鲜半岛，进入了日本。这些人被统称为"渡来人"。这些能够跨海移民的渡来人都是当时的中上层人士，包括许多领域的能工巧匠，他们给日本带来了大量高度实用的技术和辉煌的艺术。比如，今日的奈良有一座赫赫有名的寺院，即东大寺，散发着浓郁的古典之美，会一再引发人

1　参见 [日] 中村修也《天智天皇的日本：白村江之战后的律令国家与东亚》，吴明浩译，社会科学文献出版社，2019 年，第五章。

们对历史的乡愁。东大寺等建筑的最初营造，据说就有着渡来人的功绩。这正是我们前面提到的日本文化多样性的一个历史起源。

由于公然与强大的唐王朝为敌，白村江的战败让日本感到惊恐：大和朝廷的统治者们担心唐王朝跨海进行征讨。历史学家中村修也甚至推断说，唐王朝的兵力已经在日本登陆，并修建了烽燧。不管怎样，当时日本的统治者自然认为，只有形成一个坚实的中央集权的国家，才能应对来自强大的唐王朝的威胁。这种来自外部的压力，这种继续赶超中国的心理能量，进一步强化了日本中央集权国家的形成。

这正是日本确立国号"日本"，并开始编纂一部强调自身天神建国传统的《日本书纪》背后的根本精神机制。

白村江之战不仅仅是一场日本的对外战争，也非突如其来，而是东亚世界体系变动的结果。如前所述，朝贡—册封体制是传统中华王朝维护自身安全的外交体制，唐王朝取代隋王朝后，同样遵循着这一制度，以确保帝国边疆的安全。因此，当藩属国新罗求援时，唐王朝出兵就是动用实力来维护帝国体制的必然举措。

从大和朝廷的角度来说，派远征军入朝作战，实际反映了此时日本的一种虽已经萌生，但仍然朦胧的大陆观念，即获得通往大陆的立足点的欲望。这一欲望在表层上呈现为对大陆资源、大陆文明的向往；而在更深层上，则是日本要赶超中华帝国，建构自己的朝贡—册封体系以及天下体系。因而，它在根本上无法容忍百济的灭国以及唐王朝在朝鲜半岛取得支配权。日本在出兵朝鲜时高举的"扶危继绝"的儒家口号，将其涌动于意识深处的国家欲望——成为"天下"型国家——呈现了出来。

　　这种自我意识与心理能量的作用非同小可。在历史进程中，它逐步演变为国家理性的一部分，进而呈现为日本国家的对外行动的逻辑。从日本自身的演化角度来看，白江村之战是它在成长过程中对自身力量的首次展示，是它在东亚世界的啼声初试。

　　推而广之，这种心理机制的视角其实给我们提供了一种历史认识的连续维度。比如，19世纪中后期，由于面临来自英国、法国、美国以及俄国等列强的巨大压迫，日本迅速抛弃了江户时代的封建制度，实行"王政复古"，也就是实行天皇亲政的中央集权制度。在这个过程中，白村江之战前后日本在外部压力下进行政治变革的历史记忆，则在意识的深层发挥了导引和激励的作用。就此而言，历史确实是在重复上演。

　　最后要再次指出的是，白村江之战是中日之间围绕朝鲜问题爆发的第一场战争；此后中日关系史的演进，几乎都和这个"朝鲜半岛"有关。

元寇

神国日本的诞生

公元 663 年爆发的白村江之战是古代日本大国意识形成的最初的标志性事件。这种自我意识一旦形成，它就试图在历史进程中进行自我实现。如果我们把镜头直接拉到一千二百年后的明治时代，我们看到的是同样的画面：在成为大国的欲望和意识的激励下，日本在殖产兴业、富国强兵的道路上高歌猛进，很快就成长为名副其实的大国。

对于日本而言，这种大国意识也有悲剧性的一面，它在自身发动的第二次世界大战中遭受的重创就是这种意识造成的必然结果。1941 年 12 月 8 日，日本突然袭击美国珍珠港，这种战略决策的背后有着日本对自身大国定位的认知。日本虽然最终失败，但它在战争末期的一个举动，却让人感受到"日本"意识中的一个异常属性：日本海军组建了"神风特攻队"，以自杀的方式对美国军事力量进行攻击。对日本而言，在物质力量上的不足，似乎因这种精神的强大得到了补偿。

今天看来，日本的这种大国意识有着反常的属性，但这并不是当时人们的认知。理解日本这种自我意识的关键点之一，就在于这个敢死队"神风"二字的命名上。"神风"，顾名思义，就是"神制造的风"、"具有神力的风"的意思。日本用"神风"二字命名，就是要表明它的军队会获得神佑，从而武运长久，会战胜强敌。那么，"神风"二字何以具有如此大的力量？

这个"神风"与我们目前讨论的日本大国意识的形成，其实有着直接的关系。我们不能把"神风"视为单纯的迷信而一笑置之。这种命名的背后，有着日本的"神国"思想，我们在前面讨论日本列岛的神人关系时，曾经对此有所论及。现在，我们就从历史演化的角度，通过分析一个具体的历史事件——中日历史上的第二场战争，来看看这个思想的成长过程。

中日历史上的第一场战争是白村江之战，它虽然有着极其重要的意义，但后世的历史叙事往往对其语焉不详。与此相对，中日之间爆发的第二次战争，中国读者可能不是很熟悉，但在日本的历史叙述中却占据了非常重要的一页。这一历史事件在日本被称为"元寇"或者"蒙古袭来"，按照年号则称为"文永·弘安之役"，具体是指日本在镰仓时代（1185—1333）时，先后两次成功击退元朝忽必烈大军入侵的历史事实。尤其是第二次战役，日本取得了辉煌的胜利。

有人可能会认为，和白村江之战的惨败相比，只是因为日本取得了大胜，所以"元寇"或"蒙古袭来"在日本历史叙事中才得到大书特书吧。这么说当然有道理，因为每个民族都偏爱记录自己辉煌的往事，彰显祖先的智慧和武功。

不过，在"元寇"这件事上，这种解释仍然是流于表面的看法。

我们前面提到的"神风特攻队"中的"神风"二字，其实就源于这两场与元朝大军的战争。一场发生在中世纪的战争，竟然在 20世纪的现代化战争中出现了回响！这意味着在自我意识的演化上，这场战争有着特殊的属性。

首先，这场"元寇"引发的战争是一场中日之间的战争，是东亚世界体系变动的结果。问题的蹊跷之处在于，无论是在日本还是在中国的历史叙述中，人们通常都不说这是中日战争。有一种解释认为，人们并未将忽必烈的军队当成中国的军队；或者说，忽必烈建立的这个大元帝国，有人不认为它代表了中国。

这自然只是一种看法。在中国，我们当然把忽必烈建立的元朝视为传统中华帝国正统的朝代之一，是中国的一个历史阶段；不过，在其他国家的历史认识中，持有相反看法的历史学家并非少数，他们更愿意用"蒙古帝国"或"蒙元帝国"这样的说法。那我们究竟该怎么看待这个问题？

其实，当下的我们以及现代历史学家如何看这个问题，并不是问题的全部。回到历史现场，当事者之间的相互认知才更重要，因为它会对随后的历史发展造成实质性的影响。相反，我们今天的看法只是对历史的一种解释，对已经发生的历史过程不会产生任何作用。因此，我们首先要看一下处于历史现场的人们的观念，因为它直接涉及日本史上这场战争的历史记忆问题。

关于蒙元帝国的兴起，今天的人们并不陌生。13 世纪初，居住在蒙古高原的游牧集团在铁木真（1162—1227）的带领下走向统一。1206 年，铁木真在斡难河上游的草原上举行即位仪式，自称成吉思汗，创建"大蒙古国"。随后,这个蒙古帝国迅速对外扩张，很快就成为横跨欧亚大陆的大帝国，在不到一个世纪内创造了人类迄今为止版图最大的帝国，获得了"世界帝国"的称誉。[1]不过，在成吉思汗殁后，帝国因王位争夺而发生分裂。忽必烈（1215—1294）继承了大可汗的王位，是蒙古帝国的第五位元首。在成为大可汗不久后的1271年，他根据大臣刘秉忠的建议，将国号改为"大元"，并在第二年定都大都（今北京），成为元朝的开国皇帝。

大元帝国经过数十年的南征之后，在1276年最终占领杭州，征服了南宋王朝。民间流传的"崖山之后无中国"的说法，说的就是1279年宋王朝最终覆灭的故事。但这个很流行的说法显然误解了什么是"中国"。中国历史学家姚大力曾经总结古代中国人对"什么是中国"这个问题的看法。根据他的说法，古代中国人的中国认同，并没有完全局限在王朝的层面上。这是因为：

> 王朝总是有兴灭。但它们在时间上前后相连续，于是出现了超越这个或那个具体王朝而始终存在的一个政治共同体的观念。这个历时性的政治共同体就叫做"中国"。[2]

从这个"历时性"的角度来说，生活在元朝时代的中国人，当然认为元朝就代表了中国。另外，按照日本蒙元史专家杉山正明的说法，如果从"统一"的角度来看，蒙古征服南宋，是自唐玄宗时期出现的藩镇割据以来，时隔五百三十余年后中国的首次统一，元朝自然是中国史的一部分。[3]那么，忽必烈自己有这种代

1　[日] 杉山正明：《忽必烈的挑战》，周俊宇译，社会科学文献出版社，2013 年。
2　姚大力：《追寻"我们"的根源：中国历史上的民族与国家意识》，生活·读书·新知三联书店，2017 年，第 18 页。
3　[日] 杉山正明：《忽必烈的挑战》，第 188 页。

表"中国"的政治意识吗？当然有。比如，忽必烈在讨伐日本前，曾先礼后兵，在1266年给日本送交了一份国书。由于这个时候朝鲜半岛的高丽王国已经被征服，国书中就有这样的说法：

> 大蒙古国皇帝奉书日本国王：……高丽朕之东藩也。日本密迩高丽，开国以来，亦时通中国，至于朕躬，而无一乘之使，以通和好。尚恐王国知之未审，故特遣使持书，布告朕志，冀自今以往，通问结好，以相亲睦。且圣人以四海为家，不相通好，岂一家之理哉。以至用兵，夫孰所好，王其图之。[1]

国书中的这些言辞的大意就是说，你日本自建国以来就与"中国"通商和好，如今我忽必烈登上了中国皇帝的大位，怎么不见你们过来"通好"呢？这个"通好"，其实就是要求对方朝贡、要求日本成为臣属的意思。当然，国书上少不了如果不通好，就"用兵"这样的威胁字样。重要的是，在这个对外关系中，这封国书有"时通中国"这样的文言，体现了忽必烈自认为代表"中国"的政治意识。这是历史认识的关键点。

接到国书后，日本朝野震动。此时日本执政的幕府将军叫北条时宗（1251—1284），年仅十八岁。虽然年轻，但据史书记载，"时宗为人，强毅不挠"；他看到国书后，以"书辞无礼"为由，拒绝了忽必烈的要求。不仅如此，时宗还破坏"两国交兵不斩来使"的自然法约定，先后斩杀了两批元朝的使臣。[2]这表明，政治人物

1　转引自汪公纪《日本史话》，第238页。
2　[日]赖山阳：《日本外史》，久保天随订，北京大学出版社，2015年，第95页。

的性格，会在特定时刻决定历史的走向。元寇来袭，除了忽必烈一统天下的政治意志使然，也可以说是日本挑衅的结果。

北条时宗主政时期的日本，也就是镰仓时代的日本，和南宋王朝之间有频繁的贸易往来，日本历史书中通常称为"日宋贸易"。不仅如此，宋朝时期佛教文化传入日本后更是大为流行。日本后世引以为豪的禅宗，就是这个时期传入日本的。北条时宗就是一位虔诚的佛教信徒，曾创建圆觉寺，并请宋朝的禅师无学祖元（1226—1286）赴日传道说法。

当时的这些经济与文化交流，导致时宗自然认为南宋是文明国家，是他心目中的"中国"，新兴的蒙古帝国只是军事实力强大而已，在日本的文明认知中，它处于"胡"或者说"蛮夷"的位置。结果，无论是出于鲁莽还是强大的自信，北条时宗的做法相当于邀请忽必烈进攻，这无异于一场赌博。于是，也就有了我们开头提到的两场战役。

第一场发生在 1274 年 10 月 20 日黎明，以驻扎在高丽的蒙古军和高丽军为主体的三万余人在席卷了对马和壹歧两个岛屿后，在九州北部的博多湾上陆。在元军的新式阵法和铁炮等新式兵器面前，幕府军队很快溃散。但不知为何，或许因为幕府的武士作战异常骁勇，元军到了晚上就退回到了舰船上。这是致命的撤退：到了半夜，舰队突然遭遇暴风雨袭击，船只被狂风巨浪吹到岸上，或搁浅或粉碎。日军乘势杀出，元军损失近半，不得不撤回高丽。

如果说第一次征讨日本的目的有着在战略上切断日宋贸易、配合征服南宋的战略意图，而不是想着将日本一举拿下，那么，

1281 年忽必烈发动的第二次征讨可谓是彻底的征服战争。这次战争几乎就是第一场战争的翻版，只是规模更大。

这一次忽必烈兵分两路，一路是从朝鲜半岛出发的四万东路军，由蒙古人、色目人、高丽人组成，另外一路是从庆元（今宁波）出发的十万江南军，由南宋降将范文虎率领。前者是这次征讨的主力，而后者是南宋降兵当中精锐被抽出后的"弱兵"，他们中的多数人带在身上的可能不是武器而是农具，所以有历史学家称这支大舰队实际上是一支"移民舰队"或"江南移民"。[1] 由于幕府在第一次战争后精心构建了防御体系，蒙元大军这次未能实现登陆。结果，舰队在海面寻求战机的过程中再次遭遇突发的暴风雨，船只被毁。据说，十四万大军中至少有一半兵士被斩杀，而南宋出身的兵士多被网开一面，留在了日本。这次暴风雨发生在公历 8 月 16 日，是台风最盛的季节。

这个横扫了欧亚大陆的蒙元帝国，挡住它征服日本之路的直接原因竟然是偶然发生的暴风雨——这种偶然性构成了真实历史进程的另外一面。当然，这个偶然性背后，也有日本列岛孤悬海外这一天然的地理屏障的要因。我们曾经论述过日本的风土条件在理解其文明特征上的重要性，这两次战役同样给我们提供了历史证据。

偶然性虽然构成了历史进程的一个真实方面，但人性有一个普遍的弱点，那就是不愿意承认自己的命运受偶然性支配。当时

1　[日] 杉山正明：《蒙古帝国的兴亡》（下），孙越译，社会科学文献出版社，2015 年，第 109—110 页。

的日本人同样如此。他们想当然地认为，在强大的外敌面前日本
之所以得以保全，正是因为神佑的结果。这么说的证据当然就是
两次出现的暴风。当时的日本人认为它们的出现是源于神的意志，
因而是"神风"。

　　在当时留下的一些记录中，人们多使用"神战"来描述这场
战争。这个"神战"的大意是说，在地面发生战斗的同时，天上
世界的诸神也在对阵，而且诸神也会改变形态，直接干预地面的
战争。据说，第二次与元军交战时，海面就出现了诸神化身的青龙，
最终水淹元军。当然，这种"神战"并不只是事后的想象。在备
战期间，幕府就下令日本各个寺院神社进行布施、祈祷，希望获
得神佛的昭灵默佑。而当日本取得胜利后，镰仓幕府开始对寺院
神社进行论功行赏，这进一步强化了日本国民的"神国"意识。[1]
在随后由贵族北畠亲房（1293—1354）撰写的《神皇正统记》中，
这一神国意识得到了明文的记载。

　　我们今天当然认为这种对战争的看法是一种迷信。从现代人
的视角来看，元军战败根本就是人祸。比如，在第一次征讨作战中，
元军动用的船只是在朝鲜临时拼凑而成，当时已经亡国的朝鲜工
匠很可能只是应付差事，不会给元军制造足以能抵御台风的船只；
而在第二次战役中，元军派遣了大量宋朝的降兵上战场，有历史
学家甚至认为宋兵出征的性质近乎海外移民，自然没有多少战斗
力，也不会全力作战。当时如果是蒙古精锐全力出击，日本的命
运估计就要改写了。

1　[日]梅津一朗：《蒙古襲来：对外戦争の社会史》，吉川弘文館，1998年，第
　　147—149页。

　　但在历史认识上，重要的并不是假设，更不是再次揭露"神风"的迷信本质，因为观念中的真实同样也是一种真实。我们现代人会认为日本当时的举措是迷信，但其实更合适的说法是，这种对精神性因素的追求、信仰以及使用是人类生存的一种本能。孔子不讲怪力乱神，但反过来看，这句话的意思是说，怪力乱神这些看似荒诞不经的东西，会迷惑人心，因而它们本身就是一种力量。越是在人心期待变革的时刻，这种力量就越会对人心产生更大的影响。这种力量一旦在历史变迁中稳定、沉淀下来，形成了人们生活中的一种超自然的常量，人们通常就会称其为"信仰"。

　　另一方面，这种"神佑"观念在随后的历史演化中还会引发各种非理性的行为。实际上，通过故事演绎等形式，"神佑"日本的观念在日本扎下了根。比如，1894 年中日甲午战争前，日本出现了一首广为流传的军歌，叫《元寇》，叙述的正是这件往事。事实上，"元寇"这一说法——代表中华王朝的"元"和意味着盗贼的"寇"的结合——便是形成于幕府末期到明治时期，包含着与中华帝国对抗的明确的政治意志。[1] 在上至天皇下至贩夫走卒的传唱中，这种藐视大国、自视优越的神国思想最终深入人心。

　　我们看历史剧时经常会听到"民心可用"这样的说法，本质其实都是一样。民心说的就是一种被普遍共有的观念，至于这种观念是理性的还是非理性的，并不是主要问题。1941 年 12 月日本对美国开战，也有着当时的"民心"基础。事实上，在当时的日本报纸上，就出现了题名为《果断的站起来，一亿的时宗》《驱逐元寇，神风起兮》等激发国民士气的文章，呼吁"国民每一

1　[日]杉山正明：《蒙古帝国的兴亡》（下），114 页。

个人化作弘安年间击退元寇的'时宗'"。[1]历史认识的要害在于，在这种战略决策的无意识深处有着这种"神国"观念的作用。

这么说并不是要再次批评日本，因为这种非理性的行为并非日本的独家专利。在很多国家的历史上，我们都可以轻易找到由非理性的行为所造成的巨大的政治后果。因此，我们有必要从理性与非理性相互交错的视角，去看待历史问题，二者不可偏废。

中国日本论的先驱戴季陶在论述日本时，特别撰写了关于日本信仰的一章。他观察到，日本国民是"信仰最热烈而真切的国民"，又说"信仰的生活，是个人和社会的进步团结最大的机能"；但这种信仰有一个特征，那就是"信仰是无打算的，一有了打算就不成信仰"，因为"冷静的理智不化为热烈的情感时，绝不生力量"。[2]戴季陶的这些说法为人们指出了日本文化的一个重要特征。

最后要指出的一点是，我们还要从更大的世界历史格局看待"元寇"这一历史事件。元朝皇帝忽必烈试图将日本纳入自己的统治秩序，但遭到了日本虽盲目但激烈的抵抗。这实质是欧亚世界秩序重建的一部分。日本征讨固然未取得成功，但无疑扩大了当时人们的世界视野，并将日本纳入了更为广阔的"欧亚大贸易圈"当中，将全球的交流推向了一个高峰。[3]

1　[日] 前坂俊之：《太平洋战争与日本新闻》，晏英译，新星出版社，2015年，第263—265页。

2　戴季陶：《日本论》，第134—136页。

3　参见 [日] 杉山正明《游牧民的世界史》，黄美蓉译，中华工商联合出版社，2014年。

丰臣秀吉
图谋北京的战国枭雄

  镰仓时代的日本成功抗击元朝后，它的自我意识——针对东亚大陆王朝的对等乃至优越的意识——得到了进一步的成长和强化。这一意识诞生于倭王受封的时代，源远流长，更重要的是，它就像埋藏在土里不死的种子一样，每当阳光和雨露丰沛之时，就会破土而出，进入人们可见的现实历史世界。我们接下来要谈的日本历史上的一位著名的武士和政治家——丰臣秀吉（1536—1598），就是这样一粒种子。

  秀吉在日本历史上地位很特殊，后世的很多历史学家认为他是一个"战争狂人"，患上了"妄想症"。很多人初次听他的一些事迹时，也的确会感到震惊。比如，他曾计划征服大明王朝，定都北京，然后将北京周边的疆土分封给跟随他的武士；他还扬言要征服印度。他不只是想想而已，还真将这一计划付诸实施。1592 年发动侵略朝鲜的战争，就是他实施计划的第一步。所以，有人声称他是图谋侵略中国的始作俑者。

  这些说法中包含着事实和对事实的部分认知，但还远远不是历史的真相。我们有必要重新理解一下秀吉图谋北京这一政治意志的来龙去脉，进而确认他在日本的自我意识演化中所扮演的角色和占据的位置。事实上，我们若想要在历史的深层上来认识日本的特殊属性，理解二千年来日本和中国的关系史，那无论如何也无法越过秀吉这个人物。秀吉发动的侵略朝鲜的战争是中日之间爆发的第三次战争，但同样是一场很少被提及的战争。而且，我们如果注意到"朝鲜"两个字，就会联想到我们迄今重构的这个日本成长的故事。

如果从日本的角度来说，丰臣秀吉非但不是战争狂人，还是一位大英雄，"永远是日本国的英雄"。他精于韬略，所作所为堪称日本自古代以来国家欲望——亦即大陆欲望——的反映，或者说，是这个国家精神自我实现的重要一步。下面我们就具体回顾一下，作为日本国家欲望与精神载体的种子，秀吉的出现究竟怎样改变了日本和东亚世界体系的形态。

从 15 世纪中期开始，作为日本实际中央政权的幕府——此时为足利尊氏于 1336 年创建的"室町幕府"，第十五代将军足利义昭（1537—1597）时最终灭亡——大权旁落，各地大名相互割据、彼此征伐不断，日本进入了历史上的"战国时代"。丰臣秀吉活跃的时代，其实已经到了战国时代的末期，也就是 16 世纪的晚期。这位丰臣秀吉就是结束日本战国时代的关键人物。

我们先略微看一下此时世界的整体状况。从 15 世纪后期到 16 世纪末，世界正处于巨变时代。我们耳熟能详的欧洲宗教改革、新航路的开辟、世界贸易的展开、基督教的世界传教等等，都发生在这个时代。16 世纪后期的中国，大致处于明朝的神宗万历年间。这个时期，骚扰帝国东南沿海近两个世纪的倭寇得到了平定，商品经济、思想文化都处于高度繁荣和开放的状态。

而秀吉并非等闲人物，他对于这些世界史级别的事件，可以说都了然于胸。当然，秀吉也不是从天而降，突如其来，而是很多历史因素共同造就而成。实际上，他出身卑微，身材瘦小，容貌丑陋，绰号"猴子"；他只是凭借着过人的谋略和异常的勇武，加上风云际会，才成为改写历史的大人物。

在这些条件中，最值得重视的是他跟对了人。他加入了一位名叫织田信长（1534—1582）的大名的部下，从最低微的位置逐步上升为主将。织田信长也是日本战国时代末期的著名武将，率先提出了"天下布武"，也就是用武力统一天下的口号。织田信长有着雄才大略，但为人凶悍残忍，得罪了手下一位叫明智光秀的大名。结果，在一次重要的征战途中，光秀发动叛乱，在京都的本能寺杀害了织田信长，这就是发生在1582年的有名的"本能寺之变"。

事变导致了秀吉的上位。秀吉取得了织田信长的继承权之后，足智多谋的本领得到了全部的发挥，最终在1590年结束了日本持续一百余年的军阀混战局面，完成了国家的统一。在日本历史上，这个时代被称为"安土桃山时代"（1573—1598或1568—1600），又被称为"织丰时代"。在重建国内秩序过程中，最值得一提的就是他重建了天皇的权威。在此前一个多世纪的内战中，这个源远流长的皇家体系完全不被战国群雄所重视，与足利家族的幕府同样处于衰败、接近崩溃的状态。秀吉在稳固了自身的霸主地位后，迅速在京都大兴土木，重新修缮了皇室破败不堪的宫殿。另外，他还恢复了被织田信长极力打击、破坏的佛教体系，表达了他尊重、回归传统的政治意识。

在后世的历史叙事中，有人认为同他的国内统一与海外征讨相比，他最重要的功勋就是护卫了皇室的尊严。[1] 因为这些表现，天皇赐给了秀吉"丰臣"这一表达尊贵的姓氏，并将最高的"太政大臣"这一头衔也颁发给了他。中国传统政治思想与实践中有"挟天子以令诸侯"的说法。其实，"天子"即便失去了实际统治的权力，依然是"权威"的代表，是一种"软实力"，意义不容小觑。丰臣秀吉尊皇的做法又为随后取而代之的德川家康继承，日本的皇统得以延续下来。

秀吉实现了一统天下的政治抱负后，并未"刀枪入库，马放南山"，因为他说的"天下"并不仅仅指日本。事实上，国内秩序重建甫见成效，丰臣秀吉就表达了投鞭渡海、问鼎中原的宏大志向。这一点和东亚大陆上群雄逐鹿时的情形非常类似，他要进军大陆。其实，早在为织田信长进行日本西部征讨时，他就将自己的志向投向了东亚大陆。比如，当织田为鼓励他出征，允诺事成后将赠与他土地时，他留下了这样的说法："君欲赏臣功，愿以朝鲜为请。臣乃用朝鲜之兵，以入于明，庶几倚君威灵，席卷明国之兵，合三国为一，是臣之宿志。"[2] 这就是说，他要降服朝鲜和中国。秀吉性格直率，如此表达出的"宿志"，堪称不是虚言。

当然，孤证不立，只有一条证据说明不了什么。由于秀吉的"宿志"关乎我们试图揭示的日本的国家欲望，我们这里再举几个例子。

1　[日] 小林鸢里:《丰臣秀吉》，罗安译，中国画报出版社，2018 年，第 295—296 页。
2　转引自汪公纪《日本史话》，第 358—359 页。

据记载，秀吉在 1585 年出任"关白"（相当于摄政）后，即表达了征服明朝的意愿；1586 年，他在给一个军事盟友的通告中又说："予将申大志于中国。"同一年，他还向一位耶稣会传教士传达了同样的意向。时隔一年，在接替织田信长的地位后再次西征、完成九州平定时（1587 年），他在给妻子的信中再次提道："以快船遣使高丽，命其臣服日本内里，否则来年以成败相见。至于唐国，于我等有生之年，当入掌中。"这里说的"唐国"，指的是明朝中国。其实，在平定九州之前，他就指示部将，要准备"朝鲜渡海，征服大明"。1588 年，秀吉要求琉球王国服属朝贡；1590 年，他进一步要求琉球充当征服明朝的先锋。[1]

他的朋友、天主教耶稣会会士路易斯·弗洛伊斯（Luis Frois）也留下了和秀吉的一次谈话记录，可以旁证秀吉的志向。秀吉的大意是说，当他达成征服整个日本时，就会转向征服朝鲜和中国，而且，"即便出师未捷身先死，他也不会介意，只要将来会称他为敢于从事此大业的第一个日本主君"。[2]1590 年，他采取了进一步的行动，致书朝鲜国王，要求朝鲜充当征服明朝的先锋。国书中有如下闻名后世的说法：

> 秀吉鄙人也，然当其在胎，母梦日入怀。占者曰："日光所临，莫不透彻，壮岁必耀武八表。"是故战必胜，攻必取。今海内既治，民富财足，帝京之盛，前古无比。……吾欲假

1　[日]北岛万次：《豊臣秀吉の朝鮮侵略》，吉川広文館，1995 年，第 14—15 页。
2　[美]贝里：《丰臣秀吉：为现代日本奠定政治基础的人》，赵坚等译，江苏人民出版社，2017 年，第 299 页。

道贵国，超越山海，直入于明，使其四百州尽化我俗，以施
王政于亿万斯年，是秀吉宿志也。凡海外诸番后至者，皆在
所不释。贵国先修使币，帝甚嘉之。秀吉入明之日，其率士
卒会军营，以为我前导。[1]

从这一系列的言行来看，秀吉欲征服大陆的想法，并不是
一时的心血来潮，而是他长久以来就有的志向，也就是他说的"宿
志"。那么，秀吉这样宏大的"宿志"或曰抱负，究竟是如何形
成的？

1591 年，秀吉的朝鲜通信使景辙玄苏曾私下里对朝鲜通信副
使金诚一说，明朝禁止与日本的朝贡贸易，这使得秀吉怀恨在心，
动了征讨的念头。因此，他希望朝鲜能从中斡旋，协助日本重开
和明朝中国的贸易之路。这位信使还威胁说，当年高丽带领元军
攻击过日本，如果朝鲜能帮助日本"假道入明"，秀吉将不计前嫌，
不对朝鲜进行报复。[2]这些虚虚实实的外交辞令，透露出一些经济
方面的考量。

还有历史学家将秀吉随后发动的侵略朝鲜的战争，解释为由
于出身低微而要获得名誉的补偿心理。此外，也有历史学家认为，
秀吉侵朝行动是出于维护国内秩序的需要，也就是将国内过剩的
兵力投向海外。但这些解释都低估了秀吉的"宿志"，只能说是一
种表面观察。

事实上，当秀吉说要"统一天下"、"平定天下"时，他不是

1　[日]赖山阳：《日本外史》，第347—348页。
2　[日]北岛万次：《豊臣秀吉の朝鮮侵略》，第26页。

在喊口号，而是在有条不紊地实行着自己的计划；他的"天下"观念最初就超越了日本一国之内，指向了世界。至于他的设想，诸如"自辽东直袭取北京，奄有其国，多割土壤，以予诸君"等等说法，与其说是战争的目的，不如说是战争动员的口号。在前面提到的致朝鲜国王的国书当中，他宣称自己是母亲"梦日入怀"而生，正是模仿汉武帝刘彻母亲"梦与神遇"而诞生的神话故事。这或许是他更深层的欲望的表达。秀吉意在表明自己是"太阳之子"，为一统东亚世界作观念上的准备。

当物质力量准备就绪后，1592 年 3 月 13 日，秀吉下令渡海征讨朝鲜，日本史书中的"文禄·庆长之役"、朝鲜史书中的"壬辰倭乱"、中国史书中的"万历朝鲜战争"由此爆发。此时，秀吉总共出动九路大军，总人数将近十六万。这年 5 月，朝鲜王国的首都汉城陷落，秀吉向养子、时任关白的丰臣秀次表达了征服明朝后的构想，其中包括让后阳成天皇以及秀次移居北京、秀吉自己定居宁波，同时要求琉球、吕宋（菲律宾）等朝贡，并最终征服天竺（即印度）。显然，这是一个规模宏大的战略。

由于朝鲜水军和明朝援军的奋勇抵抗，秀吉的超大规模军团虽然占领了大部分朝鲜的国土，但在军事上并未取得决定性的胜利。1593 年 7 月，中日双方开始议和；秀吉提出的主要条款包括迎娶明朝皇女为天皇后妃、将朝鲜半岛南部的四道（大约半岛的一半）割让给日本、朝鲜国王永世臣服日本等。这些当然是妄想，自然遭到了明朝中国的拒绝。经过反复的外交谈判之后，明神宗派遣册封特使于 1596 年（万历二十四年）9 月进入大阪城，向秀吉赠送服饰、王冠、金印、诰命等，册封其为"日本国王"，同时加封日本重臣四十名。[1]

由于入主中原是秀吉的宿志，受封"日本国王"并未让他获得实利，他当然不肯善罢甘休。1597 年，秀吉重新组织总数超过十四万人的大军，再次发动侵略战争，日军与中朝联军的战况呈现出胶着的状况。第二年 8 月，秀吉突然撒手人寰。他的接替者不得不将军队全部撤回日本国内。这场实际持续了七年的战争正式结束。

关于丰臣秀吉图谋北京，后世的很多历史叙事到这里也就结束了。但我们有必要更进一步，透过这些历史表象去观察更深层面的东西。

首先，从世界秩序的视角来看，战争引发了一系列重大后果。明王朝为维护东亚朝贡—册封体制，出兵援朝，结果造成了沉重的财政负担，引发了国内的各种矛盾；不到半个世纪，王朝就在内忧外患中走向了灭亡。我们在前面曾经提到，这一时期正是世界格局发生巨变的时期，东西两种文明开始发生碰撞和交流。在晚明时期，中国的知识分子与同时代的欧洲知识分子已经有了很多的联系。比如，大名鼎鼎的基督教传教士利玛窦（1552—1610）就和明朝的著名学者、政治家徐光启（1562—1633）、李之藻（1564—1630）、杨廷筠（1557—1627）有紧密的交往，这三人最终也都皈依了基督教。通过这些交流活动，中国的士大夫们接触到了开普勒、伽利略等当时欧洲著名科学家的学说和理论。很遗

1　参见郑洁西《跨境人员、情报网络、封贡危机：万历朝鲜战争与 16 世纪末的东亚》，上海交通大学出版社，2017 年，第十章。

憾的是，这个向世界开放的过程因各种原因而走向了没落，其中之一无疑就是明朝的覆灭。[1]

与此相对，日本出兵朝鲜，挑战中华王朝，试图建立以自身为中心的朝贡—册封体制，这一历史经验进一步强化了日本对朝鲜半岛及大陆绵延不绝的欲望。事实上，日本在明治维新之后，迅速制定了侵略朝鲜和大陆的政策，可以说就是丰臣秀吉征服中国计划的翻版。这是一个如此忠实的翻版，以至于我们不能简单地把它视为偶然，而应认为其中有着一以贯之的逻辑。重要的是，当两种同型的欲望相遇时，动用硬实力的战争就无法避免了。

因此，秀吉图谋北京这件事与其说是他个人的妄想，不如说是日本国家欲望与民族精神的呈现。我们曾经指出过，日本从古代时就形成了和中华帝国同型的"大国"意识，也就是日本版的天下意识。到了战国时代，秀吉借助武力统一日本的东风，试图一举实现成为大国的夙愿。正因如此，江户时代的儒者赖山阳（1780—1832）在其著作《日本外史》中对秀吉赞誉有加："使太阁生于女真、鞑靼间，而假之以年，则乌知覆朱明之国者不待觉罗氏哉！盖其为人，酷肖秦皇、汉武，而雄才大略远出其右。"[2]顺便一提的是，1829年刊行的这部《日本外史》在明治维新前后大为流行，正是这些说法与国家欲望发生共鸣的一种表象。

1　这个交流在清朝初期的中断，与罗马教廷内部针对耶稣会士在中国的传教策略的争论有关。不过，中国士大夫因明清交替而丧失了对科学探索的热情，可以说是一个重要的原因。关于晚明基督教在华传教的历史，参见 [美] 邓恩《从利玛窦到汤若望：晚明的耶稣会传教士》，余三石等译，上海古籍出版社，2003年。

2　[日] 赖山阳：《日本外史》，第392页。

在秀吉的侵朝军中，日本的"神国意识"也在发挥着潜移默化的作用。比如，在日军取得"临津江之战"的胜利后，当时的战记《高丽日记》就将历史上神功皇后"三韩征伐"的故事——实质是神功皇后动员诸神讨伐朝鲜的传说——与战场记录重叠在一起。事实上，在出征朝鲜之前，"日本是神国"这一观念就在当时的武士、从军僧侣当中广为流传，成为侵略朝鲜的一种意识形态。[1]

至此，我们获得了历史认知的一个更深的维度。那些在历史上留名的大人物，无论他们的外在言行看起来多么不可思议，实际上都是民族深层精神的展现，或者说是民族精神的代理者。从这个角度观察一下当下世界主要国家的政治家的言行，就会发现他们万变不离其宗，都在忠实地呈现着各自的民族精神。

如果把民族精神、民族欲望比喻为地下的流水或地壳下涌动的熔岩，那么，所谓的英雄人物就是冲出地表的喷泉，就是火山的爆发。如同这些自然现象改变了地表面貌，历史人物也会深刻地改变人们的生活。

1　[日]北岛万次：《豊臣秀吉の朝鮮侵略》，第58—60页。

江户时代
"华夷变态"后的东亚世界

  丰臣秀吉在 16 世纪末完成日本统一后，随即大规模发兵朝鲜，欲借道半岛，进一步雄霸九州。但他出师未捷身先死，据说留下了这样的辞世诗："昔如朝露来，今如朝露去。红尘梦中事，浪静了无痕。"在他殁后不久，他打下的大好江山旋即易主，子嗣被斩尽杀绝，可谓千古悲凉。但天下大势，浩浩汤汤，东亚世界史的历史剧目仍在上演：秀吉逐鹿中原的雄心大略自是失败，但明王朝却也因秀吉的侵朝战争而遭致严重削弱。几乎与此同时，建州女真部落在首领努尔哈赤（1559—1626）的率领下割据辽东，建立后金国，意欲问鼎中原。公元 1644 年，顺治定都北京，东亚大陆迎来了一个全新的中华王朝——大清王朝。

  秀吉殁后，身为五位"托孤大臣"之一的德川家康（1542—1616）正式上位。1603 年，这位有着雄才伟略、老谋深算的大名在击败其他竞争对手后，从天皇那里取得"征夷大将军"这一最高封号，并随即在江户（今东京）开设幕府，正式建立了新政府。家康在战国乱世中笑到了最后；由他开创的这个时代持续了二百六十余年，史称"江户时代"或者"德川时代"。1867 年，第十五代将军德川庆喜（1837—1913）实行"大政奉还"，将最高统治权返还天皇，江户时代落幕。

承继江户时代的"明治时代"是全世界公认的辉煌时代；在这个时代，日本蒸蒸日上，先是打败了清朝中国，接着还打败了沙皇俄国。所以，有人可能会产生疑问：同这个高光时代相比，江户时代不就是封建、落后、黑暗的时代吗？若非如此，明治维新又何以发生？

其实，上述疑问涉及历史认识的问题，它依赖于一个人们常有的预设，那就是革命爆发前的时代一定是黑暗、没落的时代。然而，这一点不适用于江户日本。江户时代是日本史上的一个高度和平、繁荣的时代；在明治维新前的 19 世纪上半叶，尽管也发生了诸如"天保大饥馑"（1833—1838）以及因之而起的"大盐平八郎之乱"（1837）等自然灾害与农民暴动，但整体上我们也很难说它黑暗和没落。在今天的日本，我们几乎随处都会遇到这个时代创造的文化遗产，位于东京中心的皇家宫廷就是最著名的代表。再比如，位于京都的著名的"清水寺"以及"二条城"，也都是这个时代重修或新建的作品。

它不但是日本历史上的高光时代，在同一时期的世界史上，它的许多指标也名列前茅。美国历史学家苏珊·韩利曾经对江户时代的日本和欧洲进行比较，结果发现，在人们的健康水准上，日本并不亚于工业化已经开始了一个世纪的英国。[1] 江户是当时世

1　[美] 韩利：《近世日本的日常生活》，张键译，生活·读书·新知三联书店，2010 年。

界上最大的城市之一；它的教育水准，如儿童的识字率等，也都不逊色于同时代的西欧国家。我们甚至可以说，正是因为江户时代是一个高度繁荣、文明的时代，它才在 19 世纪中后期获得了有效应对西方列强的各种条件。[1]

我们现在并不是要重现江户时代日本的文明状态，而是要探讨如下几个问题：江户时代的日本如何实现了稳定与繁荣？从东亚世界体系的角度来看，此时的日本与中国有着怎样的关系？它的自我意识，又获得了怎样的新内容和形态？

重新审视江户早期出现的一个新观念，即"华夷变态"，有助于我们回答上述问题。在当时日本的政治精英看来，处于清朝统治下的中国是由被称为"胡人"的北方少数民族，即女真族建立的国家；按照中国传统的"华夷"观念来看，中国已经不再是文明的典范，而是由"夷狄"统治的国家。这就是"华夷变态"的涵义，它最初源于德川幕府的儒家学者编撰的中国形势报告书。但另一方面，这个说法中还有一个隐微但极为重要的含义：既然中国已经胡化或者说夷狄化，那么日本就成了"中华"的代表，成了东亚古典文明的继承人。[2]

1　[美] 麦克莱恩：《日本史（1600—2000）》，王翔等译，海南出版社，2014 年，第二章。

2　这个"华夷变态"同样出现在此时朝鲜士人的眼中：一个是历史上曾经辉煌的"大明"，一个是现实中已然堕落的"大清"。18 世纪朝鲜出现的"明朝后无中国"说法，是这种观念的直接表达。中国思想史学者葛兆光在讨论到 17 世纪东亚世界史变迁时特别指出，这种观念"构成了东亚思想史和文化史上的一道奇特的风景，并在观念的世界中一直延续至今"。参见葛兆光《想象异域：读李朝朝鲜汉文燕行文献札记》，中华书局，2014 年，第 60 页。关于体现日本"华夷变态"观念的具体事例，可参见葛兆光《宅兹中国：重建有关"中国"的历史论述》，中华书局，2011 年，第 157—168 页。

显然，"华夷变态"赋予了"日本"一种新的自我意识与政治意志。这种自我意识的演变同样是一个历史过程，我们需要从德川家康来谈起。家康是江户时代的第一代将军，相当于中国皇帝中"太祖"、"太宗"级别的人物。

这个德川家康老谋深算，善于隐忍，富于韬略，颇有中国三国时代的魏国大将司马懿的风范。由于目睹了织田信长和丰臣秀吉的悲剧，所以他在取得天下后，就开始了一个中国式的政治哲学思考："马上得天下，安能马上治之？"这个说法来自中国的《史记》，是一个叫陆贾的谋士说服刘邦转换脑筋的有名说法，意思是不能依靠武力治国。而德川家康熟读中国古典，对于陆贾和刘邦之间的这一对话，应该说早就烂熟于胸。据说，家康喜好读书，"素留意学术"，"以修礼文为志"，对《论语》《中庸》《史记》《汉书》《六韬》《三略》《贞观政要》等中国古典尤其熟识。[1]

于是，家康在治国方面自然采取了"文武两道"并行的举措：一方面，刀剑入库，马放南山，家康继续秀吉时代管束暴力工具、禁止一般百姓携带武器的禁令；另一方面，他要为新时代确立一套新的政治体制以及与其配套的意识形态。最终，幕藩体制在他手中完成：这是一种以将军和大名为顶点的家臣集团身份结构，武士对于农、工、商三个阶层保有绝对的优越地位和权威。家康在他精读的儒学经典当中找到了这个制度所必需的"名分"意识。简言之，为了收拾战国时代扰乱的秩序和人心，家康导入了中华帝国最新的政治思想。[2]

1　[日] 赖山阳：《日本外史》，第484页。
2　参见 [日] 北岛正元《江户时代》，米彦军译，新星出版社，2019年，第三章。

　　这一导入儒家政治思想的行为，堪比大化改新时代日本对隋唐律令制度的吸收，对后世日本的精神结构造成了深远的影响。日本政治思想史学者丸山真男将其视为日本史上的一次"开国"，而"开国"的本质正是一种文明化的方法。就此而言，日本在江户时代达成的繁荣与安定，有着儒家政治思想所作出的独特的贡献。

　　实际上，江户幕府创建不久，家康就聘用了藤原惺窝（1561—1619）当法律和历史顾问。藤原惺窝是当时的一位著名的儒学家，一位朱子学的信奉者。在此之前，中国宋朝时代形成的新儒学——亦即"宋明理学"，在日本多称"朱子学"——已经传入日本，不过大都依托于佛教。藤原获得将军重用后，使得儒学研究从佛教寺院的教学体系中独立了出来，逐步成为时代的主流思想和学问。1607 年，另一位著名的朱子学者林罗山（1583—1657）成为幕府的最高政治顾问。

　　经过几代人的发展，到了江户时代中后期，日本儒学研究已经高度发达，出现了一批赫赫有名的大儒，诸如山崎暗斋（1618—1682）、山鹿素行（1622—1685）、伊藤仁斋（1627—1705）、荻生徂徕（1666—1728）等人都成为一代宗师。

　　这些大师一方面醉心于孔孟之道的深刻和普遍，产生了对古典中国的尊崇之意，另一方面，又认为现实中国的政治和社会已偏离孔孟之道，因而产生了一种蔑视中国的心情。比如，山鹿素行就有一本对后世有广泛影响的书，叫《中朝事实》，他在书里就直接宣称日本"以本朝为中华"或"中国"，也就是说，他直接用"中国"来称呼他置身其中的江户日本。

　　当然，日本以"中国"自居并不是空穴来风。除了大力吸收儒学的思想观念外，日本还确立了以朝鲜、琉球、荷兰为异国，以生活于北海道的阿依努为"夷"的"日本型华夷秩序"[1]——江户时代的日本试图成为名副其实的"中华"。

日本成了"中华"，那现实的"中华"又到哪里去了？在德川幕府成立初期，中国的明王朝虽然正处于急速衰落时期，但毕竟还是作为大帝国屹立在那里。然而，在内忧外患的双重打击下，这个大帝国在数十年后终于轰然倒塌，取而代之的是女真族建立的清王朝。

这意味着东亚的世界秩序发生了根本变动。在当时已经掌握了儒家思想精髓的日本儒者看来，这是"野蛮"战胜"文明"的过程。日本儒者自认是"中华"、"中国"，首先源于这一秩序转换带来的冲击。在东亚世界体系这个框架内，"中华"意味着文明，意味着霸权体系的核心。因此，日本儒者以"中华"自任实际表明了一种政治意识与现状认识：日本已经自认为东亚古典文明的继承人。

不过，日本在明朝中国覆亡后以"中华"自居并非只是它的一厢情愿。除了它在政治思想上向中华世界的朱子学靠近外，明朝的一些遗民在日本的活动，同样给日本造成了"中国已经灭亡"的印象。如果没有明朝遗民的影响，日本"华夷变态"思想的演化可能会欠缺火候，不会那么顺当。这一点见诸两位著名的历史人物的事迹上。

第一位历史人物是郑成功（1624—1662），他的一些故事可以说家喻户晓。比如，他从荷兰殖民者手中收复台湾，就是我们

1　[日]藤井让治：《江户开幕》，刘晨译，社会科学文献出版社，2018年，第346页。

的历史叙事中特别强调的一笔。不过，在中日关系史上，他还有另外不为我们熟悉的一面。郑成功出生于日本长崎的平户，是一个中日混血儿；他的母亲是日本人，在清军征讨福建时自杀身亡。由于这些关系，郑成功往来于中国大陆、日本和荷兰殖民下的台湾之间，进行抗清复明的活动。这段历史被江户中期一个叫近松门左卫门（1653—1724）的著名剧作家，编成了戏剧《国姓爷合战》，当时极受日本国民的欢迎。所以，通过观赏戏曲，通过大众娱乐的传播方式，中华王朝已经灭亡的观念就在一般国民当中也流行开来。

第二个历史人物朱舜水（1600—1682）的影响则更为深远。他才华横溢，同明末清初的著名学者黄宗羲（1610—1695）、顾炎武（1613—1682）、王夫之（1619—1692）等人并称，堪称一代宗师。明朝覆亡后，他追随郑成功，同样在东南沿海投身于抗清活动当中，其间数次到日本乞求援兵，但都未成功。

1659年，深感反清复明无望的朱舜水经过深思熟虑后，在友人陈明德和弟子安东守约的帮助下来到日本长崎，并决定终老异域。朱舜水定居长崎后，他的忠义节烈与道德学问的名声在日本传开，引起了身在江户的水户上公藩主德川光国的注意。1665年7月，在光国的盛情邀请下，朱舜水来到江户；同年8月，光国出任水户藩藩主，并聘任朱舜水为"宾师"（相当于水户藩的"国师"），这成为他在日本留下巨大功业的开端。其中，最大的一项事业就是指导光国进行修史——按照司马迁《史记》的方式，编撰一部日本的历史，即《大日本史》；该史书最终于1906年完成。

我们刚刚说的朱舜水的影响，正在于这部史书的编撰思想。朱舜水将儒学的核心政治观念，即政治的"正统性"的观念，注入日本的历史叙述当中。这个观念，就是"尊王"的思想，尊崇天皇的思想。提到"尊王"，很多人会立刻想到明治维新时期的"尊王攘夷"的口号。倒幕运动的爆发和改革的成功，都与这个"尊王"思想有直接的关系。

朱舜水还依照中国古代礼制和工艺制法，"将中国的工程设计、农艺知识、衣冠制裁以及书版束式分别绘图制型"，向日本弟子传授。今天位于东京的汤岛圣堂，就是按照他撰写的《学宫图说》建造而成。[1]另外，他还会集自己的弟子，亲自传授中国的礼仪，"使得经历了三百多年杀伐风气的日本，化成极讲礼仪的国家"。日本成为"礼仪之邦"，朱舜水厥功至伟。[2]中国儒学有"礼失求诸野"的说法，我们今天在日本能看到大量古代中国的"遗迹"，倒是印证了这句话。朱舜水在日本留下的遗言中有"我自非中国恢复不归"一句，他在日本的儒学传授，其实有着对故国和文明的深切思念。

日本的学者和政治精英对朱舜水的功绩也念念不忘。在今天的东京大学的校园中，我们依然可以看到纪念他的石碑。大思想家梁启超对此曾评价说，"舜水以极光明俊伟的人格，极平实淹贯的学问，极肫挚和蔼的感情，给日本全国人以莫大感化"，因此，"舜水之学不行于中国，是中国的不幸，然而行于日本，也算是人类之幸了"。[3]就思想观念来看，江户时代其实和中国已经走得很近了。

1　覃启勋：《朱舜水东瀛授业研究》，人民出版社，2005年，第291—294页。

2　汪公纪：《日本史话》，第441页。

3　梁启超：《中国近三百年学术史》，东方出版社，2003年，第94—96页。

　　江户时代是一个高度发达、稳定的前现代的日本社会，这一点得益于它成功建立了一套稳定的国内政治秩序。这套政治秩序的理论根据，就是中国在宋代形成的新儒学。宋代的新儒学是回应唐朝末年天下大乱、武人当政的局面而提出的一套文治思想，是中国传统政治思想与政治文明的一种巅峰表达。德川家康在江户开设幕府后，大量参照新儒学的治国观念，制定了诸如《武家诸法度》《禁中并公家诸法度》等规范武士、朝廷贵族乃至天皇行为的典章制度，为江户时代的持久和平奠定了基础。

　　因此，从日本自我意识演变的角度来看，江户时代的日本在精神发展上的最大特征就是吸收了中国的新儒学，吸收了儒学最高水准的文明论和世界观。这一点体现在"华夷变态"论上面，而这种论述最终凝聚为"日本即中华"这种自我意识的成型。这是日本精神史上的巅峰时刻。考虑到江户时代为明治维新准备了各种条件，我们还可以认为，传统中华古典文明的种子，即将在日本这块土地上结出全新的果实。

　　就此而言，我们对江户时代日本的重述，其实还提供了一个反思中国古典文明的新视角。如果从日本、从东亚整体的角度看，我们看到的正是中国古典文明的辉煌的历史；上面引述的梁启超对朱舜水江户传教为"人类之幸"的评语，正可以从东亚文明的角度来理解。所以，如何避免以非黑即白的态度看待东亚古典政治文明，是历史认识的基本课题。当然，东亚古典文明在日本结出来的这颗果实，已经发生了变异。我们今天回顾历史，不难发现这些变异所带来的各种后果。

第四章 | 传统东亚世界的竞争者

（1868—1945）

甲午战争
传统东亚世界秩序的终结

江户时代是日本进入近代以前的最后一个历史阶段。江户时代的开创者德川家康，决意将自己的统治秩序建立在儒学的政治思想体系上。日本自"倭王受封"时代埋下的那颗自我意识的种子——源于儒家"天下"的观念——在江户时代终于成长为参天大树。江户儒者"日本即中华"的说法，正是这个民族最新的自我意识的呈现。这个自我意识在政治实践中有多种表达，并从19世纪后期开始，深刻地影响了日本与东亚世界的近代化历程。

我们寻源日本的历史之旅，由此就进入了近代。说到近代，我们会立刻想到这是中国急剧衰落、日本快速崛起的时代。这种一起一落的分水岭和标志，就是我们现在要探讨的主题：爆发于1894—1895年间的中日甲午战争。我们对于甲午战争似乎并不陌生，诸如"甲午战争是日本军国主义发动的针对中国的侵略战争"、"甲午战争是一场丧权辱国的战争"等等说法时常出现在我们的历史叙事当中。

那么，我们今天该怎么看待这些说法？从我们重构的日本演化史的脉络来看，甲午战争又意味着什么？

　　首先要指出的是，认为甲午战争就是中日两国之间的战争，其实是一种狭义上的看法，会限制我们的历史认识。如果想要了解甲午战争爆发的深层原因和它造成的深远影响，我们得换一个角度看问题。这个新的角度就是我们一再提及的"东亚世界体系"，及其与同时代新出现的"西方世界体系"之间的关系。

　　我们从一个基本问题开始谈起：这场战争爆发的原因是什么？或者说中日两国究竟为何而开战？一般的历史叙述会说，中日甲午战争因朝鲜问题而爆发；日本图谋侵略朝鲜，中国出兵襄助，于是战争就爆发了。但日本为何要侵略朝鲜，以及清朝中国为何要出兵抵抗日本的侵略，这个问题仍有待于我们去进一步探索和解释。

　　从中日关系的角度来说，甲午战争实际上是中日之间爆发的第四次战争。这么说，我们就意识到了问题的关键：如果说前三次战争都是因为朝鲜问题而发生，那么这一次也是因为朝鲜问题而爆发，这当然不是纯然的巧合。我们在重述中日第一次战争，即白村江之战时就指出过，在古代日本国家的精神当中，有一种面向大陆的欲望。从历史连续性的角度来看，甲午战争可以看作日本的这种大陆欲望和国家精神的再次表达。而从近代地缘政治的角度来说，明治时代的日本战略家一直视朝鲜半岛为指向其帝国腹部的匕首，为此深感不安。

　　不过，这些还是大尺度的说法。我们要具体探讨的问题是，在 19 世纪末这一特定的时代和历史情境当中，日本图谋大陆这件事发生的经纬，以及这场战争产生了哪些后果和影响。这些问题将导引我们去关注那些不容易为人们识别的、历史深层的问题。为了回答这些问题，我们要再次回到历史现场。

面对 19 世纪中期以后来自西方列强的压力，日本进行了史称"明治维新"的改革。1868 年，明治新政府成立，新政府军对幕府守旧势力发动的战争也基本结束，明治维新可以说成功了一半。但故事也发生在这里：就在这一年的 12 月，维新运动的主要领导人、被誉为"维新三杰"之一的木户孝允（1833—1877），提出了远征朝鲜的意见，随后还拟定了具体的征讨计划。1873 年，明治政府内再次出现出兵朝鲜的意见，史称"征韩论"。这次的主角是"维新三杰"中的另外一位，即赫赫有名的西乡隆盛（1827—1877）。新政府的主政者们在反复权衡利弊得失后，决定不采纳出兵朝鲜的意见。这直接导致了西乡隆盛的出走和 1877 年的叛乱，史称"西南战争"；西乡隆盛因战败而殒命，明治新政府由此进入了安稳的时期。

这里之所以要简述这个历史过程，目的是要指出如下一点："远征朝鲜"或者说"征讨韩国"并非当时日本政治家的临时起意，而是最初就是明治维新的一个重要组成部分，或者说是明治维新的主要政治议程之一。出兵朝鲜没有在维新成功后即刻实施，只是时机的问题。事实上，到了 1875 年，日本就动用军舰袭击了朝鲜的江华岛炮台，随后强迫朝鲜签订了《江华条约》，朝鲜被迫向日本开放港口。所以，我们要注意朝鲜问题在明治维新中的地位，很多关于明治维新的历史著作都忽视了这一点。

当然，很多历史学家在叙述明治维新这段历史时，都会提出这样一种解释，即新政府为了转移内部的矛盾，才试图挑起征讨朝鲜的对外战争。这种矛盾转嫁说很常见。比如，一部分历史学家谈到三百年前战国时代的丰臣秀吉时，也会说他是为了转移内部军队的压力才出兵朝鲜的。但我们的历史叙事已经揭示了丰臣秀吉侵朝战争的另外一面：征讨朝鲜，进而征讨明王朝、定都北京是丰臣秀吉一贯的志向，而非权宜之计。所以，明治新政府拟定出兵朝鲜的计划，并不能用通常的"转移国内矛盾"的说法来打发掉。这种转嫁矛盾的说法虽然有其表面上的道理，却实质性地遮蔽了人们对政治事务和人类历史的洞察。

明治政府成立之后，立刻谋求和当时的清朝中国建立以"友好"为基调的外交关系，双方最终在1870年签订了《清日修好条规》。不过，日本积极和清朝建立外交关系的背后，有着一种特殊的意识：日本的目的首先是获得和中国平等的地位。此前日本寻求和朝鲜建立外交关系时，就因为日本的外交文书在称呼上强调自己和中国的平等，朝鲜认为不符合东亚世界传统的中华礼制，拒绝了日本的要求。事实上，在儒学思想的影响下，尤其是因为16世纪末丰臣秀吉侵朝行动给朝鲜带来的巨大灾难，朝鲜一直视日本为"夷狄"。[1]

中日两国建交后不久，双方随即围绕琉球归属问题、朝鲜地位问题，进行了堪称激烈的外交博弈。这个过程事实上意味着东亚世界体系的演化陡然加速——从结果上说，这是日本谋求取代中国，成为东亚世界盟主的过程。

时间到了1894年2月，也就是中国传统农历的甲午年，朝鲜爆发了史称"东学党起义"的农民起义。依据朝鲜政府请求，清

1　[日]桂岛宣弘：《从德川到明治：自他认识的思想史》，殷晓星译，中国社会科学出版社，2019年，第28—30页。

王朝出兵代为镇压。日本得知中国出兵朝鲜，知道机会终于来了。根据1885年中日两国签订的关于朝鲜事务的条约，即《天津专条》的约定，日本随即派军登陆朝鲜，这就造成了中日双方的对峙。

中日双方对峙朝鲜后，日本刻意制造事端，意图点燃战争的导火线。关于日本执意开战的理由，很多历史学家注意到当时日本国内权力斗争的要素，再次提出了为"转移国内矛盾"而发动对外战争的说法。但另一方面，如同当时的外务大臣、开战的主谋者之一陆奥宗光在回忆录《蹇蹇录》中表明的，日本决定开战的背后有着对中华世界秩序长久的不满。结果，在这一年的7月25日，日本海军未经宣战，突然在丰岛海湾偷袭中国的一艘运兵船，致使千余名中国士兵丧命。随后，日本陆军发动进攻，甲午战争全面打响。

值得一提的是，陆奥宗光的《蹇蹇录》详细再现了日本如何点燃战争的过程。这本书早在1960年代就作为"帝国主义者的自供"，在国内翻译出版。我们今天重读这本书，会清晰地看到日本发动战争的表面激情背后隐藏着的深层欲望，它涉及日本自身的安全感、荣誉感以及日本自古以来的国家的自我意识，这些要因都突出地呈现在如下的说法上：

> 无论是朝鲜内政的改革还是清、朝宗属问题，归根结底还是日清两国在朝鲜权利之争的结果……日清两国原本作为友邻之邦互通往来，交往年代甚为久远，但凡政治、典例、文学、技艺、道义、宗教等文明元素几乎同根同源，并且我国受惠于彼国文明之引导良多，呈彼国占据先进之国地位，我国为后进之国之态势。然近来欧洲各国将其势力发展至东洋，所

谓西方文明元素向远东地区涌入。特别是我国，自明治维新以来已二十七年有余，不管政府还是国民都努力汲取西方文明，由此完成各项改革，迅速取得长足进步，旧日本面目一新……然清国依旧墨守成规，丝毫未见顺应内外形势改变旧习之处。一衣带水之隔的两个国家，一个代表西方的文明，另一个则呈现固守东亚积习之异象。曾几何时，也有过我国的汉儒之辈常称彼国为中华或大国，不顾本国屈辱而崇慕彼国的时代，而今我蔑称彼国为顽迷愚昧的一大保守之邦……争论无论以何种形式表现出来，争论之因必定是西方的新文明与东亚旧文明间的碰撞……[1]

日本借着西方文明的力量，试图一举扭转此前一千余年间形成的"先进—后进"的中日关系以及由此带来的心理上的"屈辱"。这是日本执意挑起甲午战争的隐秘的心理动机。

我们再换一个角度看问题：当时的清朝中国为何卷入朝鲜事务当中？难道没有其他回避的方式吗？现在回过头来看，结论当然是没有；如果回到历史现场，同样也没有。我们可以转换一下情境，思考一下今天的朝鲜半岛问题。自1990年代以来，朝鲜半岛出现了核武器问题，有可能大幅度改变东北亚地区的安全体制。在这些问题上，中国当然无法置身事外；因为地缘政治的关系，朝鲜半岛的事务自然关系到中国自身的安全问题。19世纪后期出

1　[日]陆奥宗光：《蹇蹇录》，赵戈非等译，生活·读书·新知三联书店，2018年，第24—25页。

现的琉球、朝鲜、越南等清朝藩属国问题，同样关涉到当时中国的核心利益，中国当然也无法置身事外。

事实上，传统中国是东亚世界体系的核心，维护东亚世界的和平安全与通商贸易关系是其核心利益所在。因此，在19世纪中后期西方势力到达东亚世界后，侵蚀并瓦解这个体系就成了列强的首要目标。事关国运，中国当然不可能束手待毙，为此进行了艰难的抗争。比如，1883年12月爆发的中法战争，本质上正是中国维护东亚世界体系、抵抗法国殖民主义侵略的战争。

说到这里，中日甲午战争的性质就水落石出了。简单地说，清朝中国为了维护自身的安全，维护传统的东亚世界秩序就是不二选择，这样一来就必然会和挑战者发生冲突。三百年前的明朝中国在朝鲜抵抗丰臣秀吉大军的战争，背后有着同样的逻辑。不过，甲午战争既然发生在近代，它的爆发还有着近代世界格局的特殊理由。

日本主张说，为了抵抗西方势力对它的压迫、维持自身的独立，它要参与到当时列强的殖民竞争当中，要获得殖民地。当然，它没有说得这么直白，而是用了一个叫"利益线"的说法，大意是说为了维护"主权线"，维护国家主权，维护自己的生存空间，日本要将自己的周边控制在自己的手中。时任首相山县有朋（1838—1922）在1890年日本召开的第一届帝国议会上，正式提出了这个说法。日本的政治家们认为，朝鲜以及所谓的"满蒙地区"都处于日本的"利益线"范围内；为了维护自己的国家利益，它有必要确保对朝鲜的控制。

当日本的政治家们这么主张时，除了当时流行的种族主义、生存空间、殖民主义等理论之外，它还有一种更深层的动机：这个"利益线"说法所预设的东亚世界图景，其实正是东亚传统世界秩序的一个缩小的翻版，日本要成为这个体系的核心。甲午战争爆发前十余年间，日本一直试图加强对朝鲜的控制。

中日两国对东亚世界主导权的争夺，还有着西方殖民势力冲击这一大的背景。具体而言，这场战争的背后其实还有着欧洲列强在全球争夺霸权的影子，尤其以英国和俄国的争斗最为激烈。英国试图以日本的力量牵制俄国的南下，因此积极支持日本意图控制朝鲜的政策。1894 年英国同日本签订了以废除领事裁判权、最惠国待遇等为主要内容的《日英通商航海条约》，背后正是这种政治谋略。日本获得了英国的支持，进一步坚定了它对中国开战的意志。

基于同样的战略考虑，当日本在战争中取胜，逼迫清政府签订了《马关条约》后，俄国就迅速联合法国和德国，迫使日本放弃已经割让给它的辽东半岛——日本独霸朝鲜半岛和辽东半岛，将直接损害俄国在远东地区的利益。这就是历史上有名的"三国干涉还辽"的世界史背景。当时的日本无力抗衡俄国，国民对俄国的敌意陡然上升，从而为后来日俄关系的发展埋下了极为重要的伏笔。

1895 年 4 月 17 日上午 11 点 40 分，中日双方全权代表签署了《马关条约》，其中第一条规定："中国认明朝鲜国为完全无缺之独立自主国。故凡有亏损其独立自主体制，即如该国向中国所修贡献典礼等，嗣后全行废绝。"我们中国人多看重条约中接下来涉及巨额割地赔款的几条条款，其实这一条才更为致命，因为它直接宣告了一个持续了近二千年的世界体制，即以中国为中心的东亚世界秩序的终结。相反，对于日本而言，这是一个新时代的开始，为日本侵略朝鲜铺就了道路。

　　因此，近代中国的衰落和日本的崛起同时发生并不是历史的偶然，而是同一事件的两个面相。这个事件就是传统东亚世界秩序的解体。在 19 世纪中后期的西力东渐的过程中，清朝中国为维护自身安全，先后与英国、法国、俄国等当时世界上最强大的国家进行了一系列的外交抗争和军事斗争。在这个过程中，中国虽然跌跌撞撞，但以洋务运动为代表的内政外交还算是可圈可点，形式上也保住了亚洲大国的地位。但日本的异军突起，最终从内部给了这个东亚世界体系致命的一击。中国在开战后一败涂地，这里面固然有着许多当时政治的、军事的原因，但当时中国的主政者没有深刻认识到日本的国家意志和欲望，亦即取中华而代之的欲望，可以说也是难辞其咎。

　　甲午战争结束后，传统的东亚世界体系已经彻底解体；中国本土由此完全暴露在列强的面前，成为殖民列强竞相争夺的目标。与此相对，日本获得了进一步的激励，它要成为亚洲的霸主，成为亚洲新秩序的核心。在这个意义上，甲午战争正是日本政治意识的一次呈现和自我实现的过程。那么，为了确保目标实现，日本将采取怎样的策略？这是我们接下来的话题。

中日同盟

东亚新秩序的构想

　　中日两国在 1894 年 7 月因朝鲜问题再次兵戎相见，这是中日关系史上的第四次战争。我们在前面对这一历史事件的再现，目的不是重提中日历史上的恩怨往事，而是要借此观察日本历史演进的精神轨迹和现实逻辑。中日两国的这一次短兵相接，事实上极大促进了两国此后协同演化的历史进程，其中双方在自我意识以及相互认知上发生的剧变，深刻地影响了随后的历史展开。比如，在我们今天的历史认知当中，"丧权辱国"、"百年国殇"这样的说法可以说是甲午战争的标配，我们至今会感到一种屈辱。这种观念上的感受，自然会影响着我们此刻对自身、对日本以及对世界的认识。

　　若要寻找克服这种悲情的方法，我们就要去寻找问题的起源。我们就有必要转换一下视角，回到历史的现场去看问题：如果说"丧权辱国"是战争留给后世的一种结果，那么当时的人们也是这么认为的吗？中日两国是从这场战争开始结下了梁子，成为彼此的敌人的吗？对于这些问题，我们都无法给出简单的肯定回答，因为在当时清朝中国人的眼中，这场战争并不是我们今天历史认识当中的那场战争。换言之，当时的人们对这场战争有着与我们不同的另外一种感受和认知。

当然，"清朝中国人"是一个整体的说法，我们用这个说法来表明主流的对日认知。在当时的政治精英当中，当然会有不少感到屈辱的人。康有为在北京联名近千名举人上万言书拒和的"公车上书"事件，就是典型；而以两江总督张之洞为首的一批重臣以"不胜焦灼痛愤"的心情上奏拒和，同样表达的是屈辱感。这种感受更可见于 4 月 17 日和约签订后清廷明发的敕谕当中：帝国的皇帝经过了"宵旰旁皇""临朝痛哭"后，才"幡然定计"，也就是决心在合约上签字。[1]

但这并不意味着，当时中国的士大夫们已然将日本视为不共戴天的敌国；与其说是敌意，莫若说他们更是带着惊异，甚至有些"敬意"的目光，开始重新打量起这个历史上一直被自己视为"蕞尔小邦"的日本。同样，日本在打败了清朝这个它眼中的老大帝国，取得了对朝鲜的支配权，并获得了高达 2.315 亿两白银的巨额赔款后，也放弃了此前的敌意，要重建双方的关系。

结果，中日关系史出现了惊人的一幕：双方很快重新确立了以友好为基调、以"同盟"为目标的关系。事实上，我们可以用"同盟"这个说法概括甲午战争结束后直到 1912 年清帝宣布退位、王朝终结这一段时间内的中日关系。当然，这个中日之间的"同盟"

1　王芸生编著：《六十年来中国与日本》（第二卷），生活·读书·新知三联书店，2005 年，第 321—335 页。

关系并不见诸正史记载，因为国际法上一般的同盟关系，都要求当事国签订实质性的国际条约来加以确认。但从世界史的范围来看此间的中日关系，我们可以说双方在观念上已经缔结了这个同盟条约。而且，双方在实践中确实展开了实质性的互助合作。

按照我们当下的理解，1895 年的中日和约既然充满了屈辱，中国上下应该对日本充满敌意，并以雪耻为奋斗目标。这不难让我们想起第一次世界大战后，战败的德国不得不在 1919 年的巴黎和会上被迫接受《凡尔赛和约》的情形。这个由战胜国制定的过于苛刻的条款，实际上构成了第二次世界大战在欧洲爆发的根本原因。[1] 但 1895 年的和约引发的却是相反的局面：双方从你死我活的战争中迅速转身，迅速完成了从敌国到友邦的转换。这是近代东亚世界史上非常奇异的一幕。

我们先看一个例子，即中国近代史上著名的"戊戌变法"。提到戊戌变法，人们一般会想到光绪皇帝、慈禧太后、康有为、梁启超、荣禄、袁世凯等这些重量级的人物，会想到"戊戌六君子"血洒菜市口的悲壮。但如果从更大的角度来看，我们会发现明治日本的一些政治家，比如大名鼎鼎的伊藤博文（1841—1909）同样是这场变革的参与者。而且，这场变革有个现成的模板，是一种仿效行为：戊戌变法是效仿明治日本进行的政治改革。

上面的说法是几乎众所周知的事实，但我们要由此进一步去探索一个问题：为什么清朝政府在战败后的第二年，即 1896 年，就主动要求日本派遣专家到中国协助进行改革？同样让我们好奇的是，日本何以就慷慨应允，在其后十余年间除了向中国派遣专

1　参见［英］凯恩斯《和约的经济后果》，张军等译，华夏出版社，2008 年。

家外，还接受了大量的中国留学生？

理解这些问题的关键是东亚世界体系。简单地说，中日这两个互为敌国的国家之所以能够迅速和解，原因在于双方共享了同一个世界观。这个世界观就是"同文同种"：作为东亚世界的两个成员，中日两国"文字相同、人种相同"。中国的士大夫尤其爱用这个说法。中日两国从"同文同种"到进一步的联合乃至结盟，有着来自当时世界秩序变迁所释放的动力。

这个时期日本出现的"亚洲主义"（或称"亚细亚主义"）理论，事实上构成了日本方面试图建构同盟关系的理由。这种理论的大意是说：亚洲人、亚洲的黄种人正在遭受欧美白人种族的压迫与殖民统治；为了反抗这种压迫，黄种人就要联合起来，要建立同盟。这个同盟的核心，当然是当时的日本和中国了。明治维新之后，日本的这种亚洲主义论述逐渐成为日本外交的指导思想，也是近代日本战略家提出的第一个东亚世界秩序构想。无需说，日本要谋求获得这个新秩序的主导权。[1]

在西方殖民势力的压迫面前，日本当时的处境同样是中国自身的处境，只是日本朝野上下有着更强烈的危机意识。这种意识激发了他们为了国家合纵连横、奔走呼号的热情。这种反西方殖民主义、反抗压迫的呼声和构想，因其充沛的家国天下意识，自然引起了当时中国知识分子和士大夫的注意。结果，1894 年爆发的甲午战争就获得了非常复杂的政治含义。

清王朝在 1895 年 4 月被迫签订《马关条约》后，迅速开启了变法自强的运动，这是危机固有的政治效果。而对于日本而言，

1　关于亚洲主义的详细分析，参见拙著《分身：新日本论》第二章。

一个强大的中国有助于帮助它抵消来自西方列强的压力。"唇亡齿寒"、"辅车相依"，当时中日两国的政治家与学者频频使用这样的词汇来表明他们的国际认识。因此，当中国效法明治维新进行变法时，日本朝野上下显示出了高度的热情。

　　简言之，中日两国在1895年和约签订后之所以能迅速化解彼此敌对的认知，形成一种非正式的同盟关系，原因正在于东亚世界秩序的重建。西方殖民主义势力的压迫与中日两国"同文同种"的历史记忆，共同催生了中日"同盟"的构想与实践。

　　我们有必要再次指出，历史上中日间的"同盟"关系没有正式建立起来。[1]所以，为了理解这个非正式的"同盟"关系，我们还要再次回到历史现场，具体看一下中日两国面临的特殊困境。

　　前面已经指出，1894年爆发的甲午战争有着同时代世界史的背景。一方面，当时英俄两国正在展开激烈的霸权之争，英国积极支持日本军事行动的目的是遏制俄国势力的南下；中国在1895年战败后，俄国联合法德两国逼迫日本放弃它攫取的辽东半岛的土地，同样是出于扩大殖民势力的目的。另一方面，甲午战争导致清王朝进一步衰落，欧洲列强见猎心喜，1898年后开启了所谓的"帝国主义瓜分中国的狂潮"。西方列强的行为随即引发了

1　我们这里通过中日两国的互动，试图勾勒出堪称"同盟"的实际关系。值得注意的是，以慈禧太后为首的保守势力在1898年9月戊戌政变后，出于惩办流亡日本的康有为、梁启超等的目的，向日本派出了秘密外交使节，意欲和日本建立同盟关系。不过，日本担心两国如果正式确立同盟关系，将引发西方列强，尤其是俄国的反对，因而未积极回应。关于这段历史的详细叙述，参见孔祥吉、[日]村田雄二郎《罕为人知的中日结盟及其他：晚清中日关系史新探》，巴蜀书社，2004年，第123—209页。

1900 年的"义和团运动"，并进一步导致了清朝中国对列强的宣战以及随后八国联军的入侵。

日本虽然也参与了这种瓜分，但它发现自己处于一种两难的境地：如果中国被彻底瓜分，被西方列强彻底控制，日本就要单独面对来自列强的压力。出于对这种世界秩序及其压力的感受，日本国内出现了两种相反的论调，即"中国亡国论"和"中国保全论"。

在实际的政治进程中，日本事实上采取了支持"中国保全论"的政策——日本的主政者意识到，一个统一、安定的中国，有助于日本维护自身的独立和利益。在这一观念的影响下，日本国内表现出高度的热情，积极推动中国进行政治、军事、司法等改革。在历史的现场，中日两国的关系被描述为"同兹休戚"，出现了"共保东亚大局"的共同政治意志。当时英国一份报纸刊发的评论，准确指出了中日"同盟"关系的可能性和重要性。我们这里引用如下：

> 若潜立相辅之约，以华为体，以日为用，异时合东黄而拒西白，其险固不可思议！且西方之商务、工务目前已将受其害，不禁频唤奈何！或日两国实有此约；果尔，则岂特东土之权盘归日本为可虑哉！鄙意：欧洲各国急宜同心合意以挠之，庶白人不致永失远东之权，亦不致顿减通商之利也。[1]

事实上，1901 年《辛丑条约》签订之后，清政府迅速重新开

1　转引自《马关议和中之伊李问答》，广西师范大学出版社，2008 年，第 152 页。

启改革，日本对此展开了全方位的支持。有历史学家宣称，随后的十年间是中日关系史上的"黄金十年"。[1] 在这十年中，日本除了向中国派遣专家，协助中国在教育、警察、监狱、司法等领域的改革外，还接受了大批中国留学生，为中国留学生特设了各种政法、军事等速成学校。

值得一提的是，从 1896 年首批十三人赴日留学开始，留日学生的数量急剧增多；到了 1906 年，据统计有八千名（或一至二万）中国学生在日本学习。留学生的激增，也与日本 1905 年在日俄战争中取胜有关：日本的胜利再次被视为文明的胜利。在这场战争中，清王朝虽然宣称保持局外中立，但事实上为日本提供了种种便利。简言之，中日双方的准同盟关系至此达到了巅峰。

双方的这种非正式的"同盟"关系给中国带来了巨大的影响。比如，从著名的"黄花岗起义"到"武昌起义"，再到"北伐战争"，这些军事斗争中涌现出的著名人物，诸如林觉民、蒋介石、蔡锷、周恩来等人，多数都有着日本留学经验。甚至到了 1937 年后的抗日战争时期，中日两国在战场上对垒的将领，彼此可能也是同学关系，都出自有名的"日本陆军士官学校"。在教育、文学、学术研究等其他领域，留日学生也扮演了时代先知先觉的角色。[2]

不过，这种非正式的关系若要进一步转化为正式的同盟关系，就将面临非常特殊的困难。前面说过，中国在历史上一直是东亚世界秩序的主导国家；这个东亚世界秩序或者说"中华世界秩序"，

1　参见［美］任达《新政革命与日本：中国，1898—1912》，李仲贤译，江苏人民出版社，2006 年。
2　参见［日］实藤惠秀《中国人留学日本史》，谭汝谦等译，北京大学出版社，2012 年。

一直存在一个挑战者，那就是日本。近代日本倡导"亚洲主义"的意图就是取代中国，成为新的主导国家。这意味着，中日双方将为这个新亚洲秩序的主导权展开激烈的竞争，而"同盟"所必需的合作精神则大打折扣。

日本为获得这个主导权，对自己进行了重新的定位。甲午战争爆发后，福泽谕吉等当时有名的知识分子在舆论界摇旗呐喊，激励国民支持战争；其中最为有名的说法就是，这场战争是"文明对野蛮"的战争。这意味着日本已经以"文明"国家自居，而将中国置于"野蛮"的地位。早在17世纪，日本因中国大陆的明清更替而出现了所谓的"华夷变态"论；此时，日本战胜中国意味着一次全新的"华夷变态"，即日本取代中国，成为东亚新晋的文明国家。尤其重要的是，这种文明是吸收了近代西洋文明后的日本文明。因此，日本带着新文明的势能，试图建立一个以它为中心的同盟关系。我们在这里看到了日本自我意识的再次显现。

历史和现实总是相互映照着对方。19世纪末出现中日准同盟关系，是否如昙花一现，永远消失在了历史的时空当中？我们要就此再作一些探索。无需说，我们的目的并不是重现这个准同盟关系自身的历史事实，而是要对当下涉及中日关系的各种问题进行历史溯源。我们已经看到，当下流行的许多关于甲午战争的看法，因过于简化而忽视了当时中日两国关系的特殊性。我们在这里重构了一个未正式成立的中日"同盟"关系，目的正是为了揭示未被注意到的历史真相。

第一，中日两国在近代交流与碰撞中出现了一个共有的"同文同种"观念，它产生的直接原因就是西方殖民列强的压迫。这个说法代表了那个时代东亚世界秩序当中一种强烈的观念性因素，成为此后中日两国，尤其是日本内政外交政策的一种驱动力。近代日本大为流行的各种"亚洲主义"论述，可视为"同文同种"观念在国际关系上的表达。甚至到了1937年7月7日日本发动全面侵华战争后，它依然诉诸这个"同文同种"观念，企图为它的侵略行为进行正当化。

从日本精神史演变的角度来看，"亚洲主义"就是它此时的自我意识；日本由此进一步获得了重新建构东亚世界秩序的动机。对于日本而言，它要通过构建同盟的方式，获得东亚世界秩序的主导权，成为东亚世界秩序的核心，进而成为"天下"的主宰者。

此时中日"同盟"面临的根本困难也就完全呈现了出来：由于双方在成为东亚世界核心这一点上的根本对立，这种"同盟"很难成为两国的最高的政治意志。只有在外部压力足够大的条件下，中日两国才能适当摈弃彼此根本的竞争乃至敌对意识。在这个意义上，"中日同盟"又的确代表了一种潜在的可能。

明白了这一点，其实我们也就明白了当下以及未来中日关系的基本走向。进入21世纪以来，由于中国国力的增长突飞猛进，日本国内再次出现了"中日同盟"的论述。我们如果对一个世纪前的"中日同盟"关系有所了解，自然就会冷静地看待这些言论。意味深长的是，当下的这个"中日同盟"论一出，同样引发了欧美各国的担忧。我们这里仿佛听到了历史的回音。

第二，这个中日准同盟的关系带来的影响，超出了当时人们的预料。甲午战争除了导致中国割地赔款外，还带来了另外一个极其重要的后果，那就是，日本事实上成了此后中国改革、中国革命和中国现代化的一个策源地；或者说，日本是引发中国此后一系列历史大地震的震源。它为当时的中国改革和革命提供了人才、观念以及活动空间。我们提到的戊戌变法、清末法律和行政改革，尤其是辛亥革命，都有着来自日本的精神能量。

同样，在 1980 年代以来中国的改革开放过程中，日本因素也发挥了独特的作用。在这个意义上，我们可以说，日本的元素已经内化于现代中国的建国历史过程当中。在未来的某个时刻，"中日同盟"或许会再次回到我们的历史认知和世界秩序构想当中。

二十一条
东亚内战的开启

甲午战争是中日关系史上的第四次战争，它的本质仍然是日本对中国主导的东亚世界秩序的挑战。这一次日本取得了非凡的成功，进一步激发了它潜意识中的大陆欲望。不过，此时的日本羽翼尚未丰满，不得不在世界政治的现实主义面前遏制住自己的步伐。在西方列强的压力面前，中日两国出于各自的目的，创建了一种有着某种同盟属性的关系。值得注意的是，"国耻"、"敌国"等观念并不是时人认知日本的唯一方式，甚至不是主要方式。不过，随着这种准同盟关系的解体，人们对日本的认知发生了急剧变化。

1915 年 1 月，日本强迫中华民国签订"二十一条"，意图从中国攫取大量经济和政治特权。与二十年前签订的《马关条约》不同，"二十一条"在当时就被视为"亡国灭种"的条约；中国被迫签订条约，当时就被视为"国耻"。这是中国人将日本真正视为敌国的开始，但这个条约的意义还不仅仅限于此。理解这个事件之特殊意义的关键点正在于"国耻"二字：心理上的耻辱感受会通过特定的政治与社会过程转化为历史变迁的动力，它的一个主要表现就是中国民族主义的生成。

比如，1919 年爆发的"五四运动"，在当下的历史认识当中，人们多将其视为一场伟大的爱国主义运动，视为现代中国的开端。事件的导火索是中国在巴黎和会上的外交失败：中国虽然是第一次世界大战的战胜国，却未能收回自己的权益，未能将战败国德国在山东半岛的特权收回。5 月 4 日，青年学生出于抗议政府软弱外交的目的走上街头，五四运动爆发。很多历史叙事未注意到的是，这场运动发生的背后还有一种观念上的原因，那就是此时已经成为心理事实的"国耻"观念。日本对中国的压迫，成为激发中国人民走上历史舞台的一个关键因素。

现在，我们要讨论的问题是，甲午战争之后双方形成的准同盟关系为何如此脆弱，以至于"二十一条"刚一出现就被视为"国耻"？这个问题之所以重要，是因为五四运动和"二十一条"之间的这种心理上的关联，意味着日本已经深深卷入现代中国精神史的演进当中，在我们意识的深处影响着我们对自身、对日本以及对世界的看法。

事实上，在现代中国的自我意识与精神结构的形成过程中，1915 年日本的强力介入是一个性命攸关的转折点。由于五四运动正是这一事件引发的政治后果，我们可以说在"中华民族意识的普遍觉醒"中，"二十一条"的签订起了催化剂的作用。中日两国由此走向全面对抗，古典的统一的东亚世界就此终结，取而代之的是随后的东亚内战以及世界大战。在理解日本以及我们自身的演化史时，"二十一条"的签订是不可跨越的历史事件。

这个历史事件的远因正是甲午战争。我们在前面的叙述中已经指出，战争失败后，中国朝野上下出现了强烈的学习日本的热情；今天被视为屈辱的《马关条约》固然引发了当时部分士大夫的耻辱感，但当时并未出现全体国民意义上的"国耻"。那么，为何 1915 年的一纸条约就引发了群情激愤，"国耻"至少在北京、上海、广州这样的大城市成为流行观念？其实，"二十一条"成为"国耻"，根本原因在于"国耻"当中的这个"国"字，也就是"国家"观念的出现。

事实上，此前的清朝中国人并没有明晰的近代意义上的"国"或"国家"的观念。当时国民中固然有朴素的"大清"或"中国"这样的共同体意识，但无论是"大清"还是"中国"，都还只是人们对"国家"的表层感受。只有厕身于统治阶层的士大夫们才会将国家与王朝重合在一起，会从至高的"王权"联想到国家至高的"主权"。所以，1895 年《马关条约》初定时，虽然群臣交章论议，康有为等士人还发动了拒签和约的"公车上书"行动，但这些还只是王朝传统政治实践的延长，而不是新型的现代国家的建国运动。

现代中国"国家"观念的诞生与甲午战争战败后发生的一个具有历史意义的事件相关：1911 年 11 月 11 日爆发的辛亥革命以及 1912 年 3 月 1 日清帝宣布逊位。这是迄今为止中国历史上最大量级的事件。清王朝的解体和随后中华民国的创建，在根本的原理上意味着一个全新的"国家"的诞生，意味着此前传统王朝国家的终结。我们日常使用的"清王朝"、"清朝中国"或者当时人们使用的"大清"、"大清国"等等说法，实质上意味着当时的中国是一种王朝国家，是帝制国家；国家的一切，尤其是最高主权属于皇帝，与他人无关。这也就是所谓的"皇权专制"。而 1912 年创建的"中华民国"则是一个"共和制国家"。它是全体"国民"

的"国家"，也即现代意义上的"国民国家"或者说"民族国家"——主权原则上属于国民，而国民通过或直接或间接选举的方式参与国家的运营。

打个比方，这种新型的"国民国家"在形式上类似现代的股份公司；不同的是，我们每一个人都是这家公司的天然股东，是利益的直接相关者。这个新型的国家就是"我们国民"、"人民"、我们每一个人的国家。虽说在实际情形中，国民并不总是有机会参与国家政权的运营，但作为原理，作为原则，"国民"或者说"人民"才是这个国家的真正所有者。

由此，我们上面说的"国耻"意识形成的精神或曰心理机制就水落石出了。在传统的王朝国家时代，对外战争的失败并非没有造成耻辱感，但这个耻辱主要停留在帝王和他周围的小圈子，也就是朝臣和士大夫中间，因为当时的"国家"主要是属于他们的。对于1895年多数的"臣民"或者说平头百姓而言，甲午战争的失败只是皇帝和异族打了一场败仗而已，历史上这种一家一姓的兴亡屡见不鲜，和他们自己没有多少关系。对于士大夫而言，"天下兴亡，匹夫有责"表达的更是面向文明的意志，而不是民族主义的激情。[1]

但到了1915年，情势就已经变得完全不同。中华民国的创建已满三年，"主权在民"这一现代民主思想已获得了相当广泛的流

---

[1] 美国历史学家孔飞力认为，当时的政治精英表达的屈辱感以及随后发动的变法行动，体现了现代国家民族主义的观念，同时在客观结果上也促进了国民对政治权力的参与过程，因此是现代中国国家"建制议程"的一环。参见［美］孔飞力《现代中国国家的起源》，陈兼等译，生活·读书·新知三联书店，2013年，第四章。这些说法固然不错，但要注意的是，这些观念和政治行动局限于极少数政治精英，他们并未认识到"国民"在这个"建制议程"中最终要扮演的角色。

传，在城市中也获得了真实的社会基础，即这种观念创造了相应的"国民"。只有到了这个时候，我们才能说现代的"国家"观念得以出现。与这个国家的观念相辅相成，"中华民族"的观念也应运而生。在这个现代的"国家"和"中华民族"的观念之下，日本对中华民国政府的压迫，很快就被转换为对中国国民的压迫，转换为对获得了民族意识觉醒的每一个个体的压迫。由于这个耻辱感得到了国民广泛的共享，"国耻"就名副其实了。

如果要深刻揭示这种"国耻"观念的意义，我们还要进一步进入中日两国演化的精神深处。将这种"国耻"观念放到中日二千年的关系史中，我们就会注意到它的新奇之处——对于形成中的现代中国和中华民族而言，1915年的"二十一条"事件构成了一种创伤性事件，日本因素已经深刻影响了我们对现代国家、现代世界秩序的感受和认知。中国历史上的改朝换代，固然也会对人们的生活造成一定冲击，但其范围还主要局限于士大夫阶层。

这是一个全新的现象。在传统的以中国为中心的东亚世界秩序中，我们可以说中国内在于日本；传统中华王朝的存在塑造了前现代日本国家的自我意识和原理。这一点我们从"倭王受封"、"大化改新"等一系列事件当中已经得到了确认。如今情况发生了逆转。甲午战争对于当时的中国人而言还只是王朝战争，但在共和制的国家观念中，1915年的一纸条约的威力已经不亚于一场战败，它所引发的屈辱感在原理上是属于每一个国民个体的。在这个新的"国家"及其主体"中华民族"的形成过程中，日本给我们留下了深刻的烙印。当然，说到日本对中国施加的影响，1915年的"二十一条"还只是开始；1937年爆发的全面侵华战争，对于现代中国而言更是性命攸关的考验。我们在前面提到过"日本内在于中国"的说法，它的历史根源正在于现代中国的肇建过程。

近代日本对中国的影响之所以至深至巨，与同期的世界体系还有着密不可分的关联。我们有必要从更宽阔的世界史的视角与格局重新审视一下中日两国的互动过程。这个大格局就是 1914 年 7 月 28 日爆发的第一次世界大战，当时在中国又被称为"欧战"。这个"欧战"并不仅仅是欧洲国家间的战争，它和东亚国家日本以及我们中国有着直接的关系，因为中国也是这场大战的当事国。问题就出现在这里。

中日甲午战争以后，中国的虚弱暴露在西方殖民列强的面前；列强竞相争夺在中国的势力范围和殖民地，传统的东亚世界体系就此瓦解。与此同时，日本已逐渐走出了被西方列强压迫的地位，但作为一个有着强烈的文明欲求和富于进攻性的大陆政策的国家，它并不满足于现状；它要成为"东亚世界体系"的中心。

然而，受制于英国、俄国、美国等列强的制约，日本无法在大陆自由行动。比如，1899 年美国国务卿海约翰（John Hay）向英、法、俄、德、日、意六国提出了有名的"门户开放"政策，要求六国向美国开放大门，美国要在它们各自的势力范围内享受同等的商业机会。1900 年，美国进一步提出了"领土保全"的对华政策。美国的这一政策得到了六国的认同，因为该政策的实质是保障列强相互协调、相互制衡，从而实现各自的商业利益。日本在大陆的行动受到了列强对华政策的制约。

日本一直试图摆脱这种对它不利的状况，因为它有着更大的野心。1905 年日本战胜沙皇俄国之后，双方签署媾和条约，即《朴茨茅斯条约》，规定日本"继承"俄国此前在所谓的"南满洲以及东部内蒙古"的特殊权益。这个权益具体是指 1898 年 3 月 27 日俄国和中国签订的条约所规定的内容。俄国通过该条约获得了租借旅顺港、大连湾的特权，租期为二十五年。这意味着日本名义上"继承"的特权，前后也只有二十五年。因此，日本一直盘算着如何在条约期满后，继续独占这些权益。

1914 年 7 月欧战的爆发对于日本而言可谓天赐良机。趁着列强无暇东顾，日本要实质性地攫取在华优势地位——作为传统东亚世界体系的一员，日本认为自身在华有特殊的利益。当然，这种自我意识的深处还潜藏着渊源更为久远的大陆欲望。于是，欧战爆发还不到一个月，日本就以这一时期的"英日同盟"关系（1902 年缔结）和英国的要求为口实，迅速对德国宣战，出兵此前被德国强行租借的山东胶州湾。与此同时，它还阻挠中国参战，目的就是防止中国借机与它抗衡。

日本出兵的直接目的，就是上面提到的它在中国东北的权益问题，因为日本的租约即将在 1923 年期满。在日本政治史中，日本围绕中国东北展开的战略被称为"满蒙政策"；日本出兵山东并强迫中国签订"二十一条"，这些都是其实现"满蒙政策"的一环。

这并不只是我们后世观察者的分析。对于日本出兵山东的目的，当时的中国以及保持局外中立的美国非常清楚：日本这是要趁机占领中国领土。果不其然，日本在击败德国、占领了青岛后，拒绝从中国撤兵。非但如此，1915 年 1 月 18 日，日本驻华公使日置益（1861—1926）面会袁世凯总统，提交了臭名昭著的"二十一条"，其中最致命的条款，就是要求中国中央政府聘用日本人为顾问。这实际上是 1904 年日俄战争开始后日本强迫朝鲜签订的三次条约（分别签订于 1904 年、1905 年和 1907 年）的翻版。这三个条约是 1910 年日本最终强迫朝鲜签订《日韩合并条约》的前奏。

1915 年 5 月 7 日午后 3 时，日本大隈重信（1838—1922）内阁向中华民国政府下达最后通牒，竟然宣称中国政府“不谅帝国之苦心”，“帝国政府将执行必要之手段”。这显然是赤裸裸的武力威胁。5 月 9 日，中国忍辱接受条件。5 月 25 日，双方在北京举行了签约及换文仪式；双方共签署条约二件，换文十三件，因为 1915 年为民国四年，该系列条约被称为“民四条约”，而人们习惯称其为“二十一条”。值得注意的是，在《关于南满洲及东部内蒙古条约》当中，日本实现了其隐秘的欲望：它成功延长了租借旅顺、大连以及南满铁路的租期，租期为九十九年，而中国政府将分别于 1997 年和 2002 年收回上述权益。另外，日本还攫取了在“南满洲”的开矿权利。[1]

这可谓图穷匕见；日本借助欧战与自身军事胜利之势，鲸吞虎咽，试图毕其功于一役，一举实现其明治开国以来的大陆政策。关于日本的“二十一条”要求，时任外交次长曹汝霖（1877—1966）、参事顾维钧（1888—1985）等人拟定的呈给大总统的说帖中，有“以我领土为殖民地”、“主权亦将日丧”、“抢夺财产”、“以朝鲜埃及待我”等语，足见时人非常清楚条款之分量。

当然，中国政府在谈判桌上进行了艰难的抵抗，双方共进行了二十四次谈判。值得一提的是，在中国政府决定接受日本的条件后，5 月 13 日，中国外交部发表白皮书，公布中日交涉始末，

---

1 参见王芸生编著《六十年来中国与日本》（第六卷），第 263—275 页。

表明被胁迫的屈辱感；第二天，大总统袁世凯密谕全国"凡百职司"，其中写道：

> 彼遂以最后通牒迫我承认。……疾首痛心，愤惭交集。往者已矣，来日方长。日本既有极大政略，谋定已久，此后但有进行，断无中止。兼弱攻昧，古有良训。我岂可以弱昧自居，甘为亡韩之续。处此竞争世界，公理强权，势相对待。人有强权之可逞，我无公理之可言。长此终古，何以为国？经此次交涉解决之后，凡百官职司，痛定思痛，应如何刬鋠心神，力图振作。……我国官吏，积习太深。不肖者竟敢假公济私，庸谨者亦多玩物丧志。敌国外患，漠不动心……[1]

袁世凯申言此次交涉令他"疾首痛心，愤惭交集"，以"奇痛""奇耻"等语吐露心情，并号召文武百官"力图振作"。这实际上就是一份动员令，除了诉诸当时"强权即公理"的世界政治的现实之外，还表达了浓烈的屈辱意识。这次密谕也让我们想到1895年清王朝在签订《马关条约》后下的"罪己诏"，但它们产生的政治后果却大异其趣，这是因为王朝国家与现代民族国家在构成原理上截然不同。

这里我们要注意一个细节：在谈判期间，"二十一条"的内容就被中国政府有意泄露给新闻媒体，从而引发了举国震动。比如，这一年的3月18日，上海就爆发了有四万人参加的反对签署条约的国民大会。当时的"中华全国教育会"更是决定将5月9日定为"国

1　参见王芸生编著《六十年来中国与日本》（第六卷），第260—263页。

耻日"。这就是有名的"五九国耻"（或称"五七国耻"）这个说法的起源。

无需说，大规模民众示威运动的出现是中国历史上的新生事物。它亦直接表明，日本既定的大陆政策促发了中国民众的国家意识觉醒和现代民族意识的形成。在这个新的国家与民族意识下，日本的"敌国"角色得到了全新的呈现、认知和建构。

我们已经看到，1915 年日本的大陆政策给中国带来了强烈的"国耻"观念；这个观念名副其实，因而不同于更早的一起"国耻"事件，即甲午战争的战败以及随后签订的媾和条约。简单地说，当我们说甲午战争的战败是一种国耻时，某种意义上这属于后世历史叙事的建构；也就是说，后世的人们将一种国耻的观念投射到历史事件当中，从而赋予了它一种新的意义。

与此相对，1915 年"二十一条"所引发的"国耻"，首先是一个被同时代人感受并共有的事实。尽管这种"国耻"观主要是心理与观念上的事实，但它在历史现场往往会扮演至关重要的角色。这一年开始爆发的民众示威运动表明，国耻观念已经被社会各阶层广泛共有，成为一种社会动员力量。"二十一条"就如同化学反应中的催化剂，使得中国的现代国家和民族意识迅速成长、成熟起来。

从国家意识演化的角度来看，"二十一条"构成了现代中国早期的创伤体验，日本因素也由此深刻地渗透到现代中国国民的精神世界当中，并最终成为 1919 年五四运动爆发的社会土壤；而五四运动，又被称为现代中国的"青春记忆"，是现代中国以及中华民族形成史上的高光时刻，它的影响一直持续到当下。我们熟知的五四运动的主将，诸如鲁迅、胡适、李大钊、陈独秀等人，他们的精神和人格就一直为当下的中国人所推崇。

当然，中日关系也由此进入直接对抗时期。在此后的历史进程中，日本对中华民族的压迫日甚一日，给中华民族的精神造成了深刻且深远的负面影响。今天，人们常说中日两国缺乏政治上的相互信任，这实际上正是中日双方在近代演进的结果，是东亚世界史演进的结果。中日双边关系中的这种精神性的因素，并不会简单地消失。

"满洲建国"
石原莞尔的世界战略

在考察 1915 年之后中日关系的演变时，有一个人物断不可忽略，那就是石原莞尔（1889—1949）。石原是策划 1931 年"九一八事变"以及随后创建伪满洲国的罪魁祸首；从世界范围来看，他还是在东亚挑起世界大战的首谋，是第二次世界的始作俑者之一。但我们现在要关注的还不仅仅是这一点，因为我们此时已经看到了一个更长的历史脉络：从丰臣秀吉到石原莞尔，他们的大陆政策正是日本渊源久远的大陆欲望的显现。

这个欲望既有着侵略性的一面，还有着政治学与思想史方面的意涵。当中国现代民族主义意识在 20 世纪初觉醒之后，日本对中国的压迫被感知为针对每一个国民个体的压迫行为；结果，日本从历史上中华世界边缘的"蕞尔小邦"转变为中国的"敌国"。而从日本的角度来说，1915 年日本试图全面控制中国的冒险政策，却有着深层的欲望和意识动机；这种对抗不是偶然，而是东亚世界史演进的必然。

明治维新后，这个欲望逐步凝结为所谓的"大陆政策"或者说"满蒙政策"。人们一般认为这些说法出自明治维新的功臣山县有朋（1838—1922），他有着"日本陆军之父"、"日本陆军太上皇"之誉，是近代日本有名的政治家。他在1890年发表的《外交政略论》中提出了富有侵略性的"利益线"一说，即在"主权线"之外，日本给自己额外划定了一个维护它自身利益的范围。朝鲜半岛、"满蒙"（中国东北地区）于是成了日本帝国的利益线，成了它随后执拗要攫取的殖民地。在1895年的《军备扩充意见书》中，他进一步提出："欲进而成为东洋之盟主，必先考虑拓展利益线。"

事实上，中日甲午战争、日俄战争，都服务于这个战略的实施。因此，1895年以后，日本陆军就逐渐构建了一个从中国到印度以及包括整个东南亚的大陆国家构想。由于中国的衰弱，这个政策的首要假想敌就是沙皇俄国。1906年，备受山县赏识的田中义一（1864—1928）发表了数万字的《随感杂录》，它随即成为日本制定的《帝国国防方针》的基础，因而这个《帝国国防方针》又被称为《田中私案》。山县有朋在此基础上又提出了自己的战略，即所谓的《山县私案》。在这些构想当中，日本的政治精英表达了让日本"脱离岛国境遇、构建大陆国家以伸张国运之战略"。[1] 后世的历史学家将其命名为"大陆国家日本"论。

从这个历史与精神脉络来看，1932年伪满洲国的建立不是孤立的偶然事件。我们要回到历史的现场，重新审视一下这个性命攸关的历史事件的发生过程。

1　[日] 纐缬厚：《田中义一：日本总体战争体制的始作俑者》，顾令仪译，社会科学文献出版社，2017年，第50页。

　　事实上，1915 年日本逼迫中国签订"二十一条"的行为，正是日本实施"大陆政策"的一环。第一次世界大战结束后，在 1919 年 1 月开始召开的凡尔赛讲和会议上，中国试图收回山东主权，但遭到日本的强力抵制，而日本此时已经通过秘密条约，获得了英国、法国等列强的支持。美国时任总统威尔逊虽然支持中国的正当诉求，但因急于获得英法等大国的合作，以便实现创建国际联盟的构想，不得不对日本作出让步。最终《凡尔赛条约》没有支持中国的诉求，中国代表团拒绝在和约上签字。

　　不过，美国也非常清楚日本在东亚大陆进行扩张的目标，于是在 1921 年底召集英、法等大国，召开了华盛顿会议。这个会议的一个主要议题就是重建东亚的国际秩序。在 1922 年最终签署的《五国海军条约》中，日本的海军规模遭到了限制；而同时签订的《九国公约》，目标则是列强在美国"门户开放"的原则下维护中国主权和领土完整，进而实现各自在中国的商业利益。另外，在英美两国的斡旋下，中日两国重启谈判，日本原则上放弃了它在《中日民四条约》中攫取的山东特权，山东问题告一段落。第一次世界大战后的东亚世界秩序得到了重建，但其基础非常脆弱。

　　首先，日本国内军国主义者对这个史称"凡尔赛–华盛顿体系"的安排进行了激烈的批评，认为它对日本的手脚造成了束缚。同时，中国政府也一直要求全面废除 1915 年签订的《中日民四条约》，因为该系列条约是日本以武力强迫签订的，在国际法上无效。其次，从 1916 年获得奉天军政大权开始，张作霖（1875—1928）为掌控整个东北，不得不取得日本的信任与支持，但这种合作多出于权术考虑。关键的一点是，他始终不承认"二十一条"中关于东北的条款，当然也就拒绝执行。结果，实践中先后衍生出数百件所谓的"满蒙悬案"，这使得"二十一条"中关于东北权益的规定形同废纸。[1] 东北地方势力的崛起，使得中日关系增加了更多的变数。

中国革命形势的发展变化，进一步刺激了日本的危机意识和潜在的欲望。随着 1926 年 7 月国民革命军发动的北伐战争的进行，广州革命政府提出了革命外交的方针，要求废除一切与帝国主义国家签订的"不平等条约"。由于担心失去在东北已经获得的"核心利益"，日本关东军决意动用武力。1927 年 4 月 20 日，日本陆军出身的田中义一出任首相，主张对华实施强硬外交，东亚世界又增添了一个火种。从 1927 年 5 月开始，他先后三次下令出兵山东。尤其是 1928 年 5 月 1 日，日军悍然进占济南，随后数日残杀中国军民达万余人，国民革命军总司令蒋介石也"仅以身免"。这就是中日关系史上骇人听闻的"济南惨案"；中日矛盾进一步激化。

国民革命军节节胜利，控制北京政府的奉系军阀无力支撑下去。1928 年 6 月 4 日，被迫从北京撤退的张作霖乘坐的列车途中遭到爆破，张作霖本人也很快身亡，这就是有名的"皇姑屯事件"。这起暗杀事件的主谋正是关东军高级参谋河本大作大佐。此前，日本政要尽管知道张作霖一直在与日方虚与委蛇，却仍设想以张作霖为核心，将"满洲"从中国本土分割出来，以维护它的特殊权益。但形势急剧变化，关东军于是直接密谋了这次暗杀事件。事变发生后，东北军的上层力主抗日，关东军意欲借此全面占领东北的计划未能实现。

事件发生后，主谋河本大佐遭到日本政府的撤换，降为预备役，

1　唐启华:《被"废除不同等条约"遮蔽的北洋修约史》，社会科学文献出版社，2020 年，第 171 页。

随后板垣征四郎（1885—1948）出任高级参谋。但东亚世界大战的祸种已经埋下——中下级军官擅自实施的阴谋行动未遭到日本政府的严厉制裁，这无形中助长了关东军随后一意孤行的意志。

随着奉系军阀的撤退，中国的革命局势也迎来了新的变化。6月8日，北伐军进驻北京，北洋政府覆灭；12月29日，接替张作霖的张学良宣布东北全境悬挂中国国民党的青天白日旗，表示忠诚于新的中央政府，中国由此结束了持续十余年的分裂局面，再次实现了统一。同时，张学良还通过大规模铺设铁路、修建葫芦岛港口等形式，展开了积极的对日"经济攻势"。[1]

我们要重现的历史主角石原莞尔，正是在这样的形势下登上了历史舞台。1928年10月，中佐军衔的石原莞尔出任关东军作战主任参谋，东亚历史的列车陡然加速。此前到任的板垣征四郎和奉天特务机关长土肥原贤二大佐（1883—1948）这两位野心勃勃、心狠手辣，并以阴谋诡计见长的少壮派下级军官，迎来了比他们更敏捷、更坚定、更有魄力的战略头脑。[2]

此时，石原莞尔已经形成了自己的世界战略：日本的最终敌人将是美国，但在此之前日本要与苏联一战。1931年5月，他撰写了《满蒙问题私见》一文，开头就宣称："解决满蒙问题的唯一方策，就在于将满洲的领土据为己有。"而理由正是他一贯的认知："世界最终战争将在代表西洋的美国和代表东洋的日本之间进行。日本要成为东洋的代表，就必须打赢对苏战争，而满蒙正是日本

1　［日］绪方贞子：《满洲事变》，李佩译，社会科学文献出版社，2015年，第24页。
2　关于日本此间在中国东北展开的密谋、政治行动以及所犯下的罪行，可参见［意］范士白《日本的间谍》，赵京华整理，中国青年出版社，2012年。

打赢战争不可或缺的根据地。"这就是他有名的"世界最终战争论"的主要观点。另一方面，他妄称"中国人没有建设现代国家的能力，所以为了拯救因此而受苦的满洲三千万民众，在满洲建立新的国家，这就是日本的使命"。[1] 日本原本如同地下水一般潜流的大陆欲望，开始喷涌出地表，因为地质条件已经具备。

其中的一部分条件，来自当时的世界秩序。1929 年 10 月美国爆发的经济危机，逐步演变为世界性的经济恐慌，英美等大国纷纷施行贸易保护政策，日本的国内经济大受打击。这就是近代日本经济史上的"昭和恐慌"。1930 年，日本参加英国提案的限制军备会议，缔结了《伦敦海军条约》。由于未能满足海军在大型巡洋舰总吨位上的要求，海军军令部对政府进行了激烈的批判。随后，时任首相浜口雄幸（1870—1931）遭到右翼势力的暗杀，身负重伤，不久即死去。在政治上，日本进入了动荡时期。与此同时，中国再次爆发内战，中国共产党开始了武装革命的策略，中央政府陷入了"攘外"还是"安内"的政策困局当中。在这个危机此起彼伏的时代，人们并没有多少余力去关心关东军的意图。

决定命运的时刻到来了。1931 年 9 月 18 日夜，日本关东军虎石台驻屯独立守备步兵第二大队第三中队的队长川岛正大尉、河本末守中尉等借夜间演习的名义，在距离柳条湖约三公里处制造了铁路爆破事件，时间为晚上 10 点 20 分左右。柳条湖临近中国驻军营地，选择这个地点正是便于栽赃中国军队。炸药爆炸后，日军随即向中国军队驻守的北大营进攻。同时，独立守备部队营

1　转引自［日］田原総一郎《日本の戦争》，小学館，2000 年，第 351—352 页。

内安置的"四五式"24厘米大口径榴弹按照事先测绘好的方位猛烈开火，北大营的中国守军很快溃败。这就是石原莞尔谋划的"满洲建国"最初的一幕；此时，包括关东军司令本庄繁中将在内的多数人都被蒙在鼓里。

从日本的角度来看，这次谋略堪称完美；我们在前面说石原莞尔是第二次世界大战的罪魁祸首之一，原因也在这里。首先，在中国领土上公然创建一个新的国家，自然会遭到中国以及西方列强的反对。从军事上来说，当时关东军约一万四千人，而东北军的正规军超过二十万人。另一方面，自从1898年俄国获得它觊觎甚久的旅顺军港后，"满蒙"也一直被视为它的国家利益所在。1905年，俄国在日俄战争中败退以后，依然在"北满"（长春以北）保持着铁路的经营权，并驻有守备部队。石原莞尔的冒险行动自然要面临来自苏俄的压力。同时，日本的军事行动还公然违反了美国主导的"凡尔赛-华盛顿体系"，违反了《国际联盟盟约》等一系列国际法条款，必然会遭到美国的反对。

但这些还不是核心因素。位于东京的日本陆军中央部门会同意他的计划吗？日本政府以及天皇又将扮演怎样的角色？9月19日，日本内阁召开紧急会议。时任外相币原喜重郎（1872—1951）以执行国际协调路线闻名，他根据外务省获得的情报，强烈质疑了关东军采取军事行动是出于"自卫"的说法。结果，陆军省以及参谋本部不得不赞同"不扩大方针"，要求关东军收拾局面。

问题的关键是，日本陆军省和参谋本部对这一事件的爆发持欢迎的态度。早在这一年的6月中旬，在参谋本部作战部长的主持下，陆军省与参谋本部的五位课长就联合制订了《解决满洲问题方策大纲》，提出了一个采取军事行动的解决方案，并决定一年后实行。[1] 因此，石原莞尔只是按照自己的谋略，抢先实施了日本军事首脑部门的既定计划而已。

至此，局势的发展并未脱离石原莞尔预想的剧本，他随即打出了第二张牌。9 月 20 日，处在关东军势力范围之外的吉林省的日本移民以保护自身的名义，请求关东军出兵。这当然是石原莞尔的自导自演。在石原和板垣的要求下，本庄繁同意出兵。同时，石原事先约定好的朝鲜驻军司令官也下令出兵吉林，事变急速走向扩大化。对于这些违抗上级命令、构成重罪的"统帅权侵害"事件，日本政府竟然无人提出异议，局势逐渐变得不可收拾。

10 月 8 日，关东军十一架飞机组成的飞行联队从奉天机场起飞，目标是对锦州进行轰炸。此时，锦州是张学良的置身之地，可以说是东北政权的所在。在侦察机上担任空中指挥的正是石原莞尔。这实际上是他谋略的又一重大举措。轰炸回来后，一位参谋询问"张学良是否被干掉了"，石原莞尔回答道："我进行轰炸的目标根本不是张学良那些人。我要摧毁的是日本政府的不扩大方针和国际联盟理事会。"此前中国政府向国际联盟进行控告，要求联盟出面制止日本的侵略战争行为。

锦州轰炸之后，国际联盟对日本的态度强硬起来。24 日，联盟理事会通过决议，要求日本立即撤军。这一决定事实上支持了中国主张的"日本侵略说"。日本政府随即作出激烈反应，发表宣言称，在事关帝国国民生存的权益上，日本绝对不会让步。这种局面正中石原莞尔的下怀。11 月 27 日，关东军进一步攻击锦州；日本政府依照惯例，继续采取事前反对、事后默认的态度。1932

1　解学诗：《伪满洲国史》，人民出版社，2008 年，第 45 页。

年1月，关东军最终占领了锦州；2月，进一步占领了哈尔滨。关东军几乎占领了东北全境。3月1日，关东军宣布"满洲建国"。针对这一重大的政策，日本的政治家们或半推半就，或乐见其成。他们未意识到，这是日本脱离国际体制，走上与英美等大国对抗的开始。

石原莞尔一举成名，在日本国内被视为"英雄"。在外人看来，石原莞尔违背军令、擅自发动的军事行动早已经触犯了军法，有被拘捕并判决死刑的危险，但他并未在意。在抵抗日本中央政府不扩大方针的关键时刻，他甚至宣称全体关东军可以放弃日本国籍，一同加入"满洲国"。当然，他最后取得了成功。日本政府很快追认了石原莞尔领导的这起非法的建国事件，宣布承认"满洲国"，还对石原及其盟友委以了重任。这种将生米煮成熟饭的策略，此后数年间竟成为日本实施"大陆政策"、蚕食鲸吞中国领土的不二法门，直至中日战争全面爆发。

1935年10月，石原莞尔升任参谋本部作战课课长，一举进入日本帝国参谋本部的中枢部分，由此也可见日本政要对其行为的高度肯定：石原莞尔其实就是他们自身"大陆欲望"的执行人。他的搭档板垣征四郎也一路升迁，最终升任陆军大臣。1936年，石原莞尔主持制定了《国防国策大纲》；在这部由他个人操刀撰写的大纲中，他将自己关于世界战争，尤其是对美战争的构想转化为了国策。他宣称："皇国日本的国策，首先在于确立自身为东亚保护者、指导者的地位。要达成这一目的，日本要具有将白人的压迫排除出东亚的实力。"为此，他要求日本尽力维持和美国的关系，并克制"进入"中国的欲望。与陆军呈竞争态势的日本海军，激烈反对石原的构想；这倒不是因为海军没有大陆欲望，而是因为日本海军一直垂涎于东南亚的石油和橡胶资源，一直在"南进"的方向上制定战略方案。

1937 年 3 月，石原被授予少将军衔，并升任作战部部长。7月 7 日卢沟桥事变爆发后，他坚持自己制定的国防政策，坚持实施"满洲产业五年开发计划"，要优先开发"满洲"产业，不扩大对华战争。他的长远战略是把伪满洲国建成日本的战略基地和大后方，为必然到来的对美战争作好准备。这种战略实在让人不寒而栗。但形势比人强，这一次他成为少数派，很快遭到排挤，并最终离开了决策圈。

此刻，他或许已经意识到了问题的严重性，但为时已晚，潘多拉的盒子已经打开，他已无力控制由他开创的局面——这个几乎由他一手炮制的伪满洲国的出现，彻底打破了东亚世界脆弱的地表物理结构，此前在地下涌动的激流喷薄而出，不出数年就成了洪水滔天之势。

日本战败后，联合国于 1946 年设置的远东国际军事法庭——即通称的"东京审判"——最终判决当年参与"满洲建国"的主要人物板垣征四郎、土肥原贤二死刑；当时的关东军司令本庄繁在战败时即自杀身亡。法庭的判决表明，当时包括中国在内的同盟国一致认为，1931 年日本发动的"九一八事变"是日本有计划侵略中国、破坏世界和平的开始。如今中国有"十四年抗战"、日本有"十五年战争"的说法，二者都将这场战争的开始设定为这场事变。不过，罪魁祸首石原莞尔却因为在日本全面侵华战争后持反对日本国策的立场，竟然逃脱了军事法庭的制裁。

在后世的历史反省中，日本学者多会注意到身为下级军官的石原莞尔竟然以一己之力牵引了日本的世界政策。这个说法自然不错，但如果将罪责都推给石原莞尔，那就错失了对近代日本国策的更深刻的认知。石原莞尔当时军衔固然不高，然而作为日本帝国军校毕业生和"战略家"的才华却早已锋芒毕露；更关键的是，他所制定的世界战略正是对近代日本国家欲望的一种呈现和实现。

石原莞尔扮演的角色，实际上就是将日本当时从庶民到为政者身上的那种混沌的欲望提升到理性的战略层面，并最终由他付诸实施。所以，我们可以说石原莞尔是当时日本国家欲望的代理，是从欲望到行动的催化剂。伪满洲国建立后，日本民间兴起了"去满洲！到满州去！"的移民热潮，正是庶民欲望朴素而忠实的表达。

因此，从后世的角度来说，石原莞尔固然是日本发动世界大战的首谋，但从近代日本精神演化固有的轨迹，尤其是从近代世界秩序的演进自身来看，石原莞尔只是加速了帝国主义之间战争的步伐。他将这场必然到来的战争理解为"世界最终战争"，而这场战争之后，世界将迎来永久和平的黄金时代。从结果来说，他的设想可谓对错参半。

比如，日本帝国在 1941 年 12 月针对英美发动的战争，不管动机如何，事实上都动摇了西方殖民帝国体系在亚洲的统治秩序。这同样是近代日本国民的意志和欲望。近代日本的悲剧在于，它在试图摧毁世界旧秩序时，拿出的替代品只是旧秩序的翻版，而且还是更为拙劣的、野蛮的模仿。包括石原莞尔在内的日本战略家和空想家未能突破时代大势和自身欲望的束缚，但他们的存在，让我们获得了观察历史、观察人类文明进程的一个必不可少的棱镜。

　　最后还要一提的是，石原莞尔的胜利与当时东北军最高首脑张学良的失败形成了尖锐的对比。1936 年 12 月 12 日，张学良发动著名的"西安事变"，极大影响了此后中国的政治和军事格局，其中最重要的一点就是国共两党抗日统一战线的结成。这种大陆局势的变化，又反过来作用于日本的大陆政策。这是东亚世界体系的必然结果，而这种相互作用的隐秘通道，正是我们一再提及的日本的"大陆欲望"。从丰臣秀吉到石原莞尔，我们看到了虽然时断时续，但并不模糊的一条线索，那就是这一欲望谋求自我实现的"大陆政策"。

卢沟桥事变

东亚世界史的悲剧

日本在 1932 年创建伪满洲国的行为，事实上将其深层的欲望呈现了出来。如果从汉王朝时代最初的倭王受封算起，日本经过二千年的演化之后，终于全面登上了东亚大陆，成为逐鹿中原的最新力量。日本的演进之路在 1930 年代的全球性大动荡当中陡然加速，不出数年就转化为象征中日两国二千年恩怨巅峰的事件：1937 年 7 月 7 日日本发动的全面侵华战争。中国史书称这场战争为"抗日战争"，日本则称为"日中战争"，而当时的日本多称为"支那事变"。这是中日两国历史上的第五次战争。

在重现这场战争时，我们面临着一些特殊的挑战。这是距离我们最近的一场大规模外敌入侵事件，我们的身边可能还有战争的亲历者、受害者；加上影视节目的影响，可以说很多人心中都有一部自己的"抗战史"，对当时遭受的苦难依然有着刻骨铭心的记忆。所以，我们的讨论仅限于这样一种宏观认知，或者说是结论：这场战争是东亚世界演进的一种必然，当然它首先是一场悲剧。

其实，提到日本的侵华战争时，我们都会想到一个说法：这是一场"日本帝国主义发动的蓄谋已久的侵略战争"。与此相对，日本国内有很多人持有不同的看法，认为这场战争更有偶然的属性。由于这些说法都涉及战争认识问题，现在我们就聚焦于这个中日认知上的差异，重新审视一下日本究竟是怎样发动了这场最终导致自身毁灭的战争。历史认识差异是中日关系面临的一个非常复杂的问题，我们重构东亚世界史的目的，就是要寻求一种新的认知方法。

我们有必要再次回顾一下近代以来中日关系的基本演化脉络。这个过程发端于 1894 年 7 月爆发的甲午战争，中国因战败而最终失去了对传统东亚世界秩序的主导权。1915 年 1 月，日本趁着第一次世界大战的时机强迫中国签订"二十一条"，这是东亚近代史上的第二个转折点。在新兴的民族主义观念中，日本成为"中国"的"敌国"，而不再是东亚世界体系中的"蕞尔小邦"。随后三十年间的中日关系的走向，至此已经被牢固地锁定。1931 年"九一八事变"的发生以及 1932 年伪满洲国的创立，则将两国推向了直接全面对抗的局面。

沿着上述脉络来看，我们自然会说，1937 年中日之间全面战争的爆发不是源于偶然，而是无可回避的一种必然。但在历史认识上，我们不应满足于这个结论自身，而是要探究这个"必然"是怎样在一系列具体的历史事件上呈现出来的，否则历史事件就成了机械运动，和我们自身无关了。对于渴求意义的人们而言，将历史看作"机械运动"无疑是一种难以忍受的虚无主义。所以，我们要从历史认识的深层逻辑层面，来重新看看这场战争究竟是怎么发生的。

我们再回到前面的结论：对日本来说，1937 年发动全面侵华战争是一种必然。那么，这是不是一种事后结论？它和这场战争是"日本帝国主义发动的蓄谋已久的侵略战争"这个标准说法又有什么不同？

这是涉及历史认识的根本问题。我们先介绍一种对立的观点，即认为日本发动全面侵华战争是"偶然"的说法。在今天日本的历史叙述中，日本学者一般关注两个节点。一个是 1931 年的"九一八事变"，日本称为"柳条湖事件"或者"满洲事变"；日本蓄意制造事端，并很快占领了中国东北全境，日本学者对这一事实坦然承认，并无异议。另一个就是 1937 年的"七七事变"，日本史书多称为"卢沟桥事件"。日本学者对这两个节点进行反省，当然是为了探讨随后的历史走向，寻找能让日本回避最终走向与中国的全面战争，尤其是回避与美国的"太平洋战争"的可能性。但从更大的历史脉络来看，这种努力自然是徒劳的。[1]

首先，这两个事件单纯从命名上看似乎暗示着某种"偶然性"——它们被称为"事件"或"事变"。在这种认知中，当事者不采取某种偶然的行动，那么"事件"或"事变"就不会出现，此后日本与中国、与世界的全面战争也就会得到避免。"九一八事

---

[1] 由于历史事件在形式上具有先后继起的关系，将孰视为因孰视为果，其实有赖于学者自身的设定。如果进入历史事件展开的链条的细部，人们当然可以说，1941 年 12 月 1 日天皇在御前会议上正式批准日本发动对美战争以前，总存在着避免最终灾难的可能；很多历史学家受这种"可能"的诱惑，一再寻找可能有利于日美达成妥协的因素。然而，这些因素根本无法撼动"征服中国"的欲望、意志以及 1937 年 7 月开始的既成事实。关于日美谈判的过程，可参见 [美] 入江昭《第二次世界大战在亚洲及太平洋的起源》，李响译，社会科学文献出版社，2016 年。本书关于日美太平洋战争的叙述，请参见下一章。

变"是日本军国主义者出于严密的谋略发动的侵略行动，但对于接下来的"卢沟桥事变"，日本学者中出现了不同的解释。

1937 年 7 月 7 日夜，当地日本驻军借口士兵失踪，要求进入宛平县内搜查。这一无理的要求遭到中国守军的拒绝，于是中日双方军队之间爆发了枪击战。这里出现了一个争议点：到底是谁先开的枪？日本的历史叙事中存在几种说法，其实也就是罗列了各种可能，但都没有可靠的证据。于是，学者们只能将因果链条往前推，追溯到"满洲事变"，即"九一八事变"。如果当时驻扎在中国东北的"关东军"不蛮干，能够遵从日本政府的命令，那么就不会有中日双方军队在北京（时称北平）的对峙，自然也就不会有随后的全面战争的爆发。这在日本是非常主流的认知。

这种历史认识意味着，如果中日战争的起点设为 1937 年的"卢沟桥事变"，那么日本发动的这场全面侵华战争的必然性似乎就弱化了许多。事实上，当时无论是日本中央政府还是日本在中国的驻军，在事变发生的时刻都没有制定全面的战争计划。可是换一个角度看，如果战争的起点设为 1931 年的"九一八事变"，那么它的计划性、谋略性就突显了出来。

如此前所述，事变的主谋石原莞尔早在 1929 年就提出了"世界最终战争"理论。石原不惜以下犯上，以即便遭受军法处置也在所不辞的毅然决然态度，执意要夺取"满洲"最高主权的目的，就是要为最终的世界战争作准备。这其实是这一时期日本帝国精英共有的战略意识。从事变到第二年建立"满洲国"，随后将军队推进至长城沿线，再到 1935 年开始所谓的"华北自治运动"，这些事件都从属于同一种日本帝国的大陆政策及世界政策。如果从这个线索继续解释，那么 1937 年的"事变"就是必然的了。

　　我们都听说过一个非常有名的说法，即历史不能假设，不能用"如果"来展开叙事。诚然如此，但这种假设并非没有意义；历史学家经过"假设"出来的历史结果，很多时候表达的恰恰是历史学家本人的价值观所在。历史学家进行"假设"，是一种有特定目的和意义的活动——人们通过"假设"历史发生的方式，来对现实的历史走向和结果进行批判。当然，历史学家们的"假设"实际上就是将切断的历史展开，让历史的进程在某一个有标志性的偶然的"事件"面前停下脚步，重新寻找其前进的方向。所以，如果我们要想洞察历史演进的方向，那就要去进一步思考根本的问题：历史进程中的那些偶然因素到底意味着什么。

　　这种对偶然性作用的追问，如果我们不想进入抽象的观念领域的讨论，那它就迫使我们直接讨论如下问题：处在历史现场的那些人，或者说那些发动战争的人，他们是怎么看待这场战争的？他们也是将历史的命运交给那些不可预期的偶然因素吗？或者相反，他们基于事先严格的计划，对所有偶然因素进行了高效的管控，从而使得这场战争成为一种必然？

　　其实，这些问题并不是我们在这里才提出来的。这些具有性命攸关的政治和法律意义的大问题，正是在二战结束后的"东京审判"上被激烈讨论的问题。当时联合国一方有一个针对日本起诉的罪名，叫"共谋罪"，意思是说，日本发动的一系列战争都是事先共同谋划的结果。联合国一侧的推定并不难理解：在事关生死的战争问题上，人们通常会高度理性、冷静、客观，谋定后动，以便在战争中取胜。中国经典《孙子兵法》有云："兵者，国之大事，死生之地，存亡之道，不可不察也。"这一句脍炙人口的话，说的就是这个意思。人们无法想象日本政治家会不明白其中的道理。

正因如此，有意思的事情发生了：针对检方的这个指控，审判席上的被告们矢口否认，都不承认自己有故意发动战争的意图。辩护方据此提出了"非策划性"的观点，也就是说，日本的当政者事前并没有统一的开战理念和方案，战争的爆发只是各种事件的连锁反应，因此日本只是逐步陷入了战争的逻辑和事实中。

比如，一位叫布列尼克的美国辩护律师列举了日本和美国在飞机制造能力上的悬殊的差距后，进一步指出："在来自年产五万多架飞机的美国的辩护人看来，在关系到许多公职人员生死的场合中，上述数字表示的并非戏剧，而是一个真正的悲剧。像今日这种时代，以如此少数的飞机欲征服全世界，大概非堂吉诃德莫能实行的行为吧。"[1] 从这个角度来说，日本提出的"大东亚共荣圈"、"八纮一宇"、"向世界宣布皇道"等说法，只是堂吉诃德式的梦想和蛮干，不是谋划和计划，不值得认真对待。那么，我们究竟该怎么看待这些问题？我们要从这里继续深入下去。

显然，如果从眼前发生的一起起孤立的事件来看，1937年爆发的中日全面战争，似乎是一些偶然因素相互作用的结果。比如，我们可以在任何一个时点，找出日本政治家结束战争的理由，战

---

[1]　转引自 ［日］丸山真男《现代政治的思想与行动》，陈力卫译，商务印书馆，2018年，第85页。

争规模也就得到了人为的控制。但如果我们不是孤立地，而是以相互关联的角度看待这些事件呢？毕竟，后者也是人们看待历史的一种方式。法国著名历史学家布罗代尔（1902—1985）提出的"长时段"这一强调整体、大历史的研究方法，有助于我们观察日本的国家逻辑。

简单地说，这个"长时段"是指一种在长时间内不易变化、不易察觉的深层结构，决定着表面的可见的事物的形态。它就仿佛阳光也照射不到的大海深处，决定着海洋表面的波浪。事实上，我们迄今为止的历史叙事采用的就是"长时段"的历史视角。从这个视角来看，1937年爆发的中日全面战争，是近代以来中日关系演变的必然归结，是中日关系史上的第五次战争，也是前四次战争的延续。

所以，这场战争爆发的原因，还可以说是日本对自身远古以来就一以贯之的欲望的回应。我们在读历史书时，偶尔会碰到这样的说法：近代日本在大陆利益上，得寸进尺，欲壑难填。实际上，日本国家行为背后的根本动力，就在于国家意识深处的大陆欲望的冲动，它在明治维新之后，表达为日本向大陆扩张势力的"大陆政策"。与之相辅相成，民间精英中流行的则是"大陆雄飞"的观念。它驱使着日本最终走向了全面侵华战争的境地。

1937年7月7日晚"卢沟桥事变"爆发后，日本内阁迅速作出向华北派兵的决定，而且是多达六个师团的重兵。实际上，接到事变报告后，在日本陆军省内的课长会议上，几乎全员都表达了欢迎事变爆发的态度；第二课课长河边虎四郎大佐宣称："愉快的事情发生了。"关于内阁决定出兵的意图，人们一般认为它和"满洲国”息息相关：为了维护这个傀儡国家的安全，日本要制造一个军事缓冲地带。这正是日本在战争爆发前积极推进“华北自治”的意图。从这个事件自身的逻辑来说，战争的扩大是一种必然。

冲突爆发后，以石原莞尔为首的参谋本部极力反对战争扩大化。这当然不意味着石原是和平主义者。当时参谋本部的首要假想敌是苏联，而最终日本则要面对与美国的世界大战，因此在战略上日本要尽可能回避在中国本土与中国进行决战。在石原看来，“如果日本采取扩大战争的策略，就会发展为日中全面战争，而那将又是一场看不到结局的持久战争，日本将不得不消耗无限的能量，而且看不到获胜的希望。”不过，这个富于谋略的看法在迅速占领中国的巨大诱惑面前并不具有说服力。在主战的陆军省看来，以强大的军事力量迅速拿下中国，正好可以为对苏作战作准备。日本的军国主义者们已经被欲望冲昏了头脑。

有意思的是，石原莞尔在极力阻止战争扩大时，遭到了这样的反驳：战争扩大化，不正是继承了你石原当年在满洲的做法吗？石原遭遇到的是历史与观念合二为一的力量：近代日本的历史演化与国民内心深处的观念已经发生共振，石原打开了潘多拉的盒子，已经完成了历史赋予他的角色。此时，日本军政首脑当中只有石原等极少数人预测到了日本将陷入“持久战”的问题，但为时已晚。早在甲午战争后，日本国内就形成了“对华蔑视”的观念；如今，这一观念表达为出身皇族的参谋总长闲院宫载仁亲王（1865—1945）的说法：三个月击垮中国。不过，日本此时尚未制定出详细的作战计划，也是事实。在极端孤立当中，石原莞尔于这一年的9月挂靴而去。

但另一方面，在卢沟桥事件爆发后，“华北自治”就不是日本政府的主要考量了。根据留下来的历史资料，我们不难发现，日本迅速决定派兵的目的有两个：一是确保处于冲突现场的日本大约五千人"驻屯军"的安全；二是借此向中国"显示威力"，迫使中国让步。其实，事件爆发后，当事双方在现场曾很快达成了停火协议，不过旋即就被日本的派兵决定破坏。值得注意的是，8 月 13 日淞沪会战爆发后，日本以同样的理由，决定向上海方面派兵。

这一年 8 月 15 日，日本政府发布了一项声明，称日本出兵的目的是"通过膺惩支那军的暴戾，来促使南京政府进行反省"。这显然是一个非常奇特的说法。在 9 月 4 日天皇发布的诏书中，还有如下的说法：

> 日本帝国通过与中华民国的提携合作，来确保东亚的安定，以实现共荣。这是朕夙夜轸念之所在。中华民国未深刻理解帝国的真意，随意滋事，造成此次事变。现在朕之军人正排除万难，致力忠勇，促进中华民国的反省，以尽快确立东亚的和平……[1]

日本出兵中国的意图，依旧被日本冠冕堂皇地表述为"促进中华民国的反省"。根据日本的这些官方文件，表面看来，日本似乎在开战当初并没有明晰的战争理由和目标；换言之，"侵略中国"这样关乎日本国运的认识，竟然没有上升到日本政治家的主要考量中。

1　[日] 藤原彰：《日中全面战争》，小学馆，1982 年，第 91 页。

　　这是很多历史学家未注意到的要害所在。因为即便依据日本官方文件所言，"九一八事变"之后日本并没有形成明晰的侵略中国的计划，但这非但无法为它的罪行开脱，反而正是可怕的地方——它说明日本此时的国家行为，正在受它无意识的欲望的导引，甚至未意识到自己正在侵略一个国家。后世的历史学家通常认为石原莞尔是日本少见的具有战略眼光的军事理论家，就在于他用理智降服了自己的欲望。他很清楚地意识到，全面侵略中国将使得日本陷入泥潭之中，而日本真正的敌人乃是英美帝国主义。但即使是这位石原也未意识到，1931 年他在中国东北的冒险正是这场全面侵华战争的开端。

　　我们这么说当然不是在贬低欲望、抬高理性。事实上，前者往往更会形成推动历史的力量。如果将国家欲望纳入历史认识的视野，我们就会发现另外一条解释日本行为的线索。中日全面战争持续了一年多后，日本发现它根本无法征服中国，它的欲望遭到了挫折。于是，它逐渐清醒了过来，开始为自己在中国的侵略行动寻找理由，虽然理由是极其虚妄的。1938 年 11 月，日本政府发表了关于建设"东亚新秩序"的声明，提出要和中国进行和平谈判，这当然是自欺欺人之举。此时，日本又进一步明确了自己发动战争的"终极目的"，那就是"建设能够确保东亚永久安定的新秩序"。日本试图一劳永逸地实现它的"大陆欲望"。日本最终走完了从尊崇古代中国到蔑视近代中国的全部道路。

　　今天我们回头来看，在日本发动全面侵华战争的初期，战争的爆发的确有一定的偶然因素。随着全面战争的爆发，日本逐步拟定了全面征服中国的计划。于是，历史的偶然变成了必然的一部分。所以，"偶然"和"必然"这样的说法只有在历史的真实情境中使用才有意义。我们不能简单停留在偶然或必然的结论上，而是要从中读出一种富有启发的关系，进而读出一种历史的意义来。

日本与大陆互动的历史表明，日本在潜意识中一直将中国视为一个主要的对象——既是它学习的对象，又是它竞争的对象。这种关系的起点就是"倭王受封"，古代日本由此进入中国主导的东亚世界体系。它此后的演化都是在这个体系内部的演化。在这个意义上，就日本而言，1937 年日本发动全面侵华战争可以说是一种必然，因为它正是日本自身欲望的呈现——从根本上是对代表文明秩序的"中华"欲望的最终呈现。这是一种决战，是日本的"小中华"对中华自身的决战。

一般的历史叙事关注的永远是现实的政治、经济和军事过程。这种做法不难理解。不过，这些现实的历史事件，诸如 1930 年代日本的经济危机、军国主义的登场等等，在历史的表层上都是以偶然的形式出现的。我们的历史认知之所以不满足于停留在偶然的层面，是因为碎片化的历史事实并不能提供有意义的关联，从而无法让我们获得面向未来的智慧和启示。

我们可以再看一下 1938 年 11 月日本政府提出的"建立东亚新秩序"的观念。孤立地看，这当然也是偶然事件。不过，这个战争意图一旦确定，它就开始发挥观念特有的力量。1941 年 12 月日本对美国、英国与荷兰开战，在所有现实考量之上，就有着建设这个"东亚新秩序"的意图和逻辑；这一意图最终表现为"大东亚共荣圈"这个臭名昭著的口号。1943 年 11 月，日本召开了所谓的"大东亚会议"。后世的评论家会认为它是军国主义者的自我欺瞒，这种看法可能依然流于表面；从日本自我意识嬗递的角度来看，说它是日本自倭王受封时代就已然形成的"天下"意识的最高表达，或许更恰如其分。

在这场世界大战的过程中，我们今日所见的东亚世界秩序逐渐得到了定型。美籍日裔历史学家入江昭在分析战后亚洲的产生过程时指出，如果1945年初日本内部出现的和平运动能够成功，非但日本本土不会遭受破坏，中国问题也不会变得那么复杂，因为"如果在德国投降前，对日战争就已结束，苏军就不用深入中国东北了"。[1]历史学家看似轻描淡写的一句话，暗含着随后东亚世界秩序惊心动魄的巨大转折点。根据这一年2月美英苏三国在克里米亚半岛雅尔塔召开的会议上达成的秘密协定，苏联将参加对日作战，而回报则是确保其在中国东北的特权以及"收回"它在日俄战争中输给日本的领土。1945年8月6日美国向日本投下第一枚原子弹后，苏联随即于8月8日出兵东北，宣布对日作战。东亚世界秩序随之定型，日本在古典东亚时间与空间中的演化，至此戛然而止。

今天回头来看，明治维新后近代日本现实的物质力量和精神高度，都不足以匹配"天下"这个古代中华帝国的政治和文明观念；它随后的失败，也就更是历史与文明的必然了。值得留意的是，东亚世界史的动能并未就此消失；传统东亚时间与空间中孕育的力量，依然在世界史的舞台上时而波澜壮阔，时而无声无息地涌动着。

1　[美]入江昭：《权力与文化：日美战争1941—1945》，吴焉译，中信出版集团，2019年，第209页。

第五章 | 近代西方世界的挑战者

（1853—1945）

黑船来航

从锁国到开国

在前面，我们将日本置于"东亚世界体系"的框架内，重新回顾了它演化的历史。我们已经看到，由于长期处于以中国为核心的东亚世界体系的周边，日本获得了非常独特的历史意识和文明意识，我们可将其概括为日本的"中华属性"。接下来，我们要将日本置于"近代西方世界体系"当中，通过重新审视它与近代西方国家的互动过程，探索它在这个过程中获得的新属性；我们这里姑且称其为"西洋属性"。

当然，这两种属性的形成过程中有重合的地方。19 世纪中叶以后，东西两种文明开启了碰撞与融合的过程。在这个过程中，日本每每以东亚——日本史上称为"东洋"——国家的代表自居；它和主要西方国家的每一次互动，都牵涉到它与东亚国家的互动。所以，我们只能在方法上单独讨论日本和西方世界体系的互动过程。

在日本近代的演化史上，人们一般认为，发生在 1868 年的明治维新是日本融入近代西方世界的开端。而引发这个开端的事件或者说导火索，更有着非同寻常的意义，这就是日本史中的"黑船来航"或曰"佩里来航"，具体是指19世纪中叶美国使节、时任美国东印度舰队海军准将的马休·佩里（1794—1858）率领舰队访问日本，并与日本签署《日美和亲条约》的历史事件。

在一般的历史叙述中，黑船来航被认为是一起促使日本由"锁国"转向"开国"，也就是转向与西方列强通商的事件，是日本史上的一场大事件。人类史上的西方殖民帝国掀起的历史巨浪，终于拍向了日本这个处于欧亚大陆最东端的岛国身上。一个包含日本在内的世界史，开始展开它全新的巨幅画面。此时的日本人可能未意识到，等待他们的这个西方世界虽然生机勃勃、文明进步日新月异，但同时又充满了危险和不义，是一个弱肉强食的丛林世界。

我们首先要注意到一个基本事实：佩里舰队事实上未发一枪一炮，但历来心高气傲的日本武士集团却乖乖举起了白旗。这是为什么？

问题的根源要从东亚世界的历史变迁中去寻找。从这个角度来看，黑船来航事件是一起改变东亚世界史进程的大事，而不仅仅是美国迫使日本开国的、日本自身的事件。在东亚世界史上，这起事件的地位几乎可以和中国被迫打开国门的"鸦片战争"相提并论。事实上，黑船来航正是鸦片战争的继续。

有人可能会产生这样的疑问：鸦片战争是真刀实枪的战争，从1840年7月5日英军炮击定海开始，清王朝从全国调兵遣将，军民上下奋勇抗战，很多将军英勇殉国，但结果失利，影响当然巨大；尤其是1842年8月29日签订的城下之盟《南京条约》，被视为近代中国的第一个不平等条约，意义显著，影响深远。与此相对，佩里将军只是将舰队开进了东京湾，怎么会有那么大的影响？其实，这并不是一个形式上简单比较的问题，简单的比较只能获得简单的回答；我们要在历史进程中观察这两起事件的关联。

1853 年 7 月 8 日，佩里舰队到达位于东京湾浦贺港外的海面上，随即要求向"日本国王"递交美国总统的国书。德川幕府的官员接到消息后，紧急商议对策。佩里的这次率军舰来航，实际上打破了幕府对外国船只的管理规定。幕府此前要求涉及外国船只的相关事宜，一律到长崎去办理。这种应对方法非常类似当时的清朝政府，将涉外事务放到广州、上海、天津等通商口岸处理，而坚决拒绝西方使节进入中央政府所在的北京。

显然，这种规定的背后有着中华帝国的"华夷秩序"原理。在此时中国的对外认识中，西方的商人和外交官员被视为"夷狄"，在文明秩序上处于"野蛮"的位置，因而不准许他们进入国都。实际上，第二次鸦片战争期间签订的中英、中法《天津条约》，其中有四款专门规定"公使驻京"的问题。[1] 双方围绕这个问题展开的政治乃至军事斗争，背后有着政治原理、文明观念的竞争。出于同样的理由，日本拒绝西方使节进入东京。在"小中华"观念和与之匹配的小型朝贡体制当中，日本同样认为自己处于文明的中心。

或许因为有了此前中英交涉的前车之鉴，佩里决意要打破幕府的这个规定，采取了强硬的交涉态度，直接率领军队造访东京。那是一个靠硬实力说话的时代。佩里舰队的主体由四艘装有铁甲的蒸汽船组成，船上共装有数十门大炮。即便从远处望去，也可

1　茅海建：《近代的尺度：两次鸦片战争军事与外交》，生活·读书·新知三联书店，2011 年。

看到它们是黑魆魆的庞然大物；而且，它们在海面上还移动迅捷，用当时的说法是"出没神速"，日本的小型巡逻船难以靠近，这更增加了黑船的神秘感。这就是黑船来航时的历史情境。

此时，日本已经隐约感受到了另外一种文明的到来。实际上，佩里舰队的目的之一就是给日本造成强烈的冲击，以便让日本接受美国的主张。同时，美国海军还有与英国海军一较高下，从而显示它所代表的"新世界"的力量的动机。因此，美国海军决定将其最精锐的蒸汽动力军舰开往日本，由此登上与它眼中的欧洲"旧世界"争霸的历史大舞台。

经过一番交涉后，幕府一方接受了美国要求开港通商的国书。这个过程是以佩里要求的双方"对等"或者说"平等"的方式进行的，但对日本而言却是一种伴随着巨大耻辱感的屈服。第二年的2月，佩里如约再次来航，而且这次舰队更加强大，由七艘军舰组成。这一次，佩里对幕府官员明言，如果双方无法达成协议就将动用武力，也就是下了最后通牒。

佩里已经准备好了条约草案，它由纯汉语写成。同时，佩里还将1844年7月3日与中国签订的中美《望厦条约》的汉文条约文本交给了幕府。《望厦条约》承袭中英《南京条约》而来，里面有着涉及关税、治外法权等被后世视为不平等的各种条款。幕府人员都精通汉文，他们很快发现，佩里交给日方的条约草案，实际上就是《望厦条约》的删节版。这自然让幕府无法接受。经过多轮谈判后，1854年3月31日，幕府最终被迫签署《日美和亲条约》，决定下田和箱馆开港通商；随后，英国、俄国以及荷兰与日本签署了同样内容的条约。日本的锁国体制走向了终结。

一般的历史叙事会说，日本被迫一改此前的外交政策，是因为佩里舰队在当时的日本人看来过于强大。这么说当然不错。不过，美国此时展现的硬实力要转化为改变日本政府国策的力量，还欠缺一个必不可少的中间环节。这是因为，硬实力自身和对硬实力的认知并不是一回事。在对硬实力的认知当中，只有从中感受到的"威胁"强度的大小，才是关键。换言之，幕府从黑船来航中感受到的威胁，是驱动或者说迫使它改变国策的要因。

对于看重名誉的日本武士统治集团来说，一种致命的屈辱感出现了。为了理解这种感受性具有的心理能量，我们有必要继续思考如下的问题：此时幕府官员对美国硬实力的感知框架和模式具有怎样的特征？究竟是怎样的感知和认知，让幕府一改此前"驱逐外国船只"的强硬政策？

要回答这些问题，我们要把目光从日本移开，去观察东亚世界的局势变化。幕府此时已经认识到了世界格局的巨变，而这个认知直接来源于它自身所处的体系的变动，也就是"东亚世界体系"的变动。这个体系变动的最大指标，正是清朝中国在内忧外患中的急剧衰弱。中国在鸦片战争中的失败，意味着传统的以中国为中心的东亚安全保障体制松动与解体的开始。

这种情况对于日本而言，有利有弊。因为，当中国这个东亚世界体系的核心国家衰弱后，由中国所主要承受的来自西方的压力，必然会转向或者说传导到这个体系的周边部分。而在此前，这个体系的周边国家由中国提供安全保护，由中国为它们撑腰，分享了东亚世界和平秩序的安全红利。对日本而言，在承受压力的意义上，中国的衰弱是弊；但反过来说，中国的衰弱也给日本借机上位、实现其大陆欲望创造了条件。

　　这些利弊关系未必明晰地表现在政治意识和政治行动中。不过，由于日本在东亚世界体系中的边缘位置，以及它与这个体系的关系相对疏远，它对体系的变化尤其敏感。因此，还在中英两国就鸦片走私贸易进行谈判时，它就通过往来于长崎的贸易商船，也就是荷兰和清朝中国的商船，收集这方面的信息。这种来自海外的信息，当时有个特定的说法，叫"风说书"。日本通过这种"风说书"，源源不断地获得了当时中国和英国交涉的最新情况。

　　比如，早在 1839 年，日本就获悉了钦差大臣林则徐（1785—1850）督办的禁烟运动。1840 年，"风说书"又将英国为了实施报复，已经分别在英国本土、非洲和印度进行战争动员的消息报告给了幕府。而且，为了保证获得信息的准确性，幕府分别在长崎和江户两处进行翻译，然后将两种翻译文本对照阅读。

　　由此，我们看到了日本此时国家行为的一些特征。第一，日本对外部世界的变化，始终保持着高度敏感；这种特征除了源于日本特有的危机意识外，还有着更为底层的逻辑，即它对大陆局势的特别关心。第二，"风说书"的做法显示了日本收集情报的强大能力。上面提到日本政府在 1840 年即获得了英国准备对华开战的讯息，可能比中国政府还早。战争结束后，日本同样持续跟踪事态的变化。1845 年，一位日本儒学者编辑了一本题名为《鸦片始末》的书，对战争的因果和经过进行了叙述和分析。这本书虽然未正式出版，手抄本却广为流传。另外，有近代中国"睁眼看世界第一人"之誉的魏源（1794—1857）编辑的《海国图志》一传到日本，就引发了巨大关注，出现了多种手抄本和刻印本。这部介绍世界的巨著，无疑进一步让日本把握了世界的最新情况。

　　所以，正是在比较迅速、准确地把握了东亚世界乃至世界自身的巨变之后，日本才正确地应对了黑船来航所带来的危机。另外，我们还要注意黑船来航事件在精神层面对日本的意义，那就是我们在前面提到的"屈辱感"。由于佩里舰队的威吓以及当时西方外交官员的蛮横，日本上下感受到了一种强烈的心理上和精神上的冲击：当时日本人的首要感受就是"屈辱"，或者说是"耻辱"。

　　对于这种感受的形成原因，我们容易想到武士道对名誉的尊重、日本人生性的敏感。这些都不错，但在东亚世界体系的认知框架下，我们还可发现更深一层的原因。在中日关系史上，日本对中华王朝一直保持着一种不驯的态度；特别是在江户时代，由于儒学思想观念的普及，日本是文明中心的自我意识已经孕育而成。但这个文明中心的日本，此刻竟然遭到了西方蛮夷的威胁和欺凌，真可谓是可忍孰不可忍！对于此时的日本人而言，这相当于"文明"遭到了"野蛮"的征服。考虑到这一事实，我们不难想象日本在"黑船"威吓下缔结城下之盟时的那种屈辱感的强度。换言之，日本此时固有的文明意识所孕育的自尊，强化或者说放大了黑船来航事件中形成的屈辱感。这种屈辱感会在内心转化为一种动力。黑船来航对日本造成的深远影响，根源正在这里。

　　当然，上述说法并不意味着心理事实就是最终的决定力量。事实上，黑船来航之所以成为瓦解德川幕府体制的转折点，还在于当时幕府的最高行政长官老中阿部正弘（1819—1857）的一个决定。1853 年 7 月 31 日，在接受了佩里转交的美国国书大约半个月后，阿部决定将美国国书分发传阅，征求各个大名和幕臣的意见。据说这是江户幕府建立以来从未有过的措施。[1] 这事实上意

1　[日] 加藤祐三：《黑船异变：日本开国小史》，蒋丰译，东方出版社，2014 年，第 49 页。

味着权力的下放，专制体制开始走向瓦解。黑船来航带来的巨大冲击力，最终给德川幕府的政治体制造成了致命的裂痕。随着裂痕的逐渐扩大，革命的机运逐步高涨起来。1868 年的明治维新，正是这一历史过程的必然结果。

黑船来航本质上是东亚世界史中的一个事件，要判断它的影响，不能离开我们一贯关注的"东亚世界体系"这个框架。同时我们更要关注的是，黑船来航对此时日本人的精神结构造成了冲击；这个精神上、心理上的因素虽然隐微，却性命攸关。

这种影响最主要表现在日本自身的文明意识遭到了挑战这一点上。佩里舰队的蒸汽动力船让日本逐渐意识到，另外一种类型的文明已经到来。这种意识与它一贯的面向文明、向文明看齐的历史意识发生了共振，激发了日本学习新文明的意志。日本的演化获得了新的动力。

但问题并非如此简单。这种突如其来的"文明"夹杂着或者说携带着巨大的暴力，也让日本感受到了"野蛮"的一面；在具体交涉过程中，日本更是感受到了西方坚船利炮施加的巨大压力。这种复杂的心理感受，尤其是其中的"屈辱感"——这种我们曾经提到过的"耻感文化"——事实上成为激发日本此后国内变革的心理动力。于是，黑船来航事件就成了近代日本和西方恩恩怨怨的起点。这一事件造成的心理影响，深远而长久地影响了此后日本内政外交上的决策。由于这种现象并不容易在其他民族身上看到，说它是日本独特的自我意识也不为过。

对于近代日本迅速转向西方的事实，有一个很常见的说法：与中华帝国相比，日本不那么墨守成规、故步自封，比较灵活，所以成功地应对了西方列强的压迫。但根据我们上面的分析，不得不说这种看法有些表面。

从东亚世界秩序的角度来看，佩里来航带来的冲击使得日本在世界认知和价值体系上开始脱离传统的东亚文明，转向西方。由于日本的这个转向相当迅捷，它解决的问题可能与它遮蔽，甚至造成的问题同样多。日本历史学家加藤祐三在讨论黑船来航的影响时，这样写道：

> 日本不可能把长期从中华世界摄取文化、文明的历史轻而易举地抛舍扬弃。这就犹如覆盖了新的火山灰的山峰一样，表面上其似乎完全改观，实际上却保持着传统的积淀。许多人看不见地下丰富的矿藏，单纯地主张走欧化主义的道路。任何时代都会有这样的人，他们认识不到重叠积累的传统所具有的真正价值。[1]

上述说法以"火山"这一形象的比喻说明了传统的作用。火山爆发造成的火山灰固然改变了地表的面貌，但长期积累的地质条件，包括积蓄的能量与各种矿藏，并不会在短时间内发生变化。传统的真正价值，就如同火山内部的地质条件，正在于它以某种不可视的属性发挥着作用。这种"重叠积累的传统"在新的自我与世界认知下即将爆发出惊人的能量。日本即将迎来它近代史上的第一个高光时刻，即明治维新。

1　[日]加藤祐三：《黑船异变：日本开国小史》，第158页。

明治维新
观念的历史力量

　　黑船来航彻底打破了德川幕府的岁月静好，日本统治精英因应对危机的方案而发生了分裂，这进一步导致了社会的动荡。于是，明治维新就爆发了。关于明治维新的历史叙述和研究，目前的文献可以说是汗牛充栋。但不管我们此前有多少关于这一事件的知识，都会认为它在日本演化史上占据着至关重要的位置，这是一个事实。那么，这个事实意味着什么？

　　理由似乎可以这样表述：我们之所以觉得它重要，是因为日本从此成为一个新型的现代国家，成为一个蒸蒸日上、迅速崛起的国家。更重要的是，日本已经不再是传统中华世界、中华文化圈中的小兄弟，而是由此走出了中华世界体系，混出了江湖地位，试图成为东亚世界新的带头大哥。不仅如此，日本还自认为它的本质发生了变化：它自认为变成了西方国家的一个成员！

　　这些说法显然不仅仅来源于一种错愕和震惊的心理体验，还有着特定的事实根据：中国从此刻开始逐渐被日本甩在了身后；日本也从此给中国带来了无穷的困扰和苦难。日本已经变成了一个陌生的他者，一种异质性的存在。简言之，明治维新是日本全面拥抱西方文明的开始，是日本现代化的起点。

尽管如此，这些说法在很多地方仍是模棱两可，夹杂着我们自身的想象和误解。我们要努力从这些关于明治维新的一般认知当中走出来，获得新的认知和启发。我们从一个基本问题开始：明治维新，到底是复古，还是维新？

从表面上看，"明治维新"这四个字似乎已经说得很清楚了，当然是维新了。但我们如果关注一下明治维新的英文念法，就会发现事情没那么简单。明治维新的英文是 Meiji Restoration，而 restoration 这个名词和它的动词形式 restore，本意却是"复原"、"恢复"，在人类观念和制度上就是"复古"。关于社会的改革或变革，在日语中有很多词语可以使用，日本人为何使用了具有复古含义的"维新"这个说法？

当然，一般的学者在谈到明治维新的"复古"因素时，往往都会提到在统治方法上，当时的政治家重新树立起了天皇的权威，恢复了自 12 世纪末因镰仓幕府的成立而断绝了六百余年的政治传统，让天皇亲政。但这些还只是表象。明治维新真正的"复古"，在我看来，首先体现在东亚古典儒学精神在这场大变革中所扮演的特殊角色。

从技术层面上说，明治维新是一场面向西方的现代化运动，但倘若我们不理解它在精神上的"复古"，就不会理解它何以会成功。我们即将再次遭遇观念的历史力量。

要获得对撬动历史的观念力量的认知，我们需要将明治维新从日本史中抽离出来，看看明治维新和传统的东亚世界有怎样的关系。从这个角度来观察，我们会发现，明治维新这个被视为日本现代化开端的事件，其实和中华世界的古典文明有着更为紧密的关联。

这个古典文明的世界就是东亚古典儒学的世界。我们以前讲过，江户时代日本的正统观念就是东亚的传统儒学——日本语境中多称为"儒教"——思想，尤其是宋朝时代出现的朱子学。通过学习和吸收儒学，日本形成了高度发达的自我意识。从这个观念层面来看，明治维新除了那些具体的政治斗争、军事斗争等历史过程，也是一个精神事件：它扎根于古典精神，为东亚古典精神世界所孕育。我们甚至可以说，明治维新首先是一个精神事件。

要注意的是，我们从精神的维度观察这个事件，并不是说它仅仅发生在精神世界中，那显然是荒谬的；我们说它是一个精神事件是要表明，在明治维新各种具体的政治、军事、社会互动当中，我们可以发现一种浓烈的精神要素。

提到精神同历史变迁的关联，人们大都会想到德国社会理论家马克斯·韦伯（1864—1920）。他在极负盛名的《新教伦理与资本主义精神》中，提出了一个有名的说法：精神气质（ethos）。在研究近代西欧资本主义社会的成立过程时，韦伯发现，基督教新教徒在日常生活中呈现出的那种精神风貌，比如说勤奋、节俭、自律、禁欲、守信用等精神层面的属性，特别有助于资本主义的发展。

从韦伯设定的这种历史解释的角度来看，我们可以说推动明治维新的那些青年武士同样共有了一种"精神气质"，那就是在江户时代日本儒学的熏陶中形成的精神世界——在儒学天下国家的思想和语境中，他们关心国家天下大事，关心文明，以民族和文明的守护者自任。[1] 日本的儒学精神构成了明治维新不可或缺的一种精神动力。

　　上述说法自然会激发我们去思考一个关于我们自身的问题：在 19 世纪末中国展开的变法维新自强的过程中，儒学精神是否也发挥了关键作用？事实正是如此，但人们一般不愿意去提儒学在近代中国转变中的积极作用。相反，支配我们中国人历史认识的，是儒学对中国历史进程的阻碍。但我们只要想一想，1898 年因"戊戌变法"而不幸殒命的"戊戌六君子"，想一想辛亥革命前那些为推翻帝制而不幸殒命的青年，他们的精神世界不正是"先天下之忧而忧，后天下之乐而乐"的传统儒学精神吗？

　　这就涉及中日儒学比较的大问题了。我们在这里无暇对此展开讨论，但有必要指出其中的一个要点：与中国的儒生、书生或者士人相比，明治维新时期的日本青年人有着独自的身份意识，那就是"武士"的身份意识。与注重知识和教养的儒生不同，佩刀的武士更富有行动能力。真正的儒家精神强调"知行合一"，强调主体的实践，这种"知行合一"的精神之所以能在近代日本得到更为彻底的实践，只能说它得益于日本青年独有的"武士"身份。

　　因此，儒家"知行合一"的精神与日本武士阶层特有的行动能力的结合，最终孕育出一种超强的行动能力；他们用儒学典籍

1　仿照韦伯对新教伦理与资本主义精神关系的探讨，美国著名社会学家贝拉提出了一种类似的学说，即江户时代日本以儒教为核心的宗教伦理，构成了日本现代文化、现代化的精神基础。贝拉的着眼点是为近代日本的发展找到一种基督教伦理的功能上的等价物，即儒教精神。参见 [美] 贝拉《德川宗教：现代日本的文化渊源》，王晓山、戴茸译，生活·读书·新知三联书店，1998 年。显然，我在这里关注的是儒教精神与此时日本政治变迁的关联。

中的"志士"一语来表明自身的身份。据统计，仅在 1862 年到
1864 年的两年间，志士们就发动了七十多次暗杀行动。1863 年，
尊王攘夷派的志士们甚至策划将天皇从幕府的控制中夺取过来。

再比如，长州藩和萨摩藩之所以在倒幕运动中扮演了关键的
角色，与这两个藩的志士勇于将下层武士、富农、豪农等组织起来，
直接采取军事行动有关。其中最为著名的就是长州藩的高杉晋作
（1839—1867）在 1863 年创建的"骑兵队"，主旨当然是尊王攘
夷。这是一种独立的地方武装，在随后和中央幕府的冲突中登上
了历史的舞台：在幕府于 1864 年发动的第一次对长州藩的征讨
中，长州被迫投降；但 1866 年发动的第二次征讨的失败，直接
导致幕府权威的彻底扫地。而在 1868 年开始的维新政府与幕府
的决战（史称"戊辰战争"）中，这两个藩的武装力量更是扮演
了核心的角色。

打个比方，这就像是一台智能手机，只有强大的操作系统和
硬件设备相互匹配，手机才会有出色的表现。东亚世界的古典儒
学精神就是明治维新的操作系统，而政治行动的基础逻辑，就是
建立在这一套政治思想体系之上。在迄今为止的历史叙事中，这
套操作系统遭到了严重的低估，甚至是刻意的忽视。

日本史上有一位豪杰级别的人物，名叫吉田松阴（1830—
1859），是德川幕府末期的一位著名的"志士"和思想家。伊藤博
文、木户孝允、山县有朋、井上馨这些大名鼎鼎的明治维新的功臣，
都出于吉田松阴的门下。[1]

1　关于吉田松阴的角色，更为详尽的叙述和分析请参见拙著《分身:新日本论》第七章。

吉田松阴早年就读于长州藩的藩校，而藩校正是各藩的大名为了武士修习儒学而设置的。他在那里和同时代所有年轻武士一样，修习了儒家经典"四书五经"。松阴崭露头角，登上历史舞台，正是发生在"黑船来航"的时代。反过来说，如果没有"黑船来航"这一时势，松阴可能同此前多数武士一样终老于户牖之下，一生默默无闻。所谓"时势造英雄"，说的就是这样的事。

这个故事并不复杂。1853 年 7 月佩里第一次来航时，松阴就与志同道合者一起，赶往浦贺港口，实地探测敌情和日本的守备情况。在目睹了佩里船队的坚船利炮之后，他受到了极大的震动，产生了强烈的奋发图强、一雪耻辱的意志。知行合一，他立刻采取了行动：他计划搭乘在长崎停留的俄国军舰，偷渡出洋留学，可惜没有成功。这一期间他还写了多种关于时局的政治建言。

第二年佩里再次来航时，松阴再次行动。他只靠着手摇木桨，划着小船来到美军军舰旁边，要求登舰出洋，但遭到了拒绝。返回陆地后，他向幕府自首，旋即遭到逮捕。出狱后，他开始到叔父创办的"松下村塾"讲学。不久，这个村塾就名声大噪，前面提到的高杉晋作、伊藤博文等人，都在这里受教过。他除了论述世界大事外，同时还讲授《孟子》等儒家经典。

到了 1858 年 7 月 29 日，德川幕府大老井伊直弼批准了"黑船来航"时日本与美国、俄国等签署的所谓不平等条约，这引发了日本青年武士的愤慨。吉田松阴正是在这个时候有了打倒幕府的想法，并策划了具体的暗杀行动。在随后幕府的镇压中，松阴被捕入狱；1859 年 10 月，他引颈就戮，成为明治维新时代倒下的第一批志士。第二年 3 月 3 日，井伊直弼在樱田门外遭暗杀身亡，松阴的构想在其身后逐步成为现实。

　　当然，我们这里的目的不是讲关于松阴的历史故事，而是要从松阴的身上读取出时代的精神和氛围。我们不难看到，日本青年武士的精神气质与幕府末期日本面临内忧外患的状况发生了共振。儒学的天下国家观念，为此时青年武士提供了认知、感受时局的观念框架，并且激发了他们行动的热情。

　　据统计，在明治政府后来进行的授勋加爵中，出自松阴门下的多达三十七位。伊藤博文曾经对此赋诗赞叹："如今廊庙栋梁器，多是松门受教人。"说的就是这个意思。松阴被后人视为明治维新的精神之父，当不是虚言。

　　如上文所述，明治维新首先是爆发于传统东亚世界内部的一个事件，是古典儒学精神的一次强力爆发。如果将明治维新仅仅视为效法近代西方的政治变革，我们就有可能看不到其文明演化的特殊机理。

　　后世的人们由于与这种古典精神渐行渐远，养成了轻视乃至蔑视古典思想的心智结构，也就逐渐丧失了对这一事件精神属性的洞察。"天行健，君子以自强不息。"（《周易》）儒家的这种积极向上的刚健精神，在19世纪中后期的日本表达得淋漓尽致。明治日本的国家建设蒸蒸日上，正是一种追赶新时代、新文明的自强不息精神的表现。时刻向世界上最先进的文明学习，正是日本演化的深层心理机制和精神秘密。

　　在迄今为止的历史叙事中，我之所以强调国家"精神"、民族"欲望"等心理层面的因素所扮演的角色，就在于它们给我们提供了认知一个国家和民族演化的新视角。缺乏这种精神视角，我们还不能说认清了历史，更不能说从中吸取了经验教训。

上述说法当然不意味着明治维新仅仅靠古典精神就取得了成功，更不是说古典思想和古典文明可以包打天下。我要说的是，正如"维新"这两个字的儒家古典来源——"周虽旧邦，其命维新"（《诗经·大雅·文王》）所表明的，古典思想是先人集体智慧的精华，对我们思想和行为产生的影响可能超乎我们自己的想象。日本天皇的年号迄今坚持依据东亚的古典著作命名，其实是为现代日本人打开了一扇通向古典精神的窗户。在重新审视近代日本的演化时，这个容易被忽视乃至无视的古典视角，会帮助我们穿透历史与现在的迷雾，接近人类生活的本质。

最后还要指出的一点是，明治维新是在近代西方殖民势力对东亚世界的冲击进程中爆发的，西力东渐是我们探讨儒学精神在近代日本转型中扮演的角色的背景。因此，东亚儒学文明在近代日本的迭代升级源于它与新文明的撞击和融合。没有明治维新的"承上"，即对传统精神的继承，我们很难想象会有随后的"启下"，即对近代西方文明的广泛吸收。

日俄战争

东风压倒西风

明治维新甫定，日本就马不停蹄，立刻走上了对外扩张的道路。1894 年爆发的中日甲午战争就是它以国家的名义发动的第一场对外战争。发生在 1904—1905 年间的"日俄战争"，则是它发动的第二场对外战争。这场战争是日本对西方殖民列强的直接挑战，因而也是我们在理解近现代日本历史进程时无法绕开的节点。

关于这场战争，有一个很常见的说法：这是日俄两个帝国主义国家在中国领土上展开的一场争夺势力范围的非正义战争，双方伤亡惨重，日本最终取得了胜利。从中国的角度来看，这在事实认定和历史认知上都不存在问题。不过，在日本的历史认识中，这场战争究竟是日本发动的侵略战争，还是针对俄国的侵略而发动的卫国战争，人们的认识并不一致。与此相对，在俄国的历史叙事中，由于日本不宣而战，这场战争一直被视为日本背信弃义而发动的侵略战争，俄国人当然认为自己是正义的一方。

那么，在日本演化史中，日俄战争究竟占据着怎样的位置？

其实，上面提到的观点都是战争当事者关于这场战争的标准说法，还无法满足我们此刻的历史关心。原因倒不在于它们是错的，而在于它们都过于正确了，以致过早地终止了我们的认识和反思。比如，提到"帝国主义"或"帝国主义战争"，今天的人们自然觉得这些都是不正义的，甚至是邪恶的；日俄双方既然是帝国主义国家，当然不可能例外。不过，这个道德判断并未提供关于此时日本以及东亚世界史演变的更多的讯息和分析。

只要稍微离开这些定论，自然会发现新问题。比如，谁是这场战争的真正胜者？胜者真的是日本吗？或者，这场战争有胜者吗？

在回答之前，我们不妨继续提出一些问题：日俄这两个帝国主义国家究竟为什么发动了一场伤亡惨重的战争？战争的结果究竟对双方产生了怎样的影响？最后双方都如愿以偿了吗？当时的中国宣布"局外中立"，那么，中国的角色到底是怎样的？战争爆发在中国领土上，中国诚然是一个受害国，那战争的结局对中国又产生了怎样的影响？

这里提出这些问题并不是说它们都是新的，也不是说我们要一一回答，而是要表明，这些问题都不能简单地用各种"标准答案"来概括。我们有必要把这场战争的当事者的意图，以及战争带来的非意图的、出乎当事者意料的结果说清楚。

我们首先从这个"当事者"说起。交战的日俄两国当然是当事者，但还有第三个当事者，那就是成为战场、宣布"局外中立"的中国。日俄战争不是简单的"两个帝国主义国家"之间的战争，在本质上，它是日本、俄国与中国三个国家之间的"战争"。某种意义上，我们也可以把它理解为一种现代版的"三国演义"。故事还得从朝鲜问题谈起。

我们前面讲过，日本自古以来，甚至从神话传说时代以来，就认为自己在朝鲜半岛有特殊的利益，因此，日朝关系是观察日本国家行为的一个极为重要的视角。明治日本发动的第一场对外战争，即中日"甲午战争"，目的正是控制朝鲜。甲午战争结束后中日两国签订的《马关条约》第一条，就规定了解除中国对朝鲜的宗主权："中国认明朝鲜国确为完全无缺之独立自主国。"

历史事件往往环环相扣，种瓜得瓜，有因必有果。朝鲜局势的变化首先意味着东亚世界体系的变化，而这正是十年后日俄战争的开始。从东亚世界体系的角度来看，中日甲午战争必然会引发日俄战争。事实上，甲午战争中中国惨败，割地赔款，将这个老大帝国的虚弱体制瞬间暴露了出来。在弱肉强食的丛林法则盛行的时代，这立刻引来了群雄觊觎。我们前面已经指出，俄国在1895年中日《马关条约》签订后随即主导了"三国干涉还辽"事件，目的正是要"借路"东三省，修建西伯利亚大铁路，并趁势南侵。1896年6月3日，中国全权代表李鸿章与俄国代表签订秘密条约，即所谓的《中俄密约》，其中的第四款允许俄国建造一条穿越黑、吉两省直达海参崴的铁路；在后世的历史学家看来，"数十年东亚大局之祸胎"，自此成矣。[1] 在殖民帝国时代，修建铁路是帝国商业和军事竞争的一大利器。

1897年11月1日，山东省曹州府巨野县发生了"教案"：因为各种矛盾和冲突，两名德国传教士被中国民众杀害。德国皇帝威廉二世以此为借口，强行租借了垂涎已久的胶州湾，租期为

1　王芸生编著：《六十年来中国与日本》（第三卷），第86页。

九十九年。德国皇帝的这一行为，立刻引发了俄国沙皇尼古拉二世的羡慕和嫉妒。此前，俄国一直梦想着为其太平洋舰队找到一处不冻港；这是这个帝国最热切的欲望。德国强占胶州湾，这让俄国沙皇眼睛一亮。这一年年底，俄国以协防中国对付德国的名义，派军舰占领了旅顺港和大连湾。日俄战争的当事者俄国就此登上了随后大战的战场。

经过一番同德国以及中国的交涉之后，1898 年 3 月 27 日，中俄两国签订《旅大租地条约》，俄国以租借的方式将旅顺和大连收入囊中，租期为二十五年。在 1898 年 4 月俄国政府的公告中，有着将"通过使用西伯利亚铁路，将大连打造成全世界工商业在太平洋地区的商业中心"这样的说法，由此可见俄国堪称宏伟的战略构想。随后数年间，在当时沙俄著名的政治家、财政大臣谢尔盖·维特（1949—1915）的直接指挥下，西伯利亚铁路到大连的联络支线的铺设，旅顺军港、大连商港以及城市建设等突飞猛进，到 1903 年，欧洲的商品已经可以直达大连港口。这是殖民帝国时代全球化的一个生动画面。

值得注意的是，俄国从中国攫取了旅顺和大连的控制权，这当然是俄国威逼利诱的结果，但也有当时中国的政治家们出于平衡列强——主要是德国——势力的考虑，也就是历史上所谓的"以夷制夷"策略的运用。不管怎样，在后世的历史叙事中，由德国引发的西方列强强行租借中国土地的运动，被视为"帝国主义瓜分中国"的狂潮。

列强的入侵进一步激发了中国的社会矛盾，很快引发了中国近代史上著名的"义和团运动"。最终，打着"扶清灭洋"口号的义和团获得了政府的承认和支持，于 1900 年 6 月进入北京；在这个过程中，很多传教士、传教士家属以及一般的中国信徒遭到了杀害。结果，以保护侨民为借口，英美法俄日意诸国决定进军北京，这进一步激化了统治集团内部的矛盾。经过四次御前会议，中国政府于 21 日向列强发布宣战布告，即《对万国宣战诏书》，其中历数列强"侵凌我国家，侵犯我土地，蹂躏我人民，勒索我财物"。[1]战争的结果是中国惨败。1901 年 9 月 7 日，中国被迫与英美德日等十一国签订包括惩处"肇祸诸臣"（即主战官员）、巨额赔款、容许北京到山海关铁路沿线驻军等主要内容的《辛丑条约》。

　　值得注意的是，"义和团运动"引发的最深远结果，并不是我们所熟知的 4.5 亿两、本息总计 9.8 亿两白银的巨额赔款（条约第六款）。当时有六位主战大臣被视为战犯而遭受战胜国的处罚，被处以极刑，这对老大帝国来说也不是事儿（条约第二款）。它此前就完全凭借自己的意志先后处死了包括吏部左侍郎许景澄、兵部尚书徐用在内的五位大臣，史称"庚子死节之五大臣"，但理由正好相反：那些大臣主和，反对支持义和团向列国开战。事后看来，列强攫取的山海关到京师沿线驻兵权（条约第九款）危害极大；比如，1937 年 7 月 7 日引发卢沟桥事变、最终导致世界大战的日本当地驻军，其驻兵权的法律根据就是《辛丑条约》。不过，在当时的国家利益感受中，这一驻兵条款并未构成实质性的问题。

　　当时真正的大事是，1900 年 7 月，俄国借保护侨民和铁路的口实，背信弃义，出兵中国东北，中俄战争爆发。到了这一年的秋天，俄国总计达 17.3 万人的军队占领了中国东北全境。说其是大事，是因为在当时的列强当中，俄国攫取中国领土的欲望最为

1　王芸生编著：《六十年来中国与日本》（第四卷），第 6 页。

旺盛。所以《辛丑条约》签订后，列强按约定退兵，俄国却因其领土野心而赖着不走。于是，中国就想着怎么把这个俄国请出去。1902年4月8日，中俄两国最终签署了撤兵条约，俄国将于半年后分两次撤军。不过，在这个过程中，俄国一再提出各种特殊权益要求，这自然遭到了中国的拒绝。于是，俄国决定占领长春以北的所谓"北满洲"地区。

　　长话短说，中国费尽周折，这件事儿也没办成。没办成的原因，还与这个"三国演义"的第三国，也就是日本有直接关系，因为日本不愿意看到俄国出现在中国的东北，所以一直阻拦中国对俄国作出妥协，而日本出手的直接原因就是朝鲜问题。甲午战争后，中国失去了对朝鲜的宗主权，俄国则借机强化了它在朝鲜的影响力，这使得日本在朝鲜半岛的野心遭到了挫折。所以，这一时期的日本一直在努力和俄国交涉，以谋求其对朝鲜的控制权，但双方始终也没有达成利益平衡。

　　俄国以镇压义和团的名义占领东北，并且想赖着不走，对日本而言，这意味着甲午战争这一仗白打了：俄国如果占领了东北，或者维持在"北满洲"的影响力，接下来它随时可能南下，完全控制朝鲜。危机感深重的日本自认这不啻为新的国家危机。事实上，早在1895年"三国干涉还辽"事件发生后，日本就已经对俄国产生了巨大的怨念，将俄国视为头号假想敌。

　　面对俄国在中国的大肆行动，日本展开了积极的外交行动。伊藤博文先是提出了一种显得奇妙的"满韩交换"论，试图与俄国分割在东北亚的利益，划清彼此的势力范围。但日本提出这一策略的本质是自己独占朝鲜，同时却不直接表明将"满洲"让与俄国，这自然无法实现。在这一期间，日本数次要求中国不要向俄国妥协，并且与中国的强硬派政治家刘坤一、张之洞等取得联络；与此同时，它与英国、德国等列强协调，向俄国施加压力。1902 年 1 月 30 日，日本与当时世界上的头号强国英国签订《英日同盟协约》，以对付共同的敌人俄国。另外，美国基于 1899 年国务卿海约翰的"门户开放"政策宣言，宣称该政策适用于"满洲"，从而美俄两国在"满洲"问题上也出现了对抗的形势。[1] 由于面临巨大的压力，俄国最终选择了与中国签署协议，同意撤军。当然，日本的这些行动并未能在根本上撼动俄国的战略意图和领土欲望。

值得留意的是，在这一期间，日本国内出现了强大的要求对俄开战的舆论，皆以"保全中国"、"维护东洋和平"等为口号，将俄国视为入侵者。日本的参谋本部，已经同时作好了对俄作战计划。[2]

1904 年 2 月 6 日，日本公使向俄国宣布了断绝外交关系的通告。8 日，日本偷袭旅顺军港，不宣而战。在付出伤亡十余万人（其中战死 84435 人），几乎弹尽粮绝、兵员枯竭的巨大代价下，日本最终迫使俄国与其媾和。其中，日本取得的决定性胜利是 1905 年 5 月 27 日至 28 日发生在对马海峡的海军决战：日本联合舰队在司令官东乡平八郎（1847—1934）的率领下全歼俄国波罗的海舰队（又称"太平洋第二舰队"）。

1　日本有历史学家主张说，美国在中国东北谋求商业利益的意图，最终将日本拉下了水，成为日俄战争爆发的"决定性要因"。参见 [日] 小路田泰直《日本史の思想：アジア主義と日本主義との相克》，柏書房，1997 年，第 120—127 页。认为美国因素是日俄战争的决定性因素，虽然夸大了美国的角色，但也将美国对其在"满洲"的势力范围与权益的感知，揭示了出来。

2　[日] 和田春树：《日俄战争：起源和开战》，易爱华等译，生活·读书·新知三联书店，2018 年，第 430—433 页。

　　由于双方都伤亡惨重，无心恋战，1905 年 9 月，在美国的斡旋下，双方签订了《朴茨茅斯条约》，其中第一条就规定了俄国放弃在朝鲜的一切影响力，承认日本在朝鲜行动的完全自由。当然，日本的收获可并不只是这一点；它事实上顺势"继承"了俄国此前在中国东北已经获得或者要求的大部分权益。中国无法在日俄战争后拿回属于自己的权利；对于中国而言，这只是一个帝国取代另外一个帝国而已。

　　对于俄国而言，战争失利动摇了沙皇的专制体制，引发了革命浪潮；而沙皇尼古拉二世决定与日本媾和，跟国内动乱的压力有着直接关系。此时这位沙皇当然没料到，这次革命后不过十年，他的王朝就在 1917 年的革命中瓦解；他更未料到，第二年苏联领导人会下达处决令，将自己一家七口全部杀害。此时距 1898 年他为帝国赢得《旅大租地条约》不过二十年；据说条约签订那日，他曾为此兴奋了一整天。

　　我们再看一下日本。日俄战争的结果使得日本在大陆获得了根据地，这是日本帝国成长、欲望自我实现的关键一步，日本由此成为彻头彻尾的帝国主义国家。另外，由于失去了中国东北这个缓冲地带，日本要持续面临来自俄国的压力，而这种压力进一步导致了它的军事扩张策略。1931 年的"九一八事变"和 1932 年的"满洲建国"，最终成了引爆日本帝国崩溃的导火索。

　　因此，谁是这场战争的胜者并不是重要的问题。从东亚世界体系演变的角度看，日俄战争是中日甲午战争之后的一种必然结局。这里的主角正是日本。甲午战争因日本与中国争夺朝鲜的控制权而爆发；同样，日俄战争也是因日本与俄国争夺朝鲜的控制权而爆发。表面上看，日本并没有必须控制朝鲜的理由；但如果我们将视线拉长，向历史事件背后的精神深处延伸，就会发现，近代东亚世界史上的事件必然是同时与中日两国有关的事件。这些事件就像人们熟悉的俄罗斯套娃，本质一样，彼此只是大小不同，但都可套在一起。

当然，在历史现场，当事者容易为自身找到开战的理由。日本著名作家司马辽太郎（1923—1996）在其名作《坂上之云》中，对日本在朝鲜问题上必须与俄国一战的理由进行了说明。他这样写道：

> 日本在朝鲜问题上如此固执，在没有经历过那个历史阶段的今天的人们看来，无论如何都有点不可思议，甚至有些滑稽。但是，从十九世纪到那个时代，世界上的国家和地区只有两条道路可以选择，要么沦为他国殖民地，要么振兴产业、增强军事力量，进入帝国主义国家行列。
>
> 日本选择了通过维新而自立的道路，从那个时候起，即便是给他国（朝鲜）造成麻烦，也必须保持本国的自立。日本在那个历史阶段必须对朝鲜如此执着。因为如果放弃了这一点，不仅是朝鲜，恐怕就连日本自身也会被俄罗斯吞并。[1]

这是一种具有历史感的评论。司马辽太郎的历史小说对日本国民的历史认识有非常大的影响，甚至形成了一种所谓的"司马史观"。这种现象之所以能够出现，原因正在于那些作品事实上刻

1　转引自［日］和田春树《日俄战争：起源和开战》，第5—6页。

画了日本国民真实的意志和欲望。在历史现场，与俄国一战被视为决定日本命运的一战。当时俄国人口为日本的三倍，常备兵力为日本的十倍；从这个角度来说，这场战争也的确关乎日本今后的命运。

不过，真正的问题是，这种特殊命运观的形成要因，我们要到更长远的历史时空中去寻找。日本历史学家和田春树认为，"这场战争的根源在于日本对朝鲜的野心"。[1] 这个说法当然也不错。但同样未解决的问题是，这个"野心"在日本演化史当中的真实含义具体是什么。

如前所述，日俄战争使得日本最终获得了梦寐以求的在大陆的根据地。不仅如此，这场战争促进了它的"大陆政策"的成熟，并进一步制造了所谓的"满蒙问题"。在随后的历史进程中，日本因为它在日俄战争中的巨大付出，始终认为自己在中国东北具有特殊的利益。1932 年日本炮制的"满洲建国"事件，背后有着这场战争遗留的精神能量。

与此相对，中国最终未能解决甲午战争以及其后义和团运动带来的困局。不过，由于日本的战胜有着"东风压倒西风"的意义，清朝中国的政治家们再次开启了立宪改革。因此，这场战争也是我们理解中国历史演进过程中必不可少的大事。当中国在 1920 年代进入革命时代，要求收回东北权益时，这一要求必然和近代日本国家的根本欲望发生冲突。在这个意义上，我们所熟知的后来的历史，也可以说是日俄战争的延续。当然，随着日本进入大陆，它与列强的冲突也必然随之而来，这同样是它意料不及的。

1　[日]和田春树：《日俄战争：起源和开战》，第 901 页。

帝国战略
作为黄种人的代表

　　日俄战争虽以日本勉强的胜利告终，引发的结果却极为惊人。这场战争标志着明治日本的大国崛起，意味着其大陆政策向前迈出了一大步；正因如此，对中国而言，日本的胜利是一个致命时刻。如果只从"日俄两个帝国主义国家"之间的战争的角度看问题，我们有可能错失认识东亚世界史变迁的一个重要契机。

　　关于这场战争，还有一个非常流行的说法：日俄战争是世界史上第一场"黄种人战胜白种人"的战争。这个说法在当时就很流行；而战后，日本人也以黄种人的代表自居。这意味着，日本在这场战争中的胜利还有一种堪称"世界史"级别的意义：源于近代欧洲的"种族主义"观念终于为欧洲自身创造出了一个强大的对手，日本走上了东西对抗的前线地带。也正因此，日俄战争有着远远超过普通的"帝国主义战争"的影响和意义。

　　这两个国家虽然在后世都被称为帝国主义国家，但在时人的认知中，它们尚有重大的差别。与它们的"帝国"属性相比，历史现场中的人们更关注它们各自所代表的种族与文明意义。那是人类史上的帝国时代，人们已经将帝国的行为当成一种无需质疑的前提而接受下来。这一点被很多后世的历史叙事忽视或者说无视了。为了追踪近代日本的演化过程，我们现在有必要从"种族主义"与帝国关系的视角，进一步审视近代日本的国家战略。

我们可以把问题凝练为：日本人为何要当黄种人的代表？这个问题为何重要以及重要到什么程度，以至于我们必须了解它？

首先，"黄种人战胜白种人"的说法并不是日本人自己给自己唱颂歌、往自己脸上贴金。这种说法在当时就广为流行，激发和鼓舞了很多被压迫民族的政治改革与反抗殖民主义压迫的斗争。清王朝在最后的数年间迅速重启"君主立宪"改革，就有着对这场战争的评估：在"黄种人战胜白种人"之外，这场战争还被视为君主立宪制的胜利。1904年《东方杂志》上发表的一篇文章，将上述观念表达了出来，这里引述如下：

> 盖专制立宪，中国之一大问题也。若俄胜日败，则我政府之意，必以为中国所以贫弱者，非宪政之不立，乃专制之未工。此意一决，则凡官与民所交涉之事，无一不受其影响，而其累众矣。黄种白种，中国之一大问题也。若俄胜日败，则我国国人之意，必以为白兴黄蹶天之定理，即发愤爱国之，日本亦不足与天演之公理相抗，而何论中国？此意一决，则远大之图一切灭绝而敬白人之意将更甚于今日，而天下之心死矣。[1]

---

[1] 转引自严安生《灵台无计逃神矢：近代中国人留日精神史》，陈言译，生活·读书·新知三联书店，2018年，第155页。

与这个很励志的叙事相反，当时的人们对"黄种人战胜白种人"这个事实还有另外一种解读，那就是"黄祸论"。这是19世纪末欧洲与美国流行的一种极端的种族主义观念，认为中国人、日本人等"黄色人种"是欧洲白人的威胁；德国皇帝威廉二世是当时鼓噪"黄祸论"的主要政治家，宣称自己是"黄祸"这个字眼儿的创造者。[1] 1905年，战败的沙皇俄国出于掩饰、转移耻辱的目的，更是大肆宣传"黄祸"这一说法，将战争描述为基督教与异教徒的战争。这种观念与此前支配世界的文明—野蛮观念相辅相成，非西欧的有色人种被进一步妖魔化。

这里的目的并不仅仅是要指出关于日俄战争的意义有两种完全不同的解读，更是要指出如下事实：从"人种"或曰"种族主义"——本质是按人种的不同来划分文明高下的观念与实践——出发看问题，是当时西方世界的普遍认识，是支配当时殖民列强行事的深层观念。事实上，早在日俄战争前，美国西部各州就出现了排斥日本人的运动；而当日本战胜俄国之后，这种排斥运动蔓延至整个美国，达到高潮。

因此，在日本战胜俄国、成功加入"列强"的俱乐部后，它获得了一种新的自我意识，或者说强化了它此前已经具有的自我意识——它要当黄种人甚至全体有色人种的代表，来向西方列强交涉，希望获得列强的平等对待。当黄种人的代表，事实上构成了日本帝国的一种最新的意识形态，从而为其世界政策服务。

显然，这种战略必然会引发日本这个新晋帝国和西方老牌帝

1　罗福惠：《非常的东西文化碰撞：近代中国人对"黄祸论"及人种学的回应》，北京大学出版社，2018年，第11页。

国之间的冲突。此时的日本甚至成了美国海军的头号假想敌，美国的战略家们开始公然讨论日美战争的可能。[1]

西方殖民帝国之间的内部矛盾，压倒了它们和非西方人种之间的种族矛盾。1914 年 7 月 28 日，第一次世界大战爆发；按照当时的观念，这是不折不扣的"白种人"之间的厮杀，堪称"白祸"。值得留意的是日本在此间所扮演的角色。

日本出于既定的大陆政策，在大战爆发后迅速出兵山东，将德国在中国的殖民地据为己有。第一次世界大战结束后，日本再次成为战胜国。在 1919 年 1 月 18 日至 6 月 28 日召开的巴黎和会上，它一跃成为制定战后秩序的五大国之一，获得与英法美意同等的地位。值得特别一提的是，日本将"废除种族歧视"列入它在和会上试图达成的三项主要政治目标，与另外两项目标，即获得德国在中国山东的权益、瓜分德国在亚太地区的其他殖民地并列。

1919 年 2 月 13 日，在国际联盟委员会讨论《国际联盟盟约》草案时，日本代表建议在规定宗教自由的条款内增加"禁止人种歧视"条款。不过，这个建议仅仅获得了巴西、罗马尼亚等四个国家的支持，而遭到了英国、法国等主要大国的反对，整个条款被废弃。在委员会于 4 月 11 日召开的最后一次会议上，日本再次努力，提议在《国际联盟盟约》的前言中，增加这样的说法，即"承认各国人民平等，同意采取公正原则对待其所属的每一个人"。这次提案虽然获得了多数国家的支持，但在美国和英国的反对下，

1　[美] 麻田贞雄：《宿命对决：马汉的幽灵与日美海军大碰撞》，朱任东译，新华出版社，2018 年，第 19—23 页。

会议主席、美国总统威尔逊宣布不予采纳。

这在日本国内引发了舆论的强烈不满。比如，在日本全权代表团回国时，当时的《东京朝日新闻》有这样的评论：

> 倘若日本始终坚持自己的主张（废除种族歧视方案），任何国家都不可能有公然反对的理由。高喊正义的人道大国如果借助权势反对此等体现世界公道之根本大义的提案，和平就并非世界的和平，而只是两三个大国的和平。联盟就并非国际联盟而是各大国的联盟。我国全权代表须顺应国内民意拂袖而去。[1]

这些评论就其自身而言非常犀利，在道义上也是无可挑剔。美国之所以反对日本提案，正是由于美国国内有着强大的排斥日本移民的社会基础，有着"黄祸论"所煽动的社会舆论。事实上，1924 年美国国会还通过了一项新的移民法案，禁止接受亚洲的移民，这在日本被视为"排日法案"。法案通过后，日本国民举行盛大的抗议活动，高喊着"对美开战"；与此同时，各种预测、描述日美战争的文章也开始出现。这也可以说是日本在 1941 年 12 月对美国开战的远因了。

此刻，我们或许会产生这样的疑问：日本国民反对种族歧视的主张是不是显得过于偏激、过于激烈了？日本国民的这种认知

---

1 ［日］鸟海靖编：《近代日本的机运》，欧文东等译，社会科学文献出版社，2014 年，第 228 页。

和感受，究竟是怎么形成的？

　　其实，前面的历史叙述已经隐含了对这些问题的回答。比如，我曾经提过，在传统的东亚世界秩序当中，日本形成了高度发达的自我意识，也就是所谓的"中华"意识，而"中华"事实上是"文明"的同义词。问题就出现在这里：在西方列强的眼中，日本被视为"半文明"或者说"半开化"，甚至"野蛮"的国家；而在日本的潜意识中，西方列强才属于未开化的"夷狄"的世界，才是野蛮的国家。

　　这并不是我们的事后分析。在明治时代的启蒙思想家看来，西方列强将"文明"局限于基督教国家的做法，其实就是一种虚伪，是文明的缺陷。启蒙思想家福泽谕吉在其著名的《文明论概略》中，就曾反复指出这一事实。他在回顾了北美印第安人，澳大利亚土著，印度、波斯等国家和人民的悲惨遭遇后，以激烈的口吻指出：

　　　　西洋人所到之处，仿佛要使土地丧失生机，草木也不能生长，甚至连人种也被消灭掉。看到了这些事实，并想想我们日本也是东洋的一个国家，尽管到今天为止在对外关系上还没有遭受到严重危害，但对日后的祸患，却不可不令人忧虑。[1]

　　当然，这些说法有夸张不实之处。但我们现在要关注的并不是这一点，而是要看这些说法背后流露出来的危机意识。这种被启蒙思想家反复诉诸的危机意识，通过媒体宣传、国民教育等各种社会机制，很快就转变成日本进行自我变革的心理动力。在福泽谕吉看来，"文明"首先就是获得"独立"，就是"救亡"。

1　[日] 福泽谕吉：《文明论概略》，第186页。

但在另外一方面，这种过于强烈的自我意识，这种强烈指责西方"文明"虚伪的做法，也妨碍了日本对世界秩序以及文明进程进行客观、冷静的判断。比如，日本在巴黎和会上提出种族平等的要求后，就遭到了美国舆论的怒怼。美国舆论的大意是说，你们日本人在国内歧视中国人、朝鲜人，根本就没有资格提出废除种族歧视的提案。

当然，美国的反驳是一种低水准的思考方式，本质上是一种"比烂"。但美国的舆论也反映了一个事实：当时的世界秩序和文明水准还不高，还有待进化。或者按照明治思想家的说法，当时的文明和野蛮并行：在基督教国家内部，文明正在驯服野蛮，而在基督教国家外部，野蛮正在以其蛮力改变着世界的面貌。

问题在于，当日本一再指责西方文明的虚伪，认为自己更文明时，它忘记了自己已经身为"列强"的事实；这一事实意味着，它在文明化的同时，也获得了野蛮的力量。它为自己在亚洲的强权行径找到了一个冠冕堂皇的借口，即反对种族主义，实现种族平等。这种扭曲的自我意识，实际上最终把日本引向歧途，背离了世界与文明发展的大势。

我们还可再举一个例子，那就是1931年日本策划的"九一八事变"。事变发生后，日本占领中国东北，并很快建立了傀儡政权。当时的中国要求国际联盟主持公道；最后，以英国人李顿为首的调查团提交了《国联调查团报告书》。这个报告书虽然没有满足中国的要求，但也没有满足日本人的要求，没有承认他们一手炮制的"满洲国"。日本国内舆论对此愤怒异常。

此时被日本政府任命为国联全权代表的松冈洋右（1880—1946）作了一个极其高调的即兴演讲，叫《十字架上的日本》，长达八十分钟。演讲里面有这样的说法：

> 我们日本人已经作好接受考验的准备。欧洲和美国的某些人不是想把二十世纪的日本钉在十字架上吗？各位，日本眼看就要被钉到十字架上。但是，我们相信，并且确信，过不了几年，世界的舆论就会因为日本而改变，就像拿撒勒的耶稣被世界理解一样，我们最终也被世界所理解。[1]

十字架，这是基督教当中耶稣为救赎人类而受难的象征。松冈洋右曾留学美国，对当时殖民帝国尔虞我诈的外交政策极为熟稔，他自己也是身体力行，欲以三寸不烂之舌为帝国效命。因此，他拿出这个经典的隐喻来说自己，这当然是日本帝国主义的自我欺瞒，但其中也表达了日本对欧美主导的世界秩序的怨恨，有着遭受人种歧视的真实原因。

日本这一次真做到了"拂袖而去"，很快退出了国际联盟。这是日本近代史的一个重要转换点，因为它放弃了与西方大国的协调路线，开始一意孤行，全面挑战西方世界。

日本崛起后试图改变世界不公正的状况，建立新的世界秩序，这种做法本也无可厚非；而且，它所诉诸的"废除种族歧视"更是占据了道义的制高点。事实上，这个主张最终成为二战后新世界秩序的主导原则，成了《联合国宪章》的基本条款。不过，在当时的情境中，日本并没有认清楚文明秩序的现状和发展的大势，

1　[日] 鸟海靖编：《近代日本的机运》，第299页。

仅仅把"废除种族歧视"视为挑战西方世界秩序的手段，而并没有将它视为自我奋斗的原则和目标，所以，尽管日本是最初提出这一动议的国家，但从一开始它的做法就是背道而驰。

日本在种族主义问题上的立场，其实与它在19世纪后期提出的强调亚洲团结的"亚细亚主义"在精神上一脉相承。第一次世界大战后，日本成为世界公认的列强，站到了与列强互动的历史舞台中央。日本非常聪明地抓住了"反对种族歧视"这一普遍的文明原则，在道义上站到了高处。这种策略非常有利于它对内进行政治和军事动员，而这又为它随后向英美开战，最终走向败局埋下了伏笔。

因此，近代日本的大国崛起之所以伴随着光荣与屈辱，问题的根源正在于它此时的自我与世界认识。在危机丛生的1930年代，日本强力推行了近代以来一以贯之的大陆政策，策划并实行了分裂中国领土的方案，最终导致它不得不放弃与英美等大国的协调。事实上，只有在协调和互动中，近代文明所具有的野蛮一面，才能逐步得到消除。但在危机四伏的年代，日本放弃了与其他国家共同克服危机的方案，选择了与世界为敌的政策。

最后要再次强调的是，上述讨论还有着探寻"废除种族歧视"、"当黄种人的代表"这些冠冕堂皇的理由背后更深层的意识的目的。如果以极简的方式说，那就是它要为实现帝国欲望、实现自古以来就有的"天下"野心寻找最新锐的理论武器。只是，如同我一再指出的，这种持续发挥作用的欲望，并不总能为人们的理性意识所捕捉，因而也无法简单获得认知和控制。

太平洋战争

"历史被创造出来了！"

在自然界中，某种气候一旦形成，就会有风霜雪雨各种表现；而在人们的生活世界中，特定观念气候的形成，同样会表达在现实的历史进程中。人们头脑中的观念和他们所体验到的事实，从来都是相互建构、相互激荡而成。日本在 1905 年战胜俄国后，一种特殊的自我意识蔚然成风，那就是"日本是黄种人的代表"。我们在前面的分析表明，日本国民逆向使用了这种当时世界上流行的种族主义理论——通过将自身设定为被压迫、受歧视的黄种人乃至有色人种的代表，日本成功获得了与欧美列强竞争、争夺世界霸权的道义感与正当性。这既是当时日本对世界和文明的认知自身，又是日本帝国的理论武器。

现在，我们具体看一下种族主义这种理论武器，最终怎样影响了日本和世界的文明进程。要讨论的历史事件就是 1941 年的日本对美英开战，其核心是"对美开战"；近代日本和西方世界的互动，终于迎来了宿命显现的时刻。

　　早在 1929 年，日本帝国的军事头脑石原莞尔就已经为"世界最终战争"进行了理论思考，并同时进行了战略准备。但他未意识到的是，他的"缜密"的夺取中国满蒙地区的计划，在日本国家欲望的涌动中开始荒腔走板。在他策划的"九一八事变"即将满十年之际，日美战争就到来了，这比他所预计的要早了数十年。社会学中有"预言的自我实现"的说法，说的就是观念与实际历史相互作用的过程。简言之，日本为了准备日美决战，悍然占领了中国的东北，而这种做法进一步促发了日美之间的矛盾。1937年日本展开全面侵华战争后，美国对日本的制裁逐步升级，而日本最终也放出了胜负手。

　　1941 年 12 月 8 日（美国时间为 12 月 7 日）凌晨 3 点 20 分，日本对美国珍珠港海军基地发动突袭；而此前 1 点 30 分，日军已经登陆英属马来西亚，战争已经开始。12 月 10 日，英国皇家海军巨舰"威尔士亲王"号和"却敌"号被日本炸沉；这一年圣诞节当日，日军占领香港；第二年 1 月 2 日，日军攻占马尼拉；2月 15 日，新加坡沦陷。3 月 9 日，驻扎在菲律宾的美国远东军司令麦克阿瑟担心被俘，逃亡澳大利亚，大批美国士兵成为日本帝国的俘虏。在东南亚战场，日军势如破竹，将整个西方列强的殖民地纳入囊中。

　　这些都是在目前的历史叙述和影视节目中经常出现的主题，人们对事件的来龙去脉并不陌生。那么，日本为什么发动了这场战争？为了打破美国对它进行的制裁？或是日本帝国的一场根本没有胜算的赌博？还是如日本人所认为的，这是一场创造历史的战争，有着日本彻底的物质和精神准备？

　　宽泛地说，这些说法似乎都没错。但把当时日本发动对美战争这样级别的决策归结为"赌博"，并不符合一般的常识。日本的决策过程，应该是经过了极其周密的计算与推演。从军事的角度来说，日本采用"南进"策略，即攻击英国、荷兰、美国在东南亚的殖民地，目的正是获取石油、橡胶等至关重要的战略资源，从而维持它对中国发动的全面侵略战争。1940 年 9 月 27 日，日本与德国、意大利签订同盟条约，"轴心国同盟"成立，此后，日本便将东南亚划入自己的势力范围。

另一方面，从当时的战局来看，日本认为它在欧洲的盟国，即德国和意大利会取胜；它之所以要对英美开战，就是要两面夹击，拿下英美。退一步说，它希望通过消灭美国太平洋舰队的力量，迫使美国回到谈判桌与它进行谈判，从而达成独霸亚洲的战略目的。而在此前的日美谈判中，美国坚决要求日本从中国撤军，恢复"九一八事变"以前的状态。在对美开战前及开战后，时任美国驻日大使格鲁曾数次使用"民族切腹"来形容日本军国主义者的蛮干，这当然也表达了美国的观察和敌意。[1] 显然，我们不能因为日本惨败，就用"赌博"这样的非理性、非谋略的字眼来概括这段历史。

同样，还有一个问题值得我们思考。从中国和亚洲其他被压迫、被殖民的国家和民族来说，日本的侵略性与不正义性不言自明；日本的失败可以说是罪有应得。但从当时日本的角度看，这场战争意味着什么？或者说，它认为自己开战的"正义性"在哪里？日本对发动战争的认识，正是我们要关注的问题。

战争爆发后，日本天皇正式向国民发布了《宣战诏书》。诏书

1　[美]格鲁：《使日十年》，沙青青译，社会科学文献出版社，2020 年，第 527 页。

中有这样的说法：

> 确保东亚安定以利世界之和平……与英美两国开启衅端，洵非得已……中华民国政府不解帝国之真意，妄自滋事，扰乱东亚之和平，卒使帝国操戈而起……然重庆残存政权，恃美英之庇荫。兄弟阋墙，罔知悔改。美英两国支援残存政权，助长东亚之祸乱，假和平之美名，逞称霸东洋之野心，并进而勾结与国，于帝国周围增强武备，向我挑战……对帝国生存予以重大威胁。……帝国今为生存与自卫计，唯有毅然奋起，粉碎一切障碍。皇祖皇宗神灵在上，朕深信尔等众庶之忠勇，必将恢弘祖宗之遗业，迅速铲除祸根，确立东亚永久之和平，以期确保帝国之光荣。[1]

这个说法就是日本帝国的意识形态自身，它流露出了日本帝国此时的部分真实欲望。因此，对于日美开战这样世界史级别的大事件，我们要找一个与其级别相匹配的视角，来重新看一下这场战争。这个视角是我们历史叙事的一个主线，即文明的进程。我们要具体思考的问题是：这场战争同其后的历史与文明演进的方向有什么关系？我们今天反思这场战争，究竟能获得怎样的关于历史和文明进程的经验和教训？

我们这里先引述一段竹内好（1910—1977）的说法，看看当

1　[日] 服部卓四郎：《大东亚战争全史》，张玉祥等译，世界知识出版社，2016年，第289页。

时日本人对事件的感知情况。竹内好在战前就是有名的中国文学的研究者；中国作家鲁迅在今天的日本之所以获得一种接近崇高的地位，与竹内好的翻译、研究和解释可以说有紧密的关联。战后，他对日本的军国主义历史与日本的国民性进行了极其严厉的批判与反省，是一位著名的左翼思想家。

现在我们进入正题。1941 年 12 月 8 日上午 11 点 40 分，日本天皇向国民发布了宣战诏书。听到这一消息，竹内好立刻撰写了《大东亚战争与吾等的决意》一文。在文章一开头，他这样写道：

> 历史被创造出来了！世界在一夜之间改变了面貌！我们亲睹了这一切。我们因感动而战栗着，我们在战栗中用目光追随着那如同彩虹般划破天空的光芒，追随着那光芒的走向，我们感觉到从自己的内心深处涌出某种难以名状的、摄人心魄的震撼之力。[1]

我们今天看到这样的说法，很容易认为这是当时日本军国主义分子的典型言论。但如前所述，竹内好非但不是军国主义者，反而是一位坚定的反战主义者与军国主义的批评者。比如，他在这篇文章中就高调宣称自己热爱中国："我们热爱支那，热爱支那的感情又反过来支撑着我们自身的生命。"他认为日本自 1937 年开始的军事行动本质上是对中国的侵略，是在建设东亚美名下的"欺凌弱小"。但此番日本对英美开战却改变了竹内好的一些看法：开战表明了"日本不是畏惧强者的懦夫"。

1　[日] 竹内好：《竹内好全集》（第 14 卷），筑摩书房，1981 年，第 294—298 页。

竹内好的意思是说，日本既然敢于向强者挑战，至少说明它此前提出的"建设东亚新秩序"的目标，不再纯然是欺骗人的谎言。他接着说，"在东亚建立新秩序、民族解放的真正意义，在今天已经转换成我们刻骨铭心的决意"。然后，他斩钉截铁地宣布："从东亚驱逐侵略者，对此我们没有一丝一毫进行道德反省的必要。"

因此，当他宣称"历史被创造出来了"的时候，他是由衷地相信，日本正在驱逐东亚的侵略者，正在驱赶英国、美国、法国、荷兰等帝国主义列强，为亚洲被殖民的国家谋求解放。这个被创造出来的历史，也可以说是一种新的文明；在日本帝国主义者创建"东亚新秩序"的谎言中，竹内好认为自己从天皇的宣战诏书中看到了历史真实的一面。

当竹内好高调宣称"历史被创造出来了"的时候，事实上表明了当时日本国民的最大共识：近代以来日本努力的目的，就是创造一种新的"历史"。日本对英美宣战，是将国民的意图和欲望付诸行动的必然结果，是被国民普遍认识到的新事实。正因为如此，这场战争对于那些因日本侵略中国而感到羞愧的人而言，是一种精神上的拯救。

那么，日本要创造历史这一观念究竟是从哪儿来的？我们当然不能将其简化为近代日本军国主义者狂妄自大、不自量力的结果；同样，将此时日本帝国的对外政策简化为"狂热"、"赌博"这样的一般认知，也不符合事实。我们要在日本的历史和民族心灵的深处去寻找那种力量。

从"文明"的视角来看，自从明治维新以来，日本在世界秩序与文明秩序的演变过程中一直扮演着双重的角色：日本既是近代西方文明的追随者与崇拜者，又是近代西方文明的挑战者与叛逆者。日本最终发动对西方帝国主义国家的战争，可以说是它走向近代文明的必然结果。

重要的是，日本之所以能扮演这样的角色，正是内在于它自身的东亚属性发生作用的结果。西方殖民主义势力在19世纪中期扩张到东亚之后，东亚世界的各民族就被卷入这一世界史的运动当中。如何摆脱被征服、被殖民的命运，对于有历史、有文明意识的国家和民族而言，是一个异常紧迫的问题。在这个过程中，日本是一个特例，一个与众不同的变量。它极其迅速地吸收了西方文明的成果，实现了富国强兵，从而摆脱了危机。而它摆脱危机的最主要的手段，却是与列强抗争，参与列强的殖民地竞争并发动殖民战争。

所以，近代日本在演化上的殊异性格已经不言自明了。一方面，它发动的针对中国、俄国、美国以及英国等的战争，有着帝国主义的现实考虑，那就是要成为强权，争夺殖民地，这是它非常恶劣的一面；另一方面，它抓住了当时西方文明的缺陷——当时殖民帝国普遍的虚伪与野蛮——把自己塑造成了挑战者和解放者的角色，并受到了国民的广泛认可。在军国主义的教育下，日本国民把自己的不如意统统归因于西方"野蛮"国家对它的歧视、压迫和封锁。在这样的认知环境中，日本当时决定对美开战，可以说并没有碰到实质性的阻碍和困难。

更重要的是，此时日本国民呈现出的欲望和认知也让决策者感受到民心可用。如前所述，竹内好虽然对日本军国主义持批评态度，但他对日本挑战美国的事实，却表达了一种赞赏的激情。竹内好表达的正是日本国民的共识。近代以来日本努力的目的就是创造一种新的"历史"，创造一种全新的"文明"。日本京都大学的一些哲学家迅速地拿出了一套"世界史"理论，认为这是日本文明、东洋文明战胜并超克西方文明的东西大决战。因此，对美国的开战消弭了日本国民对日本发动侵略战争的最后一重疑虑，甚至可以说起到了一针强心剂的作用。

在战后的批判反思过程中，竹内好提出了一个有名的说法，叫"优等生文化"：在致力于学习外部世界方面，日本人从来都是非常热心。他这样写道："赶上，超过，这就是日本文化的代表选手们的标语。不能输给别人，哪怕只是一步，也要争取领先。他们像优等生那样挣得分数。"也就是说，近代日本就像学校里的好学生一样，只要拿第一，其他就不闻不问了。

竹内好的这个比喻，其实是他进行的自我批评："优等生"毕竟只是学生，尚未产生真正成熟的自我意识与文明意识。"优等生文化"容易产生两种结果：一是完全按照老师的规则行事；二是优越意识，一种指导落后者与落后的人民的"使命感"。日美开战后，竹内好说"历史被创造出来了"，其实就是优等生意识的流露。当然，那时候日本国民上下真诚地认为，日本正在为创造世界新文明与新秩序奋斗。

在这种"优等生文化"潜移默化的影响下，当日本精英看到西方列强压迫、殖民其他国家与民族的事实时，自然会感受到近代西方文明不义、野蛮的一面。我们前面曾提到的松冈洋右在国际联盟的演说，就是这种优等生意识的代表：日本极其"聪明"地效仿西方殖民帝国的种族歧视与民族压迫行为，尽管它早已"聪明"地认识到这种秩序的不义和无法持久。于是，它开始构想更为文明的世界新秩序。但在日本进行殖民扩张的过程中，它自身的野蛮力量与"优等生"的偏执意识相互激荡，结果便是将自己的文明意识丢得一干二净。日本虽然在国土上成功避免了沦为西方的殖民地，但在思想观念上近乎全面沦陷。

关于1941年的日美开战，多数的历史叙述和分析都集中在当时的政治和军事分析层面上。但如上文所述，我们若想要理解这个事件在其演化进程中的作用，必须从世界秩序与世界文明的层面上看问题，否则容易被历史事实的一些细枝末节所左右。这个"文明"视角并非后世观察者强加给历史的，而是当事者自身实实在在的自我意识。

在传统的东亚世界体系中，由于接受儒家思想的长期熏陶，日本形成了自身就是文明的意识；但当日本在近代与欧美列强发生互动时，面对完全异质的近代西方文明，它的"文明"意识产生了分裂。日本针对亚洲国家同样采用了"野蛮"的殖民压迫与掠夺，这意味着它丧失了对真正"文明"的历史记忆和感受。

关于日美开战这一历史事件的前因后果，我们最后再略作总结。

第一，从东亚世界体系变动的角度，日美战争是近代西方殖民主义世界秩序的必然结果。日本越是一个学习西方文明的"优等生"，这种战争越无法避免。日美对决是殖民帝国主导的近代世界秩序矛盾的总爆发，从而事实上也是近代文明自我更新的手段。第二次世界大战后形成的以联合国为中心的新的世界秩序，正是新文明的诞生：这个文明的主旨是将国家行为纳入国际法的管控之下，在世界范围内实现法律的正义。

第二，1941年开始的日美对决，还有着"文明冲突"的强烈意味，某种意义上也是传统东亚文明与近代西方文明的冲突。竹内好的"历史被创造出来了"，并非军国主义时代日本国民的幻想，而是一个日本知识分子对人类文明的呼吁和渴求。事实上，日本通过军事行动打破了西方殖民帝国在东南亚的统治秩序，客观上为二战后东南亚各国的独立创造了一定的条件；在这个意义上，日本对英美的挑战带来了复杂的历史结果。

美国历史学家道尔（John W. Dower）在分析太平战争的种族主义侧面时，曾这样写道："真正改变许多非白人世界观的是日本的行动，而不是它的语言。日本人敢于向白人的支配地位发起直接挑战，他们最初的胜利以令人难忘的方式羞辱了欧洲人和美国人，并永远地摧毁了'白人万能'甚至'白人效能'的神话。"[1] 在终结起源于西方殖民帝国的种族主义观念和实践的历史进程中，日本诚然扮演了挑战者的角色。

第三，随着日本在1945年8月15日宣布无条件投降，东亚世界秩序再次发生巨变：日本的战败意味着日本作为大国地位的丧失，而中国则因其艰苦卓绝的抗战，在战争末期上升为与美国、苏联和英国并列的世界"四大国"，并在1945年6月26日签署的《联合国宪章》中，成为维持新世界秩序的五大国之一。中国虽然无法恢复历史上在东亚世界的地位，但最终走出了此前持续了大约一个世纪的困境。

1　[美]道尔：《无情之战：太平洋战争中的种族与强权》，韩华译，中信出版社，2019年，第188页。

东京大空袭

从重庆开始的因果链条

　　1941 年日本与美国对决的失败，对此后日本的国家存在方式有着决定性的影响。这是历史上日本国土第一次遭到毁灭性的打击，国民的内心受到了强大的冲击。日本国民将被迫带着特定的战争记忆——从"万世一系"、"八纮一宇"、"金瓯无缺"的近代军国主义"神国"到战败亡国的现实——开始国家重建的过程。这种影响如此深刻，以至于在今天依然可见这场战争对日本国民的家国意识的塑造。

　　其实，今天的多数日本国民在提到"战争"时，首先想到的就是"日美战争"；由于它会引发创伤记忆，很多人甚至不愿直呼其名，而更愿意用"那场战争"来代替。"那场战争"当然是日本走向惨败的过程。人们通过历史阅读和影像资料，对战争过程都会有所了解；其中日美双方在中途岛、塞班岛、硫磺岛、冲绳岛等地的激战，更是各种历史讲解与影视节目再现的内容。

　　但要说到日本国民的战争记忆，这些战役还不是主要的，因为它们毕竟与多数国民的直接体验无关。今天日本国民提到"那场战争"时，首先想到的是他们自身在战争末期的悲惨遭遇，那就是日本遭到了盟军的毁灭性轰炸，其中的一个具体环节就是"东京大空袭"，尤其是1945年3月9日和10日美国对东京的空中轰炸。

空袭是一种常见的战争行为，为什么东京大空袭会在日本国民的战争记忆中占据特殊的位置？它在整个日本演化进程中扮演了怎样的角色？

首先，这场空袭非同寻常，它是日本历史上第一次遭受毁灭性的打击。此前，日本本土遭受攻击，还是发生在镰仓时代的两次"蒙古袭来"（分别是1274年和1281年），但都以日本的胜利告终。东京大空袭是第一次发生在日本民众身边的战火，而且结果非常惨烈：在两日的空袭中，东京街区的大约四分之一被夷为平地，近十万人殒命，日本国民感到了强烈的震撼。

如果联想一下2001年美国纽约遭到攻击的"九一一事件"，我们就可以明白这种震撼的强度。美国自建国以来，除了1812年它向英国宣战而引发攻击外，本土再未遭到过外敌的打击。这一安全记录终结于2001年。美国的这种安全状况，当然也得益于它的地理位置。但也正因如此，这场袭击对美国的冲击显得愈发强大，深刻影响了此后美国的国家安全政策和对外政策。

而对于多数普通的日本国民来说，东京大空袭或许才是战争的真正开始。1937年7月7日发动全面侵华战争之后，日本士兵固然有伤亡，日本国内固然从1938年4月就制定了《国家总动员法》，开始进入战时总动员体制，但战争的悲惨似乎永远是别人的事情。非但如此，在军国主义的教育下，人们还形成了支持侵略战争的狂热观念。甚至，日本侵华战争开始后，日本国内经济出现了所谓的"战争景气"，经济变得更为繁荣，国民生活水准也随之上升。[1]对大多数日本国民而言，在歌舞升平中，战争只是停留在报纸上的新闻或统计数字，而不是真实的生死体验。

正是这种从主动放火到隔岸观火再到引火烧身的戏剧性过程，让深陷军国主义泥潭的日本国民猛然警醒。准确地说，以"东京大空袭"为代表的二战末期美国空军对日本本土的毁灭性打击，彻底颠覆了近代以来日本国民的战争意识，也让其切身感受到了战火的可怕与战争的悲惨。第二次世界大战后，日本普通国民基于自己的战争体验，开始致力于和平主义的思想，对日本政府的很多内外政策——比如试图修改《日本宪法》而向海外派遣军事力量——形成了有力的制约。

但另一方面，日本的一些政治家和学者还经常发表一些否认战争责任的言论，这自然意味着他们对战争和历史认识的不彻底。那么，他们的这些认识与普通民众又有怎样的关系？日本国民究竟记住或遗忘了怎样的历史事实？

由此，我们会发现一个独特的"事实"：今天的日本国民记住的首先是东京大空袭的悲惨结果，而不是它的起源。这种对起源的忽视或遗忘，不管是有意还是无意，都会扭曲人们的历史认知与战争记忆。

我们首先从"九一八事变"谈起，因为在这一年的10月8日，日本空军出动十一架飞机对锦州进行了轰炸。这是一次不折不扣的战略轰炸，事变首谋石原莞尔亲自升空视察轰炸结果。这是人

1　[日] 井上寿一：《日中戦争下の日本》，講談社，2007年，第24—25页。

类历史上的第一次"无差别轰炸"，它不再区分军事与民用设施，不再区分士兵与平民，统统将其纳入轰炸的目标当中。

无差别战略轰炸是一种新型的战争形态与手段，日本是这个战争手段的始作俑者，而锦州则是第一个牺牲的城市。日本军国主义者从中尝到了甜头，找到了一种以最小代价进行最恐怖的杀戮的形式。因此，尽管从轰炸锦州开始，日本就一直因这种非人道的恐怖行径而遭受来自美国、英国等国际社会的强烈批评，但它一意孤行，走上了不回头的路。悲惨的是，中国成了无差别轰炸这种新型战略思想与战术的最初的牺牲者。有日本学者指出，石原莞尔就是无差别战略轰炸的创始人。而这次轰炸实际上铺设了一条后来通向重庆，然后通向广岛、长崎的岔道，成为"终点的起点"。[1]

在走向东京大空袭的因果链条中，中国战时首都重庆构成关键的一环。正是在围攻重庆的过程中，日本把无差别轰炸的恐怖主义行径发挥到了极致。常言道：天作孽，犹可恕；自作孽，不可活。这是对战时日本帝国主义的预言。我们可以看几个细节，以佐证其中的因果关联。

1937 年 7 月 7 日日本发动全面侵华战争后，数月间先后攻陷了上海、南京等大城市，意欲迫使中国投降。到了第二年，日本更是集结重兵，最终在 10 月夺取了武汉。不过，中国政府随即迁都重庆，采取了"以空间换时间"的持久战战略。此时，日本已

1　[日]前田哲男：《从重庆通往伦敦、东京、广岛的道路——二战时期的战略大轰炸》，王希亮译，重庆出版社，2015 年，第 28 页。下文对日本战略轰炸若干历史细节的重现也参照了本书，不再一一列举页码。关于重庆轰炸的详细记录和分析，还可参见 [日]伊香俊哉《战争的记忆：中日两国的共鸣和争执》，韩毅飞译，社会科学文献出版社，2016 年，第六章。

经用尽除"近卫师团"，也就是皇宫的禁卫军之外的所有陆军兵力，可谓强弩之末。

面对重庆的险要地势，日本认为出动空军进行轰炸，是迫使中国屈服的唯一办法。1938年2月18日，日军对重庆郊区的机场实施了首次轰炸；10月4日，进一步对重庆市区实施了轰炸，从此拉开了杀戮重庆市民的序幕。第一次大规模空袭发生在1939年的5月3日和4日，日本连续两天对重庆市区的闹市地带进行地毯式轰炸，结果造成五千多平民殒命。造成如此大伤亡的一个原因，是日本使用了新型的炸弹：一种特制的燃烧弹。

我们这里先说第一个细节，一个决定了此后东京命运的细节。

1939年的5月3日和4日，在重庆遭受轰炸时，一位特殊的外国人拿着照相机和笔记本，对整个过程进行了详细的观察。这个人就是后来赫赫有名的美国援华空军"飞虎队"队长、美国陆军航空队少将陈纳德（1893—1958）。在这次轰炸后，陈纳德给美国空军参谋长写了一封信，内容就是建议开发专门针对日本城市使用的燃烧弹。东京大空袭中的主要武器燃烧弹，其起源正是重庆大轰炸中日军率先使用的这种残酷且致命的武器。

重庆的受难和牺牲还刚刚开始，日本随后发动了代号为"百一号作战"和"百二号作战"的两场大型轰炸。当时，日军集中了海军和陆军的所有航空兵和飞机，组成了庞大的轰炸机群。在1940年5月到8月间发动的"百一号作战"期间，日军动用二千余架飞机实施了数十次大规模轰炸，总共向重庆市区投放了一千四百余吨炸弹，包括最新型的燃烧弹。而且，为了彻底掌握制空权，日本将几乎还处在实验阶段的一款新式战斗机投入了战斗，这就是后来很有名的"零式"战斗机。

在战术上，日军还发明了一种新方法，故意采用不间断轰炸的方式，借以剥夺重庆市民的喘息机会，目的是造成最大的恐怖效果。日军为此专门起了个名字，叫"重庆定期"，意思是空袭就像是定期航班，严格按照计划、按照时间表进行。重庆人将其称为"疲劳轰炸"；而 1941 年 6 月 5 日校场口防空洞发生的造成一千多人瞬间殒命的惨案，就是这种"疲劳轰炸"的结果。

值得留意的是，当时的日本国民对日军的杀戮与中国平民遭受的苦难置若罔闻。比如，1940 年 8 月 21 日的《朝日新闻》就报道了"连续攻入敌都（重庆）三十次的辉煌纪录"以及"第三十一次重庆猛袭，市区化为火海"的战况；对此，有日本学者这样指出："报纸中对日军实施空战和空袭的描述，体现了战争的辉煌和爽快感，却没有体现悲惨和残酷性。"[1]

我们再说第二个细节，这次出场的是美国总统罗斯福（1882—1945）。

据记载，早在 1941 年 1 月，罗斯福就命令美国海军考虑对日本城市进行轰炸的可能性。大家要注意这个时间节点，它处在日军对重庆大轰炸的间歇期，距离这一年年底的日美开战还有将近一年的时间。罗斯福这一命令的动机正是源于日军对重庆进行无差别、无间断轰炸的事实。对重庆平民的无差别杀戮激怒了这位理想主义者和人道主义者。1942 年 4 月，美国空军首次实施了东京空袭；空袭使用了位于浙江省省内的机场，导致日军随后对中

1　［日］伊香俊哉：《战争的记忆：中日两国的共鸣和争执》，第 158 页

国进行了猛烈的报复，屠杀沿线民众达二十五万人。[1]

其实，早在 1937 年 7 月 7 日发动全面侵华战争不久，日军就对南京、苏州、杭州等城市进行了无差别轰炸。当时美国总统罗斯福、国务卿史汀生以及随后出任国务卿的赫尔等人，均一致谴责日本违反国际法。这一年的 8 月 29 日，驻南京的美、英、德、法、意五国代表向日本提出抗议书，谴责日本的无差别轰炸"直接导致了普通百姓的死伤甚至充满痛苦的死亡"。10 月 5 日，罗斯福发表著名的"隔离演说"，反对"世界上恐怖和无法无天行为的流行症"，要对侵略国实施"防疫隔离"，这就如同"在生理上的流行症开始蔓延时，社会就会认可并参与把病人隔离开来，以保障社会健康和防止疾病传染"。[2] 这是对日本野蛮侵略行径的谴责。国际联盟还专门就日本无差别轰炸中国城市召开全体会议，谴责日本随意杀伤无辜平民的行径。针对这些抗议，日本军国主义者进行了百般的狡辩。[3] 这一时期，美国出于对国际法的尊重和它固有的人道主义考虑，逐步升级了针对日本的经济制裁。

后人在探讨日美开战的原因时，通常会归结于美国在 1941 年 8 月对日本最终实施的战略物资，尤其是石油的禁运。不过，从上述两个细节中我们可以看到，美国最终针对日本采取决定性的禁运措施的背后，也有着此前对日本不正义行为感到愤怒的漫长积累。重庆市民遭受的巨大苦难，以及日本对珍珠港的突然袭击，最终解除了美国针对日本城市进行无差别轰炸的道德顾忌。

1　关于这次空袭的历史叙述，参见王国林《1942：轰炸东京》，生活·读书·新知三联书店，2016 年。

2　转引自 [美] 麦克莱恩《日本史（1600—2000）》，第 450 页。

3　[日] 伊香俊哉：《战争的记忆：中日两国的共鸣和争执》，第 143—146 页。

1944 年 6 月 15 日，美国的"超级堡垒"B29 型重型轰炸机从中国的成都基地起飞，开始对日本九州的工业中心进行轰炸，拉开了对日战略轰炸的序幕。11 月 24 日，东京首次遭到了轰炸，由日本军国主义者发明并率先发动的这种无差别轰炸的狂飙，发生了转向，开始刮向自身。高潮发生在 1945 年 3 月 9 日夜，美军 334 架 B29 轰炸机从关岛出发，携带 1665 吨凝固燃烧弹空袭了东京。东京瞬间被火焰吞噬，繁华的现代大都市顿时变成人间的修罗场，上百万人无家可归。

到战争结束时，日本全国共有九十八个城市遭到不同程度的轰炸。8 月 15 日上午，美国出动八百多架轰炸机对东京进行了最后一次大规模空袭。这一日的正午 12 点，天皇通过广播发布《终战诏书》；随后，美国总统杜鲁门宣布停止军事行动。东亚乃至世界史上的最大一场浩劫，终于结束。而日本则在较短的时间走完了从重庆到东京的道路。

20 世纪战争的残酷性在于，人们发明了从天上到地下的各种全方位的杀伤性武器；各种生物、化学武器不但被投向战场，还被随意投向了平民居住的城市与村落。从重庆到东京的无差别轰炸，就是这种残酷性的典型。

以东京大空袭为代表的盟军对日本本土的轰炸，是日本普通国民对战争感受的首要来源。这一苦难历程的起源，正是侵华日军在中国大陆实施的各种暴虐行为。日本最先实施了无差别轰炸的战略，结果引火烧身，重创了自身。日本本土遭受的毁灭性打击，从根本上促进了国民的惊醒，使得他们放弃了军国主义的道路。不仅如此，战后日本国民当中甚至形成了否认任何战争正义属性的"绝对和平主义"思想。

但另一方面，战后日本对于战争的反思并不彻底。在战后日本的历史记忆中，重庆这一因果链条中最关键的一环，遭到了忽略和遗忘。日本国民一再回忆起自身伤亡的惨痛经历，而缺少了对无辜受难的重庆市民的哀悼，日本历史认识的不彻底由此也可见一斑。就此而言，"那场战争"对日本国民的影响还将持续下去。

还要指出的是，我们这里谈到的日本的战争记忆以及战后日本的和平思想，还有着另外一种起源，那就是广岛和长崎遭受的原子弹轰炸。如果说东京大空袭最终造成了近代日本军国主义极力鼓吹的"神国意识"的破灭，那么，广岛和长崎的原子弹轰炸，则被赋予了更为复杂的含义，其中最重要的一点就与这个"神国意识"有关。

广岛和长崎

两个"神国"的对决

1945 年 8 月 6 日和 9 日，日本的广岛和长崎先后遭受了原子弹轰炸。这两次轰炸属于盟军对日本本土打击的一部分，但与盟军对其他城市的空袭相比，却有实质的不同，超过了一般战争意义上的因果链条，因为人类第一次使用了一种终极性的致命武器——核武器，并以其巨大的杀伤性能改变了军事战略的本质。结果，广岛和长崎永远和这种终极武器联系到了一起，日本也成为唯一一个遭受核武器打击的国家。

历史当中没有假设，但对于这种终极武器的使用的是与非，后世的人们提出了各种不同的看法。比如，假设美国不使用原子弹，日本会投降吗？假设日本率先研发出原子弹，结果又会怎样？围绕这些假设进行思考并非没有意义，它们会让我们进一步理解人类事务的本质。

美国的原子弹研制成功之后，此前一直被蒙在鼓里的新任总统杜鲁门在 7 月 25 日的日记中这样写道："我们找到了世界历史上最可怕的武器，它可能是诺亚和他的大方舟之后，幼发拉底河谷时代预言的大火毁灭……希特勒团伙或斯大林没有发现这个原子弹，对世界来说确实是件好事。"在对日本是否使用原子弹上，杜鲁门没有显示半点犹豫，而陆军部长史汀生则表达了迟疑。他对杜鲁门说，他支持使用这一武器结束对日战争，但他也不想看到美国"比希特勒还残暴"。除了主要的军事考虑之外，针对日本的报复欲望以及与苏联的竞争，构成了当时美国政治家思考的主要问题。[1]

为了认知广岛和长崎的遭遇在日本演化史中的地位，我们在这里选取第一个问题进行思考实验：战争末期日本遭受的这种毁灭性打击，是否可以避免。这也是今天的很多人一再反思的问题。有人可能会说，广岛和长崎遭受的打击的本质是无差别轰炸，而日本又是这一战略战术的始作俑者，这种结局自然无法避免。

但这种回答仍然会让很多人无法满意。人们依然会追问：这种在瞬间就会将一座城市夷为平地的终极武器，它的使用真是不可避免吗？难道没有替代性的方案吗？美国政治家和军方很早就对使用这种武器的意图进行了说明：动用原子弹的目的就是为了拯救美国士兵和日本平民的生命。美国方面当然有证据支持这一主张。空袭日本城市已经使得数十万平民丧生，如果美军采用常规的登陆作战，结果可能与此前的冲绳战役类似——这场战役导致多达十二万的冲绳平民伤亡。

美国的政治家和军事将领在 1945 年面临的选择难题——选择

1　[美] 内伯格：《1945：大国博弈下的世界秩序新格局》，宋世锋译，民主与建设出版社，2019 年，第 259—267 页。

常规作战还是动用原子弹——似乎只能用伤亡数字比较的方式加以解决。不过，时过境迁，这种两害相比取其轻的权宜之计再次成了人们争论的问题。人们再次追问：是否有其他方式迫使日本无条件投降？美国使用原子弹是否有其他意图？这些问题一直在刺激着人们的神经，很多人为此展开了激烈的争论。

我们今天重提这些问题，目的当然不是要给出明确的回答，而是要将塑造日本历史认识的一个极为重要的契机，一个让很多日本国民在内心深处感到疑惑、不解、悲哀，甚至愤懑的历史事件再次提出来，并借此思考那些在历史上深刻影响着日本国民精神的要素。[1]因此，我们有必要从战争的因果链条中抽身出来，进入对战争与和平、文明与人类命运这些大问题的思考中。

当然，对于这些大问题，凭空议论可能不得要领；我们要通过不断调用历史事实的方式，寻找正确的历史认知的路径。

回到历史现场，我们首先要注意一个事实：美国在决定动用原子弹之前，曾经与中国、英国一起，于1945年7月26日向日本发布最后通牒，也就是著名的《波茨坦公告》，要求日本无条件投降。如果日本宣布接受公告，那么它当然就可以避免这两场致命的打击。

1　比如，当代日本有名的左翼学者高桥哲哉对日本的战争责任进行了全方位追究，认为日本对中国的"侵略战争"、对美国的"开战"都要负战争责任；但在谈到美国对广岛和长崎进行的原子弹轰炸时，他认为美国投放原子弹是进行无差别轰炸的"战争犯罪"，认为应该追究美军以及美国的战争责任。这就是说，即便是对日本军国主义持严厉批判的左翼学者，也无法简单接受日本遭受原子弹轰炸一事。参见［日］高桥哲哉《国家与牺牲》，徐曼译，社会科学文献出版社，2008年，第55页。

历史当然没有"如果"；我们这里之所以进行假设，是因为后世的人们看不到日本继续抵抗，进行所谓的本土决战的理由。此时美国针对日本城市的轰炸已经进行了几个月，日本的大多数军事工业已被毁灭；同时，美军也攻占了冲绳岛。从这种趋势来看，美军似乎并不需要进行必然要付出巨大伤亡代价的本土登陆作战，只需要持续进行常规轰炸即可迫使日本投降。这意味着美国没有必要动用作为终极武器的原子弹。当然，也有相反的证据，即日本在中国大陆尚有上百万的大军，日本国内战斗到底的意志也极其顽强，盟军很难在不付出巨大代价下迫使日本无条件投降。

不管怎样，历史的事实是日本拒绝了最后通牒，美国也没有采用常规轰炸的方式，于是也就有了广岛和长崎的悲剧。现在，我们进一步接近了问题的核心：日本何以拒绝接受无条件投降的要求？美国何以最终决定使用原子弹来结束战争？其实，我们前面提到的各种"如果"，背后都是军事逻辑的考虑。但只是这么看，实际上就把问题看浅了。德国军事理论家克劳塞维茨在《战争论》中有一个脍炙人口的说法，即"战争是政治的延续"。就此而言，日本决定不妥协，应该是有着深层的政治原因，而非表面的军事原因。事实正是如此。

我们先看日本方面的理由。日本拒绝无条件投降的理由就在于两个字：天皇。在当时日本的决策中枢看来，接受公告意味着"天皇"以及"天皇制"的命运将成为盟军的掌中之物，这对日本而言不是屈辱与否，而是亡国与否的问题。《波茨坦公告》第六条和第十条有着这样的规定：

（六）欺骗及错误领导日本人民使其妄欲征服世界者之威权及势力，必须永久剔除。盖吾人坚持非将负责之穷兵黩武主义驱出世界，则和平安全及正义之新秩序势不可能。

（十）吾人无意奴役日本民族或消灭其国家，但对于战罪人犯，包括虐待吾人俘虏在内，将处以法律之裁判，日本政府必将阻止日本人民民主趋势之复兴及增强之所有障碍予以消除，言论、宗教及思想自由以及对于基本人权之重视必须成立。

很明显，这两条都涉及战犯处理的问题。另外，第十条明显意味着战后日本必须进行民主化改革，这同样是变更"国体"的大问题。在当时的日本语境中，维护天皇的目标被称为"维护国体"或"国体护持"。这里面的关键词是"国体"：在近代日本，它不仅是集伟大、光荣和正确于一身的政治观念，更因天皇是"国体"的核心，还获得了神圣性——日本的"国体"是由"万世一系"的天皇统治的"神国"。在二战结束前，很多日本学者因为对"国体"有不同的理解而遭到了来自政府和右翼势力的打压。所以，"国体"还是独裁者用来钳制人口的手段。

结果，维护国家体制的安全成了天皇及其重臣的最高目标所在；至于平民百姓的伤亡，根本就未曾进入统治者的法眼。实际上，8月6日美军向广岛投下的第一颗原子弹已经造成了巨大的伤亡；《波茨坦公告》第十三条所明言的日本若不无条件投降"即将迅速完全毁灭"的现实证据，已经摆在了包括天皇在内的日本最高统治者面前。

这次打击依然未能促使日本下定投降的决心。相反，为了维护这个天皇统治的"国体"，彻底失去了理性的帝国统治者们，一再叫嚣着"一亿玉碎"、"本土决战"的口号。这里的"玉碎"来自"宁为玉碎，不为瓦全"这一说法，当时被用来美化为天皇牺牲的士兵；"一亿玉碎"意思是说即便日本的一亿人口全部战死，也不会向盟军投降。这是一个极为恐怖的说法。

但在当时负责进攻日本的美军看来，这个说法可不是虚张声势。实际上，在太平洋岛屿的争夺战中，日军极其顽强，绝大多数都是力战至死。为此，美军吃尽苦头，付出了沉重的伤亡代价。比如，在1945年2月19日发起的硫磺岛战役中，美军当日就阵亡二千四百人；到3月26日最终拿下该岛时，美军已经付出了阵亡二万六千人的代价。同样，在这一年4月发起的冲绳战役中，美军有二万士兵殒命，总伤亡人数达到七万。美军在这一次战役中的损失，超过了此前在太平洋战争中历次战役的总和。而日本方面，除了有九万士兵阵亡外，还有十二万冲绳平民因此丧生。另外，此间"神风特攻队"的自杀式攻击也给美军士兵造成了极大的心理冲击。美军根据这次冲绳战役对战争结果进行了重新的估算，结果是，如果进攻日本本土，美国将要付出一百万士兵伤亡的代价。

到这里，美国政治家们决定使用原子弹的理由就突显了出来——军事理由显然压倒了其他的考量。美国的政治家们认为，日本将遭受的致命打击完全是咎由自取。这也是第二次世界大战后美军为自己的行为进行正当化时一贯的依据。

当代日本有名的左翼学者小森阳一在《天皇的玉音放送》一书中就主张说，正是这种"国体护持"的观念造成了二战末期日本平民的大量伤亡。¹这种看法将战后日本的历史认识推向了深层。
当然，这么说并不意味着小森阳一的说法就纯然正确无误。我们
这里的目的不是评价，而只是要指出一个人们观念中的事实——
"天皇"与"原子弹"之间有着千丝万缕的关联。

其实，当代日本有名的右翼历史学家西尾干二，专门写了一
本探讨二者关系的书，书名就叫《天皇和原子弹》。他这样写道：

> 美国在潜意识当中有着强烈的不安；事实上，这种不安
> 一直在影响着战后的日美关系和国际政治。美国在实验当中
> 已经知道了原子弹是大规模杀伤武器，但还是把它投下了。
> 对于美国而言，日本乃是反抗"神国"的撒旦，是恶魔。请
> 记住美国很早就有这种看法了。日本虽然也是"神国"，但从
> 美国看来却是恶魔。当然，美国能轻易就完成了原子弹的投
> 放，这背后也有人种歧视的观念因素。不过，这种歧视观念，
> 有着根本的宗教根源。²

这个说法有非常奇异的地方。日本是"神国"，这是近代以来
日本军国主义者竭力宣传的说法；但在当代的日本右翼学者看来，
美国也是不折不扣的"神国"，是自认为代表上帝正义的"神国"。
因此，美国决定动用原子弹轰炸日本，从这个角度来说就不仅仅
是出于军事与政治的目的了，而是有着深层的宗教因素：动用原
子弹是美国对异教徒发动宗教战争的必然结果。

---

1 [日] 小森阳一：《天皇的玉音放送》，陈多友译，生活·读书·新知三联书店，2004 年。
2 [日] 西尾幹二：《天皇と原爆》，文藝春秋社，2014 年，第 245 页。

依据日本右翼学者的这个说法，人们可以组织起一个连贯的历史叙事和历史认知。从日本的角度，二战末期的"国体护持"，目的就是为了维护"神国"这一根本的国家体制和国民意识深处的最高信仰，是一种宗教行为。相反，从美国的角度，日本在二战期间的所作所为与恶魔并无二致。这些行为包括"重庆大轰炸"，更包括"南京大屠杀"、"新加坡大屠杀"、"马尼拉大屠杀"、"巴丹死亡行军"等一系列残暴事件。

从双方意识深处都有的天使—恶魔的角度来看，美日之间在1941年的冲突和对决，就上升到了两个"神国"之间的战争。这里面还夹杂着种族主义的仇恨：一方面是"白种人"对"黄种人"长达半个世纪以上的"黄祸"认识，另一方面是日本自视"神圣"的种族意识。[1]不管怎样，诸神之间的战争超越了人间的伦理约束，原子弹的使用自然也就不可避免了。在这个意义上，原子弹的本质就是一种灭神武器，或者说除魔武器。

1945年美国之所以决定对日本实施原子弹打击，原因非常复杂，我们上面还只是突出了观念上的原因。但如后世学者一再指出的，除了军事考虑之外，美国当时还有国际政治方面的考虑。当然，政治和军事本来就无法截然分开，指出美国有政治考量并不意味着对其决策的正当性提出实质性的质疑。我们这里思考的，毋宁说是这一事件的结果，因为核武器的出现极大改变了人们对战争与和平的认知。有一个说法叫"恐怖的共同体"，是说全体人类都生活在核战争的恐怖之下；人们享受的和平，也是一种极为

1　参见［美］道尔《无情之战：太平洋战争中的种族与强权》。

脆弱的和平。

　　后世的人们能从广岛和长崎的历史中看到什么，取决于他们对历史和文明的理解。人们对广岛和长崎的解释以及意义赋予，本质是争夺关于历史、关于正义的话语权。在这个意义上，我们甚至可以说这种争论也是战争的延续。

　　当然，日本国民在遭受原子弹打击这件事上，有着非常复杂的体验和认知，上面也只是介绍了一个大概；这里的目的只是要将这些深刻影响着日本历史认识的精神要素揭示出来，而不是要得出一个唯一无二的结论。我们前文引述的右翼或者说保守主义历史学家西尾干二的说法，或许表达了日本庶民内心深处的历史和文明观念。

　　从日本精神史演进的角度来看，原子弹也确实起到了"灭神"的效果。日本的"神国"思想之所以如此强烈，原因之一就在于日本国土此前未遭受过外敌的侵占，日本人认为自己是被神庇护的民族。但面对这两枚原子弹所造成的如此惨烈的破坏与伤害，这个幻觉自然就消失了。而随后天皇的无条件投降，更是证明了作为"现人神"的天皇，非但没有能力保佑自己的国土，而且自己的生死也将由"敌人"决定，这对于日本的神国思想而言可谓一种毁灭性的打击。

　　日本的无条件投降，意味着支撑近代日本国家与国民的意义体系的解体，日本国民的精神世界陷入了真空。日本再次站到了十字路口。不过，历史从来是由所谓的英雄和时势相互激荡而成；此时也不例外，有一个堪称英雄的人物站了出来，他开始为日本人空白的精神世界注入新的内容。这个人就是第二次世界大战期间的美国名将麦克阿瑟。

第六章 | 近代西方世界的挑战者

（1945—2010）

麦克阿瑟

上帝派往日本的使者

1945 年 8 月 15 日日本宣布战败，还只是日本与近代西方世界恩恩怨怨的一个环节。这场恩怨的起点是 1853 年美国海军佩里将军的"黑船来航"，美国迫使日本签署开国条约；1945 年日本最终被美国占领，则是一个新的节点，而不是终点。

这一次站在这场恩怨新节点上的同样是一位美国将军：道格拉斯·麦克阿瑟（1880—1964）。1941 年 12 月太平洋战争爆发后，麦克阿瑟被任命为美国远东军司令；但在日军的猛烈攻击下，他不得不屈辱地逃亡到澳大利亚。1943 年，他被任命为盟军西南太平洋战区总司令；随后，他采用有名的"跳岛战术"，在太平洋战场上与日军展开浴血奋战。1945 年 8 月 12 日，他又被任命为驻日盟军总司令，负责处理军事占领和战后日本重建的工作。人们通常认为，这位五星上将是战后日本进行民主化改革的主要操盘手。

我们今天重新谈麦克阿瑟和日本的关系，当然不是要重复他主导的日本民主化改革的故事。麦克阿瑟的角色并不仅仅是领导了日本的民主化改革这么简单。在战后日本的历史叙事中，还流传着这样一种说法：麦克阿瑟是日本的太上皇，是可以操控天皇的人物。这意味着麦克阿瑟在近代日本演进过程中的作用可能超乎人们的想象，毕竟天皇是近代日本国家属性的全部象征，是此前军国主义者们叫嚣着宁可"一亿玉碎"也要守护的"国体"。从这个角度来看，麦克阿瑟或许是将日美两国恩怨推向一个新高度的历史人物。

现在，我们就通过聚焦麦克阿瑟这个人物，来重新认识现代日本的国家属性和精神结构。不仅如此，我们还要借此看一下现代世界秩序的本质特征，因为日本的重建正是建构新秩序的极为重要的一环。

故事发生在 1945 年 9 月 2 日上午日本与同盟国举行的投降签字仪式的现场，即美国海军"密苏里"号军舰上。整个签字仪式不过十几分钟，除了日本投降得到了法律文本的确认外，似乎没有什么特别之处。但人类是一种追求象征和意义的动物，而仪式的首要功用就是提供象征和意义。

我们这里要说的细节，就体现在美国官员在"密苏里"号升起的两面美国国旗上：一面是 1941 年 12 月 7 日（美国时间）珍珠港遭遇袭击时，美国白宫当天早晨升起的国旗；而另一面大有来头，有将近一百年的历史，日本人对此也不陌生。不错，那就是 1853 年美国海军佩里将军率领舰队驶入东京湾时悬挂的有着三十一颗星的星条旗。这面国旗是专门从美国马里兰州首府紧急空运而来的。

这显然是两面精心挑选的国旗。第一面是美国"国耻日"升起的国旗，在日本投降仪式上展示，意味着"雪耻"，意味着"光荣"。那么第二面国旗呢？对于美国来说，它当然同样意味着"光荣"，而且是古老的"光荣"。

日美两国的恩恩怨怨，在这两面国旗上可以说是一览无遗。从日本的角度来看，两面国旗代表的"光荣"含义显然不同。对于第一面国旗，日本败于战争，只能说心服口服；日本承认美国的"光荣"，并不涉及自己的"耻辱"。但第二面旗帜就大不同了，它让日本国民联想到的是"黑船来航"，是屈辱的记忆，也是随后奋发雪耻的记忆。对于日本而言，佩里舰队的这面国旗就是屈辱的象征。

但历史过程显然更为复杂。"黑船来航"是拉开日本近代帷幕的事件，日本由此登上了近代世界的舞台。日本先是被迫卷入，但随后又主动投入时代的激流和旋涡当中。"黑船来航"之后不到半个世纪，日本就成长为殖民帝国时代的一个大国，而且是唯一一个能与英美俄等老牌帝国分庭抗礼的非基督教国家。在日本看来，此时此刻签订投降条约的处境就是"黑船来航"的结果。

事实上，石原莞尔在面对"东京审判"检察官的质询时，就曾将日本的战争责任问题回溯到"黑船来航"。他的理由是：佩里将军逼迫日本加入了这个西方世界体系，教会了日本按照霸道方式行事。这种看法当然不是石原的首创；冈仓天心在1906年出版的英文著作《茶之书》当中，就有如下一段有名的说法：

> 在日本沉迷于和平的艺术年代，西洋人将日本看成野蛮国。然而当日本开始在满洲战场上开始大肆杀戮后，西洋人开始将其称为文明国。……如果我们为了成为文明国而必须依靠充满血腥的战争的名誉，那我们毋宁永远安于野蛮国的

地位。我们乐于等待着我们的艺术和理想获得尊敬的时代的到来。[1]

石原莞尔的说法流露着狡辩的意图，而冈仓天心的说法则更多体现的是一种委屈与悲情，但它们都反映了日本国民针对西方、针对美国长久以来抱有的郁愤之情。换言之，日本的近代西方认识是一种心理意识与现状认知的混合产物。

作为日本军国主义精英的石原莞尔可以用冷峻、果决的语气表达自己的不满，但一般的国民此刻则可能充满了不安、疑惑和紧张。首先，战争末期美国对日本城市的无差别轰炸，尤其是原子弹制造的巨大破坏，彻底粉碎了此前的"神国"观念和信仰；"八纮一宇"、"万世一系"与"金瓯无缺"，这些原本支撑庶民生活的意义体系迅速瓦解、崩塌。其次，日本作为战败国，战胜国究竟会施加怎样的惩罚，人们自然惶惶不安。历史学家普遍观察到，当时日本国民的精神陷入了一种虚脱无力的状况当中。

现在，这两面国旗同时展现在了日本的面前，日本人的心灵将怎样为之震动？美国通过这两面国旗所展示的"光荣"的故事，除了表面的寓意外，还有怎样不为人知，甚至连它自己也没有形成清晰意识的欲望和动机？显然，这是涉及日本乃至世界历史变迁的精深、幽微之处的问题。

我们先回到刚刚提到的"密苏里"号军舰上。此时，日本国民已经站到了命运的十字路口。他们并未意识到，与两面飘扬的星条旗同时出现的，还有一位巨人的身影，那就是麦克阿瑟。

1　[日]冈仓觉三：《茶の本》，岩波书店，1991年，第23页。

在签字仪式开始前，他发表了简短的演说，其中有这样的说法：

> 我们，各主要参战国的代表们，今天聚集于此，来签署一项庄严的协定，以使和平得以恢复。我们胜败双方的责任是实现更崇高的尊严，只有这种尊严才有利于我们行将为之奋斗的目标……在这个庄严的时刻，我们将告别充满血腥屠杀的旧世界，迎来十分美好的新世界。在这个新世界中，我们将致力于维护人类的尊严，实现人类追求自由、宽容和正义的最美好愿望。这是我的真诚希望，实际上也是全人类的希望。[1]

可以说，这个演说措辞优美，精神崇高。那么，它是否只是一种外交辞令，一种矫揉造作、华而不实的空洞言辞？我们前面讲过，历史进程的演变中有许多偶然因素，但它们往往具有命运般的决定性力量。对于日本的历史进程而言，麦克阿瑟就是这样一种因素。换言之，这个致辞之所以不是外交辞令，不是特定意识形态的自我美化与掩饰，正与麦克阿瑟这个具体的历史人物的人格有着内在不可分的关系。

我们长话短说。麦克阿瑟在第二次世界大战末期走上世界政治舞台的中心，并不仅仅因为他在太平洋战场上取得的赫赫军功。根据传记记载，麦克阿瑟从身为军人的父亲那里继承了刚毅、勇敢和倔强的性格，从母亲那里则继承了贵族血统和文学教养，在少年时代就形成了对于国家的责任感和荣誉感。1903 年，麦克阿瑟从西点军校毕业时，获得了双料第一，是那个时代美国最为出

1　[美] 惠特尼：《麦克阿瑟：1880—1964》，王泳生编译，京华出版社，2008 年，第 245 页。

类拔萃的精英。在他被任命为盟军驻日本最高统帅时，战败的日本国民无论如何也想象不到，他们即将臣服的不仅仅是一位美国最杰出的军事家，更是美国精神的一个具体化身。

如果说他在"密苏里"号上的演讲，已经让日本人惊讶于他胸怀的宽广和崇高，那么他接下来针对美国人民的广播，则是一次伟大的精神教育和政治启蒙。当美国民众听到麦克阿瑟从遥远的太平洋彼岸传来的演说时，他们已经知道，美国精神中最尊贵的那一部分，正在创造一个新的世界。有人说麦克阿瑟是1945年盛夏之时美国人心中最为崇拜的一位英雄，可谓恰如其分。

这篇演说被认为是麦克阿瑟"最伟大的演讲"，"穿越了世纪，又高于民族"。我们有必要停下追踪历史进程的脚步，倾听一下新时代开幕时刻的宣言。麦克阿瑟这样论述说：

> 人类在诞生之初就在追求和平，但军事同盟、权力制衡和"国际联盟"却先后失败，只留下了一条途径——战争熔炉的小径。如今，这将是我们拥有的最后一次机会。如果我们不能现在就设计出更伟大、更公正的体系，导致人类彻底毁灭的大决战就会向我们逼近。问题从根本上说是神学的……如果我们要使肉体得救，就必须拯救自己的精神。

在进行演讲时，麦克阿瑟不由自主地想到了佩里将军：

> 近一个世纪前，马休·佩里曾在这里登陆，给日本带来了一个启蒙和进步的时代，掀起了隔离友谊、交易和世界贸

易的薄纱。可叹的是，那时的西方科技却被人用作了压迫和奴役人类的手段。言论自由、行动自由甚至思想自由都被诉诸迷信和武力，从而遭到了摒弃。……我们致力于把日本人民从被奴役的状态下解救出来。我相信如果能够得到正确的指导，日本民族的力量就能在纵向而不是横向上得到延伸。只要将民族的智慧扭转到建设的轨道上来，这个国家就能从目前凄惨的境遇中自行站起来，找回尊严的地位。一个解放了的崭新世界即将展现在太平洋地区的前方。今天，自由正处于攻势，而民主正在前进。今天，在亚洲，在欧洲，摆脱了束缚和恐惧的人们正在品尝自由那充满甜蜜的释然滋味。[1]

这篇演讲实际上是麦克阿瑟的就职演说，是他即将统治日本的宣言。不仅如此，这篇演讲更是对二战后世界新秩序原理的一次阐述。

麦克阿瑟在演说后不久，就展开了以经济的非军事化、土地改革、政治的民主化等为核心的日本重建工作。群众的眼睛是雪亮的，日本民众自然也不例外。麦克阿瑟开始施政几个回合之后，日本民众就品尝到了自由和民主的美妙滋味。

这里我们举一个例子。在第二次世界大战期间，一些杰出的日本国民，尤其是一些日本共产党员，因为反战、反天皇的言论，被关进了监狱。在日本宣布战败后，他们也一直被关押着。1945年10月3日，这些正直的日本人仍被囚禁一事被新闻媒体报道。

1　[美] 曼彻斯特：《美国的凯撒大帝：麦克阿瑟》（下），黄瑶译，中信出版集团，2017年，第109—110页。

麦克阿瑟得知消息后，第二天发出了著名的"人权指令"，要求日本政府立刻释放政治犯，实行言论自由。被思想警察、特务压抑很久的国民，马上发出了欢呼声。一个专制的时代就这样悄然无息地翻篇了。

当然，谋求重建自由日本的目标会遭遇各种阻力。比如，当时美国财政部长摩根索针对日本制定了一份严厉的惩罚性计划，并希望获得麦克阿瑟的支持。麦克阿瑟再次说出了他的原则：

> 如果未来的历史学家能从我的贡献中找到一些值得参考的地方，我希望他提起的不是一位征战沙场的指挥官（即便得胜的是美国军队），而是一个在枪炮停歇后把安慰、希望与基督教道德信仰带到屈服的敌人的国土上，并把此举当做自己神圣使命的人。[1]

这实际是麦克阿瑟内心信仰的告白。正是这种堪称伟大的精神，最终克服了日本帝国的暴戾性格，同时抵制住了胜利者一方复仇的诱惑和欲望，将身心都处于废墟状态的日本国民带入了文明的世界。麦克阿瑟由此获得了无数的称号，诸如"美国的凯撒大帝"、"第二个耶稣基督"、"日本的征服者"、"菲律宾的解放者"、"最伟大的美国人"等等。

1950年6月朝鲜战争爆发后，麦克阿瑟与总统杜鲁门发生了严重冲突，"公然攻击作为美国最高司令官的总统的政策"；1951年4月11日，忍无可忍的杜鲁门模仿美国内战期间林肯总统将不

1　[美]曼彻斯特：《美国的凯撒大帝：麦克阿瑟》（下），第127页。

服从命令的北方司令官革职的先例，下令将麦克阿瑟免职。由于麦克阿瑟在美国国内有极高的人气，杜鲁门在下决定时颇为踌躇。16 日，麦克阿瑟返回了阔别十余年的美国，据说当日获得了五十余万人的夹道迎接。

日本时任首相向全国发表了热情洋溢的广播讲话，其中有这样的说法："麦克阿瑟将军为我国利益所作的贡献是历史上的一个奇迹。是他把我国从投降后的混乱凋敝的境地中拯救了出来，并把它引上了恢复和重建的道路，是他使民主精神在我国社会的各个方面牢牢扎根。"[1]吉田茂说这番话显然并不只是出于客套，也是基于实情。1945 年天皇制精神形态瓦解后，民主主义事实上成了日本国民重建国家和自我认同的首要价值。在这个意义上，麦克阿瑟成了这个时期日本"隐性的天皇"，深刻地影响了此后日本国民的精神形态。

"民主"是一个好东西，它让人民自由，让人民获得尊严，但如何实现从传统的专制制度走向现代民主制度，这才是根本的问题。对于多数国家而言，这个过程多是惊心动魄，往往伴随着血雨腥风，日本自然不是例外。正因如此，日本的战败为其民主化改革提供了极为特殊的历史机遇；我们甚至可以说，"战败"就是日本走向民主化的必然代价。

麦克阿瑟抓住了这个千载难逢的历史机遇。此时的日本已经交出了全部主权，而麦克阿瑟则仿佛是一位创造共同体的大立法者，基于自己的理想和对政治现实的认知，一举为日本奠定了标志着现代政治文明的民主制度。

1　［美］惠特尼：《麦克阿瑟：1880—1964》，第 265 页。

1951 年 4 月 19 日，他在美国国会作了一次演讲，历时三十四分钟。据说，在这个过程中，"有三十次被那些如痴如醉的议员长时间的热烈鼓掌声和欢呼声所打断"。一位叫肖特的众议员听完后说道："今天，我们在这里听到了上帝在说话。那是上帝的肉身，上帝的声音！"[1] 显然，麦克阿瑟此时已经成了美国的象征。

用肖特的话，说麦克阿瑟是"上帝派往日本的使者"，或许并不过分。他将"自由"带给了一个内心曾经充满了不安、困惑和紧张的民族，让这个民族获得了巨大的精神解放。二战后日本取得的奇迹般的复兴，便是由他所开创的日本史上的"麦克阿瑟时代"的必然结果。

当然，这么说并不意味着麦克阿瑟真的是"上帝的使者"，或者是一个道德上毫无瑕疵的"圣人"。美国历史学家道尔在叙述麦克阿瑟主政日本这一段历史时，用看似轻描淡写的几句话，将麦克阿瑟个人的属性、美国的世界观念、当时的世界政治格局等要素关联在一起，提供了一种让人们可以客观理解麦克阿瑟角色的分析。我们这里略作引用：

> 麦克阿瑟和那些聚集在他麾下的改革骨干分子们，表现出一种救世主式的激情，这也是在占领德国时所不具备的。……种族和文化因素也使得日本变得特殊。与德国不同，这个被击败的敌人对胜利者来说，代表着一种异国情调的、格格不入的社会：非白人、非西方、非基督徒。黄种的、

1　[美] 惠特尼：《麦克阿瑟：1880—1964》，第 332 页。

亚洲的、异教徒的日本，慵懒淡漠而又敏感脆弱，唤起了一种在面对德国时不可想象的带有种族优越感的传教士般的激情。……胜利者明白无误的救世军气味，混合了高度的敬畏、希望和理想主义，具有一种创建新的国际行为准则的清晰的自觉意识。……在这样强烈的意识形态和情绪化的环境中，战败的日本，被种族优越感、功利心以及后来被冷战吞噬殆尽的理想主义精神的大胆实验当成了史无前例的实验对象。[1]

在上面的说法中，这位历史学家尤其强调了宗教和种族的要素。它们正是日本自"黑船来航"被迫开国后所进入的世界体系的两种支配性观念。第二次世界大战后，基于宗教和人种观念的旧秩序被以《联合国宪章》为基础的新秩序所取代，最终退出了历史舞台。但我们不要忘记，它们此前曾发挥了惊人的观念性力量，深度影响了历史的进程。

正因为如此，我们还可以说，麦克阿瑟成功的根本原因在于他把握了战后世界秩序与新文明的精神，并通过具体的政治过程，将新时代的理念付诸实践。如果我们过于纠结于麦克阿瑟及其盟友们的传教士情结和种族优越感，不恰当地强调这些旧秩序的角色，可能会误解推动历史与文明演进的关键要素。第二次世界大战后世界新秩序的建立，与这些特殊历史人物的心智结构、与世界秩序向着文明方向迭代升级的大势，息息相关。

麦克阿瑟当然不是上帝，他无法在人间创造上帝之城。在他离开后，人们围绕他留下的遗产发生了争论，且一直延续到今天。

1　[美] 道尔：《拥抱战败：第二次世界大战后的日本》，胡博译，生活·读书·新知三联书店，2008 年，第 48—49 页。

东京审判
对旧世界的审判

　　麦克阿瑟主导的战后日本民主化改革的核心任务就是拔出军国主义的毒瘤，从根本上消除日本的侵略性格。这其中有一个关键环节，就是东京审判。我们已多次提及这一历史事件，所谓东京的正式说法是"远东国际军事法庭"，根据联合国战犯委员会以及美国国务院和军方的指示成立，任务是审理日本的战犯嫌疑人；而法庭的具体操作与执行则由麦克阿瑟主导的联合国占领军司令部来实施。

　　不过，这远远不是东京审判历史叙事的全部。从日本自身的演化脉络来看，东京审判是塑造现代日本国民历史认识的起点。一方面，通过东京审判，战前日本的军国主义者遭到了法律制裁，日本国民由此认清了日本帝国主义的实质；从这个角度看，人们多认为东京审判是正义的。但另一方面，战后日本一直有一种质疑东京审判正当性的观点，认为它只是"胜利者的正义"；换言之，审判仅是战胜者对战败者施加的惩罚，并没有什么"正义"可谈。

　　那么，东京审判是正义的吗，或者究竟是谁的正义？这是战后日本历史认识的核心问题；我们若要深刻认知现代日本国民的历史观，"东京审判"就不可绕过。我们先迅速地回顾一下史实。

1945 年 9 月 11 日，美军人员接到麦克阿瑟发布的逮捕令，前去逮捕日本对美开战时的首相东条英机；东条英机看到美军人员和记者的身影后，迅速返回房间，开枪自杀。但在慌乱中，他未能击中要害，很快被收监。接着，麦克阿瑟又相继发布了四次逮捕令，先后有一百多名战争嫌疑犯遭到了逮捕。1946 年 1 月 16 日，盟军司令部发布命令，正式颁布了《远东军事法庭宪章》，并依据这个最高法规组建了审判法庭。5 月 3 日，法庭开庭，正式对二十八名甲级战犯嫌疑人进行审理。这场审判大约持续了两年半，在 1948 年 11 月进行了终审判决。

判决的结果是全体被告有罪（其中两名在押期间死亡，另外一名出现精神疾患，免予起诉），其中七位罪魁祸首被判处死刑。在这七人中，东条英机的名字估计无人不晓，其余六位是：广田弘毅、土肥原贤二、板垣征四郎、松井石根、木村兵太郎、武藤章。在此期间，盟军在横滨、马尼拉等地设置的军事法庭也进行了战犯审理。最终，大约有 5700 人遭到起诉，其中 987 人被处以死刑（包括囚禁中死亡）。

这里之所以要提供这些历史细节，是因为它们构成了后世历史记忆的关键事实。比如上面例举的七位甲级战犯，他们要为日军犯下的三种重罪——即"破坏和平罪"、"战争罪"和"反人道罪"——承担最终责任，要为日军在中国大陆、在亚洲其他地区犯下的各种残酷野蛮的屠杀和罪行负责。

在长达十四年的抗日战争期间，中国付出了三千余万人伤亡的代价。日本的这些军国主义者被处以极刑，为受难者挽回了一部分迟到的正义。所以，出于纪念遇难者的目的，我们有必要知道这些罪魁祸首的责任。一个好的历史认识，一个符合正义的历史认识，必须建立在对人类苦难的认知、同情和记忆的基础之上。

回到东京审判的故事。无需说，我们这里的目的并不仅仅是为了纪念受难者，还要通过这场审判，来重新认识一下战后日本的历史认识的形成过程，以及历史认识当中至今被激烈争论的问题。

从日本军国主义发动的侵略战争的受害者角度来看，我们刚刚提到的七位甲级战犯被处以极刑，可谓罪有应得，正义得到了伸张。但换一个角度，从日本国内的认知来看，问题就变得十分复杂。最近数十年间一再成为外交争议的日本政治家参拜靖国神社的问题，就是这种复杂性的直接反映，因为那七位甲级战犯的灵位正供奉于这个神社，继续接受着特殊的祭祀。

这当然并不意味着现代日本人不承认侵略战争，也不意味着日本不承认东京审判的结果，否则问题也就称不上复杂了。我们这里之所以重提东京审判，就是要将问题的"复杂"之处呈现出来。这些问题涉及什么是"正义"的根本问题。

首先，日本国内有一些历史学家和政治家，否认日本发动的对外战争是"侵略战争"。他们的论证中非常重要的一环，就是对东京审判的正义性进行质疑。这样的质疑当然是出于为日本辩护，但对我们而言，重要的是究竟应该怎样理解东京审判的属性。

在第二次世界大战末期，包括中国、英国、澳大利亚、苏联等盟国一方存在着非常广泛的呼声，要求战后追究日本天皇裕仁的战争责任。美国国内也存在着同样的呼声。这意味着，在当时人们的观念中，为了替受难者谋求属于他们的正义，天皇必须接受军事法庭的审判。然而结果却是，天皇最终被免于起诉，免除了战争责任的追究。这究竟是为何？

实际上，这个以联合国名义召开、实质上由占领军司令部主导的审判，除了追求基于法律的正义外，更有着美国重建战后世界秩序这一政治意图的考量。其中，麦克阿瑟领导的占领军当局为了有效实施占领管理和改革政策，决定免除对天皇战争责任的追究，可以说是最大的政治交换。

也有历史学家指出，免除天皇的战争责任，还有麦克阿瑟个人基于自身理想与信念的裁量。1945 年 9 月 7 日，日本天皇来到驻日盟军司令部拜访麦克阿瑟。在会谈中，裕仁天皇曾说："我来到你的面前，作为日本所做的每个政治和军事决定的唯一责任人，愿意受到你所代表的大国之判决。"麦克阿瑟本人后来在日记中有这样的评价："我深受震撼。这样勇敢地承担可能致死的责任，而这个责任命名不符合我所清楚知道的事实，这使我全身心地感动了。"这段插曲之所以在后来的历史叙事中一再被提及，就是因为它触及了历史人物自身的心智结构与客观现实之间的复杂关系。有评论家甚至认为，这是天皇"亚伯拉罕式的无条件"牺牲，打动了麦克阿瑟这位"基督徒将军"，从而使得天皇获得了免罪。[1]这是一种美妙动听的解释，但当时遭受侵略的各国人们所追求的正义，事实上却遭到了无视。

天皇战争责任的豁免是政治交换的象征；但它只是这种政治

---

[1] ［日］田中利幸等：《超越胜利者之正义：东京战罪审判再检讨》，梅小侃译，上海交通大学出版社，2014 年，第 84—85 页。

交换的一部分，而不是全部。比如，裕仁天皇有一位叔父，叫朝香宫，在侵华战争期间曾接替松井石根出任上海派遣军司令；在日军占领南京后，他下令屠杀俘虏，是南京大屠杀的主要元凶。不过，因为他的皇室成员身份，为了保证天皇不被牵涉进来，麦克阿瑟有意将他排除在战犯范围之外，结果使其逃脱了审判。天皇的另一位叔父梨本宫，也以同样的原因逃脱了审判。另外，由于冷战秩序的开启，美英两国与苏联的对抗日趋激烈，因此美国在东京审判之后加速了扶植日本的政策，这也导致了前述二十八名被告之外的大约六十名甲级战犯嫌疑人未得到起诉。

　　关于日本军国主义者的战争责任问题，还有一个典型的事例，那就是臭名昭著的"731细菌部队"的成员被免除了起诉。他们逃脱审判的原因，完全出于美国为获取实验数据的目的。这显然也是一桩极其丑恶的交易。[1]

　　所以，从战争受害者角度来看，东京审判有很多要质疑的部分；受害者的正义并未完全获得挽回。但从总体来说，尽管有着众多瑕疵，但它的法律基础和正义性格并未遭受本质性的伤害。

　　那么，日本国内现在出现的质疑审判正义性的声音，是在否认历史、否认侵略战争吗？问题的复杂之处，首先就表现在这里，因为东京审判所审判的是日本自 1928 年暗杀张作霖以来的"国策"自身。这个政策，是它在更早时期形成的"大陆政策"或"满蒙政策"的一部分。在日本看来，这个"国策"是它追求自保、自强，与西方列强争夺殖民地的国策，本身不应该遭受胜利者的审判。

1　关于日本军国主义的暴行和战争责任问题，还可参见拙著《分身：新日本论》第五章。

日本一部分人的核心主张是，当时的美国、英国与法国等列强都是殖民主义者，都是帝国主义者，它们没有资格审判同样是帝国主义者的日本。持这种观点的人认为，日本可以承认侵略亚洲国家的事实，但不能说日本侵略了美国、英国、荷兰等国家，因为它们之间的战争是帝国主义之间争夺殖民地的战争，并无善恶高下之分。

这个观点得到了东京审判的十一位法官之一的印度籍法官帕尔的全面支持。帕尔来自印度的孟加拉省，他的祖国为英帝国主义所殖民，当时正在寻求民族解放和自由。帕尔认为，日本通过阴谋和军事活动占据"满洲"，进而图谋中国乃至世界的行为，只是对西方帝国主义国家行为的模仿；因此，由老牌帝国主义国家来审判日本这个新来者有失公平。

帕尔回国后，自费出版了对东京审判的不同意见书，即《帕尔法官的异议判决书》，其中包含了他对法律以及事实的不同见解。与这些法律解释与适用上的不同意见相比，这份意见书的核心在于它的另外一种控诉：在列举印度支那战争、英国重新占领印尼等事实后，他严厉批评列强在引入一项新的国际法罪名（"破坏和平罪"）的同时，继续殖民统治和侵略行为。[1]他这样写道：

> 难道不正是西方帝国主义造出新词"被保护国"作为"兼并"的委婉语吗？难道不正是这种政体上的虚构给它的西方发明者帮了大忙吗？难道不正是靠这种方法，法兰西共和国政府接替了摩洛哥苏丹，大英帝国王室将东非大片土地的所

1　[日] 中里成章：《帕尔法官：印度民族主义与东京审判》，陈卫平译，法律出版社，2014年，第69页。

有权从非洲本地人转入外来的欧洲人手中的吗？……虽然日本人没有尽量利用西方先例来陈述自己上演"满洲国"闹剧的理由，但其实可以合法地推测，西方及日本的先例实际上向日本人心目中暗示并建议了这种政策方向。[1]

这种对西方殖民主义批判的声音与日本自近代以来连绵不绝的西方批判产生了共振，成为今天日本右翼进行自我正当化的一个根据。早在 1952 年 4 月，曾担任松井石根秘书的作家田中正明就出版了《日本无罪论：真理的审判》一书，其中就引述了帕尔法官的论述。1963 年，他又出版了《帕尔法官的日本无罪论》，并成为当年的畅销书。1964 年，作家林房雄出版《大东亚战争肯定论》，将整个日本的近代史解释为针对西方帝国主义的"抵抗"史，这就是所谓的"大东亚战争史观"。与此相对，东京审判导入的历史观，则被日本右翼称为"自虐史观"。

日本国内的这种解释已经严重扭曲了帕尔法官最初的意图。帕尔法官异议判决书的力量，在于对近代殖民帝国秩序虚伪、残酷以及不义性格的批判。但这种批判并不能对日本同样的行为进行正当化，帕尔法官有意忽视了这一点。从受害者的角度而言，日本当然要为它的不义行为付出法律和道义上的代价。而在所谓的"大东亚战争史观"中，日本则被塑造为一个西方殖民帝国的受害者，一个历史的无辜者。这显然是错误的历史认知。

东京审判之所以复杂，正因为它不但涉及法律，更涉及法律

1　转引［日］自田中利幸等《超越胜利者之正义：东京战罪审判再检讨》，梅小侃译，上海交通大学出版社，2014 年，第 169 页。

背后的世界秩序与历史观念。提到东京审判，人们一般会认为它是盟国对战败国日本的审判。其实，这只是一个最基本的事实，还只是一个初级的判断；我们前面提到的日本关于这场审判"正义"性格的讨论，论争者的认识也只是停留在事实的层面上。

如果换一个角度看问题，我们则有可能获得一种超越性的认识。这个角度就是 20 世纪文明演进的视角。从这个视角来看，东京审判的本质就不再是战胜者对战败者的审判，而是二战后世界新秩序对旧秩序的审判：从新秩序谋求的正义的角度，这场审判的正义属性更是有着普遍的基础。

当然，我们已经看到了各种基于法律、事实、观念的抗辩，这意味着人们对新秩序的赞同并不能直接转化为新秩序对旧秩序审判的正当性。帕尔法官的异议，正是这样一种挑战。不过，"法的统治"的原则要在历史语境中加以实现，不可避免地会受到政治因素的影响，因此，如果只抽象地理解一些法律原则，比如"法不溯及既往"，或者只抓住诸如"日本只是西方帝国主义的模仿者"之类的说法，就会错失对东京审判在人类文明史上的意义的理解。因此，重新认识东京审判的关键点是：东京审判中包括来自中国、印度和菲律宾的三位法官在内的所有法官，都在期待着一个更为文明的秩序的到来，因而他们都有意为新文明立法。

与东京审判的时期相比，今天的人们享受了更好的新秩序和新文明，而日本正是这一新秩序和新文明的最大受益者。因此，为了使自己的悲剧有意义，日本有必要持续推进新文明和新秩序的落实与发展。如果无法认识到这一点，那么日本终将无法获得与历史的和解。当然，在寻求和解的道路上，日本也面临着独自的苦恼，这就是我们接下来要谈的"日美同盟"所带来的问题。

日美同盟
东亚世界秩序的重构

　　东京审判的实质是新秩序对旧秩序的审判，与同期对德国纳粹进行的纽伦堡审判一样，是奠定战后世界新秩序的文明审判。不过，这种文明史的意义并非不言自明，日本一部分右翼保守主义学者和政治家一直在质疑东京审判的正义属性。造成这种状况的原因，有一个来自新秩序自身，那就是在 1951 年 9 月联合国与日本缔结《旧金山和约》时，美国与日本同时确立的"同盟"关系。这一关系在今天的东亚世界体系中仍然发挥着极其重要的作用。

　　提到日美同盟，今天的人们并不陌生。我们只要稍微留意一下东亚的国际新闻，就会听到或看到诸如"冲绳驻日美军基地"、"嘉手纳驻日美军基地"、"横须贺驻日美军基地"等等说法，它们意味着这个"日美同盟"有着实实在在的军事合作的内容。这一军事同盟是日美关系最重要的一部分。

　　一般的看法认为，既然是同盟，那么它就一定是双方出于共同利益和目标进行的合作，因而同盟当事者应该是最大的受益者。这个说法在原理上固然不错，但实际情况要复杂得多。日本国内经常对这个同盟的属性展开激烈辩论：一部人认为，日美同盟是日本安全保障上不可或缺的条件；而另外一部分人则认为，这个同盟实际上剥夺了日本的国家独立，因此他们呼吁要使日本成为"普通国家"，将日本建成"正常国家"。

日本国民争论的其实是这个同盟的结果：日本的国家安全由美国来提供保障，这意味着日本要在外交政策上追随美国。关于战后日美关系，有一个非常流行的说法，即"日本是美国的第五十一个州"，说的就是这个意思；而关于日本外交政策的另外一个说法，即"脱亚入美"，表达的也是类似的意思。当然，这些都是批评性的说法，认为日美同盟不平等，日本不应该采用追随美国的国策。不过，作为官方的正式见解，日本政府却一再表达说，要坚持日美同盟这个基本路线不动摇。

那么，关于日美关系的这些说法究竟意味着什么？日本为何与美国缔结了这样一项同盟关系？这种关系果真如批评者所说的，是一种不平等的，甚至是屈辱性的关系吗？

我们不能仅仅从日美两国的国家关系角度看日美同盟，否则看到的就只能是双方的政治计算，以及权力和权谋的游戏。我们还要从文明、自由和秩序的维度看它的意义。从结论上说，日美同盟在本质上是第二次世界大战后新世界秩序的一个具体安排，是所谓的"美国治下的和平"的重要组成部分。当然，这个秩序绝非完美，今天正在面临着重大的挑战。

首先，从东亚世界史的角度来看，1945 年美国对日本的占领，意味着一种新秩序的建立，彻底结束了 19 世纪中后期以中华帝国为中心的东亚世界秩序衰落、解体后带来的混乱。所以，1945 年

8月15日日本宣布无条件投降，以及随后美国对日本进行的非军事化和民主化改革的意义，无法在"战胜国—战败国"这样的认知框架中获得认知。事实上，日美同盟关系起源于东亚世界秩序的变迁，是这个秩序演变的一种结果，深远地影响了迄今乃至今后东亚世界秩序的形态和演化路径。

换句话说，二战后新的东亚世界秩序和中国有着极大的关系。我们前面曾多次提及，日本的国家形态与东亚大陆的世界秩序有着密切的联动关系，从"倭王受封"到"大化改新"，从"黑船来航"到"日俄战争"，从"满洲建国"再到"日美战争"，大陆力量的消长最终反映在日本的国家形态当中。这就是所谓的地缘政治的影响，而在我们的历史叙事中，尤其要关注的是其中特殊的精神要素。

在第二次世界大战期间，中国和美国、英国等西方主要大国最终结成同盟国，日本最后战败，它的力量被彻底驱逐出了亚洲大陆——日本在东亚世界秩序当中已经彻底丧失了存在感。而在此前的东亚世界秩序中，日本一直和大陆处于一种竞争性关系。这是日本自古以来的国家理性和精神使然，因为它有着一种成为"大陆国家"的欲望；到了近代，日本最终形成了一套相对清晰的"大陆政策"。

从这个角度来看，1945年日本的战败并不意味着日本永远的出局；中国大陆局势随后出现的一次巨变，给日本带来了新的机遇，但也从根本上锁定了战后日本的国家体制形态。这次巨变就是1949年中国革命的成功以及1950年朝鲜战争的爆发；尤其是后者，使得中美两国几乎瞬间从此前同盟关系的"友邦"转变为彼此充满敌意的"敌国"。

　　事实上，1941年日美战争爆发后，中美两国迅速建立了同盟关系。不仅如此，因为中国顽强不屈的抗战，当时同盟国的领袖、时任美国总统罗斯福对中国产生了更多的期待，这就有了后来被概括为"使中国成为大国"的政策。中国的国家地位迅速上升，与美国、英国、苏联并列，并在1945年成立的联合国上，成为维持战后世界秩序的五个常任理事国之一。这个过程自然源于中国自身的奋斗，但罗斯福总统关于战后世界秩序的构想，同样也发挥了重要作用。比如，一心维护大英帝国尊严的英国首相丘吉尔，就一再对罗斯福支持中国的政策表达不满。而斯大林更是盘算着如何在战后恢复沙俄在1905年以前，也就是日俄战争结束前在"满洲"攫取的特殊权益。

　　这个旨在共建战后新世界秩序的中美同盟关系，随着中国新民主主义革命的胜利和朝鲜战争的爆发，迅速转化为敌对关系。这个关系远远超乎一般国家间的敌对关系，因为它深深扎根于西方自由主义阵营与苏联共产主义阵营的对抗。那是两种世界秩序的对抗，双方在观念上彼此视为敌人。这种对抗其实有着更早的历史起源，只是此前因为共同的法西斯敌人而退居幕后。随着战争的结束，尤其是罗斯福在1945年4月的突然辞世以及后继者杜鲁门的上台，这种对抗逐渐成为主流。1946年3月5日，英国前首相丘吉尔在美国密苏里州富尔顿城发表著名的"铁幕演说"，拉开了"反共"、"反苏联"的冷战序幕。

　　就在丘吉尔发表演说前，时任美国驻苏联代办乔治·凯南（1904—2005）向美国国务院发送了著名的"长电报"。在这封电报中，他提出了"苏联与资本主义无法持久和平共存"的观点，建议美国采取遏制苏联的政策。1947年，他又以署名"X"的形式，在《外交事务》7月号上公开发表了他的"遏制理论"，被视为美国随后展开的冷战政策的理论基础。凯南由此成为美国顶级的战略家。

我们这里的目的不是要重述美苏冷战的起源，而是要指出，这种冷战的开启很快传导到了尚未定型的东亚世界秩序上。实际上，为了展开美国的世界政策，凯南于1948年3月访问日本，与麦克阿瑟进行了数次交谈。此时美国的对日方针，已经从"如何防止美国受到日本攻击"转换为"如何守卫日本"的冷战思维模式，核心是尽可能限制苏联以及"联合国远东委员会"对日本的影响，将日本纳入美国的战略轨道。凯南回国后，随即向美国国务院提交了《美国对日政策报告》，其中提到了重新武装日本的选项。

顺便一提的是，"联合国远东委员会"成立于1945年12月，由以美英中苏四大国为中心的十一国组成，目的是负责盟国的对日占领政策。这个委员会的实际作用虽然有限，但四大国都持有对日政策的否决权。麦克阿瑟制定的对日占领政策，原则上受这个委员会的审查。有意思的是，凯南的报告遭到了麦克阿瑟的强烈反对。在1949年3月发表的一次谈话上，麦克阿瑟坚持日本应该走非武装的道路，要成为"东洋的瑞士"。麦克阿瑟的理想主义，正在抵抗来自西方的政治现实主义。

形势比人强。1949年10月中国革命的成功，意味着美国"失去了中国"，这对美国来说是一件大事。但接下来东亚世界秩序的演进，则让中美两国彻底兵戎相见。1950年6月25日，朝鲜战争爆发。驻扎在日本的以美国为首的联合国军队，迅速出兵。这是东亚世界史上第一次与日本无直接关系的朝鲜战争。不过，美国是此时日本的监护者，所以我们也可以说日本是以间接的方式参与了战争。

战争爆发后，日本就不是旁观者了。日本经济史上有一个很有名的"朝鲜特需"的说法，意思是说，朝鲜战争爆发后，日本事实上成了美国军事力量的后方基地，获得了大量的军需用品订单。在这种订单的刺激下，日本经济迅速复苏，国民生产总值很快恢复到了战前的最高水准。简言之，日本以后方支援的方式参与了朝鲜战争，因而分享了巨大的战争红利。

在任何时代，战争都具有激烈改变一个国家的制度和精神形态的作用。在朝鲜战争爆发的1950年代初期，对于日本而言更为深远且一直延续至今的体制获得了最终的形态。这个形态的标志就是"日美同盟"的成立。这个"同盟"的首要意义在于它彻底逆转了日美之间此前的敌友关系。这里，我们稍微看一下此间历史的具体展开。

美国占领日本后不久，就开始着手制定对日和约方案。根据一份史料记载，美国在"1947年3月制定的最初的《对日和约》条约案认为，日本军国主义的复活是亚洲最大的威胁，为了防止军国主义复活，必须将日本无限期地置于联合国的统治下。1948年1月修订对日和约时，这一心理依然存在"。[1] 但随着冷战在欧洲的全面展开，美国开始调整对日占领政策。凯南在1948年3月访日后提交的报告书，主旨已经转换成了"如何保卫日本"。当然，如何确立日本的最终国家地位，包括麦克阿瑟在内的美国政策制

1　[日]孙崎享：《日美同盟真相》，郭一娜译，新华出版社，2014年，第79页。

定者仍在摸索当中。

　　朝鲜战争的爆发和中国的参战，更加速了美国的政策选择过程。美国迅速制定了对日和约的三大基本方针，即"实现日本独立"、"使日本成为共产主义的防波堤"以及"自由使用日本基地"；同时，美国要求独立后的日本必须成为"自由主义阵营"的一员。

　　美国对日态度的巨大转换，突出表现在"重新武装日本"这一点上。此前在麦克阿瑟的主导下，驻日盟军司令部对日本实施了非军事化改革。随着冷战格局的展开，美国出现了要求日本重整军备的意见，但遭到了麦克阿瑟的抵制。朝鲜战争爆发后，出于防卫日本的实际需要，麦克阿瑟最终改变了态度。1950 年 7 月 8 日，他在给日本时任首相吉田茂的书简中"允许日本政府成立直属于政府的七万五千人的国家警察预备队和增加八千人的海上保安厅的必要措施"。这实际上是对日本政府下达的军备化指令，而"七万五千人"则正好是驻日美军投入朝鲜战争的数量。这就是日本自卫队的起源。

　　朝鲜战争的爆发加速了美国对日和谈的进程。1951 年 1 月，以国务卿顾问杜勒斯（1888—1959）为团长的代表团抵达日本，与日本讨论和平条约问题。会谈涉及美国在日本的军事基地、战争赔偿等问题，但双方讨论的焦点却是上面提到的日本重新武装的问题。在美国的压力下，吉田茂最终同意进行最低限度的重新武装。

　　1951 年 9 月 8 日上午 10 点，包括日美两国在内的四十九个国家在《旧金山和约》上签字，日本完成了国家独立的法律程序。同日午后 5 点，两国在美国陆军第六军军营内签署《日美安保条约》，两国同盟关系正式成立；这也标志着日本正式被纳入所谓的"自由阵营"中。吉田茂后来回忆说：

只有与自由阵营共进退，日本的国运才能得到维持和发展。自由世界尊重个人的自由，认为目的和手段必须一致。日本的命运与自由世界同在，这一点无人否认。日本既然真心期待世界和平，那么试图在自由世界与共产世界之外走中间道路的中立论，就不是日本应该采取的道路。[1]

当然，此时日本或美国并未直接使用"日美同盟"这样的说法。直到1981年，在时任首相铃木善信访问美国后发表的共同声明中，"同盟"的说法才第一次出现，并旋即引发了一阵骚动：同盟让人联想到军事上的含义。1995年，"同盟"这一表述第一次正式出现在日本的官方文件中。

这一时期吉田茂采取的追随美国的政策又被称为"吉田路线"，核心是"轻武装"与"贸易立国"。从上面简短的回顾中我们已经看到，1951年缔结的和平条约完全由美国主导，日本则是随附。不过，这并不意味日本没有自己的意志和选择空间。吉田茂对重新武装日本的拒绝，最终就表现在他坚持的"轻武装"这一点上。在历史的关键时刻，日本走对了一步棋。

上面的历史叙述表明，日美军事同盟的成立也是世界秩序演变的结果，那么，它的正当性具体如何？这个问题比较复杂，我们这里给出一种说明。

1953年7月朝鲜战争结束后，东亚世界开始进入了相对稳定

---

[1] 转引自［日］外冈秀俊等《日米同盟半世紀：安保と密約》，每日新闻社，2001年，第82页。

的状态。从结果上说，这种状态是以美国为核心的世界力量介入的结果。值得注意的是，这种力量虽以"日美同盟"的方式存在，但在事实上延续了占领初期对日本"非军事化"的政治意图；换言之，日美同盟同时扮演着约束日本军事力量的角色。这种政治意图与角色，并未因冷战格局而被忽视或遗忘。这里我们可以看一个具体的例子。

1970 年代初期中美两国开始接近时，中国对《日美安保条约》的正当性提出了质疑；在此前的中美对抗时期，中国一直高调批评驻日美军的存在。对此，时任美国国务卿基辛格反复强调，美军的存在是抑制日本强化军事力量的阀门，这就是所谓的"瓶盖"理论。基辛格的逻辑是：美国如果从日本撤军，则意味着准许日本重新武装；而日本如果大肆进行重新武装，就可能会重蹈覆辙。1972 年 2 月尼克松访华时，对中国领导人表达了同样的看法。[1]

中美两国这些关于日本的看法，都是源于具体的政治计算，并非空穴来风。但如果只是注意这些政治策略，则会忽视二战后《联合国宪章》所确定的"集体安全保障"原理，而这是一种对世界和平秩序的安排与保障。国家必须拥有军队、拥有发动战争的权利，这只是旧秩序下的观念，如今已经被新秩序和新观念所克服和取代。

关于日美同盟还有一种看法，说这个同盟关系把日本绑到了美国的战车上，日本不得不对美国唯命是从，因而不是一个独立

1　参见 ［日］毛里和子《中日关系——从战后走向新时代》，徐显芬译，社会科学文献出版社，2009 年，第 54—58 页。

的国家。这种看法自有其道理，不过我个人认为，这种看法还是囿于传统的政治角度看问题，并未注意到文明和秩序在这个历史过程中演化的机制；就此而言，我们甚至可以说，日美同盟是第二次世界大战后新世界秩序的必然组成部分。这个同盟当然有着现实的军事意图，有着各种有待解决的问题，因此，这个同盟的未来走向会实质性地影响东亚乃至世界的文明进程。

从东亚世界秩序演变的角度，我们在上文对日美同盟的意义和它特有的属性作了简略阐释。这个同盟成立的机制首先来自东亚世界史演化自身，因此它存在的目的还不能只是被简化为限制、约束中国的发展。日美同盟的结成事实上还终结了东亚世界史将近一个世纪的失序状态。美国的方法是驯化日本，将日本纳入自己主导的东亚世界秩序当中。朝鲜战争之后，东亚世界秩序最终迎来了直到今天的和平。

从世界秩序自身的角度，我们还可以说，事实上由日美同盟创造出的日本国家体制，实质上是二战后世界新秩序下的一种新型国家，其核心正是这个国家放弃了对外使用武力的权利。这种否定国家动用武力的权利，与《联合国宪章》对国家主权的限制的精神完全一致。因此，很多人认为日本缺乏独立的主权，这其实是一种老套的看法。我们还可以再看一个事例。

现代日本政治史中有个很有名的说法叫"尼克松冲击"，是指 1972 年尼克松的突然访华对日本政治造成的巨大影响。《旧金山和约》签订后，日本国内的进步势力一直要求日本和中国恢复外交关系。由于日美同盟的约束，在美国的反对下，日本不敢越雷池一步。但尼克松却自己率先秘密访华，而且直到向世界公布前一刻才告知日本。这让日本产生了一种被抛弃的感觉，当时的日本首相佐藤荣作随即引咎辞职，这才有了随后田中角荣的访华。这就是说，在和中国恢复外交关系这样级别的大事上，日本缺少自主性，而要从属于美国的全球战略。

那么，"尼克松冲击"究竟意味着什么？人们会从各自的立场来回答这个问题。一方面，战后日本的国家体制和日美同盟，确保日本最终走上了和平国家的道路，东亚的和平也因此获得了保障。在这个意义上，日本政治家说要坚持日美同盟路线时，他们的意图是非常自然的。但另一方面，日美同盟事实上还将日本推到了当时冷战的最前线。随着1990年代初美苏冷战秩序的解体，这一同盟事实上又将日本推到了中美战略关系的最前线。

问题的复杂性在于，中美关系既有着冷战体系时代对抗性的延续，又有着后冷战时代的合作与竞争关系。因此，随着中美关系的变动，日本被迫要随时计算它与东西两个邻居之间的距离。就此而言，日本当下的国家认同与未来的国家地位，取决于东亚世界秩序的演进与重建。

最后要再次强调的是，日美同盟只是一种历史性的秩序安排，它在解决一部分问题的同时，会产生新的问题；"冲绳"就是这个新秩序制造的最大的问题。麦克阿瑟曾有将冲绳打造成美国安全保障枢纽的战略构想。这是二战后世界新秩序的现实主义一面，人类永久和平的理想仍然在路上。

冲绳

被遗忘的"军事殖民地"

　　提到冲绳，人们大多会首先想到当下的"冲绳美军基地"与历史上曾经独立存在的"琉球王国"。事实上，在今天的日美关系中占据核心位置的"冲绳问题"，就是历史问题与现实问题叠加后出现的新问题。这个问题的尖锐性体现在"冲绳独立"或"琉球独立"这个高度政治化的口号上，它直接对日美同盟的正当性提出了质疑。

　　在今天的日本报刊和言论中，关于冲绳独立运动的报道并不少见。不过，如同最近几年英国发生的"苏格兰独立"或者西班牙发生的"加泰罗尼亚独立"都很难实现一样，日本的"冲绳独立"也停留在观念上。这些独立运动一旦成真可能会引发整个世界秩序的动摇。正因如此，这些独立运动的意义也体现了出来：它们事实上构成了以民族国家为节点的世界体系的一种裂痕，暴露了内在于这种国家形态内的深层问题。"冲绳独立"这个口号非常有利于我们观察现代日本的国家观念与属性。

　　因此，我们下面要通过追溯这个独立运动的起源，来揭示日本国家体制有着怎样的内在矛盾，以及由此进一步揭示二战后世界新秩序存在着怎样的问题。要理解冲绳问题的来龙去脉，我们首先要把视线大幅度拉回到19世纪后期琉球王国被日本吞并的亡国事件，在日本又称为"琉球处分"或"废琉置县"。

琉球在历史上是一个独立王国。根据出土文物来看，早在战国时代琉球就与中国大陆的诸侯国有人员的往来。琉球国名最初写作"流求"二字，最早出现在中国史书《隋书》的《流求国传》当中；公元607年，隋炀帝派遣朱宽前去征讨该国。到14世纪下半叶，琉球国再次与中华王朝建立了紧密的关系。此时的琉球群岛从北到南出现了山北王、中山王和山南王，有三个王国。这些王国得到了明王朝的册封，成为明王朝的属国。根据琉球王国的正史记载，1392年，明太祖朱元璋下赐"闽人三十六姓"，这些福建系的移民被视为琉球王国的原住民。15世纪初，中山王统一了整个琉球群岛；而且，作为东亚海上贸易的枢纽，琉球王国迅速繁荣了起来，成为东亚世界体系的一个新晋成员。

不过，琉球王国特殊的地理位置也使得它成为东亚世界体系一颗不安的棋子：由于它孤悬海外，中华王朝无法为它提供及时的军事保护。16世纪末，日本在丰臣秀吉的领导下走向统一后，开始成为中华王朝的竞争对手，琉球王国首当其冲。

丰臣秀吉非同寻常，有着定都中原、成为亚洲盟主的雄心壮志。他在统一日本、获得"关白"称号后，立刻要求琉球王国派遣庆贺使臣。1589年，琉球尚宁王被迫派遣天龙寺僧人桃庵拜谒秀吉，秀吉随即认定琉球为自己的"附庸国"。在随后开始的侵朝战争中，秀吉要求琉球出人力物力。德川幕府成立后，日本继续强化这一层藩属关系。1609 年 3 月，萨摩藩派遣一百艘舰船、三千人的兵力出征琉球；4 月，这个几乎不设防的王国首都陷落，尚宁王投降，被迫到江户拜谒二代将军德川秀忠。此时的幕府因为期待琉球充当中介，与明王朝讲和，重启双方的贸易关系，所以琉球王国并未被吞并，尚宁王也于 1611 年归国。[1]

上述历史过程表明了琉球王国所谓的"两属"——同时为历史上的中国和日本两个国家的藩属国——的历史根源。[2] 不过，历史认识的关键不在于作为结果的"两属"事实，而是琉球成为两国属国的不同过程，因为它们在文明上的意义迥然不同。琉球成为明王朝的属国，本质上是将自身主动纳入东亚世界体系当中，分享文明世界的和平与贸易的红利；相反，琉球成为日本的属国，是一种武力胁迫下的被动行为。事实上，理亏的日本在随后的历史中几乎将它和琉球王国的册封关系隐藏了起来，目的就是为了防止中国的干涉，维持和中国的贸易关系。

随着 19 世纪东亚世界大变局的到来，琉球率先走上了东亚历史舞台的中央。1871 年，明治日本携着"维新"即革命的势能，发布"废藩置县"的诏书。1874 年 5 月，日本以琉球人在台湾遇害事件为借口，出兵台湾。在随后同清王朝展开的退兵交涉中，日本将"日本国属民"、"保民义举"等字样加入中日双方签订的《北京议定书》，以掩饰出兵台湾的真实理由——试图获得琉球从

1　[日] 赤嶺守：《琉球王国：東アジアのコーナーストーン》，講談社，2004 年，第 90 页。
2　历史学家就琉球王国"两属"地位的相关讨论，可参见 [美] 费正清编《中国的世界秩序：传统中国的对外关系》，杜继东译，中国社会科学出版社，2010 年。

属日本的国际法上的依据。[1]1875 年 7 月，日本强迫琉球停止向中国朝贡。1879 年 3 月 27 日，日本"琉球处分官"向琉球王国下达废除"琉球藩"、设置"冲绳县"的命令，并强制琉球王室在 3 月 31 日前撤出首都首里城；4 月 4 日，日本宣布"废藩置县"完成，琉球王国正式灭亡。自 1372 年琉球首次入贡明王朝以来，历时五百余年的中琉朝贡关系史就此终结。

琉球救亡运动也在这一时期展开，而这正是"琉球独立运动"的开始。1877 年 7 月，琉球王国向宗主国清王朝派遣的密使向宏德、蔡大鼎、林世工等人的陈情，最终上达了清政府，但并未上升到清王朝的政治议程中。这一年的 12 月 7 日，中国首任驻日公使何如璋抵达东京，获知了琉球问题的详细始末。中日两国关于琉球问题长达数年的谈判由此开启，在当时的政治议程中被称为"琉案"或"球案"。

1879 年，经过美国前总统格兰特的斡旋，中日双方曾先后就琉球"二分"或"三分"方案进行谈判。前者是由中日两国分割琉球王国的国土，后者则是在琉球本岛恢复琉球王国的统治，而南北岛屿分割给中日两国。1880 年 8 月，日本提出了将南部的宫古和八重山割让给中国、中国允许日本在中国内地通商的"分岛改约"案。但这些方案最终都未能实现，而中日两国竞争的焦点，随即又转向了朝鲜王国，"球案"成为中日两国之间的悬案。

要注意的是，这里的目的不是重述琉球王国的兴亡史，而是要从中看到东亚世界史演进的路径。从中国的角度看，琉球的亡

1　[日] 西里喜行：《清末中琉日关系史研究》，胡连成等译，社会科学文献出版社，2010 年，第 276—277 页。

国意味着传统东亚朝贡—册封体制解体的开始；中华王朝出于维护这一秩序的原因，开始与明治日本进行交涉，试图让琉球"复国"。在这一过程中，中国士大夫中间也出现了征讨日本、军事解决问题的方案。而日本则认为，明治维新后的"废琉置县"举措，从属于近代民族国家与帝国体制建构的过程。

　　吞并琉球王国是明治日本对外扩张的第一步，激发了它对台湾和朝鲜半岛的殖民欲望，更唤起了它的大陆欲望。事实上，在中日两国围绕琉球地位展开激烈的外交攻防期间，日本的参谋本部已经拟定了出兵大陆的军事方案，这可以说是近代日本"大陆政策"的起点。[1]

　　琉球王国的灭亡源于日本的武力征服，琉球居民自然有着独立、复国的历史记忆和意愿。不过，我们现在要谈的"冲绳独立"问题，并不单纯来自历史记忆，它还有着全新的东亚世界变迁的要因，那就是第二次世界大战后形成的东亚世界新秩序所造成的一种特殊状况。

　　事实上，今天主张"冲绳独立"的冲绳人有一个非常重要的论据：冲绳是日本国内的"殖民地"，而且还是"军事殖民地"。按照第二次世界大战后的普遍共识，殖民地人民当然要寻求政治独立。因此，"殖民地"这个说法将矛头同时指向了日本和美国，因为日美同盟的核心安排就在于美国可以近乎无限期地保有冲绳军事基地。1972 年，美日两国对驻日美军基地进行了重新安排，日本本土的基地大幅度缩编，但冲绳基地几乎没有变化。结

1　参见［日］安冈昭男《明治前期日中关系史研究》，胡连成译，福建人民出版社，2007 年。

果，驻日美军基地的四分之三集中在只有日本国土面积 0.6% 的
冲绳。[1] 这种不均衡状况，无疑强化了冲绳是日本与美国"殖民地"
的印象。

显然，这个基地对于美国实现全球霸权——或曰"美国治下
的和平"——具有不可替代的重要性。我们前面提到过，1948 年
3 月乔治·凯南为制定全球政策而访问日本，在和麦克阿瑟讨论
到安全保障问题时，麦克阿瑟发表了这样的观点：美国的战略边
境并不在南北美洲，而是亚洲大陆的东海岸。美国的基本战略课题，
就是阻止亚洲的港湾出现强大的海陆兵力的集结或部署。以前这
一防卫问题的中枢在菲律宾及其周围地区，如今大幅度向北移动。
美国为在太平洋地区保持突然攻击能力，需要建设从阿留申群岛、
中途岛、日本过去的委任统治地区到菲律宾的克拉克基地的 U 字
形军事基地，而冲绳居于核心地位。在这一结构当中，冲绳是最
前线的死活要塞，能轻而易举地对付东北亚任何港湾的兵力集结。[2]
因此，下面的结论就顺理成章了：

> 只要在冲绳部署充分的兵力，为了阻止来自亚洲大陆的
> 攻击兵力的部署，就不再需要日本的本土。当然，同样重要
> 的是在战略上不能将日本本土的战略设施移交给其他国家。
> 西太平洋上所有岛屿，对于我们而言都具有性命攸关的重要性。

1　[日] 新崎盛辉：《冲绳现代史》，岩波书店，2005 年，第 37—39 页。
2　以下对麦克阿瑟观点的介绍和引用，参见 [日] 外冈秀俊等《日米同盟半世紀：安保と密約》，毎日新聞社，2001 年，第 24—26 页。

　　历史上的琉球王国在第二次世界大战后的短短数年间，就这样一跃成为美国展开世界性力量的枢纽。麦克阿瑟的这些战略构想当然写入了凯南发给美国国务院的报告，随后又被写入备忘录，提交到了美国国防部，并得到了更明确的表述：

　　　　在任何情形下琉球都不能返还给日本。琉球的居民并不是日本人，这些岛屿对日本的经济也没有贡献。无论琉球的最终处置如何，美国保持在琉球的军事权利都是不言自明的。美国需要立刻将这一主旨落实下来。对这些岛屿进行军事目的的开发，应该是要紧急推进的优先事项。

　　这里的"进行军事目的的开发"实质上构成了冲绳是美国"军事殖民地"的直接证据。如同麦克阿瑟指出的，这个军事基地可以封锁住东亚大陆的出海口，能够以最小的军事代价看住来自大陆的军事行动。这是一种出色的海权思想的运用。结果，美国出于维护全球霸权的考虑，剥夺了冲绳人和平发展的权利，而日本同样也认为美国力量的存在有助于保护它的安全。所以，双方在维持冲绳军事基地上你情我愿，一拍即合。对日美而言，冲绳的安排甚至可以说是日美合作的典范。这也是日美两国很多学者和政治家的主流看法。今天的日本政治家之所以坚持"日美同盟"的基本路线，可以说其来有自。

　　值得注意的是，美国的这个将冲绳军事基地永久化的战略并非它最初的意图。1943 年，美国已经掌握了太平洋战场的主动权，开始处理冲绳归属问题。最早的一份政策文件是这一年 7 月提出的《玛斯兰报告》，里面提到了将冲绳归还中国、实行国际托管以及归还日本三种方案。1944 年 10 月的《伯顿报告书》同样提出了三种方案，其中提到"如中国要求归还，那么就设立一个国际调查委员会"。接下来美国提出的冲绳归属方案，则向着美国托管、最终归还日本的方向进行调整。[1] 在 1951 年 9 月 8 日签订的《旧金山和约》中，第三条规定将北纬 29 度以南的琉球群岛交给美国托管统治，权限包括部分或全部的立法权、行政权及司法权。美国还同时声明，日本对这些岛屿有着"潜在主权"或"残留主权"。

美国的托管统治自然引发了冲绳住民包括罢工在内的各种抗议斗争，琉球内部出现了"复归日本"的呼声。为了更有效地使用军事基地，进入 1960 年代后，美国开始将冲绳地位问题提到美日关系的政治议程上。1961 年 6 月，日本首相池田勇人访美，与肯尼迪总统举行了会谈。会谈期间，池田并未表达要求美国返还冲绳的意思，但希望美国多考虑一下冲绳民众的福利。1965 年 8 月，佐藤荣作首相访问冲绳，这也是日本在职首相的首次访问。佐藤宣称："只要冲绳不回归祖国，日本的战后就没有结束。"这句话成为战后日本政治史上的一句名言。经过多次交涉后，1971 年 6 月，美日双方签订了《冲绳返还协议》。1972 年 5 月 15 日协议生效后，冲绳再次纳入日本的统治范围。冲绳地位的变化缓和了冲绳是美国"军事殖民地"的印象，但实质问题仍然未解决。日本和冲绳内部一直有着"无核武器"、"无军事基地"的彻底返还要求。

这个"冲绳返还"与日美合作的幸福故事当中，包含着一个不幸的因素：它缺失一个最重要的当事者，即冲绳当地的住民。

---

1 [日]矢吹晋：《钓鱼岛冲突的起点：冲绳返还》，张小苑等译，社会科学文献出版社，2016 年，第 52—55 页。

由于军事基地给当地人的生活和安全带来巨大的负担，将基地迁出冲绳的民众呼声一直很高。"冲绳独立"就是身为冲绳人这一立场的激进表达形式。从冲绳人视角看冲绳问题，我们很容易看到强权的逻辑与东亚世界秩序的现实主义结构。

　　我们再举两个这方面的例子。2009 年 8 月，日本民主党首次在全国大选中获胜，长期把持政权的自民党下台。新任首相鸠山由纪夫提出了同中美两国进行"等边三角形"外交的理念，试图大幅度校正此前对美一边倒的政策。在此前的竞选纲领中，民主党承诺将冲绳的普天间美军军事基地搬迁出冲绳。冲绳县议会在 2010 年 2 月也通过特别决议，要求普天间基地迁至"海外或者日本其他地区"。

　　早在 2009 年 2 月，日美两国就已经签订了《关岛国际条约》，约定美军基地将一部分转移到冲绳名护市的边野古地区，一部分转移到关岛，从而取代普天间军事基地，而日本要为此支付巨额的基地转移与建设费用。民主党为实现竞选承诺，不得不和美国进行重新谈判，寻找替代方案，但美国拒绝作出任何让步。这样，日本民主党新政府就和美国发生了激烈的冲突。

　　在日美两国围绕冲绳美军基地搬迁问题发生激烈争执的时刻，2010 年 6 月 10 日，《东京新闻》刊载了一篇题名为《普天间问题自主解决：冲绳独立论正在成为现实？》的文章，介绍了冲绳县的一个地方政党党首表屋良朝助表达的不满。他说："将军事基地强加给冲绳，这是为了一亿三千万国民的利益而牺牲一百三十九万县民的利益，是一个简单的数学问题。要改变这种状况，只有冲绳独立，形成日本国与冲绳一对一的对等关系。"这显然是公开的独立要求。

日本《产经新闻》在同年 6 月 16 日也报道说，时任日本民主党政府副首相、随后将出任首相的菅直人告诉来自冲绳的议员嘉纳昌吉："冲绳问题太沉重了，没有办法。基地问题毫无办法，不想再碰了。"他的结论是："冲绳最好独立。"《产经新闻》是日本保守主义的主要报纸，它介绍冲绳独立论，虽说让人感到意外，但也让人们看到了冲绳问题的深重与复杂。

显然，"冲绳独立"论的政治背景就是美军基地问题。不过，还有一个显得蹊跷的问题：冲绳当地民众有独立呼声可谓天经地义，但日本中央政府的高官、日本的政治家为何也说出"冲绳最好独立"这样的说法。在这个世界上，我们还未见到希望自己的属地独立的国家。为了准确理解这些问题，我们这里还要进一步看一下冲绳的现状。

首先，任何军事基地对于周边的居民而言都是一种负担。这种负担主要来源于军事训练所造成的环境污染。比如，战斗机的频繁起降就是噪音的污染源，严重影响着当地住民的休息。另外，军机在训练中出现的意外事故，往往会造成当地居民的伤亡。

对于冲绳民众而言，除了巨大的噪音污染之外，美军在冲绳的犯罪活动和意外事故是另外一种巨大的负担。根据官方记录，从 1972 年美国将冲绳"归还"日本算起，到 2010 年为止，共发生了一万起与美军有关的犯罪案件与意外事故，其中半数以上是犯罪事件，包括谋杀、强奸、抢劫、纵火等重罪。

冲绳民众负担巨大的根本原因，就在于美军的驻扎之地并非美国本土。但因为美军在冲绳军事基地保有军事特权，很多事故的原因根本得不到彻底的调查，一些犯罪嫌疑人也得不到起诉。这就是所谓的"治外法权"，是殖民地的标配。所以，冲绳是美国"军事殖民地"的说法并非只是批评者的看法，而是有着实质性的证据支持。

既然这些问题的根源在于美国的军事基地，那冲绳为何又被称为"日本国内的殖民地"？日本本土又怎么看待这个问题？这些问题也比较复杂，我们可以通过观察两种现实——历史的现实与当下的现实——来理解这个"殖民地"的说法。

首先，历史的现实源于第二次世界大战末期的"冲绳战役"。它是整个二战期间最为血腥的战役之一，在不到两个月的时间内造成了十二万冲绳平民的死亡，这个数字大致相当于当时冲绳总人口的四分之一到三分之一。但真正的残酷并不仅仅在于这个数字，更在于一种被称为"集团强制自杀"的做法。当时守岛日军担心冲绳人向美军通风报信，出于保守秘密的目的，强迫冲绳人集体自杀。在整个战役期间，还有大量日军直接杀害冲绳人的事例。显然，日本军人并未将冲绳人视为普通的日本人。

这里尤其值得一提的是日军实施"集团强制自杀"的逻辑。其中的一个要点就是，日军一再宣传、渲染投降美军的恐惧。根据记载，当时很多日军士兵从中国大陆调集过来；在中国大陆，这些日军"抢劫、强奸并屠杀当地居民被认为是理所当然的，他们想当然地认为美国人会以相同的方式行事"。日军使用这种恐吓的方式，固然是为了掩盖他们真实的目的，但他们在中国大陆犯下的罪孽，也的确影响了他们的判断，致使冲绳普通民众遭受了更大的伤害。

故事显然无法简单地随战争的结束而结束。这一次卷入旋涡的是当代日本著名作家、诺贝尔文学奖获得者大江健三郎。他出版有《冲绳札记》，书中揭露了"集团强制自杀"的悲惨故事。结果，日本右翼保守主义者对他展开围攻，并将他告上了法院。他们的根据就是冲绳人自杀是出于自愿，是为天皇陛下尽忠的"玉碎"。这场诉讼旷日持久，最终以大江健三郎的胜诉告一段落。[1]这段历史实际上将一种真实的民族观念呈现了出来：冲绳人意识到，他们始终没有被视为本土的大和民族的一部分；冲绳人使用日语交流，只是历史上日本的强制皇民化教育的结果。

冲绳人的这种民族意识因现实的美军基地的存在，得到了进一步的强化。冲绳居民一直有着强大的民意，要求美国将军事基地，尤其是位于市区中心的普天间基地搬迁出冲绳本岛。为此，日美两国出于各种考虑，制定了关闭普天间军事基地、在冲绳岛其他区域新建军事设施的协议。这只是一种微不足道的让步，自然引发了冲绳居民的愤怒。

最近一次反抗军事基地运动的高潮，发生在 2009 年到 2010 年间。我们前面提到过，2009 年 8 月底日本出现政权更迭，民主党取代自民党上台执政。民主党，尤其是党首鸠山由纪夫要在美国和中国之间保持等距离；此外，新政府还对建设"东亚共同体"的目标表达了实质的兴趣。在很多人看来，这些举措的目的就是要摆脱美国的约束，走向外交自立。这是日美同盟结成半个世纪以来，日本首次提出路线变更的愿望。

新政府一上台，就要求和美国重谈此前关于搬迁普天间军事

1　参见［日］岩波书店编《记录·冲绳"集体自杀"审判》，陈言等译，上海译文出版社，2016 年。

基地的计划。但结果可想而知，鸠山内阁捅到了马蜂窝上；美国完全无法接受任何表明日美同盟关系松动的言论。在接下来的三个月，鸠山及其内阁成员不但接二连三遭到美国官员的冷遇和恐吓，还引发了日本国内亲美派的强烈抵制。这种内外交错的压力，导致鸠山在 2010 年 5 月 28 日被迫签署执行《关岛国际条约》的新协议，并宣布自己最终理解了冲绳军事基地的重要性。不到一周后，他在沮丧和羞辱中辞职。当时有日本政治学者评论说，鸠山的屈服意味着"日本的第二次战败"。

有意思的是，这次"战败"让我们近距离观察到了政治现场的生态。有学者这样评论道：

> 维基解密在 2011 年 5 月公开的文件揭示了鸠山在何种程度上被自己的政府所出卖。如果说曾经存在被系统内高层所背叛的情况，鸠山就遇到了。从鸠山政府上台初期开始，他的高级官员就秘密地，甚至可以公正地说是有阴谋地，与美国官员联系，建议奥巴马政府坚定立场。他们明确表示，鸠山是一位"有人格缺陷的"首相，"当与强硬的人交流时则很软弱"，并且"总是基于他最后所听到的强有力的评论发表自己的看法"，他的政府"仍然处于调整阶段"、"缺乏经验"、"愚蠢"，其政策决定过程"一片混乱"。鸠山的高级国家官员，像其自民党前辈在这半个多世纪以来一样，忠诚于华盛顿，而不是鸠山或者日本的选民。[1]

1　[澳] 麦考马克、[日] 乘松聪子：《冲绳之怒：美日同盟下的抗争》，董亮译，社会科学文献出版社，2015 年，第 119 页。

　　这样看来，冲绳的确有着美国"军事殖民地"的属性。这也是坚持"冲绳独立"的人的看法。军事殖民地在形式上不同于传统的以资源掠夺、经济剥削、政治控制等为特征的殖民主义，但本质并无不同，因为它们事实上剥夺了被殖民对象的自由。一部分日本中央政府的政治家之所以也喊出"冲绳独立"的口号，原因正是出于对"殖民地"的美国属性的不满乃至愤慨。

　　第二次世界大战后，此前的殖民地绝大多数都获得了独立；殖民掠夺这一旧秩序下劣迹斑斑的帝国主义政策已经寿终正寝。但具体到冲绳问题上，我们发现"殖民地"这个说法还有着历史和现实的意义，因为它将冲绳的本质问题刻画了出来，很值得我们去思考。

　　我们在冲绳看到的矛盾，暴露的不仅仅是日本战后体制固有的问题。冲绳人并未获得公平、公正的对待，而这个问题的起源更是二战后的美国军事占领和日美同盟体制。试图超越日美同盟的日本政治家，试图解决冲绳军事基地问题的日本政治家，很快遭遇到了来自美日两国的巨大阻力。这就是发生在 2009 年上台执政的鸠山由纪夫首相身上的悲剧。在冲绳问题上，日本国家的属性突出呈现了出来。批评者将日本的地位视为美国的"附庸国"或"属国"，因为它无法自主决定冲绳军事基地的相关问题，而后者在本质上涉及美国的全球战略问题。在这个意义上，冲绳可以说是东亚世界权力的核心所在。

　　因此，日本不容易从目前的对美国的依赖关系中走向自立。当然，从现实的经贸关系来说，日本更没有这个动机；日本通过将自身与美国经济、美国利益绑定的方式，获得了高度的发展和繁荣。不过，同军事领域的合作一样，日美的经济关系同样不是一帆风顺，它显示出当下世界秩序的另外一面。

日美贸易摩擦

日本的第二次战败?

　　现代日本的对外关系通常被认为"追随美国",唯美国马首是瞻。对于这种政策的理由,人们会说日本的国家安全保障依赖于美国,在重要的外交事项上只能奉命行事。双方围绕冲绳军事基地的矛盾,就突显了日本的从属地位。不过,这种解释忽视了日本之所以愿意坚持日美同盟关系的另外一项理由,那就是经贸关系。经贸关系其实是日美同盟更为坚固的基础,我们有必要从这个角度进一步观察日本和美国的互动关系。

　　对于绝大多数现代国家而言,经济贸易关系涉及利益与繁荣,仅次于传统意义上的国家安全。但对于日本而言,经贸关系有着更重要的意义。第二次世界大战后,日本很快确立了"贸易立国"的政策,可见它对贸易的重视。

　　事实上,战后日本经济政策的实质是通过美国而彻底实现世界化,进而实现长期的繁荣与和平。这是一种将日本彻底世界化的策略。因此,维持和促进繁荣的经济政策以及与世界列国的自由经贸关系,正是现代日本的核心路线。

不过，今天的人们在谈到贸易关系时，很容易想到"贸易战争"这个说法。比如，2017 年美国特朗普政府对来自欧盟、日本、中国、加拿大、墨西哥、印度等主要贸易伙伴的巨额商品施加了特别的关税，引发了被称为"贸易战争"的大事件。这场战争虽然没有硝烟，不会流血，但对一个国家的繁荣和发展，对它的产业政策，都会产生深远的影响。在谈论今日的贸易战争时，很多人都会联想起 1980 年代的日美"贸易摩擦"，并认为那是美国对"世界第二"的必然打击。

我们的问题由此出现：1980 年代的日美"贸易摩擦"究竟是怎么发生的？我们今天重新谈论日美经济关系，能从中获得怎样的认知和洞察？要回答这些问题，我们首先有必要将问题历史化，即从历史的角度看问题；其次，我们还要将问题世界化，即从世界秩序的角度看问题。这也是我们迄今为止观察日本演化时一以贯之的两个视角。

从历史的角度来看，明治维新之后，随着"殖产兴业"国策的展开，日本迅速投身于世界经济生产与贸易关系当中。但当时主导世界秩序的原则是殖民扩张、侵略和掠夺，日本也概莫能外。1945 年日本在军事上的败北，意味着旧世界秩序下的经贸关系的终结；"殖产兴业"的历史经验随即要寻求新秩序下的表达形式。

这种寻求新的对外关系的起点，自然是 1945 年后美国主导的日本经济改革。这一改革的最终目标是经济的非军事化和政治的民主化。在占领初期，美国的主要方针是实施惩罚。根据 1945 年 11 月美国国务院的一项报告，日本工业重建后的规模，被设定为维持和平经济运行的最低水准，而衡量日本工业规模的具体标准是日本国民的生活水准不能超过亚洲其他国家。根据这一报告，日本要拆除钢铁、火力发电、轴承、石油、重化学工业等主要工业设备用于战争赔偿。显然，在这种经济安排下，日本也将不再具有发动战争的能力。美国国务院的这项报告的依据就是《波茨坦公告》，亦即盟国的政治意志。

随着 1946 年以后美苏冷战的开启和中国内战的再次爆发，美国开始改变对日经济管理政策，目的是促进日本建立自由民主的政治制度，成为自由主义阵营的一员，成为防止共产主义势力扩散的防波堤。结果，美国的占领政策就从惩罚转变为扶持，希望日本成为自由主义阵营的商品与物资的提供者。这一政策到 1948 年底已经成为美国的共识。

在这个过程中，美国给予了日本巨大的经济援助。从 1946 年到 1952 年，日本获得了总额超过二十一亿美元的援助。在随后爆发的朝鲜战争中，美国的战争采购又给日本提供了高达三十五亿美元的外汇来源，这是我们曾提到的"朝鲜特需"的一个经济效果。值得一提的是，在整个占领期间，日本用于战争赔偿的金额仅仅是四千五百万美元。在这种东亚及世界秩序的演变中，日本获得了进入战后资本主义世界经济体制的入场券，它的命运由此改观。

战败国受到如此宽大的对待，这在人类的历史上可谓破天荒。这是多种因素叠加的结果——美苏冷战的开启、中国革命的成功、麦克阿瑟的理想主义，这些因素都深度影响了美国对日占领政策的形成和实施。不过，只有从世界秩序和文明变迁的角度来观察，我们才会对这些因素获得整全的认知。战后美国对日经济政策的意义远远超出了经济领域。

事实上，第二次世界大战后由美国主导重建的世界经济体制的根本意图还是在于确立一种长效的和平机制。这种认识当然是源于对历史的反思。1929 年世界经济危机爆发后，当时的列强纷纷实行贸易保护政策，这被视为二战的经济起源。所以，在大战即将结束的 1944 年 7 月，以美英两国为首的盟国在美国新罕布什尔州的布雷顿森林召开会议。会议决定美元与黄金直接挂钩，这就是所谓的"金本位制度"。另外，会议还通过了成立国际货币基金组织和国际复兴开发银行（即通称的"世界银行"）的协议。史称"布雷顿森林体系"的金融体系由此成立，为战后经济秩序的恢复奠定了基础。

这个新建的世界经济体制有一个根本原则，那就是要实行自由的、非歧视性的国际贸易政策。因此，这个新体制在当时被视为"一个完美的图腾，代表着汇率稳定、支付自由"，在抽象的意义上"代表着国际合作精神"。换言之，第二次世界大战后形成的世界经济秩序，一个重要的出发点就是借此建立新的世界政治秩序。当然，这个世界秩序有着它固有的政治属性：它是美国主导的自由主义国家联盟内部的商业秩序，在最高的意义上维护着美国的世界霸权。

在美国的扶持下，1952 年主权正式恢复后的日本相继加入了国际货币基金组织、关贸总协定等国际组织。战后日本经济之所以能够快速成长，其中一个重要的拉动力就是它获得了美国市场的通行证。在 1960 年代末这个体系走向衰落时，日本已经成长为世界上主要的工业和贸易强国。换言之，日本已经完成了经济体系的世界化。在这个经济世界化的过程中，日本同时完成了国家的新生。这种演化路径是我们观察当下日本对外政策的一个窗口。

当然，上面的说法是理念构想与历史概括，真实的历史并不会如此平滑地展开。美国出于世界政策的目的向日本开放市场，并以低廉价格向日本提供技术转让，但事后才意识到日本企业有着与众不同的"狼性"：日本企业员工的本质是"企业战士"。这个看似幸福的美日关系，很快出现了问题：日本商品开始在美国攻城略地，于是贸易摩擦开始了。早在 1955 年，日美两国之间就出现了贸易纠纷。当时日本生产的廉价棉织品大量出口美国，对美国造成了很大的冲击，于是美国的纺织品行业就发起了限制进口日本同类商品的运动。美国政府随即向日本政府提出了具体的限制方案；1957 年，两国签订了棉织品协定，日本自行限制对美的出口数额。[1]

人们容易认为，双方签署协议，日本执行，这在日美关系中不是什么大事。与那些政治、军事安排相比，这似乎的确谈不上什么大事，但其意义却是重大的。美日此次贸易协定的签署意味着，当美国的某项产业遭到"威胁"时，美国政府可以出面制定实质性的保护政策。这里"威胁"二字之所以要打上引号，是因为它仅仅意味着这一产业在国际竞争中的失败。因此，第二次世界大战后人们讴歌的自由贸易政策，并不全然是字面意义上的"自由贸易"，国家权力依然以特定的方式参与其中。理念和现实之间存在着不可忽视的差距。[2]

1　[日] 細谷千博、本間長世編：《日米関係史：摩擦と協調の一四〇年》（新版），有斐閣，1991 年，第 145 页。
2　人们常说的国际经济秩序的"不平等"，根源也在这里。在国力相近的自由主义国家之间，自由贸易无疑是相对公正的秩序安排；但在发达国家与发展中国家之间，这个秩序可能就会遏制后者的发展。而当有着某种"异质"属性的国家可能造成霸权国家的衰落时，国家权力可能就会直接介入国家间的贸易活动、产业链的安排。我们这里提到的美日贸易摩擦，就有着这种属性。

　　值得注意的是，这种贸易摩擦的解决方式是随后日美两国处理经贸关系的主要模式。随着日本经济的迅速崛起，日美两国贸易摩擦的范围和烈度，同样与日俱增。1965 年，日本首次获得了针对美国的贸易黑字，也就是出口大于进口，获得了贸易盈余；此后日美经济关系的历史，就是这个贸易盈余持续扩大的历史。

　　不过，我们不能将日本经济在 1960 年代的突飞猛进仅仅归结于它自身的禀赋，这会无视日本当时从国际社会获得的一个有利条件。在日本加入各种国际经济组织时，为了培育汽车、计算机等国家战略产业，以及保护国内的农产品，日本针对外国的投资进行了限制；这意味着，日本在一定程度上实施了贸易保护政策。当然，这一政策当时也得到了美国的认可。

　　这些与自由贸易原则不符的保留政策，随着日本经济的成长和出色表现，在美国的眼中逐渐成了日本的特权。美国的政治家们认为，日本借此获得了针对美国企业的优势，因而对美国来说不公平。于是，美国对日经济政策的重点转移到了促进日本经济的自由化上。在这种情况下，"日本原则上同意推进经济的自由化政策，但在实践中通过借助美国'恩情'的方式，对于实质性的自由化政策，采取了尽可能往后拖延的策略"。日本最大限度地利用美国的宽大政策，或者说"恩情"，来发展自己的经济。[1]

　　但美国的"恩情"有其限度。基于对等的相互主义的商业准则，美国自然会要求日本扩大对美国农产品的引入、取消日本市场的

---

[1]　[日] 細谷千博、本間長世編：《日米関係史：摩擦と協調の一四〇年》（新版），有斐閣，1991 年，第 146 页。

各种非关税的壁垒。面对压力，日本则是用尽浑身解数，能拖则拖。这种为本国企业的成长争取时间的战术，进一步引发了美国的不满。从钢铁产业开始，到毛纺、化纤制品，再到随后的电视机、汽车等，日美经济摩擦的范围愈来愈大。日本的这些产品因其优质、廉价，很快就在美国市场上获得了巨大的份额，这也意味着美国同类企业在竞争中的失败。比如，1960年代中期，美国有二十八家彩电制造商，但在日本彩电的攻势下，到1980年，只有五家制造商幸存了下来。在这种情况下，美国不得不动用反倾销等手段来阻止日本工业制品的攻城略地。不过，两国每次都遵循先例，通过谈判达成解决问题的协议，方法就是日本对自己的出口进行限制。

在继续叙述日美两国的贸易争端之前，我们要略微思考一下"贸易摩擦"这个用语。这是当时日本主流的说法。值得注意的是，当时的人们并未大张旗鼓地使用"贸易战争"这种表达。毕竟，"战争"让人联想的是敌意，而"摩擦"在本质上是共同体的内部关系，是"人民内部矛盾"。前面提到的日美两国在1957年签订的棉制品协定的意义之所以重大，原因就在于它提供了一种解决争端的法律机制。当然，这个"内部"是指美国主导的所谓"自由主义阵营"的内部，它有着自己的边界。

不管怎样，日本在这个过程中持续获利，获得了重要的美国市场和技术。日本商品获得美国市场的欢迎，正是对它经济成功的肯定。正因如此，这种经贸争端及其解决方式虽然让日本国内的很多人觉得不爽，但并未影响他们的主流判断；主流舆论并未在法律上和道德上去指责美国不公正，去指责美国的霸权。换言之，在这个长期的贸易摩擦以及解决过程中，日本并未产生敌意。

而明治维新后直到太平洋战争爆发前这一时期，日本将两国关系中出现的各种问题，统统上升到美国以及其他西方列强对日本的歧视、阻止日本的崛起上，认为一切都是出于美国乃至西方文明针对日本的敌意。这种敌意累积的结果就是日本放弃了国际协调的路线，走向自我孤立，进而走向了最终的对决。

第二次世界大战结束后，日本彻底放弃了这种基于敌意的美国认识，开始就事论事地处理两国间的各种争端。这种做法，当然有着对美国压倒性的政治、经济与军事实力的考虑。但日本采取和美国协调的经济和外交体制，还有着它强烈的自发意志：它在美国主导的新经济体制中看到了繁荣与和平的可能。

事实上，在二战后的最初三十余年间，美国一直是世界经济增长的发动机。因此，只有进入这个促进经济增长与繁荣的世界贸易体制当中，日本才能实现它的国家目标，即繁荣与和平。这种对于现状的认知使得日本产生了一种义务感，那就是日本有义务和美国以及当时的英国、德国、法国等经济发达国家一起，维护这个战后世界经济体制的安定。这里面自然包含着同美国的协调。

到了1980年代，日本的国民生产总值达到了美国的一半，而当时美国人口总数大约是日本的两倍，这意味着日本已经达到了和美国同等发达的经济水平。也正因为如此，美国国内的舆论对日本越发严厉起来。当时美国政治家和工人充满愤怒地砸毁日本汽车，就是这种认知在情绪上的表达。当时的一项民意调查显示，美国国民认为日本的经济威胁超过了苏联的军事威胁。日本仅仅因其经济的成功就成了美国的"敌人"，这意味着"贸易"的确分担了一部分"战争"的功能。

　　这一时期，美国的贸易赤字持续增加。到了 1985 年，美国的贸易赤字达到了一千一百亿美元。也就是在这一年，美国国会提出了大约四百项保护美国产品的议案；而日本对美国保有巨大贸易顺差，自然首当其冲。同年 9 月，里根总统首次动用《1974 年贸易法》中的"301 条款"，授权美国政府部门对日本进行报复。由于美国的贸易赤字主要由日本造成，面对这种情况，日本只能努力息事宁人。日本政府想尽办法，通过努力增加进口等方式，试图降低贸易顺差。据说，时任首相中曾根康弘甚至呼吁每一个日本人购买价值一百美元的进口商品，来降低日本的贸易顺差。[1]

　　日本政府的这些努力无异于杯水车薪，于事无补。这一年的 9 月 22 日，美、英、德、法与日本组成的五国集团在纽约的广场饭店召开会议，主题是汇率问题。这次会议达成的协议就是有名的"广场协议"，结果日元对美元大幅度升值。日元随后的快速升值，自然导致日本以出口为主的企业出现困难。这种看起来伤筋动骨的操作，引发了日本国内歇斯底里般的批评，甚至出现了这是"日本的第二次战败"的说法。不过，人们很快发现，日元升值的好处也随即呈现了出来：在海外市场上，日元获得了更高的购买力。从企业方面来说，直接增加海外投资是应对日元升值的最好方法。结果，1986 年以后，日本的海外投资激增，形成了一种新的经济网络。

　　从广场协议开始，到 1990 年代初泡沫经济的崩溃，再到 1990 年代后半期金融危机的爆发，这前后大约十年间因被概括为

1　[美]沃尔克、[日]行天丰雄：《时运变迁：世界货币、美国地位与人民币的未来》，于杰译，中信出版社，2016 年，第 330—331 页。

"失去的十年"而广为人知。那么，这是美国对日本经济打压的结果吗？日本的民族主义者或许会这么看问题，但这种看法并不正确。如上文所述，战后日本实现经济高速增长的动力来自美国主导的自由贸易体制，广场协议的签订只是终止了它此前的经济发展模式。因此，"失去的十年"在本质上是日本经济体制转型与重建的时期。在这一时期，日本企业积极进行了战略重构与调整，将重点转到高端的制造业上。用现在的说法，这是一种"倒逼改革"。进入 21 世纪后，随着中国经济的强劲增长，深耕中国市场多年的日本的优势发挥了出来，从而带动了它此后经济的增长。

简言之，日美贸易摩擦最终都通过谈判的方式得到了解决。一部分日本政治家和国民觉得不爽，但并没有产生敌意。这并不仅仅因为日本对美国市场的依赖，更因为这是包括日本在内的工业发达国家为维护自由贸易体制运行而进行的自我改革。这里面当然有赤裸裸的国家利益的计算，但归根结底，相关各国都各自从妥协中找到了平衡点，世界的和平与繁荣也得以维持下去。

日美关系走到这一步，实属不易。第二次世界大战末期，日本本土遭到了毁灭性的空袭，国将不国；但日本因势利导，很快从战败的废墟中站了起来。在这个过程中，日美贸易关系扮演了无可替代的角色。日本败于战争，但却通过经贸关系在美国和世界市场上攻城略地，取得了极大的成功。如果我们把贸易竞争、经济竞争比作"和平时代的战争"，那么日本实际上在这场"战争"中大获全胜。1980 年代的日美贸易摩擦的解决，不是"日本的第二次战败"，而是日本真正的胜利。1853 年"黑船来航"以来日本对西方世界怀抱的怨气，最终烟消云散。

　　这个过程给日本和世界带来了很多启示。如果说政治是以对抗、以区分敌友为前提，那么经贸关系可以说正好相反，它的根本原则是寻求合作共赢，而国家间的"友好关系"则是这种经贸活动的自然结果。当然，这个过程也常常引发国家间利益的冲突，"贸易战争"就是对这种冲突烈度的最高表达；我们甚至可以说，"贸易战争"就是"战争"在现代世界当中的最新表达。但要注意的是，这里所言的"战争"毕竟是比喻，我们不能为其遮蔽双眼，而看不到"贸易"这一维持现代世界秩序的繁荣与和平的根本机制。[1]

　　就此而言，2017 年美国特朗普政府发动的"贸易战争"也不是突如其来，而是二战后作为世界新秩序原理的自由贸易与世界各国之间具体的经济发展模式的冲突。这场冲突中并没有真正的"原罪"，没有一定要承受责难的一方。"贸易战争"的本质并不是国家间的敌对关系，更不是"文明的冲突"，而是世界新秩序继续走向完善、最终实现升级迭代的一个过程。

　　当然，这个过程并非没有危险。我们在前面提到，1929 年世界经济危机爆发后，当时的西方主要国家纷纷实行贸易保护政策，建立以各自货币为核心的经济区域；而日本在经济危机和世界贸易体制走向封闭的双重打击下，铤而走险，试图建立一个以它为中心的东亚经济体制，这就是"大东亚共荣圈"的经济起源。结果，

---

[1]　当然，我这里说的是现代世界中的"贸易"，而非近代世界秩序诞生之初的"贸易"。在近代世界诞生之初，由西班牙、荷兰率先展开的远程贸易首先就是"武装贸易"，可以说有着暴力的属性；商业和战争是关涉到当时国家生存的本质问题。商业与国家的这层关系，就是我们今天所熟知的"经济民族主义"的来源，它在现代化的后发国家表现尤其突出。关于 18 世纪前后西欧国家有关"贸易"观念的回顾，参见 [英]洪特《贸易的猜忌：历史视角下的国际竞争与民族国家》，霍伟岸等译，译林出版社，2016 年，"导论"部分。

它非但给中国等亚洲国家带来了巨大的灾难，最终还重创了自身。因此，1944 年成立的"布雷顿森林体系"试图用一种全新的自由贸易体制，为战后的世界新秩序、为新秩序的和平与繁荣奠定基础。

日本正是在这个体系之下，迅速完成了战后的复兴，并在 1960 年代末成长为世界主要工业发达国家。但这也只是事实的一面。日本的成长事实上加速了这个战后贸易体系的升级换代。1971 年 8 月 15 日，美国时任总统尼克松突然宣布实施新经济政策，终止美元和黄金的兑换，"布雷顿森林体系"正式解体。这个体系的最大受益者日本因而受到了巨大的冲击；在日本经济史上，这一事件被称为"尼克松冲击"。但这并不是灾难性的，因为自由贸易的基本理念和机制，得到了所有当事者的坚持和尊重。

就此而言，日本坚持日美同盟的同时，坚持维护世界自由贸易体制，这些国策都是基于对自身历史的反省。得益于各种偶然和必然条件的耦合，日本迅速成长为当今世界上工业最为发达的国家之一。

下篇　现代日本的深层结构

第七章 | 现代日本政治的秘密

天皇
宛如自然一般的存在

　　我们在前面对日本特殊性的历史生成，作了以历史事件为核心的追溯和分析。通过这种历史的重构和分析，我们试图呈现的是二千年以来日本"变异"的演化路径；而日本在近代的强力崛起就是这一"变异"的巅峰。在第二次世界大战中，日本遭受了军事上的惨败，但它很快在其后国家重建的过程中重新站立了起来，并在 1960 年代末期成长为与欧美并列的经济体；同时，它的政治制度也获得了成熟的形态。日本的"变异"再次迎来了它的高光时刻。

　　接下来，我们的目光要回到现代日本社会自身，通过分析它在政治领域中独特的属性和卓异的呈现，继续分析日本"变异"的机制和原理。

　　提到现代日本政治制度的最大特殊性，人们通常会想到天皇及其象征天皇制。事实正是如此：天皇不但是现代日本宪法的一个重要组成部分，还以特定的方式活跃于日本国民的生活中。那么，为何对于日本国民而言，天皇是一个特殊的存在？有学者认为天皇只是"一种没有争议的永恒的国家装饰品"，这种看法准确吗？[1]

在明治维新之前的幕府时代，天皇系统虽未断绝，但也只是象征性的存在；幕府将军事实上把持着日本的军政大权。明治维新使得天皇再次登上了日本政治舞台的中央，并将天皇制打造成日本政治与社会体系的枢纽。1945 年日本战败之后，在麦克阿瑟的主导下，日本天皇制再次经历了急剧的变革，从"绝对君主制"转变为"象征君主制"。1946 年由联合国占领军主导制定的《日本国宪法》第一条即规定："天皇是日本国的象征，是日本国民统合的象征。"这种地位以"日本国民的全体意志"为根本依据，主权在民这一近代的政治原则得以确立，日本自身的建国神话与政治传统遭到了彻底的否定。

天皇地位的这种转换意味着什么？

问题的关键在于如何理解天皇成为"象征"这一事实。根据日文辞典《广辞苑》的解释，"象征"这个词最初出现在启蒙思想家中江兆民（1847—1901）在 1883 年出版的译作《维氏美学》当中，是法语 symbole 的日文译语。这个词语有两个意思：一是"指称另外一种事物的符号、记号"，二是指"基于某种形式上的类似性，将本来没有关系的两种事物（包括具体的事物以及抽象的事物）关联在一起的作用"。比如，我们常说白色是"纯洁"的象征，而黑色则是"悲伤"的象征；这里的"象征"是说，"白色"让人想到纯洁，而"黑色"让人想到悲伤。

1　这个说法参见 ［美］赖肖尔、詹森《当代日本人：传统与变革》，第 280 页。

根据这种对"象征"的解释，我们对日本宪法第一条的规定可以作这样的理解：天皇失去了此前拥有的实质性的政治权力，现在只是一种有着某种关联性的符号，而这种符号会让人们想到日本国民的"统合"或者说"团结"；换言之，人们想到"天皇"就会意识到自己的国家与民族身份。

这是通行的解释。我们都知道，"国旗"、"国徽"与"国歌"都是国家的"象征"，那么当我们说"天皇"是一种"象征"时，我们会认为"天皇"是与"国旗"、"国徽"以及"国歌"同等的存在吗？这种疑问将我们对人类事务的理解引向了深入，因为常识或者直觉告诉我们，"天皇"作为象征的分量，远在其他象征性事物之上。我们有必要从这一直觉感受出发，进一步探讨"天皇"在现代日本政治与社会生活中的真实角色。

首先，天皇是日本最著名的一个标签，就是日本的"象征"。说它著名，是因为它是现存的历史最为悠久的皇室。近代日本的国家意识形态中反复出现的"皇统连绵"与"万世一系"，就是对这个皇家世系最为引人注目的特征的概括。[1] 今天的日本国民虽然不再提这些军国主义时代的口号，但日本皇室的古老性与连续性对他们而言，可谓不言自明。与这种皇室的特性相比，"国旗"、"国徽"以及"国歌"的本质是近代发明的国家与民族的象征，因而更具有人为的属性、可变的属性。这是我们在认知日本天皇制时的一个要点。

1　有学者将日本天皇的象征概括为"政治上的权威、礼仪性、中立性、历史上的背景、传统上的权威、文化及学术上的尊重、超俗性、品味、精神性、道德性"等等，这些说法固然不错，但未能将"天皇"作为象征的日本特殊之处突出出来。关于天皇象征属性在日本宪法和社会中的表达，参见［日］园部逸夫《思考皇室制度》，陶旭译，社会科学文献出版社，2012 年，第一章。

其次，人们还会想到另外一种广为流传的说法：天皇的本质无非就是帝王或者说国王，是传统封建专制、独裁体制的代表和象征。在从传统到现代的转换过程中，绝大多数国家——诸如法国、中国、德国以及俄国等等——都将皇帝赶下了台，实行了更为进步的民主共和制度。所以，很多人认为日本的天皇制无非就是封建制的历史遗迹而已。这个说法意味着，人民可以自我进行治理，人民不需要国王。在这样的意义上，说天皇是"象征"，是政治"符号"，其实是指天皇可有可无。

人民不需要国王，这对于我们现代中国人来说可谓不证自明。自 1911 年的辛亥革命与第二年清帝下诏逊位以来，中国人至少在形式上已经过了一个多世纪没有皇帝的生活了。所以有人会想当然地认为，皇帝确实可有可无，日本天皇自然也不例外。

我们在这个结论面前暂停一下，因为这种想当然的看法往往是我们认知的盲区。说皇帝可有可无，这是否只是外部观察者的看法？在现代日本国民的观感中，他们到底需不需要天皇？日本天皇的本质到底是什么？

在日本的神话传说中，天皇是天照大神的后裔；天皇兼具人格和神格，在地上进行统治，因而日本是"神国"。这个"神国"观念源远流长，在明治维新后最终上升为日本国家体制最根本的原理，成为近代日本国家的政治哲学与主导性的意识形态。按道理，人类社会进入近代后，这些神话或宗教方面的观念逐渐遭到了瓦解与破除，日本国民本不应该继续迷信天皇；尤其是 1946 年 1 月 1 日天皇在占领军的授意下进行"人间宣言"（或称"非神宣言"）后，天皇已经转变为彻底世俗的存在，天皇似乎已经完成了历史赋予的角色。然而问题并非如此简单。

诚然，在传统社会，世界在人们的心目中往往蒙着一层神秘的面纱，隐约透露着它非凡、超常的魅力和属性；人们通常认为自己与他界事物共同栖居在同一个世界，在日常生活中要时刻顾虑到它们的存在。到了近代以后，随着自然科学的巨大进步，人们开始理性地思考并规划自己的生活，神秘性的事物从人们的日常生活中遭到了放逐。这就是马克斯·韦伯描绘的"世界的祛魅"，或者说世界观的理性化与世俗化。那么，从现代社会科学的角度看，近代乃至现代日本政治体制保留这些神话的或宗教方面的因素，是否意味着日本的落后？

这涉及人们对现代性——亦即现代社会的根本属性——的看法。这是一个大问题，这里我们无暇展开讨论，但要指出一个基本的事实：我们生活的这个时代，其实充满了各种矛盾和对立，既有基于特定的宗教观念或有神论立国的国家，也有坚持彻底的无神论的国家。即使是在一个国家的内部，人们也往往有着完全不同的观念：有人对自己的宗教异常虔敬、对特定的神祇笃信不疑，也有人宣称自己是彻底的唯物主义者。

其实，即使从理论上看，人们关于现代性的属性也没有明确的定论。比如，人们一般用韦伯的"世界的祛魅"理论来表明近代社会中宗教的退场以及人们生活的世俗化，但这也只是关于现代性的一种解释而已，韦伯自身并未如此简化问题。当韦伯说"世界的祛魅"时，他本意描述的恰恰是一种宗教态度：这种宗教态度只承认唯一绝对神对人们的拯救，而否定了此前各种巫术的、泛神的拯救。韦伯的主旨是要突出宗教世界观的合理化过程，而不是泛指宗教世界观的衰落。在严肃的思想家那里，宗教的目的并不是"为了使人类与物质世界相互协调起来"，它满足的是人类的另外一种需要。[1]历史学家汤因比曾经指出，由于理智与宗教都是人性的本能，一旦科学压倒宗教，对于双方都是灾难性的。[2]

我们这里的目的当然不是重述或者辨析韦伯及其他思想家关于现代社会的一些命题或判断，而是要给理解天皇及天皇制提供一种理论视野和工具。如果我们愿意为人们的观念保留更多、更丰富的可能性，不是想当然地认定神话的、宗教的世界观就是落后的世界观，而是承认它们同人类生活有着各种有待认知、有待揭示的深度关联，那么我们就会获得与此前截然不同的视野。

在这个新的视野中，日本天皇的本质就不再是"帝王"、"国王"或者"封建遗留"所能概括的了。认知上的要点在于，这个古老的君主对日本国家的统治，并不是建立在军事征伐的暴力基础之上，而是基于一种近于自然的状态，就如同人们要生活在自然当中一样。现世秩序所不可或缺的杀伐角色，已经由大名和将军们扮演了。结果，日本天皇的政治色彩变得非常淡薄；在多数时刻，天皇只是作为共同体的一种构成要素，尤其是宗教的要素而存在。

当然，我们这里说的是一种历史演进的结果，而不是开端；在这个开端处，存在着武力征服。比如，《古事记》的叙述从"神话"转向"历史"时，它的第一个故事就是有名的"神武东征"，歌颂了天照大神的重孙子"神倭伊波礼毗古命"奉命前往人间统治及征讨时的武勇和功勋。[3]但与世间其他君王，尤其是开国君王的不

---

1 [法] 涂尔干：《宗教生活的基本形式》，第110—111页。

2 [英] 汤因比：《历史研究》（下卷），第682页。

3 [日] 安万侣：《古事记》，周作人译，上海人民出版社，2015年，第69—79页。

同之处在于，这一"神武东征"处于有文字记载以前的历史，介于史实和神话之间。自有日本文字记载的历史开始，生活在日本列岛上的住民已经无从想象天皇使用权谋、暴力统一国家的事迹。天皇可能具有的那种基于暴力的出身属性，在日本国民对皇统久远的历史记忆中已湮没无闻；天皇自然而然地集光荣、伟大与正确于一身，而不必刻意为自己的统治地位辩护。

在其他民族那里，"君权神授"的正当性源于超凡的诸神的说法是一种后设的观念。它试图掩饰的正是一种依靠赤裸裸的暴力而发家，进而进行统治的历史事实。再反过来说，日本天皇的暴力痕迹早已湮灭，"君权神授"的意识形态特征就显得非常漠然，它只是作为神话叙事的一部分而存在。日本列岛上的先民直接将创世神话与历史时期的君主关联在了一起，从而君王的神圣起源就是人们对其真伪存而不论的神话。[1]

由此，"天皇"在日本语境中的真实含义就显现了出来：既然天皇是日本的创世神话自身的一部分，那么天皇的存在就构成了人们古老信仰与生活的一部分，从而不会为近代以来的科学观念所质疑和瓦解。相反，一面高喊着"君权神授"，一面在人间展开大肆杀戮的君王的神圣性则十分脆弱，它只能依靠不断地编造神话和动用暴力才能实现获取权力的目标。

1　当然，这并不意味着天皇与政治权力脱离了关系；如同神话有着自己的创制者一样，日本天皇及其皇统同样依赖人们的叙事与建构。比如，当古代日本君王用"天皇"自称时，实际上就利用中国道教神仙体系中的高级官员"天皇"来提高自身的超凡属性，自然有着"君权神授"的意识形态效果。关于"天皇"称号道教起源的说法，可参见［日］福永光司《道教と古代日本》，人文書院，1987 年。

　　上面的讨论已经揭示了日本天皇的本质特征：天皇是今天被称为"日本"的这一民族共同体最古老的"象征"，而不仅仅是现代意义上的"国家"与"国民统合"的象征体系。这里面的认知要害在于，这种"象征"生成于历史的深处，与创世"神话"同样古老。德国社会学家卢克曼曾经指出，我们所熟识的各种宗教都是象征体系，而后者的本质是一种意义体系，"它一方面指涉日常生活世界，另一方面指涉一个在超越日常生活时所体验到的世界"。[1] 从宗教这种指涉历史与超越的象征属性看，将天皇设定为日本的"象征"，从根本上说就是承认了天皇的"神话"本质。

　　那神话又是什么？这同样是一个复杂的问题。[2] 从现代社会学科的视角来看，神话代表了人类最古老的建构、维持共同体的手段和形式，它的一个主要形态就是创世神话。比如，中国神话中的伏羲、女娲兄妹造人的故事是这样，日本《古事记》中的伊耶那岐和伊耶那美兄妹的故事同样是这样。对于初民而言，神话就是一种现实，或者说具有一种观念上的现实属性，它"经由神圣力量持续不断地深入到人们日常生活的体验中去"。在人类思想发展过程中，神话被认为是一个特定的阶段。

　　18 世纪的理性主义者通常认为，人类都要经历从神话思维到科学思维的进化路径。但如同我们已经指出过的，这并不意味着

1　[德] 卢克曼：《无形的宗教：现代社会中的宗教问题》，覃方明译，中国人民大学出版社，2005 年，第 32—33 页。

2　比如，有的学者会从"功能主义"的角度看待神话，人们出于实用的目的创造了神话；与此相对，有的学者神话认为关乎人的存在本质，有着所谓"本体论"上的属性。参见 [美] 斯特伦斯基《二十世纪的四种神话理论：卡西尔、伊利亚德、列维—斯特劳斯与马林诺夫斯基》，李创同等译，生活·读书·新知三联书店，2012 年。

最初的神话阶段被后来的时代简单克服掉了。神话虽然是维护共同体的一种原始思维方式与观念，但它和后来各种政治意识形态的本质区别就在于，神话最接近人类演化的自然层面，因而在维持共同体的秩序时，神话的"理论需求最少"。[1]神话通常没有特定的作者，在多数情形中通过口传的方式，由上一代人传递给幼少的一代。结果，在漫长的演化岁月中，神话变得和人类的历史同样古老，在人类的意识深处获得了如同自然事物一般的存在。

因此，现代人虽然早已跨越神话阶段，但原始的宗教思维依然以某种方式活跃在我们的人性中。可以说神话就是一种独特的"象征"，直接为人们提供意义，而不需要诉诸理性的、科学上的证据。由于神话这种"接近自然"的属性，它并不容易被后世的各种人为的观念取代；有人甚至认为，神话就是宗教。而对于日本国民而言，日本天皇就是一种持续至今的神话，是一种自然的存在。如果说人们要借助自然维持生命与生活的话，那么日本国民在共同体的精神生活当中需要天皇就是水到渠成的结论了。

这种结论当然不只是我个人的看法。在第二次世界大战后的日本，有一批学者从民俗学、社会学而非政治学的角度对天皇及天皇制进行了重新研究，他们都揭示了天皇与日本国民精神结构的内在关联。这些学者告诉我们，天皇制一方面是政治制度，另一方面是国民个体确立精神权威的制度，是一种塑造主体意识的存在；重要的是，天皇是作为一种"宛如自然的事物"而存在。在民俗宗教观念中，我们可以观察到人民需要"国王"的一个理由。日本历史学家安丸良夫给我们提供了这样的描述：

1　[美] 伯格、卢克曼：《现实的社会构建》，汪涌译，北京大学出版社，2009 年，第 91 页。

　　1872 年至 1881 年，明治天皇进行了大规模的地方巡幸，当时天皇吃剩的食物、坐过的垫子、御座下的土、装饰用的杉树叶、队列行进过后路上的沙粒等等，全被当作祛病除灾、五谷丰登的吉祥之物，民众争相索求。例如，1881 年天皇巡幸时，曾在羽州酒田的渡边作左卫门家休息，结果据说十天内就有"十万余人"拥到他家，"先摸摸天皇坐过的垫子，再摸摸自己的身体，说这样就一辈子不会生病了。还有的女子摸摸柱子上挂的饰物再摸摸自己的身体，说这样生孩子的时候就会顺利"。而作左卫门则对随行的侍卫长山口正定说："皇恩浩荡，深入人心，非新舶来之自由学说所能轻易撼动，敬请安心。"[1]

　　安丸良夫实际上指出了日本国民天皇崇拜的民俗信仰上的根据，以及天皇制并不单纯是近代政治建构与意识形态操作的结果。显然，这种解释丰富了我们对日本天皇的理解。

　　顺便一提的是，上面介绍的天皇能治病祛灾的这种信仰，并非日本独有。法国著名历史学家马克·布洛赫（1886—1944）在他的名著《国王神迹》中，细致探讨了 10 至 18 世纪英法两国流行的一种国王信仰，即相信国王可以通过触摸的方式为臣民治愈瘰疬病。[2] 当然，我们今天不会相信国王具有这样的超自然能力，当时的人们也不会全然相信，但这种"信仰"存在自身就宛如露出海平面的冰山，实际上暗示了人们观念中更为幽深的某种意识。

1　[日] 安丸良夫：《近代天皇观的形成》，刘金才等译，北京大学出版社，2010 年，第 176—177 页。

2　[法] 布洛赫：《国王神迹：英法王权所谓超自然性研究》，张绪山译，商务印书馆，2018 年。

人们在日常生活中并不总是，并且无法仅仅依靠理性生活。

　　那么，这种作为"宛如自然的事物"而存在的天皇，为什么在近代日本发挥了巨大的作用？这是我们认识近现代日本国家原理的关键之处。到目前为止，我们已经从不同角度论及过这个问题，这里我们再略作总结性的概括。

　　最常见的看法是，天皇之所以在近代日本政治进程中扮演了极为关键的角色，源于明治时代政治家以及后来军国主义者的意识形态宣传。这是现代人们的典型看法，它将政治权力视为解释人类事务因果关系的出发点。然而，这是一个因果关系不明，甚至是因果倒置的看法，它过于夸大了军国主义者的宣传作用。事实上，在德川幕府末期，那些试图建构新的国家体制的精英已经注意到了天皇这种"宛如自然"存在的事物所具有的力量；这种力量就是天皇持续保留的那种权威，以及人们在长期共同生活中形成的民俗宗教信仰。正因如此，他们才喊出了"尊王攘夷"这一撼动时代的政治口号。

　　对日本而言，天皇之所以值得尊崇，或者从权谋的角度来说值得利用，首先是因为天皇所拥有的独特的权威。这个权威来自不可忆及的历史，来自不可思议的神话，来自它"宛如自然"般的属性。日本精英们创制的"尊王攘夷"理论固然有着建构天皇权威的效果，但这种权威的起源并非理论家凭空的创造和发明，而是天皇的存在自身——天皇每一次在民众面前的显现，都会激活深深蕴含于日本社会自身的这种事关权威的属性。天皇被视为"现人神"而具有神力，因而他的显现就是"神显"；而日本民众则通过天皇形成了自己的信仰。天皇的角色如果表现在政治领域当中，就会产生将信仰转换为力量的效果。

　　我们可以看一个例子。1894 年 7 月 25 日，中日甲午战争爆发，但日本国民有些无动于衷。于是，以福泽谕吉为首的理论家们就在报纸上撰文鼓动国民支持战争，但情况还是没有多大改观。这时候，明治天皇出场了：他亲自赶往广岛前线，相当于御驾亲征。日本国民的情绪一下就被调动了起来，旋即转向了对战争的狂热支持。同样，1945 年 8 月 15 日，昭和天皇通过广播播放了所谓的《终战诏书》，相当于宣布战败。对于绝大多数将校、士兵和国民而言，这是他们第一次听到天皇的真实声音。结果，从军队到国民，承诏必谨，他们几乎立刻放下了抵抗的武器和意志。

　　其实，1868 年 1 月新政府宣布建立时发布的第一个文件，名称就叫《王政复古大号令》，可以说将天皇的权威发挥到了极致。通过激活天皇的权威，激进的改革势力创造出一种全新的政治力量。这种力量形式上直接源于国民对天皇的忠诚，与近代民族国家体制要求的国民忠诚的逻辑一致。

　　由此看来，天皇和日本国民的关系，远非现代政治理论中所理解的君主和臣民的一般关系；天皇本质上是一种特定的文化和共同体意识，执拗地存续于日本社会中。这种状况虽然受到 1945 年战败以及 1946 年颁布的《日本国宪法》的冲击，但这种冲击的效果并不如很多人认为的那样大。在今天的日本政治生活中，人们都会从新宪法规定的"象征君主"的角度来理解天皇的存在，但天皇的意义远非"象征"这两个字表面的含义所能表达。

　　我们在上面已经对"象征"的内涵进行了揭示，这里还要略作补充。其实，很多现代国家在创造国家认同与民族认同时，都会遇到各种麻烦。国家认同是一种高阶认同，它诉诸人们在历史、血缘、宗教、语言、生活习惯等方面的共同属性，因而更具有人为制作的色彩。多数国家在创造这种共同属性时，可以说费尽周折，却往往事倍功半，甚至南辕北辙。但在现代日本，国民的国家与民族认同从未成为问题，因为天皇的存在使得这种日本国民的共同体感受"宛如自然的事物"一般不言自明。天皇为共同体生活提供了一种最接近自然，因而是逻辑底层的意义体系和保障。

战后日本著名的启蒙思想家竹内好在讨论天皇制时有这样一种说法："天皇制存在于一草一木，我们皮肤的感觉中也有天皇制。"如果把这句话放到上面的语境中，将"天皇制"理解为一种意义与价值体系，那么它就是对天皇在现代日本社会中所扮演的角色的另外一种出色表达。

当然，我们的解释的理论依据就是人们对"神话"与"宗教"进行的各种科学思考。审慎的社会科学家们早已注意到，"科学正在变得不仅能解释它自身的有效性，还能解释存在于神话思维中，具有一定程度的真确性的事物"。[1] 这当然不是要将神话和科学等量齐观，而是要告诫我们，在使用我们已经获致的历史经验和理性认知能力时，我们要注意它们的有限性，从而为我们理解人类事务、理解现代社会的属性，提供不可或缺的观念空间。

1　[法] 列维-施特劳斯：《神话与意义》，杨德睿译，河南大学出版社，2016年，第38—39页。

自民党
实现长期执政的机制

如果说天皇是现代日本政治体制的首要标签，那么"自民党"（自由民主党的简称）则可以说是第二个标签。自民党这个名称在报纸新闻中的出现频率极高，以至于有人认为它是日本唯一的政党。这当然是一种误解，但却表达了自民党在日本政治体制运转中的核心角色。现代日本在经济发展、社会治理上的出色表现与这个党的表现有必然的关联。那么，这个政党究竟有着怎样殊异的品性，以至于成了日本政治的标签？我们先回顾一下历史。

日本的第一个政党诞生于1874年1月，是由土佐藩出身的政治家板垣退助（1837—1919）创建的"爱国公党"，在随后出现的"自由民权运动"中扮演了积极的角色。1881年10月，几经演化后，这个党重组为"自由党"。1882年3月，肥前藩出身但实际隶属于长州藩体系的大隈重信成立了"立宪改进党"（又称"民党"）。由于当时的政府由倒幕的核心力量（即萨摩藩和长州藩）所把持，史称"萨长联合政府"，板垣退助和大隈重信实际上扮演了在野党的角色，而他们所创建的这两个团体，构成了后来自由党与民主党的源头。1900 年 9 月，长州藩出身的伊藤博文深知政党制度在现代政治制度中的核心地位，主动建立了"政友会"，事实上为随后日本宪制的发展奠定了基础。日本史上的"大正民主主义"实际上是近代日本政党制度的高光时刻。随着 1930 年代军国主义的得势，日本政党制度走向了瓦解。

今天的自民党诞生于 1955 年 11 月 15 日；这一天，日本两大传统的保守主义政党自由党与民主党结盟，史称"保守合同"。这个政党成立后，一直牢牢把持着政权。在 1993 年 7 月举行的大选中，由于党内的分裂，自民党未获得过半数的席位，无法单独组阁。于是，除了自民党、共产党以外的七个政党组织了联合政府，结束了自民党长达三十八年的单独执政的历史。但在接下来的选举中，自民党通过与其他政党结盟的方式，重新获得了政权。在2009 年的大选中，自民党遭遇惨败，但旋即在 2012 年的大选中以压倒性优势再次胜出。由于它的超长期执政，日本自民党事实上主导了战后日本的现代化进程。

如果将自民党主政的历史放到日本近代史中去看，我们更容易看到它的重要性。日本政治学者北冈伸一这样写道：

在新宪法的议会内阁制的框架下，获得众议院过半数席位的政党的总裁几乎自动成为总理大臣。自民党自成立以来，除了极短的期间外，都保持了众议院和参议院的过半数席位。用一个或许显得奇妙的说法来说就是，自民党的力量相当于第二次世界大战前处于全盛时期的政友会、贵族院、枢密院、陆军以及海军的总和，单独执政了三十八年。这个时间，相当于从明治维新到日俄战争结束的长度，比从日俄战争开始到日美战争开始的时间（三十六年）还要长。除了专制主义国家之外，这种长期独占政权的政党，在世界上几乎没有先例。[1]

在明治维新后的日本政治体制中，尤其是在 1890 年实施的《大日本帝国宪法》的框架下，贵族院、枢密院、陆军、海军以及 1900 年结成的政党"政友会"，事实上构成了一种政治上的分权结构，构成了战前日本民主制度的一种实践。但在战后新宪法下，自民党通过控制众议院和参议院，几乎将全部政治权力集中到了自己的手中。这就是上面的引文强调的事实。

自民党的这种长期执政制度被称为"一党独大"的政党制度，引发了很多学者的兴趣，他们希望从中获取国家治理、政治改革的灵感。很多人注意到，这种制度和人们比较熟悉的经典的两党制度，比如美国共和党和民主党轮流执政的制度，形成了鲜明的对照；同时，它和极端的多党制度，比如意大利那种多党林立的制度，也有着极大的反差。另外，战后日本的首相固然更换频繁，很多上台执政时间不过一年左右，但日本政治却表现出超乎寻常的稳定性。

显然，日本政治的这些表现与自民党很少犯错误有关，毕竟在民主选举的制度下，我们很难想象一个犯有重大错误，或者低效，或者腐败的政党能够长期执政。我们可以合理推测，自民党一定是一个比较"正确"的党。日本的这种"一党独大"制度与仅存在一个政党的制度也当然不同。如果对二者的不同没有比较清晰的了解，有可能会被"一党独大"的外表所迷惑，从而得出一些

1　[日]北冈伸一：《自民党：政権党の 38 年》，中央公論社，2008 年，第 10 页。

不准确，甚至是错误的认识。

我们先说结论：战后日本政党制度的本质是代议制民主下的多党制；日本政治的稳定和经济的卓越表现，要从这个"多党"而不是"一党"的角度才能看清楚。换言之，战后日本形成的自民党"一党独大"的政党制度，是民主主义实践的结果，是国民总体意愿的表达，而不是宪法上的制度设计。为了理解日本政党制度的原理，我要先介绍一点关于政党最基本的知识。

意大利政治学家萨托利有一本书叫《政党与政党体制》，是政党研究领域的经典。根据他的说法，现代政治学中的"政党"一词源于拉丁语，有着"部分"、"分开"，以及"参与"、"分享"等原始的含义，长期与"宗派"这个词混用。经过近代以来长期的政治实践，"政党"这个词语获得了今天我们所知的两种主要含义：第一，"政党是整体的一部分"；第二，"政党是表达的渠道"。前者强调的是政党的代表属性，后者强调的是政党的政治功能。

说到这里，我们似乎看到了一个矛盾：既然政党是整体的一部分，那么前面提到的"一党制度"不就是自相矛盾的说法吗？其实，这也正是萨托利提出的问题。不过，"一党制度"毕竟又是经验上的事实，而且通常是在多党制失败后，容易出现的一种新型政党体制。所以，萨托利专门论述了这种"作为整体的政党"类型。

按照现代政治的理念和经验观察，萨托利对这种政党制度作出了非常细致的描绘和分析。他这样写道：

一党制存在的原因就是现代社会不能没有表达渠道。然而，事实并不仅仅是一党制国家要么继承了一个政治化了的社会，要么促进一个社会的政治化。和多元制政治实体相比，它们更需要一个普遍政治化了的社会。一党制的党是排他的，因而它更尖锐地面临自我辩护和自我肯定的难题。不论一党制国家是产生于革命的形势或革命的手段，它们都被当成例外的、"特殊的"政权——而不仅仅是"新"政权。因此，一元政体不能简单地指望随着时间的流逝而获得合法性，它必须表明它能够比多元政体做得更多、更好、更快。如果这些主张不能用行动来维持，则要更加努力地用语言来维持。不论如何，社会必须被动员、被劝说、被要求深信不移地——如果不是无条件的话——奉献。所有这些任务都要求一个强有力的灌输体制，可以说，动员社会的自然工具正是单一政党。那么，现代社会不仅仅需要引导，一党制模式的逻辑还进一步导致一个必须被"禁锢"的社会。实际上只有通过强制性的管辖和垄断性的灌输，一党制国家才能在多党制之后出现，才能在多党政体失败的地方取得成功。[1]

如前所述，我们这里的目的并不是要单纯介绍萨托利的政党理论，而是为了获得理解日本自民党的一个最基本的框架。按照萨托利的说法，日本的自民党并不是排他性的政党，当然就不存在任何强制性的管辖和对国民的灌输。相反，作为政党，它唯一的任务就是要通过行动来进行自我辩护和自我肯定。而这种自我辩护和自我肯定的目标，不外乎就是获得尽可能多的国民的支持，

---

1 ［意］萨托利：《政党与政党体制》，商务印书馆，2006年，第65—66页。

获得尽可能多的选票，从而夺取政权进行执政。

　　因此，日本自民党"一党独大"的现象是国民选择的结果，而不是产生于特定革命形势的手段，更不是理性设计的结果。这种制度虽然不是一党制，但它的强势是否会导致一党制的某些特征，比如说导致社会以及国民头脑与心灵的"禁锢"呢？按照上面的分析，答案当然是否定的。自民党虽然多数时刻很强势，但在日本的民主主义体制中，它根本无法动用强权去强制执行它的理念。所以，民主主义制度构成了保护社会的安全阀，政党以及政治家都受到了制度的严格约束。

　　不过，上面的说法还只是一般的分析，还未触及自民党的特殊性。自民党无法强制实施它的理念还有一个根本原因：自民党压根儿就没有一个堪称"理念"的东西来加以实施。事实上，自民党的本质就是一种竞争型的政党，是一部旨在获得选票的机器。抓住了这个本质，我们才能准确地认识这个政党在战后日本复兴中的角色。那么，我们该如何理解自民党的这种本质？

　　在现代政治制度中，政党的主要目的当然是赢得国民的支持，获得选票；因此，说日本自民党就是获取选票的机器，说自民党不具有"理念"，虽然表面上显得奇异，却实质上符合萨托利提出的政党概念。

　　一般来说，人们对政党还有一个比较强烈的印象，那就是政党都有自己的意识形态，有自己一套特定的政治理念；或者反过来说，有着共同的政治理念的人集合在一起，宣布参加选举，也就成了政党，因而政党一定有其固有的理念，有着明确的关于理想社会的蓝图和目标。

值得注意的是，从政党持有的"理念"的角度说，政党必然具有"部分"的属性，因为它代表了一部分人的政治理念。而这个本质上代表部分国民观念与利益的政党一旦上台执政，就要以代表"整体"的面目出现，它必须谋求社会整体的利益；它如果在这一点上失败了，很可能意味着它会在下次选举中失败，国民会选出更能实现他们利益的政党来组织政府。问题就出现在这里：由于社会的多元与人们利益的分化，执政党必须在自己特殊的"理念"和整体的利益之间寻找平衡，否则就会造成社会的不公。这些都是现代政治制度的常识。

我们不能小看这些常识，它们有利于我们理解日本自民党的本质，因为正是这种基本的"常识"，才让自民党获得了长期执政的结果。换言之，自民党的长期执政无非是它一次次选举获胜的结果，无非是它一次次诉诸民意的结果。一旦它没有完成自己作为政党的使命，也就是说完成获取多数选票的使命，它就会立刻被国民抛弃。从国民的角度来说，政党只是一个工具，一个实现自我利益的工具；国民不需要工具有自己的理念。事实上，当自民党在某一时期显现出某种理念时，如同观察家注意到的一样，"基本上是为了争取选民，如果说带有意识形态的话，那也是附带的"。[1]

当然，这不是说自民党完全没有任何自己的观念。前面提到的日本政治学者北冈伸一就用"弱意识形态政党"这个说法描述自民党的性格。这个政党和日本社会党等有着明确政治理念的政党不同，不属于意识形态优先的政党，它在建党之初的目标就是

---

[1]　[美] 赖肖尔、詹森：《当代日本人：传统与变革》，第 269 页。

获取政权。这样一来，我们要追问的问题发生了转换：这个政党为何将结党目标仅仅限于获得选票、获得政权？要回答这个问题，就得稍微偏离一下政党制度的逻辑，看一下作为政党政治具体担纲者的政治家。

从这个角度看，战后日本自民党长期执政的光荣历史，其实就是日本政治家的光荣历史。说日本政治家"光荣"，正是因为在他们的主政之下，日本逐步摆脱了战败带来的危机，迅速重新融入国际社会，并取得了非凡的经济成就，让国民过上了幸福安宁的生活。在我们的历史叙事中曾经出现的吉田茂、佐藤荣作以及田中角荣等等，都是非常有名的自民党政治家。

要注意的是，上述说法并不意味着战后这些政治家天生就出类拔萃。自民党的组织原则，除了刚刚提到的弱意识形态性格外，还在于它自身的活力，而这种活力来源于它内部派阀间的充分竞争。这就给政治家提供了必不可少的舞台。因此，自民党的特殊性格应该这么表述：自民党的政治组织原则，最终让优秀的政治家，让那些富有政治激情和责任感、以政治为事业的人出人头地，成为国民的领袖。北冈伸一对此有比较准确的描绘，他这样写道：

> 自民党是一个其他政党几乎无法挑战的强力政党。然而，自民党的总裁并不具有固若磐石的力量。自民党党内存在着若干个派阀，派阀的领袖们为了争夺政权而展开竞争，只要有机会就想夺取总裁的宝座。在这种竞争中，获取优势的方法之一就是倾听并吸收国民的声音，包括总裁在内的派阀领袖们尽力发现并实现国民的期待。结果，自民党立足于国民本质上维持现状的感觉，平稳地吸收、回应国民的期待，有

时候则会先于国民提出课题，在国民的倦怠感不至爆发的程度内进行政权更迭，从而维持了长期的执政地位。换言之，以派阀之间的竞争为媒介，自民党通过软支配实现了长期执政。自民党成为一个进步的保守党。[1]

北冈伸一的这个说法将自民党的本质属性刻画了出来。其中的关键点在于，自民党比较准确地捕捉到了民意，并通过比较正确的政治行动，相对高效地实现了民众的意愿。这个政党并未像左翼的社会党一样，提出一个特定的理念去获取民众的支持；在本质上，它是一个基于民众日常感觉制定政策的政党。

最后，作为上述讨论内容的总结，我们还要强调两点。

第一，自民党能够发挥活力，根本原因在于战后日本的政治制度自身首先是一个自由竞争的政治制度。如果忽视了这个大前提，那么对自民党的认知和理解就一定是浮浅的，甚至是错误的。只有在自由竞争的制度下，上面提到的民意才能得到相对准确的表达，具有政治热情、行动能力以及责任感的政治家才能脱颖而出。

第二，这个政党有效处理了"部分"和"整体"的关系，方法就是弱化自己的理念或者说意识形态性格，直接诉诸国民整体的本性。这个国民整体的本性非常容易理解，就是对实现各种自由的期待；说它容易理解，是因为人们对自己的所欲所求都很清楚，并不需要他人的指导。比如，"财务自由"就是芸芸众生追求的目标，它当然是私人的、个体的，而不是需要代言的。政党获得政权的最终目的，就是要协助人们实现他们所谋求的自由。这个日常感觉，

1　[日]北冈伸一：《自民党：政権党の38年》，第11页。

有益于我们理解现代政治的本质。

就此而言，一种好的现代政治制度，其理念和规则一定是浅显易懂、不反常识的，而不是复杂的、令人费解的。判断制度的标准也不复杂，就看这个制度和我们的欲望之间的关系。如果我们觉得舒适，这就是好的制度；反之可能就是有问题的。在判断政治制度时，我们要尽量避免仅仅依靠理论和观念去思考。

行政官员

隐性的执政党

我们在前面讨论的其实是现代日本政治的两种基本原理：位于最顶端的天皇制为共同体生活提供一种终极的意义，它宛若自然事物一般发挥着潜移默化的功用；而现代日本的政党制度虽出于人为的设计，但它良好的运行保证了日本国民的意见能及时、有效地上升为国家的意志。不过，"徒善不足以为政，徒法不能以自行。"（《孟子》）无论是国民意义的追寻，还是国民意见的满足，都需要由具体的人来落实和执行。这就涉及现代日本政治的另一个领域：行政。

下面，我们就聚焦于日本官员群体的特征，继续探索现代日本政治运行的特殊原理与实践举措。

我们首先要作一个区分。在日本，"官员"通常是指那些通过国家公务员考试而被录用的"国家公务员"，而不是日本首相利用自己宪法上的职权进行任命的高级官员，后者通常与国会议员一道被称为"政治家"。比如，日本内阁的各个"大臣"，即各个行政部门的部长就是政治家，而不是我们观念中的"官员"。对在重要岗位上任职的国家公务员群体的另外一个说法是"官僚"。在广义上，整个行政体系的人员都可以称为"官员"。

提到行政官员，人们可能会立刻想到两个非常暗淡的关键词：其一是"腐败"，其二是"官僚主义"。这二者具有共性，都是源于权力运用过程中的负面结果，但二者又有着根本的不同："腐败"通常涉及官员个体的行为，用来评价官员是廉洁自律还是中饱私囊；而"官僚主义"则会让人们联想到行政体制固有的烦琐、僵化与冷漠的性格，以及懒政等行政效率的问题。造成腐败的原因不外乎个体与制度两端，因而相对容易克服；但现代行政制度自身的一些属性，诸如"标准化""理性化""程序化"等都容易助长官僚主义的形成，因而更难以克服。

在现实生活中，官僚主义往往更具有破坏性。内在于行政体系的官僚主义常常因为官员行政权力的傲慢，被无数倍地放大，从而让人们感到愤怒。这种官僚主义的态度，在俄国作家的笔下常常有异常突出的描绘，许多研究行政学的学者都注意到了这一点。这里转引的两则说法，分别出自陀思妥耶夫斯基和托尔斯泰的笔下：

> 我曾在政府部门服务，我是一名充满恶意的官员。我粗鲁并因此感到快乐。你看，我从不受贿，所以我必定发现了其中至少可以取而代之的回报。当申请人来我这里听取消息，我便对他们咬牙切齿，我从成功使他们难受中得到了强烈的快感。我几乎总是成功。由于大部分申请人有求于我，他们是胆怯的。

　　　官职是对人不是采取像人那样的同胞式的态度，而是可以把其当作物品来对待的一种职业。[1]

　　这些文字是对官僚主义者心理机制的刻画，可谓入木三分。众所周知，19 世纪的俄国是沙皇专制的国家，但在实际的权力运作过程中，这种专制一定表现为官员的专制。[2] 上述两则说法其实反映了专制政权的一种必然结果，即官僚主义。基于同样的权力逻辑，官僚主义盛行的地方往往也是腐败盛行的地方。我们这里首先看看官员的腐败问题。

　　当今世界上的绝大多数国家，都未有效解决官员的腐败问题；腐败就像一颗毒瘤，时刻对社会有机体的全体造成危害。从这个角度来说，没有解决这个问题就意味着现代的、文明的政治制度还未能完全确立。

　　但说到现代日本的官员，人们可能会有相反的印象，那就是廉洁、高效。很多学者都对日本的行政体系赞不绝口。根据一项名叫"全球清廉指数"的排名，日本清廉度在亚洲仅次于新加坡和中国香港特别行政区，一直位于第三。那么，为什么日本的官员不腐败？其实，这个问题的准确表达方式应该是"为什么日本的官员很少腐败"，因为人们总会找到一些例子，说日本官员也会腐败。如果不注意到"腐败"的程度和实质内容，我们就会失去

1　这两则文字分别转引自 [美] 斯塔林《公共部门管理》，陈宪等译，上海译文出版社，2003 年，第 265 页，以及 [日] 辻清明《日本官僚制研究》，王仲涛译，商务印书馆，2008 年，第 182 页。

2　关于俄国官僚主义的分析，可参见拙著《马克斯·韦伯与中国社会科学》，华东师范大学出版社，2015 年，第七章。

评价日本政治体制的一个关键标准。有学者指出，"外国人经常误解日本人对贪腐的指控"，说的就是这个道理。[1]

当我们用全称判断来描述一个国家的行政体系是否腐败时，我们除了用其指涉官员的腐败程度的高低外，还用其指称这个体系的属性。换言之，当我们说某个国家的行政体系不腐败时，我们是指这个国家已经建立了现代的政治制度；反之，我们会说这个国家尚未实现政治的现代化。因此，当人们说日本官员不腐败或很少腐败时，本意更是指日本已经建成了现代的、文明的政治制度；行政官员那种同人类历史一样古老的腐败行为，在新制度、新文明下已经得到了高效的克服。

显然，上述说法是一个普遍性的解释，我们还可以用它来解释很多国家和地区的官员廉洁的现象。那么，我们是否能找到一些特殊的因素专门解释日本官员的表现？

如果将日本政府官员廉洁高效、鲜少腐败的表现放到近代日本的演化历程当中看，我们就会发现它和整个政治、社会体系的同步属性。明治维新以后，整个社会体系都被动员到"富国强兵"的国家目标上，日本官员和日本现代化进程的关系更是值得我们思考的问题。因此，我们有必要回顾一下现代日本政治的基本原理。

1　比如，日本政治家在进行竞选活动时，往往会接受各种"后援会"的资金支持，这时就出现了一个灰色地带：竞选资金是否真正用于竞选活动，因为"在日本和其他国家一样，主要问题是合法与非法的政治捐款界限不明"。参见 [美] 赖肖尔、詹森《当代日本人：传统与变革》，第 329 页。关于日本行政体系"腐败"实质内容的一个具体描绘，还可参见 [美] 科尔《犬与鬼》，周保雄译，中信出版社，2006 年，第六章。

在日本的宪政制度下，现代日本实行的是"议会内阁制"。具体来说，是由在国会议员大选中获得众议院多数席位的政党组织内阁，内阁成员则由首相任命；内阁向议会负责，议会有制约、监督内阁行为的权力。首相任命的内阁成员的正式称呼为"大臣"，也就是内阁部长。而国会的立法或内阁的政策决策，则通过各个大臣领导的政府部门负责具体实施。这就是所谓的行政权。

这些是现代日本政治制度的常识，有助于我们理解日本官员与行政制度的本质属性。事实上，这些制度在今天之所以被视为常识，正是因为它们久经考验，是人们在长期的政治实践中得出的原理和行动方案；或者说，它们就是人类政治智慧的结晶。当然，这些说法还只是原理，我们还要进一步去看行政部门的具体实践，才能看清楚日本官员在现代化进程中扮演的真正角色。

日本官员在政治运作中的角色，其实构成了一种特殊类型。在原理上，日本官员要接受内阁的领导，但在实践中他们和首相任命的作为政治家的"大臣"往往形成分庭抗礼的局面；换言之，日本各个部门的官员未必执行部长的行政命令。这种实践意味着，日本官员事实上有着某种政治家的属性。在日本流传着一个说法：大臣是官员的傀儡，部长实际上为官员群体所操控。这个说法虽然显得夸张，却很是生动形象。日本政治学者进一步将这种现象进行了类型化，将其命名为"官僚制优位"的政治制度。

说到这里，我们就发现了一个大问题：官员的本质是通过公务员考试录用的行政人员，他们的职责本来是奉命行事，在政治上严守中立；如今他们与政治家形成半对抗性的局面，这是否与民主主义的原理相违背？

从原理上说，官员的这种不服从甚至抵抗，当然有违民主主义"主权在民"的根本原理。日本的许多政治学者也注意到了这种现象，认为官员超过了他们的权限，是官员的僭越。在政治实践中，尤其是在1990年代之后，日本政治家大张旗鼓地进行了行政改革，目的是摆脱泡沫经济崩溃引发的经济危机。有意思的是，在这个过程中，日本执政党内部一再出现"敲打官僚"的声音。在2009年大选中大获全胜而上台执政的民主党，更是摆出了要毅然"与官僚对决"的态度，要实现行政系统的"去官僚化"，借以表明自己的革新意志。

按照道理来讲，行政官员在政治上持中立态度，负责将执政党制定的政策、法令落实，自然不应该存在执政党要执意"敲打官僚"这样的行为。那么，事情的蹊跷之处在什么地方？其实，这里面有一明一暗两个原因。

明的原因，就是日本行政机构当中的一种非常普遍的做法被抓住了把柄，那就是所谓的"官员下凡"现象。在日本，这个说法是指高级官员即将退休时，行政部门出面斡旋，为他们退休后"再就业"提供便利的行为。按照惯例，这些"下凡"的官员通常是到大型民间企业、独立行政法人和公益法人等团体中担任顾问等一类的闲职，通常会获得比较优厚的经济收入。

这种实践有利有弊。从积极的角度来说，高级官员通常精通行业情形，人脉广泛，很多民间企业也欢迎他们以顾问的方式参与企业的运作。而且，这种可预期的职业前景也构成了日本官员的一种特殊的激励方式。问题在于，这个过程中可能存在官商勾结的问题，存在隐性的利益交换，即"下凡"的官员利用人脉关系，为企业谋取特殊的利益。在历次被媒体曝光的"下凡"事件中，尽管并未出现过上述官商勾结的违法现象，但毕竟是瓜田李下，难免让人生疑。况且，"下凡"官员拿到的丰厚的薪水，更容易引发人们的各种情绪。于是，执政党抓住"下凡"问题，试图控制官员。

与这个表面的理由相比，人们潜意识当中还有个堪称为"暗"的理由，那就是官员要为日本泡沫经济崩溃后的经济低迷负责。这意味着，人们事实上认为官员在日本经济发展中扮演了至关重要的角色。当日本经济表现不佳时，人们在潜意识当中自然认为问题出在官员的身上。不管怎样，日本政治家发起的这一"敲打官僚"的行动，恰好将官员在日本政治中的角色突显了出来。

我们再回到前面的问题：日本官员越俎代庖的行为，是否违背了宪法规定的主权在民的民主主义原理？其实，这并不是一个复杂的问题。我们如果不是民主主义的教条主义者，知道实用主义是政治事务当中的一项重要的通行原则，那么对于日本的这种"官僚制优位"制度，也就是说政府官员在涉及国家的内外政策时表现强势的现象，就需要进行重新观察与思考。

按照前面的分析，日本政界出现"敲打官僚"的声音正说明了各个部门的官员构成了一种特殊的集团，甚至构成了执政党的竞争对手。那么，双方竞争的对象究竟是什么？答案很简单，那就是具体的政策。日本官员构成的集团一直试图提出一种富有竞争性的政策，来指导国民经济的建设。事实上，日本国会通过的法案当中，行政部门提出的法案占据绝大部分，这正是官员在日本现代化进程中所扮演的角色的象征。这和美国等国家的法案主要由国会议员提出形成了对照。

比如，在战后日本经济的复兴与腾飞过程中，日本负责制定产业政策的部门，即战后新设立的"通商产业省"（简称"通产省"）扮演了极其重要的角色，这在日本研究领域中几乎是常识。这种看法的普及得益于美国学者查默斯·约翰逊，他在1980年代出版的《通产省与日本奇迹》已经成为日本研究领域的名著。

在这本书中，约翰逊详细描述了通产省的大臣和非任命的官员之间的竞争与合作关系。书中提到一个叫"福田台风"的事件。事件的主角叫福田一，刚被任命为"通产省大臣"。福田被通产省官员嘲笑为"二流政治家"，但他一上台就放了一个大招：他要自己任命通产省的"次官"，后者是职权上仅次于"大臣"的最高行政官员。这种做法引发了轩然大波，很快导致通产省工作的停摆。按照通产省的惯例，"次官"人选要由通产省内部自己决定，通常由内部资历、能力与声望俱佳的人士出任。福田之所以要打破这个惯例，就是要任用能听命自己的官员，以贯彻自己的政策意志。这种行为当然只能以失败告终。约翰逊在书中这样写道：

> 日本实行对大臣以下的岗位不作政治任命的制度……政府部门最害怕它的内部事务被"政治干预"，更为糟糕的是一个省要听命于一个党或一个政治家。在法律上，尽管大臣领导一个省并对省内发生的事情全权负责，但是从一开始，他与次官之间就必然存在着微妙的关系。通常是大臣害怕下属，害怕他们控制自己；一名记者提出，一位大臣穿着礼服，在皇宫里作为内阁成员参加受职仪式照相时，是他对自己的职位感到满意的唯一时机。但是，他们真正需要的大臣是：既为本省承担责任又不干预他们的工作，同时保护该省不受其

他政治家、外界利益集团，特别是商工利益集团的干涉。[1]

在这种政治结构当中，福田事件既不是第一起，也不是最后一起。这个事件反过来也说明，随着内阁更迭而随时进退的"大臣"，更多的时候选择"君临而不治"的态度。前面提到的说法，即日本的大臣是官员的傀儡，其实更是指这层意思；我们要从中解读出行政官员在日本政治体系中扮演的真实角色。

当代日本政治学者饭尾润提出了一个"隐性二元体制"的说法，用来描述日本政府的实际运作过程。这个说法实际上是对前面提到的"官僚制优位"这种理论模型的一种更精确的表述。"二元体制"中的"二元"是指执政党和政府；在日本的实际政治运作中，它们二者之间处于既合作又竞争的关系。[2]

我们已经指出过，按照日本议会内阁制的原则，政府由执政党负责组织、领导，本来不存在执政党和政府二元对立的问题。但在实际运行中，日本各个政府部门形成了独立于执政党控制的力量。所以，这个"隐性二元体制"的说法正好说明了官员在日本现代化进程中何以能扮演积极的角色。我们在上文提出的各种问题，都可以用这个"隐性二元体制"来回答。

进一步而言，日本政府官员凭借自己的专业知识和政治意识，形成了一种政治主体人格，它和执政党形成了竞争型的关系。这

1　[美] 约翰逊：《通产省与日本奇迹——产业政策的成长（1925—1975)》，金毅等译，吉林出版集团，2010 年，第 57 页。"福田事件"参见该书第 289—291 页。

2　[日] 飯尾潤：《日本の統治構造》，中央公論新社，2007 年。

种关系有两个显著的效果。一方面，它让长期一党执政的自民党遭到了挑战；结果，所谓的"一党独大"并没有大到可以依据自己的政治意志制定政策的地步。自民党的政策制定首先要通过政府这一关，政党并未实现对政府的完全控制和领导。这意味着执政党的权力受到了制约。另一方面，由于政府各部门除了"大臣"之外的官员具有连续性和稳定性，这种状况非常有利于保持政策的连续性，从而能保证日本施行比较长期的、稳定的经济政策。事实证明，这种做法更有利于经济的发展。

我们在上面举了通产省的例子；在其他领域，比如说在外交领域，这种"隐性二元体制"也非常典型，甚至可以说是"显性的二元体制"。比如，日本外务省负责中日关系的部门，也就是"中国课"，它的"课长"在制定相关对华政策上，就有很大的发言权，日本很多国际政治学者都注意到了这一点。[1]

现在，我们还有一个问题未得到解决：日本官员为何获得了这种独立的政治意识？换一个角度说，日本官员要和执政党竞争，在事关国家建设、社会管理的事项上提出自己的方针政策，这种行为的激励机制在什么地方？我们需要在日本行政官员的历史演变过程中去寻找答案。

这一演变过程开端于1868年的明治维新。随着这一年1月3日"王政复古"号令的发布，以天皇为中心的新中央政府正式成立。第二年，新政府发布职员令，依据编纂于公元701年的法典《大宝律令》，置六省、设参议，形成了以"太政官"为核

1　相关的分析可参见拙著《友邦还是敌国？——战后中日关系与世界秩序》。

心的最高权力机构。随着内部政治斗争以及现代化建设的展开，1885 年 12 月，日本宣布实行西方式的近代内阁制度，设置总理以及宫内、外务、内务、大藏、陆军、海军、司法、文部、商务等大臣职位，组织内阁。伊藤博文出任日本首任内阁总理大臣，其他诸如山县有朋、井上馨、西乡从道等明治维新的元勋，则瓜分了其他的大臣职位。

这一时期明治政府的要职，均为来自萨摩与长州二藩的政治家把持，形成了所谓的"萨长联合政府"，这引发了出身于其他藩的政治家的不满。我们此前曾经提到，板垣退助曾创立自由党，而大隈重信则创立了改进党，他们成为推动"自由民权运动"的主要力量，近代日本政党制度的雏形由此得到了孕育。这里要注意的是，日本的政党也在这个过程中获得了它最初的含义：它是一种为获取政权、获取要职而结成的团体；日本的主要政党的意识形态非常淡薄，这种现象的历史原因就在这里。

正是在上述过程中，日本的官员获得了超越党派利益斗争的自我意识。实际上，近代天皇制新政府提供的行政职位自身就具有高度的政治性。新政府录用的官员，不同于此前封建时代狭隘守旧的上层武士、贵族官僚，他们获得了一种所谓"天皇的官吏"的自我意识：他们要为天皇负责，而不是为参与政治斗争的政治家负责。

比如，1889 年 2 月 12 日，时任首相黑田清隆从明治天皇手上接过《大日本帝国宪法》后就表示，政府是至高无上的天皇的仆人而不是人民的仆人，日本内阁"一直不变地超越并远离政党，遵循正道"。[1] 这本身就是一种强烈的政治意识。因此，作为近代

1　[美] 布莱克恩：《日本史（1600—2000）》，第 303 页。

日本起点的这个"天皇制政府"才是造成日本官员特殊政治意识的根本力量。官员通过为天皇服务的方式，获得了内在的精神激励。近代日本的快速崛起，官员这个群体发挥了巨大的作用。

日本官员的主体意识，因发动对外侵略战争的国策而得到了进一步的强化。尤其是在1937年7月发动全面侵华战争后，日本全国进入战争动员状态，政府开始实行管制。这一年，日本设立"内阁企划院"，全面负责制定经济计划。以这个部门为中心，所谓的"革新官僚"变得极为活跃。这些官员共有的思想倾向就是反对政党，认为既存政党的腐败导致国家陷入了危机；同时，他们也反对自由经济体制，赞同中央政府实施经济计划，主张国家对企业进行控制。1940年10月结成的"大政翼赞会"，就是日本政府以行政官员取代政党和各种社会团体的尝试，史称"新体制运动"。尽管运动以失败告终，但到1945年8月日本战败时，官员集团已经掌控了巨大的权力则是不争的事实。日本经济史当中有"1940体制"一说，认为这一时期官员集团获得的参与国家经济事务的经验，构成了战后日本模式的原型。[1]

第二次世界大战战败后，日本的这个官员集团与"军阀"和"财阀"一道，被认为是军国主义的罪魁祸首，很多人遭到了占领军开除公职的处分。不过，随着《旧金山和约》在1952年4月28日的生效，日本恢复了独立，此前被排除在外的官员和政治家再次进入日本政治体系，成为日本战后重建的有力推手。

在战后的民主化改革中，"官僚的民主化"是当时的一个热门

1　［日］野口悠纪雄：《1940年体制：さらば戦時経済》，東洋経済新聞社，2002年，第46—53页。

话题。民主化意味着官员要受到国民的控制，要确立自身在国民面前的"仆人"角色。这样，官员曾经因服务于天皇而高高在上的身份意识得到了消除。今天我们看到日本官员在民众面前非常谦虚，廉洁且有效率，一改从前"官尊民卑"的意识，可以说完全是民主化的功劳。

　　根据上述分析，日本官员"官僚主义"作风非常罕见的原因也水落石出了：一方面，作为"天皇的官吏"的自我意识激发了他们传统的忠诚观，奉献于天皇与国家的传统意识，转化为今天的工作伦理；另一方面，官员的权限因完全来自人民的授权，并受人民的监督，他们当然无法自视高于人民。就此而言，战后日本的民主化改革让日本一跃进入了现代文明国家的行列。

　　最后，我们再总结一下上面的讨论。通过聚焦于日本的行政官员群体，我们揭示出了日本政治活力与稳定的一个主要机制。日本学者用"隐性的二元体制"来描述这一机制，民间用"大臣是官员的傀儡"来调侃这一体制，其实都触及了问题的本质，即官员与政治家之间的互动关系。同时，我们还获得了关于民主主义的新认知。日本官员在政治体系中的角色并不符合经典的民主主义理念；经过考试录用的非民选官员依据自己的政治意识，参与国家大政方针的制定，这一点并未获得国民的授权。

　　不过，多数质疑都是在从教条主义的角度看问题。官员群体获得独特的政治意识这件事自身并不是坏事，前提是官员能将这种意识用于服务国家和社会，而不是谋取个人私利。从战后日本的实践来看，日本官员在这个方面表现得出类拔萃。人们常常注意到日本官员的廉洁、高效的外在呈现，其实它独特的政治意识，更是我们在观察现代日本的政治经济表现时要尤其留意的地方。

我们还要关注"天皇的官吏"这种观念所代表的特殊的文化传统与政治意识。一般而言，在压抑性的皇权专制体制之下，官吏自然充当了专制权力的执行人，因而常常表现为权力自身的傲慢以及必然相伴的愚蠢。但在日本近代天皇制国家的体制下，官吏不仅仅是天皇和人民的媒介，更是文明开化、富国强兵这一时代精神的主要担纲者。意气风发的明治青年以成为官员的方式，报效国家与天皇。日本官员的效率与廉洁，与这一群体的历史存在有千丝万缕的关联。

政治家

武士的后裔

我们对行政官员群体在现代日本政治体系中的角色的探讨，自然引发了新的问题：日本的政治家群体在现代国家建构过程中当然也扮演了至关重要的角色，那么他们的特殊品质又是如何形成的？我们已经指出，所谓"大臣是官员的傀儡"是一个言过其实的比喻，包括国会议员、内阁成员在内的政治家群体，其实是日本政治当中最为活跃的角色。他们时刻出现在各种媒体中，公开发表自己的政治主张，辩论事关家国天下的各种议题。

一般而言，人们在提到政治家时，除了竞选、政策制定、权力斗争之外，也容易联想到"腐败"、"丑闻"这样的标签。这是政治权力未得到驯化时的必然现象。不过，如同日本行政官员非常廉洁一样，日本政界总体上也呈现出一种清新的气息，很少有贪污腐败堕落的现象。这些显而易见的事实也让我们自然想到：现代日本的政治家一定有着他们固有的某种品质。

通过新闻报道，我们不难注意到日本政治家群体的一个共同特征，或者说他们呈现出的一种特殊的精神面貌，他们身上似乎有着一种特别的精气神。那么，这种特殊的精神气质的本质究竟是什么？它能告诉我们现代日本政治的哪些秘密？

这个问题似乎有着现成的回答：日本政治家们的精神世界不就是对民主主义这一现代政治基本理念的信仰吗？只要稍微看一下各个政党的党纲、政治家们在选举或平时的言论，我们就会发现他们几乎张口闭口都是民主主义。不过，这些精神要素出现的历史相对短暂，依然处于日本政治家们的精神世界的表层。换言之，如果从民主主义的视角来观察，日本政治家整体上呈现出的那种旺盛的进取心与拼搏精神的形成，最多也只能上溯到 19 世纪后期的明治维新。

从理论上来说，民主主义制度是一种公开竞争的制度；富有政治热情的人要想出人头地，必须在公开的竞争中取得选民的支持。竞争是保持社会活力的根本要素，日本政治家身上呈现出的活力显然有着民主主义制度的根源。比如，活跃于德意志第二帝国时期的著名社会理论家马克斯·韦伯就对英国议会民主制的实际运行大加赞赏，对德国自身的政治制度提出了批评。在韦伯看来，议会民主制的最大功用在于，它给那些真正具有领袖和政治气质的人提供展现才能的空间。[1] 真正的政治家的气质，生成于他们在公共空间中的自我实现的过程。无论从理论还是从经验上来说，日本政治家整体呈现出的那种精神气质，的确可以用议会制民主来说明它的形成。

但是，这些仍然还只是影响政治家群体行为的外在因素，而且这种制度方面的解释是一种普遍性的解释，同样可用它来解释

1　韦伯对政治以及议会民主制的阐述，可参见拙著《马克斯·韦伯与中国社会科学》。

诸如英国、法国、德国等国家的政治家的精神气质。那么，我们需要怎样的视角，才能将日本政治家不为人知的精神世界的底色呈现出来？

　　我们需要将目光转向日本的传统，转向日本的演化过程自身。从这里我们会发现，现代日本政治家群体呈现出的精神气质，从根本上说是日本传统武士道精神的遗风，或者说是武士道精神在现代社会中的具体呈现。

　　问题是，现在日本还有武士道吗？在回答这个问题之前，我们先引用关于武士道的一段说法，它将有助于我们理解武士道的作用。这段话这样写道：

　　　　武士道，如同它的象征樱花一样，是日本土地上固有的花朵。它并不是保存在我国历史的植物标本集里面的那些已经干枯的古代美德的标本。它现在仍然是我们中间的力量与美的活生生的对象。它虽然没有采取任何能够用手触摸的形态，但它却使道德的氛围发出芬芳，使我们自觉到今天仍然处于它的强有力的支配之下。诞生并抚育它的社会形态业已消失很久，但正如那些往昔存在而现在已经消失的遥远的星辰仍然在我们头上放射其光芒一样，作为封建制度之子的武士道的光辉，在其生母的制度业已死亡之后却还活着，现在还在照耀着我们的道德之路。[1]

1　[日]新渡户稻造：《武士道》，第13页。

　　看到这个说法，很多人会以为这是现代某位评论家的看法。其实，它引自一个多世纪前的新渡户稻造（1862—1933）那本享有盛誉的《武士道》。这本书撰写于 1899 年新渡户稻造旅美期间，最初由英文写成，在纽约和伦敦两地同时出版，很快成为畅销书，并相继翻译成德文、俄文、法文、匈牙利文、波兰文、挪威文等，成为当时欧洲人理解日本文化的一扇窗口。这本书翻译成日语出版后，反过来引发了日本国民的阅读热潮。结果，新渡户稻造几乎成了日本武士道的代言人。

　　武士道，字面意思就是武士阶层在职业上和日常生活中必须遵守的"道"，也就是一套准则。它最初起源于 12 世纪，当时的武将源赖朝（1147—1199）创建了镰仓幕府，天皇大权旁落，日本进入武士当国的时代。由于此后武士阶层是日本事实上的统治集团，将军和作为家臣的武士之间的行为规范，诸如"奉公""忠君""勇敢""忍耐""牺牲""清白""仪容""俭朴""切腹"等等，就逐渐上升到了作为普遍原理的"道"的层面。在历史的演进过程中，这种原本是武士集团内部的规则也进一步向社会扩散，逐渐成为日本社会的最高道德准则。

　　随着江户时代儒学的兴盛，学者们开始用儒学的价值体系对武士集团的行为准则进行解释，"武士道"这一说法得以正式成立。比如，江户早期的著名儒者山鹿素行的《山鹿语类》中，就有大量关于武士道的论述。1716 年,佐贺藩武士山本朝常（1659—1719）创作的《叶隐》，就是对武士道进行的一种体系性的阐述。我们先看两段关于武士道原汁原味的说法：

　　　　出家修行未尝适我志意，成佛等等亦非我之初衷……气

力与才能并非不可或缺，一言以蔽之，独一人亦可担当武家
全部之命运的意志为紧要。同为天地间之一人，孰为劣者。
世间修为之为修为，无有大的骄傲便无有担当，诸事亦断不
可成。若无独自一人亦可匡助藩国安泰之志意，修为断不可
有成就。

　　武士道，乃求取死若归途之道。生或是死，此双重抉择
莅临之际，当机立断选择死，更无其他所谓深刻之理由，唯
去除杂念一往直前是也。……常住死身，如切如磋，如琢如磨，
便可得武道自在之真谛，一生不逾矩，亦可为藩国尽忠竭力。[1]

　　你看，"无有大的骄傲便无有担当"，第一段引文中渗透着孟
子以来"虽千万人吾往矣"的儒家心学一系的气概。包括新渡户
稻造在内的日本武士道论者，都注意到了阳明心学与武士道的关
系；《叶隐》中的这段说法正是一个例证。在第二段引文中，直接
出现了"如切如磋，如琢如磨"这一儒家经典《诗经》中表明君
子人格的诗句。当然，我们也要看到它们与中国儒家精神的不同
之处：这些说法本质上是要论证"武士"的人格，而非中国儒家
人格最高典范的"君子"；前一段引文重点在"忠君"，而后一段
则在"生死"抉择。

　　武士道最终被视为日本国民的道德体系，上面提到的新渡户
稻造的《武士道》厥功甚伟。这种结果又与时代息息相关。1895

1　转引自 ［日］三岛由纪夫《叶隐入门》，隰桑译，江苏文艺出版社，2010年，第
　　46—47页。

年日本一举战胜中国，西方国家的人们急切想知道其中的道德原因。《武士道》的出版意图，正是要对这一东亚世界的变局给出观念上的解释。按照新渡户稻造的说法，武士道并不是成文法典，而是"一部铭刻在内心深处的律法"，是一种道德体系，是日本民族共同体的圣经。这种道德体系支撑了日本国民的精神觉醒和奋斗的意志。

在前面引述的《武士道》的那段说法中，新渡户稻造事实上给我们提供了一个极为重要的观察：作为一种在长期历史进程中形成的道德体系，武士道是一种有生命活力的体系；这种活力未必表现在它的外在形式上，却总是以一种无形的形式，影响着人们的行为。作者例举的诸如"义气""勇敢""守礼""诚信""名誉""忠义"等道德条目，就被视为武士道典型的，更是无形的道德规范，对国民发挥着无言的影响。

有人可能会说，武士道既然是武士阶层的道德准则，那么随着武士阶层的消失，这个准则自然也消失了吧。其实，这正是一个多世纪前新渡户稻造极力反驳的看法。明治维新之后，新政府在"四民平等"的近代政治观念之下取消了武士阶层的特权，武士阶层在形式上已经不见于当时的日本社会。在《武士道》撰写与出版的时代，类似"武士道的准则已经消失"这样的说法已经广为流行。但新渡户稻造并未从这种表面的观察入手；在前面的引述中，他使用了"芬芳"这样一个比喻，来形容武士道以无形的方式对人们行为的熏陶和影响。

实际上，这个"武士道"更是当时外国观察家普遍使用的说法。比如，在1904年爆发的日俄战争中，针对日本士兵在战斗中表现出的视死如归的精神气概，西方观察家就习惯于用武士道来解释；

同时，日本的平民在日常生活中也表现出严格的自律和遵守礼仪的风范。显然，这些都构成了武士道是一种活着的规范的例证。新渡户稻造这样写道：

> 翻开现代日本的建设者佐久间象山、西乡隆盛、大久保利通、木户孝允的传记，还有伊藤博文、大隈重信、板垣退助等还活着的人物的回忆录来看一看——那么，大概就会知道他们的思想以及行动都是在武士道的刺激下进行的。观察和研究过远东的亨利·诺曼先生宣称：日本同其他东方专制国家唯一不同之处在于，"从来人类所研究出来的名誉信条中最严格的、最高级的、最正确的东西，在其国民中间具有支配的力量"，这是触及了建设新日本的今天，并且实现其将来的命运的原动力的话。[1]

这就是说，"武士道是否还活着"并不是一个真正的问题。《武士道》被广泛阅读这件事，说明了当时的人们正是从"武士道"的角度来观察日本国民的道德体系的。反过来说，"武士道"这个说法在广为流传的同时，也创造了它自身。这正是"武士道"这种现实的社会建构过程。我们在日常生活中所经历、体验到的各种现实，其实是由人们的各种观念与行动塑造而成。

由此，我们就可以回答前面的问题了：武士道在日本现代的民主社会中也并未消失。我们可以套用新渡户稻造在一个多世纪前的说法来解释，如同明治维新之后武士阶层的解体并未导致武

1　[日] 新渡户稻造：《武士道》，第 96 页。

士道衰败一样，战后的民主化改革也不会导致这种道德准则的消失。武士道依然在使日本的道德发出"芬芳"。

我们如果平常比较关注日本的政治和社会新闻，就会注意到这样一类现象：日本的内阁成员、各个大小企业的管理人员，经常因为自己职权范围内出现的过错或事故而主动辞职。这种为承担责任而主动放弃权力、放弃地位的举止，当然有着现代民主主义制度的要求——民主主义政治要求行为主体主动承担政治责任；但我们要看的不是这一点，而是他们在辞职时表现出的那种精神气质：那是一种毅然承担责任的勇气。

政治家们承担责任的勇气，只能说是来自他们内心的道德律令。从根源上说，这种行为就是武士道中严格律己这一训令发动的结果，是自身行为要符合传统武士道所要求的美学规范的结果。那么，武士道在现代日本政治家身上有更积极的表达吗？我们可以举一个典型的例子，就是日本前首相小泉纯一郎。小泉在位时间长达六年，在首相频繁更换的日本政治史上，堪称异类。[1]

这位首相的主要功绩，就是在任期内实施了一场叫"结构改革"的大刀阔斧式的改革。改革的背景是日本在 1990 年代初泡沫经济崩溃，经济增长停滞，社会缺乏活力。日本历届政府都试图进行改革，以获得经济社会发展的新动力。到了小泉执政的时代，对邮政系统进行民营化改革提上了日程。

日本邮政系统此前属于国营单位，是一个巨大的体系，涉及无数人的利益，这些人当然会结成一个利益集团。所以，邮政改

1　关于小泉纯一郎更为详细的介绍，还可参见拙著《东京留学忆记》。

革面临的阻力极大。这个阻力除了来自在野党的议员外，还来自他所在的自民党党内。当时自民党党内的反对派议员集结在几位大佬的周围，摆出了绝不妥协的姿势。

在关键时刻，小泉顶住了一切压力，作出了政治决断：他利用宪法上的职权宣布解散议会，重新进行国会选举。这是一个胜负手，因为如果失去民意支持，小泉的政治生涯也将就此结束。在小泉的策略中，国会进行重新选举意味着要对自民党反对派势力进行封杀。因此，在反对派议员所在的选区，小泉提名来自社会各界的名人与那些议员争夺选票。这些名人被日本媒体称为"刺客"，要和那些政治老手进行较量。

选举的结果是小泉大获全胜，自民党党内的反对派议员几乎全部落马。日本的媒体连日报道，整个社会也随着高度兴奋起来。在这个过程中，一部分新闻媒体已经注意到：这不就是武士的归来嘛！当代日本的学者也注意到了这一现象。比如，中国思想史学者小岛毅在自己的一本叫《近代日本的阳明学》的书中，注意到了自近代日本以来阳明学和武士道的关系，并从这个角度对小泉的一些政治行为进行解读。在他看来，小泉行为的背后，就有着武士道的精神因素。

我们没有必要继续举更多的例子。作为一种源远流长的道德体系与行为规范，武士道当然会对后世、对当下的日本国民产生影响。这种影响表现在政治家的身上，就是那种律己、敬业、责任和忠诚于民族的意识。中国儒家经典中有一个说法："诚于内而形于外"，意思是说，一个人的外在行为和内在的精神气质是连续的。就此而言，我们所见到的小泉纯一郎的精神气质，就是武士道那种古典道德规范的现代呈现。

　　当然，话还要说回来：古典精神在现代社会会有怎样的表达，更取决于这个社会的制度自身。1945 年后日本的民主化改革，为日本建立了基于现代政治文明的制度体系。这种现代制度实际上对政治家也提出了伦理上的要求，即政治家要有政治信念、要有责任感。因此，日本政治家呈现的精神风貌，更准确地说，是武士阶层的古典气质与现代政治文明相互激发的结果。

　　通过分析日本政治家群体的精神气质，我们实际上还获得了另外一种观察政治的尺度，那就是从传统中最具有韧性和活力的地方，来观察并反省我们自身的当下行为。

日本右翼
尊王攘夷的现代回声

　　关于日本的政治家，我们还经常听到"右翼政治家"这样的说法。媒体通常很少提及"左翼政治家"，而一再提及"右翼政治家"，正意味着日本政治家精神世界的另外一种特征。现在，我们就专门来谈谈什么是"日本右翼"，看一下"右翼"在现代日本政治体制的实际运作中扮演了怎样的角色。

　　提到"右翼"，我们不难联想到在电视画面中看到的情形：所谓的"一小撮右翼分子"开着黑色大面包车或卡车，上面架着高音喇叭，车上面还插着日本国旗和军旗，显得非常招摇。这些人在日本被称为"街宣右翼"，意指他们在街道上进行宣传，进行各种抗议活动。

　　在日常生活高度秩序化的日本社会，这些右翼分子的活动显得非常另类。至少它的高音喇叭制造的噪音，在以安静著称的日本社会就显得非常出格；而他们播放的战时军歌，喊的诸如"天皇陛下万岁"与各种"打倒""反对"的口号，更让人感觉时空错位，仿佛穿越回到了第二次世界大战前。这种街宣右翼也会让人想到近代日本史上右翼分子进行的各种恐怖暗杀活动，给人们造成特定的不安。事实上，他们今天还不时制造一些暴力袭击事件，以表达他们的政治立场。这些活动彰显着他们在现代日本社会生活中特有的能量。

日本右翼还往往和另外一个大的话题联系在一起，那就是现代日本的历史认识。我们常常会听到、看到一些日本政治家和学者否认侵略、美化战争的言论。这时候，"日本右翼"几乎就是那些错误的历史认识的代名词。所以，日本右翼的历史观往往又会让正直的人们感到愤怒。

一般的观点认为，现代日本的右翼就是此前军国主义的遗老遗少，但问题并没这么简单。我上面提到的还只是一些表面现象，而要探究这个表面现象到底意味着什么，我们就需要深入日本的社会结构、文化观念与历史演进的过程中。当然，我们这里重新讨论日本的右翼问题，目的就不再仅仅是揭露、批判日本错误的历史认识，而是要更进一步探究这些现象背后的生成机制，以及揭示右翼在日本社会生活中的真实角色与作用。

我们需要转换视角，有必要将"右翼"还原到日本自身的历史和精神发展脉络中，在整体中去理解部分。这是了解右翼及其历史的必不可少的方法和手段。

既然有"右翼"，就一定有和它相对存在的"左翼"。左翼和右翼都是整体的一部分，互为对方的对立面，就好比我们的左手和右手，却都是完成有机体功能的必不可缺的部分。从这个角度，人们就不必只纠结于如何对"右翼"进行道德判断。这种看法在社会理论中被称为"功能主义"：对社会有机体某一部分的作用进行评价时，要看它在这个社会中发挥了怎样的功能。

从功能主义的角度，既然左翼和右翼对于社会有机体来说并没有价值上的区别，那我们提到"左翼"时，为什么会觉得它是进步的呢？这是涉及历史和社会认知的重要问题。

在今天人们的世界观中，人们倾向于认为"左翼"的思想和观点代表了"进步"，甚至还占据了某种道德上的高地，这其实是 18 世纪末法国大革命的结果。在当时法国的国民会议上，从主持会议的议长席位来看，保守派坐在右侧，而激进派坐在左侧，二者在观点上针锋相对。这是左翼和右翼最初的起源。在激进派随后采取的革命行动中，他们将一种强烈的进步主义信仰、一种全新的道德观赋予了自身。由于革命取得了成功，这种信仰似乎获得了证明，很快成为世界各地革命运动的信仰和价值。结果，在革命取得胜利的地方，人们习惯从"左翼"的角度看问题，而与此相反的"右翼"则被视为保守、落后、反对变革的势力与思想。[1]

我们前面说过，近代日本的明治维新本质上虽是一场革命，但它的官方理论却是"王政复古"，也就是要恢复古典时代的政治体制，因而是一种价值上的保守主义思想。这个理论根本体现在"天皇"这个特殊的政治主体上。显然，以复古的名义行改革之实，这种将新举措纳入传统的世界认知之中的做法，有利于减少社会的震荡，从而推动改革的进行。

日本右翼的历史可以追溯到 1868 年明治维新前后。在当时的

1　关于现代日本右翼思想的专门讨论，参见拙著《友邦还是敌国？——战后中日关系与世界秩序》第三章。

倒幕和维新政府的建立过程中，一部分旧士族遭到了边缘化，所以他们在民间发起了各种针对政府的抗议运动。当时的维新政府主要由出身于萨摩藩、长州藩的政治家主导，反对派——主要是出自倒幕运动中非常活跃的土佐藩——认为它是专制政府，于是，他们高举"尊王攘夷"的口号，建立统一战线，将各种在野力量整合了起来。这就是明治维新后不久，"自由民权运动"兴起的原因。1880年代以后，这些民间团体的诉求开始转向外部，要求"伸张国权"，展开帝国主义政策。日本近代史上著名的右翼团体"玄洋社"就创建于这个时期。这个团体的三条宪章，即"敬戴皇室"、"热爱祖国"和"捍卫人民之权利"，很难按照一般的左右观点进行区分。

这些右翼团体非常有活力。除了在内政上展开"自由民权运动"外，他们在随后日本的对外扩张中亦表现得异常活跃，在诸如甲午战争、日俄战争、中国的辛亥革命以及日本吞并韩国等历史事件中，都有他们的影子。进入昭和时代后，右翼团体更是制造了一起起暗杀事件，后来被称为"右翼法西斯主义团体"。我们在前面提到的军事理论家石原莞尔，就是右翼团体"东亚联盟"的组织者。

日本在1945年的战败让这些右翼分子遭受了巨大打击，在这一年的8月，"尊攘同志会"十名会员、"明朗会"十二名会员、"大东塾"十四名会员先后自杀，"以死来承担战败责任"，并要通过诚挚献上"皇魂"的方式，"永远守护皇城"。日本右翼势力的精神意志和行动能力，由此可见一斑。1946年，在联合国占领军的命令下，多达二百一十个右翼团体组织（二战结束时右翼团体总数为三百五十个）遭到了解体。不过，这些右翼分子随即以更换招牌的方式，重新投入他们特有的政治运动当中。[1]

这种状况延续到了当下。日本政治学者对现代日本右翼的特征，总结了包括"对天皇及国家绝对忠诚"、"比起理论，更重视行动"、"守护民族传统和文化，警惕外来思想和文化"、"民族使命感"、"国家利益至上"、"警惕知识分子阶层"、"推进爱国教育"、"全盘否定战后体制"等在内的二十个特征。[2] 从这些特征当中，我们可以大致描绘出当代日本右翼的形象。

我们要特别留意的是第一点，即"对天皇及国家绝对忠诚"。这个特征再次印证了我们在前面的章节中提出的观点：天皇是代表日本民族共同体最古老的价值的权威，在宪法上是日本国家和国民的象征，在精神上更是和日本国民有着千丝万缕的联系。天皇的存在自身就是一种保守主义价值的呈现。

因此，现代日本的右翼团体实质上是保守主义思想在民间的存在和表达形式。这种民间力量的思想根源是幕府末期形成的"尊王攘夷"观念，而其组织成员的源流则是德川幕府解体后未被体制吸收的武士、豪族。在日本演化的进程中，这些人以在野的方式，与政府发生了竞争、合作、对抗、反叛等各种关系，成为国家建设中异常活跃、有着特殊能量的政治主体。

我们再回到日本右翼念兹在兹的"天皇"问题。上文已经指出，无论从实体还是思想的角度，日本右翼的根本来源都是天皇，是近代日本"尊王攘夷"这一时代精神的现代回声，其思想的本

1　[日] 猪野健治：《日本的右翼》，张明扬等译，东方出版社，2013年，第42—48页。
2　同上，第5页。

质是保守主义。这是我们今天认识日本右翼的关键所在。

这里说的"保守主义"的含义其实并不明确：它要"保住""守护"一种东西，一种观念，一种生活方式。这些要"保守"的对象只存在于民族生活共同体的往昔，而不是当下，更不是将来。所以，保守主义是一种通过向后、向历史和传统看，来获取价值和生活意义的观念。相反，"进步主义"以及作为这种观念主体的"左翼"，则是向前、向未来看，通过设想或描绘一种美好的未来生活，来为当下的问题寻找答案。政治上左和右的思考方式，跟我们个体日常的生活经验并无多少不同。

我们可以通过观察"天皇"在日本国民生活中的角色，来认知日本右翼在近代日本政治中扮演的角色；右翼试图维护、保守、守护的价值正体现在"天皇"的身上。在现代日本，天皇的地位已经获得了宪法层面的安排，那么右翼为何还在纠结"天皇"的问题？这个问题涉及战后日本民主化改革遗留的根本问题，比较复杂，我们在后面还会专门讲述。这里先举两个现代日本涉及天皇问题的事例，以便我们观察现代日本国民和民族的精神状况。

第一个事例是战后日本的著名作家三岛由纪夫（1925—1970）。其实，三岛在现代日本精神史中占据的位置，不仅仅是源于他天才一般的文学才能，更源于他最后的行为：自杀，而且是以反常的方式进行的自杀。在高呼三声"天皇陛下万岁"后，他按照中世纪武士道切腹的程序，用"肋差"即短刀插入左腹，然后横向右拉，最后被"介错"——切腹者在切腹后由事先指定的人将其头颅砍下，以减轻痛苦——而亡。三岛作为文学家早已驰名天下，数次成为诺贝尔文学奖的候选人，却以这种暴烈的方式自戕，这给当时的日本社会造成了巨大的冲击。

　　事情发生在 1970 年 11 月 25 日。这一日上午 11 点左右，三岛和他组建的右翼团体"盾会"的四名同伴占据了日本陆上自卫队东部方面的总监室，将自卫队指挥官益田兼利陆将绑架为人质。经过一番搏斗后，双方达成休战协议，自卫队一方满足了三岛的要求：将驻扎于市谷基地的卫戍部队官兵集合到总监室大楼前面的校阅场上，聆听三岛发表演说。官兵集结后，三岛走到了总监室（位于大楼二楼）的阳台上，开始对校阅场上近一千名自卫队队员发表演说，煽动自卫队队员保卫日本，保卫日本的传统、历史和文化，以及最重要的，"保卫天皇"。在三岛的设想中，他组建的"盾会"与自卫队将联手"奋起"，也就是发动一次起义，占领国会，迫使国会修改宪法。

　　面对这种近乎时代错置的行为，自卫队队员非但无动于衷，还出现阵阵质疑、嘲笑甚至是怒骂的声音。[1] 这似乎是在三岛的意料之中，于是他就按照事先安排好的剧本，切腹自杀。

　　他的这些举动当然不是源于心血来潮，而是事前有着绵密的计划。早在自杀前两年，他发表了题名为《文化防卫论》的长文，宣称日本必须守卫以天皇为中心的传统价值，天皇是"终极的文化形态"，因此必须修改日本战后以自由民主主义为核心的新宪法。在采取行动前的两个月，他又发表了一篇题名为《作为革命哲学的阳明学》的文章，提倡王阳明"知行合一"的儒学和日本武士道的革命精神。他宣称，他的目标就是通过文学和行动振兴武士道。他身体力行，1968 年组建"盾会"，宣称将动用暴力来保卫天皇。

1　参见 [美] 斯托克斯《美与暴烈：三岛由纪夫传》，于是译，北京联合出版公司，2020 年，第一章。

我们在前面提到过日本武士道的古典名著《叶隐》，三岛由纪夫在 1967 年专门为这本书的部分内容撰写过导读，即《叶隐入门》，这被视为他的思想自传。其实，在 1955 年发表的一篇关于《叶隐》的评论中，他就表达了对武士道"乃求取死若归途之道"的高度共鸣。[1] 在 1960 年写的短篇小说《忧国》中，三岛就以 1936 年发生的著名的"二二六事件"为背景，讲述了一位叫武山信二的禁卫步兵中尉因不想服从镇压叛乱部队的命令，同新婚不久的妻子双双自杀的故事。小说中对中尉以武士道的方式切腹自杀进行了极为详尽的描写，场面极为血腥。三岛的小说与剧本创作异常高产，但他却说自己"深深爱着的唯有这篇作品"。事实上，十年后，三岛几乎就按照自己描写的方式结束了自己的生命。

很多人都注意到了这些言论，并以此来解释三岛行为的计划性。在理智的世界中，人们未必认同三岛的主张和做法。但很多人未注意到的是，作为备受日本国民喜爱的作家，三岛的思想和行为可以说是他们自身深层精神和欲望的一种反映。三岛殁后，人们围绕他的动机展开的讨论，将那种国民的潜意识揭示了出来。一位熟识三岛的作家指出，在三岛的心中，天皇是文化、历史、传统的核心和绝对者，应该如澄明的镜一样映射出日本文化的连续性和整体性；三岛用"文武两道"来描述这个状态，以传统的切腹和斩首的武士道方式在自卫队驻地自杀，目的就是要恢复日本文化中"武"的一面，堪称"死谏"。[2] 因此，在战后保守主义最终取得观念上的支配地位的过程中，三岛在国民面前的自决扮

1　［日］三岛由纪夫：《叶隐入门》，第 7—12 页。

2　参见唐月梅《怪异鬼才——三岛由纪夫》，九州出版社，2015 年，第 440—445 页。

演了重要的角色。

第二个例子与三岛事件类似，发生在 1992 年 10 月 20 日。事件的主角叫野村秋介，同样是在高呼"天皇陛下万岁"三次后自杀。唯一的不同在于，他是以开枪的方式自戕，而且是连开三枪。事情发生在《朝日新闻》报社的总部大楼。当时他与同伴来到这里，接受《朝日新闻》报社对他的道歉。事件的起因是，《朝日新闻》此前对他所属的右翼团体进行了讽刺报道。

野村在接受了道歉后，决定以死来洗脱屈辱。他在留下的遗言中说："到了这个地步，作为民族派，更何况作为一名日本男儿，除了保全气节外已别无可求。"[1] 值得注意的是，《朝日新闻》是日本著名的四大全国性报纸之一，该报以及下属的刊物，被视为日本左翼言论的代表。野村的自杀可以说是日本右翼与左翼冲突的结果。我们这里再次看到了日本右翼的行动力。

无需说，现代日本社会当然不容忍各种形式的暴力事件；不过，当这些暴力事件与浓厚的保守主义思想关联在一起时，它们就会在潜意识的层面上对日本国民发生影响。这是一种在日常生活的秩序中不容易为人们所认知的隐秘关联。

今天，"日本右翼"这四个字并不令人感到陌生；这个右翼群体经常否认日本的侵略历史，这当然会让我们感到不愉快；甚至可以说，他们就是我们的"敌人"。不过，由于日本右翼是日本近现代政治结构中的一个异常活跃的变数，我们的关注焦点就不应该只限于历史认识，还必须注意这个群体在日本政治和思想生态中的地位。

1　[日]猪野健治：《日本的右翼》，第 280—282 页。

　　我们在上面的历史回顾和现代事例分析显示，日本右翼有着我们非常不熟悉的面相。也正因此，如何认知右翼是对我们能否客观看问题，能否洞穿表面现象直面人类生活的本源性问题的一大考验。其中，右翼所代表的价值保守主义是所有社会都面临的问题。

　　一言以蔽之，日本"右翼"所代表的价值观，就是基于传统的保守主义价值观，而后者是日本国民精神的底色。右翼和近代日本天皇制国家的建设过程，可谓同步生成；右翼团体既是政治上在野的势力，也是民间力量在政治上的表达。右翼团体的存在，使得日本政治多了一条国民意思表达的渠道。在理解近现代日本的政治运作体系时，观察"右翼"团体及其思想是一个捷径。

　　推而广之，我们还可以分别从左和右的角度，观察我们感兴趣的任何社会与历史事件。这时候我们获得的图像，一定更为整全和真实，因而会获得更为宽阔和深刻的认知。

第八章 | 现代日本经济的逻辑

爆买
日本商品的民族属性

对于多数普通人而言，经济的首要表达可能就是商品，是市场上形形色色的商品满足着人们的各种日常需求。因此，我们探索日本在经济发展上的优异表现的原理时，首先就要关注它的商品属性。通过全球市场复杂的商贸网络，我们多数人可能都是某种日本商品的消费者。那么，这种现象除了意味着日本经济的发达外，还能够说明日本经济与社会怎样的属性？这首先要从消费行为自身说起。

现代人对于经济生活都不陌生，我们都生活在复杂的市场网络中。这个网络的核心驱动机制是等价交换。市场上各种商品的品质良莠不齐，价格也千差万别，我们通常根据自己的目的和财力，选择最合适自己的商品。这种等价交换的市场行为同人类的历史一样古老，有着超越民族与国境的普遍属性。因此，人们选择商品的目的虽然是满足各自的需求，但这种消费行为同时有着建构秩序的力量。事实上，现代世界秩序与文明的一个至关重要的基础，就是世界各国通过市场关系形成的商贸网络。

因此，在思考商品同现实的世界秩序的关系时，我们必须关注商品自身具有的国家与民族属性。比如，在世界市场颇受好评的"日本制造"这个说法自身，似乎就暗示商品有着特定的民族性格——人们习惯于将商品的品质属性与制造国的国民性关联起来。

下面，我们要通过一个比较新的商品消费现象，来探讨日本商品的民族属性与市场的关联，进而分析日本经济与社会的特殊性格。这个现象就是我们会不时听到或看到的"爆买"。"爆买"最初是个日语词汇，但由于它很形象，跟汉语的日常用语"暴饮暴食"有异曲同工之妙，今天很多人都已经忘记了它的外来语身份。[1]

显然，这里的目的不是要说现代日本给我们的汉语又增添了一个词语，而是要指出这个事实："爆买"是日本人制造的一个"新语"，甚至可以说就是为我们中国人量身定做的。我们在日常生活中感受、认知的现实是由我们使用的语言建构而成，一个新语的出现往往意味着一种新的现实的形成。因此，对于"爆买"这个新语的诞生，我们要探究一下语言背后的现实。事实上，"爆买"将日本社会的一些特殊品性揭示了出来，同时还是中日关系的一种最新形态的表达。

首先，这个新语有着完全是当下的起源。最近数年间，尤其从 2015 年左右开始，中国游客大量赶赴日本，涌入大大小小的超

1　其实"暴饮"与"暴食"两个词语最初就是"和制汉语"，同其他大量的二字词一样，有着日本的起源或影响。参见沈国威编著《汉语近代二字词研究：语言接触与汉语的近代演化》，华东师范大学出版社，2019 年，第 263 页。

市，以一掷千金的豪迈气概，将货架上锁定的商品一扫而空，买下回国。这就是"爆买"所描绘的现象，类似汉语中的"扫货"。这种爆买现象经过新闻媒体的传播，很快在日本社会广为人知。2015年年末，这个词荣登该年度日本"新语流行语"大赏的榜单。

中国游客的这种购买行为让平日习惯了宁静、富有计划性的日本国民感到震惊。其实，在"爆买"开始使用之前，日文当中使用"爆"这个字的日常用语并不多，大体上可以举出"爆竹""爆发""爆笑""爆破""爆裂"等说法，它们都有一种"具有冲击性的突然发作"的含义。所以，"爆买"在日本国民头脑中激发的形象，大体上就是指"爆发性的大量购买"。显然，这个行为的"爆发性"有着很强的听觉和视觉上的冲击性。

根据媒体的报道，"爆买"的对象主要包括化妆品、电子产品、服装、食品、药品、保健品以及各种奢侈品。据说，在中国的一线城市上海，甚至出现了动用私人飞机赴日采购商品的人士。尤其值得一提的是，在中国游客购买的非处方类药品中，还有大量的"汉方药"，也就是我们说的中药。这不禁让我们感到惊讶，因为我们在潜意识中会认为，中国才是中药的本家！

那么，爆买现象究竟意味着什么？一般的看法是，中国游客爆买日本商品，正是日本商品品质高的证明。这个说法当然不错，但这种解读还只是流于表面。如上文所述，商品消费行为有着双重的属性：一方面，它是纯然的个体满足自身需求的行为；另一方面，这种行为在宏观上还有着建构秩序的能力。爆买现象由于出现在当下中日两国、两种社会之间，我们有必要从后者的角度，去观察一下这一现象的社会属性。

　　我们首先看看这个"爆买"行为未被注意到的特征。从表面看，新闻报道聚焦于"中国游客"、"中国顾客"和"日本商品"上，这当然有道理；但从购买的行为主体来看，"游客"——日语称为"观光客"——这个每每被忽视的词语，才是我们认知的关键所在。有人可能会问，游客无非就是那些或成群结队、或独自一人观光旅游的人，在我们的日常生活中司空见惯，有什么重要的意义吗？

　　当然有，而且还有着深刻的哲学含义。当代日本比较有名的哲学家、文化评论家东浩纪在 2017 年出版了一本书，书名就叫《游客的哲学》。他在这本书中给人们提供了一个关于"游客"的独特解释和洞察。他说，"游客"表面上是出于休闲目的而"观光"或"游览"，但本质上却是一个共同体的成员对另外一个共同体的访问。这个共同体最小的单位是"村落"，最大的是"国家"。从这个视角出发，东浩纪试图从哲学上把握"观光"具有的文明意义："观光"与人类共同体的形成有着内在的关联。[1]

　　东浩纪的这个关于"观光"的说法，将"爆买"行为的前提，也是一个被我们忽视的前提揭示了出来："爆买"得以发生的前提条件是"游客"的存在自身，而不是日本国民的行为；它从属于一个共同体成员访问另外一个共同体的行为自身，或者说是"访问"行为附带的结果。而且，根据东浩纪的解释，游客与当地的住民不同，他们不负有任何责任，与当地住民的生活没有瓜葛，只是根据自己的意愿进行消费。

　　正是在这里，我们看到了中国赴日游客的特殊性格。游客在极其短暂的旅行期间大量购买当地的商品，从经济关系的角度来

1　[日] 東浩紀：《観光客の哲学》，株式会社ゲンロン，2017 年。

说，意味着通常是短期旅游的人们却在实际上深度参与了日本这个共同体的经济生活。游客大量购买商品，表面上是纯然的市场行为，表现为对商品质量的认可，但实际上表现的是对日本这个共同体的一种特定属性的高度认可。因此，说中国游客和当地住民的生活没有瓜葛，这种看法仍然停留在现象的表面。通过一次性的大量消费行为，游客除了给当地带来丰厚的税收之外，实际上还向当地住民传达了一种特殊的讯息。

为了揭示这种讯息的特性，我们首先要将游客与出国定居者作一个比较。显然，出国定居者实际上已获得当地共同体的成员资格，在这个意义上他和当地住民在本质上并无不同，但游客的本质是一种"访问"行为，他处在这个共同体之外，属于异乡人。游客一次性大量购买商品的行为，实质上延长了他在这个共同体滞留的时间，因为在他离开这个共同体后，他还可以通过消费他所购买、囤积的商品的方式，实质性地享受那个共同体的某种属性。

在这个意义上，我们甚至可以说，游客大量购买商品的行为不亚于购买另外一个共同体的"成员"资格。人们在使用共同的商品时会获得某种程度的"一体感"，这正是现代世界秩序尤其强调经贸关系的人类学理由。在世界市场上，商品往往被视为有着特定民族属性的深层原因，也正体现在这里。

所以，"爆买"的对象在本质上不是商品，而是生产商品的共同体的一种属性，而这种属性就是共同体内部的"信任"。

爆买现象的本质是购买信任，这其中的道理并不复杂：因为信任那个共同体，所以才愿意大量购买，无论购买的是日常消费品还是奢侈品。人们相信，在他们将来消费这些商品时，这些商品不会"背叛"他们；换言之，人们相信商品品质高，质量有保证，不会让他们失望。其实，任何一种购买商品的行为，都伴随品质出问题的风险；而爆买则是一次性大量购买的行为，并且在另外一个共同体消费，出了问题人们无法投诉，无法获得补偿。所以，爆买实际上意味着对商品的最高信任。

这种信任表面上是对商品的信任，但实质上是对生产商的信任，而在最高的意义上是对包含各种生产商在内的共同体的信任，或者说是对一个社会的总体性信任。"信任"本来是我们日常生活中的一个高频词，我们通常用它来表达个体之间的关系，而很少用它去思考一个共同体的属性。但通过爆买现象，我们隐约从中看到了日本社会的某种属性。为了深度认知爆买现象的本质和意义，这里有必要解释一下什么是信任。

很多社会科学家都讨论过信任。比如，美国著名的日裔政治学家弗朗西斯·福山就著有《信任：社会美德与创造经济繁荣》一书，专门论述了"信任"（trust）在经济体系中的角色。说到现代经济体系，资本的角色我们都不陌生，它是经济活动的一个核心要素。不过，资本并不单单是指金钱；福山引入了社会科学当中的"社会资本"（social capital）这个概念，来说明"信任"在经济体系中的角色：信任就是一种社会资本。

那究竟什么是信任？福山写道："在一个有规律的、诚信的、相互合作的共同体内部，成员会基于共同认可的准则，对于其他成员有所期望，这一期望便是信任。"[1] 这些准则可以是一些深层

1　[美]弗朗西斯·福山：《信任：社会美德与创造经济繁荣》，郭华译，广西师范大学出版社，2016年，第28—29页。

的价值观，也可以是一些关于职业标准或行为规范的世俗准则，它们都可以用"共同道德准则"这个说法来概括。人们在共有的价值观基础上形成的对彼此的"期望"，就是"信任"。

因此，单纯的期望并不是信任；共同体成员对其他成员的"期望"要转变为"信任"，需要一个社会过程，那就是一部分共同体成员的"期望"得到了正向的、令人满意的实现。否则，共同体的成员对其他成员就不会产生稳定的"期望"，因为这种心理预期不会给他们带来任何收益。社会成员对彼此的心理预期的程度低，就会造成低信任社会。在这种社会中，社会成员为了达到自己的目的，会通过其他方式——诸如诉讼、诱惑、强迫或者私人关系——来使得另一部分成员按照他们所期望的方式行事。

福山在书中举了一个和我们所有人都息息相关的例子，那就是我们接受医疗服务时的情境。我们之所以信任医生在诊疗时不会伤害我们，"是因为我们期望他们会恪守希波克拉底誓词以及医学职业标准"。由于医疗涉及人们的健康、财产和生命安全，人们会在多大程度上信任医生，其实是一个社会"信任"程度高低的晴雨表，而且是敏感度最高的一个指针。

在经济体系中，信任的最大功用就是有效降低交易成本，也就是说提高经济效率。信用在功能上有其他的替代品，其中常见的有法律和私人关系。不过，这些替代品为了维持正常功能，还要依赖各种前提条件。众所周知，建立高效、廉洁的现代司法体系绝非易事，至今仍是许多国家奋斗的目标；而私人之间的情谊或担保关系，它的效用半径则会随着关系的疏远而急剧缩短。正因如此，信任自身作为"社会资本"的功用就突显了出来，它有助于经济体系的高效运作。

　　福山将这种"社会资本"视为社会的一种文化属性，认为它的积累"是一个极其复杂甚至可以说是神秘莫测的文化过程"。这种文化属性还有一个特点，就是它很容易被政府错误的政策消耗掉，而一旦消耗掉，就不容易得到重建。在这里，我们看到了这位政治学家对权力的警惕：健康的社会形成更多的是一个自然过程，而信任是这个自然成长的社会的结晶；与此相对，政府则因手中权力不恰当的使用，会扭曲社会内部的纽带，破坏人们之间的信任关系。这个信任关系消失后，政府必须制定新的法律，来替代此前的信任体系，社会为此要付出更多的成本。这正是很多现代国家都面临的问题。

　　说到这里，我们已经得出了结论：日本是一个高信任的社会。这也正是福山的看法。现代日本经济体系高效运转的背后，有着深厚的社会文化属性的支撑。

　　现在，我们再回到"爆买"的主题上。从根本上说，游客"爆买"商品的行为，实际上就是以一种最简单、最直接的经济行为方式进入了另外一个共同体的内部。通过消费商品的自然方式，游客无偿享用了另外一个共同体的高信任属性。

　　政治学上有一个说法叫"搭便车"（free rider），是指一个人没有对共同体作出贡献，却享用了共同体提供的公共服务。它指出了一部分公共服务面临的困境，有着某种批评的含义。在这个意义上，游客的"爆买"行为，也可以说是一种特殊类型的"搭便车"。游客虽然付出了金钱，进行了等价交换，但他们同时还享受了另外一个共同体内部的"信任"，而他们却不必遵守那个共同体内部的道德准则。

有意思的是，这种现象只能发生在不同的共同体之间。在同一个共同体内部，信任无法用金钱购买。换言之，能够用金钱换来的关系，一定不是信任，而是利益关系自身。福山在他的著作中，特别引述了诺贝尔奖得主、经济学家阿罗（Kenneth Arrow）的说法来指出这一点。为了充分把握"信任"这个视角在观察现代日本经济行为上的功用，我这里再次引述如下：

> 如今，信任有着重大的实用价值。信任是重要的系统润滑剂。它非常高效，为人们省去了许多麻烦，因为大家对彼此所说的话有着基本的信任。不幸的是，信任无法随意买卖。如果你非要买，则说明你已经对你所买的部分有了怀疑。信任和与之类似的价值观，如忠诚、诚实等，都是经济学家所说的"外部性"（externality）。它们是产品，它们有真实且实用的经济价值；它们提高系统的效率，使你能够生产更多的产品，或产生更多你所重视的价值。但是它们不是在公开的市场可以买卖的，这在技术上完全不可行，甚至也没有意义。[1]

要言之，信任是任何一个共同体成员都无法在自己生活的共同体内购买的，但他却可以通过短期或者长期加入另外一个共同体，分享它的高信任属性。大量购买行为就是一种短期分享其他共同体信任的行为。那么，日本又是如何形成了这种高信任的社会呢？这是有待我们继续探讨的课题。

1　[美]弗朗西斯·福山：《信任：社会美德与创造经济繁荣》，第143—144页。

工匠精神

日本商品的人格呈现

我们在前文揭示了现代日本经济体系高效运行的一个重要因素，即作为"神秘莫测的文化过程"的结果的"信任"：消费者"期待"能买到高品质的商品，而制造商则努力回应这种"期待"，这就是信任的产生过程与表达。但日本工业制品的高质量属性究竟是如何可能的，以及日本的制造商是如何高效回应消费者的期待的，这都需要作进一步的解释。

关于日本商品的高品质属性的成因，很多人都会从"工匠精神"的角度来解释。工匠精神是最近数年间非常热门的一个话题，日本国内的学者与媒体非常愿意从这个角度进行研究、报道，认为它是日本制造业的灵魂。同样，中国的媒体、学者也一直在跟进和宣传，目的是要通过学习这种精神，来提升中国制造的品质。

那么，这种神奇的工匠精神到底是指什么？它能通过模仿、学习、培养而形成吗？学到了这种精神，产品的质量就有保障了吗？问题并没有那么简单。如同"信任"是一种文化和社会属性，"工匠精神"可能同样也是。这是否意味着，工匠精神的形成可能同样是一个"神秘莫测的文化过程",无法简单模仿和学习?

下面我们将揭示,现代日本社会中使用的"工匠精神"和我们日常的用法之间有很大的区别;我们将通过"工匠精神"这个视角,来进一步透视日本商品以及日本经济表现背后的文化原理和精神机制。

工匠精神是日语"职人精神"的对应表达。日语中的"职人"近似于汉语中的"工匠",是指具有某种独特技术的工人,尤其是指产业革命以前手工作坊中的那些技术熟练的工人。因此,工匠精神就是指这些"职人"的职业精神。

但这种"职人精神"的真实含义,一般人并不容易理解,因为它涉及对已经逝去的一个时代的生产方式,亦即手工业的理解。与现代工业的机器制造相比,手工业的最大特点是,制品与制作者的人格有着高度的关联。现代工业的本质是标准化的大量生产;与此相对,传统的手工业生产虽然在某些制品的某个阶段也有着标准化、大量生产的侧面,但绝大多数制品要靠工人手工完成。手工业者,即工匠对制品的认知和理解,以及他们自身手艺的好坏,直接决定了制品的品质。手工业制品可以视为制作者人格的某种溢出与固化,消费者可以通过手工制品来感受制作者的人格温度。

因此,这个表达了手工业工人最高水准的"职人精神"不同于一般意义上的"职业精神",因为制作者将自己的全部热情和智慧投入到商品的制作中,唯一目的就是创造出独一无二的制品。这样的手工制品自然会获得消费者的承认,最终也会给制作者带来经济上的回馈。

这个道理表面上看并不难懂,因而工匠精神也能够学习和培养，只要制作者注意细节，严格把关，精益求精，商品质量总可以提高。不过，这仍然是一般的看法，尚未触及日本"职人精神"的本质特征。其实，这种理解之所以还欠缺一点火候，原因正在于"工匠精神"这个说法给我们带来的误解。

简单地说，我们在使用"工匠"时，主要还是指制作者手艺相对高明；而日本语境中的"职人"，则被赋予了一种创造的精神属性。在职人眼中，他们看到的不是一般意义上的"商品"，而是"制品"；二者在语义上的微妙区别是，前者强调的是产品的市场属性、经济属性，而后者强调的是个体生命的创造，是产品的艺术属性。日本顶级的制品一定是制作者"独具匠心"的制作成果，一定会呈现出制作者作为艺术家的精神。因此，我们要从这个"职人精神"角度赋予"工匠精神"以新的含义。

我们具体举两个例子，来看一下"职人精神"的特殊性格。第一个是日本花王集团前总裁常盤文克的说法。他在《创新之道：日本制造业的创新文化》这本著作中，针对设计人员的工作目标，提出了一种"创新竞争"的说法。这个说法正是关于"设计人员"这个工种的"职人精神"的精炼表达。

常盤文克指出，在进行产品设计时，设计人员如果只考虑与同行竞争，那么注意力就会逐渐放到竞争对手的身上，不知不觉间就会忽视消费者。一旦出现这种情况，设计人员的目标就会降低，眼光就会狭隘，形成了"别的企业开发出 100 分的产品，我们就要开发出 105 分、110 分的产品"这种认知格局；结果，新开发的商品往往不具备创新性和异质性。所以，他提出产品设计"至少也要达到 150 分"，目标是"能生产出 200 分的产品"。在他看来，设计人员的工匠精神就在于真正的创新；他要求工作重心必须"从产品竞争转移到创新竞争上来"，因为"创新就是要创造出前所未有的'质'，人的创造力是无穷的"。[1]

那么，什么样的制造业组织与结构能让人的创造力最大限度发挥出来？这正是常盤文克的问题。他这样写道：

> 理想的组织结构模型恰恰就在传统手艺人的生活方式和工作生涯之中。手艺人的世界，生产与他们的人生已经融为一体。他们对工作没有半点懈怠。手艺人的手和脚已经和工具融为一体。工具也成了身体的一部分，是肢体的延伸。他们在工作中成长，在工作中得到人生的乐趣、实现人生的价值。在这样的世界中，他们有自己的审美意识，并对此矢志不渝。……他们虽然不善表达，但他们有自己的哲学，并将其注入生产中，揉进了产品里。[2]

显然，这位花王集团总裁所说的"职人精神"正是孕育于传统的手工业中。传统手工业的特点是，工匠的生活和工作并未分离，生活的热情与技艺的精进可以相互转化。因此，只有传统的手工业生产方式，才能将那种面向未知、追求创新的人格精神最大限度发挥出来。这样，问题的关键就在于，如何在现代工业化生产方式下，尽可能地为"职人精神"的存续与发挥创造空间。

1　[日]常盤文克：《创新之道：日本制造业的创新文化》，董旻静译，知识产权出版社，2007年，第41页。

2　同上，第42页。

其实，上面引文中已经出现了一个关键词，那就是"延伸"——技术的本质是身体的延伸！如果抓住了这个本质，我们就可以在传统的手工业生产方式和现代工业生产方式之间建立一种有意义的关联：工具和技术发明的意义不在于劳动力的解放或者人的解放，而在于它们更有助于人们实现自己的创造精神。反过来说，如果某种技术阻碍了人们的创新或者说创造精神，那么这种技术在文明进程中就没有意义。进而言之，如果只是从劳动力节约的角度看待技术的发明和进步，那么我们就失去了对技术本质、对制品属性以及对人们心灵世界属性的深刻认知。

为了充分理解这种创新精神，我们可以看看另外一位日本有名的企业经营者的看法。这个人中国读者并不陌生，他就是日本著名的京瓷公司的创始人、有着"日本经营之圣"美誉的稻盛和夫。他的作品在中国一直很有人气，其中的一本在中国出版时书名就叫《干法》，即干活的方法，直截了当。不过，他所说的"干法"，可不是一般的工作方法，而是一种工作精神。和这个"干法"相比，日文原著名《工作的方法》可以说少了一大截冲击力。

稻盛和夫所说的"干法"的含义就体现在他对制品的看法上。人们一般会认为，一家好的公司要以生产更好的产品为目标，但他却说"不"。他说，制品的定位不仅不应该是"更好"，连"最佳"都不应该是。那他要求的是什么？我们看他的一个具体的说法：

> "最佳"这个词，是同别人比较，意思是比较起来是最好的。这是一种相对的价值观，因此，在水平很低的群落里也存在着"最佳"。所以，我们京瓷的目标不是"最佳"，而是"完美"。"完美"同"最佳"不一样，它是绝对性的，不是同别

人的比较,而是它自身具备可靠的价值,因此,不管别人如何,世上没有什么东西可以超越"完美"。

他将自己的标准称为"完美主义",是一种至高无上的标准。他接着告诉他的读者,什么叫完美主义。他这样写道:

> "竭尽全力、拼命工作",再加上"天天反省",才能为你的完美主义画上最美的句号。抑制"自我",释放"真我",让利他之心活跃起来,这样的作业就是"反省"。这样,我们的灵魂就会被净化,就会变得更美丽、更高尚。[1]

这个说法可以说深刻把握了日本"职人精神"的根本特征。这个根本特征,并不在于"竭尽全力、拼命工作"的现场工作态度,不在于"天天反省"的精神,因为它们只是方法,也不在于稻盛和夫据此定义的"完美主义",因为完美主义只是目标。这个"职人精神"的关键之处在于他接下来说的那一句话——抑制"自我",释放"真我",让利他之心活跃起来。稻盛和夫本人可能也未察觉这句话的真正精神,正是"不识庐山真面目,只缘身在此山中",因为"利他"精神的本质属于共同体的属性;它是一种沉思、内省的生活方式,而不是个体意义上的道德规范。

说到这里,"职人精神"的另外一种精妙之处就显现了出来。稻盛和夫所说的这个抑制自我的"利他"精神,并不是一种刻意的理论拔高,而是他对日本社会、日本这个道德共同体内部生活

---

1 [日]稻盛和夫:《干法》,曹岫云译,机械工业出版社,2018 年,第 136—137 页。

方式的一种提炼。当然这种提炼随即引发了升华，那就是"我们的灵魂"会被净化，变得"更美丽、更高尚"。

我们要再次注意这个说法："我们的灵魂就会被净化"。这正是日本职人精神的升华。灵魂的净化不是通过道德说教与宗教律令，而是要通过生活与工作的完美结合，因此，"职人"就处在实现灵魂净化的最佳位置上。这个精神同时指向了日本这个共同体，它成为"我们"这种一体感觉形成的精神与道德基础，亦即"利他之心"。

上面的分析告诉我们，日本的"工匠精神"或曰"职人精神"在精神上的深奥含义在于，本质上它是日本这个生活共同体的生活方式与道德准则，是这个共同体的精神现象。这个结论同时还是一种让我们深刻认知日本的方法，我们可以从两个角度将它用到我们的日本认知上。

第一，"职人精神"是共同体的一种属性，它必然与过去、与传统有强烈的连续性，因为一个健全的共同体得以成立的基本要素就是稳定的传承关系。日本学者多从传统手工业制作的角度去挖掘现代日本职人精神的起源，正是源于对这种连续性的认知。对于"职人精神"或者说"职人气质"，日本学者还进一步指出，它"是一种无限磨炼技能、勤奋志高的姿态，有着专心一意成就事物的强韧精神力。试图墨守传统是一种固执，而在新工夫外再加上热情燃烧的上进心，则是对前人予以敬意和谦逊"。[1] 在日本

---

1   [日]北康利：《工匠之国：日本制造如何走向卓越》，徐艺乙译，中信出版集团，2018 年，第 53 页。

的"职人"文化中，"传统"并不仅仅是过去的习俗或做法，而是一种让自己以谦虚的态度面对事物、面对先人智慧的方式。

进而言之，现代日本的工匠之所以近乎固执般地"墨守传统"，就在于传统为他们提供了一种可追求、可超越的标杆，从而成就他们"无限磨炼技能"的精神力量。我们也只有从这种高度尊重先人智慧的传统主义角度，才能充分理解"职人"的精神气质。

值得注意的是，这种传统主义包含着实质性的技术内涵和科学思维方式。前面引述过的常盘文克注意到了世界史上的一个特别现象。1637 年，法国哲学家笛卡尔出版了著名的《谈谈方法》一书，被视为近代理性主义诞生的代表作。这部书因其彻底的合理主义原则，为近代科学主义奠定了观念基础。但同样是在 1637 年，还有一部名著出版，那就是明朝末年宋应星（1587—1666）撰写的《天工开物》。常盘文克这样评论道：

> 《天工开物》在（中国）国内完全没有引起重视，反倒是在传入日本后，和中国的《考工记》一同被作为生产技术的基础图书，在各藩的"殖产兴业"中被奉为生产指南，进而广泛地运用开来。在今天看来，就是通过这部著作，日本完成技术转移。这些技术转移也为后来江户时代的手工业技术的提高作出了不可忽视的贡献。[1]

上述说法中提到的"技术转移"是一种现代的说法，实际上揭示了日本手工业技术及其工匠精神演化的一种历史路径。这种

1　[日] 常盘文克：《创新之道：日本制造业的创新文化》，第 72 页。

"技术转移"当然不是开始于《天工开物》的传入，而是与日本国家形成的历史同样古老。我们在前面讲述的历史叙事中，曾经提到过来自大陆的"秦人"（秦朝人）、"汉人"（汉朝人）与来自朝鲜半岛的"新罗人"、"百济人"（他们多是华侨）等所谓的"渡来人"对日本生产技术提升带来的巨大影响。由于大陆的生产技术和当时日本列岛的生产技术之间有着巨大的落差，这造成了列岛居民对技术的格外重视乃至尊崇。在日本列岛住民的精神世界中，先进的技术获得了一种近乎神圣的属性。

顺便一提的是，《天工开物》出版后通过中日间的贸易船流入日本，江户时代有名的本草学家贝原笃信在《花谱》（1694）一书中即将其列为了参考书。《天工开物》引发关注后，日本社会上出现了各种手抄本。1771 年，位于大阪的书店菅生堂正式刻制、刊行了这部著作；1830 年，日本对这个版本进行了重刻。1943 年，也就是第二次世界大战正酣的时刻，日本出版了新版本。1952 年到 1953 年，日本首次出版了翻译、校勘本。另外，进入 19 世纪后，据说这部书的部分章节还先后翻译为法文、英文、德文、意大利文以及俄文，引起了欧洲科技界的广泛兴趣。[1]

我们还可进一步推论说，《天工开物》以及更为古老的《周礼·考工记》在当时的日本人看来，并不是简单的生产技术说明书，而是一种工艺技术文明，是一种非凡的传统。有学者这样指出："在生成关于自然现象以及物质效用的知识时，中国文

---

[1] 参见宋应星《天工开物》，潘吉星译注，上海古籍出版社，2016 年，前言第 24—27 页，以及［德］薛凤《天工开物：17 世纪中国的知识与技术》，吴秀杰等译，江苏人民出版社，2015 年，第 314—315 页。

化关注的是知识和行动（'知'与'行'），是对事物的探究（'格物'），是开发物性、成就世事（'开物成务'）。"[1] 这是一种独特的认知论，它将东亚古典文明中的天人关系用具体的"开物"方法呈现了出来。

因此，这些书籍在日本文明演化上的作用首先是精神性的，那就是要尊重传统、尊重先人的经验和智慧。在这一点上，日本的企业可以说是独步天下。根据日本广播放送协会（NHK）制作的纪录片《日本企业长盛不衰的奥秘》的统计，日本持续二百年以上的企业有三千家，德国有六百家，而美国只有十四家。日本工匠精神的积蓄，从这些企业长久的历史亦可见一斑。

第二，我们在前面曾经透过爆买现象观察到了日本社会的高信任属性。信任本质上是共同体内部的一种道德关系，是人们长年累月共同生活的结果。那么，日本社会的高信任属性究竟是怎样形成的？福山在谈到信任关系的形成时，说它是"神秘莫测"的过程。显然，这是一个含糊其辞的说法。但我们不能将它神秘化，否则低信任社会的人们只能认命，信任反而成为另外一部分人独享的恩惠了。

其实，我们上文提及的"游客"视角，也就是"异乡人"的视角，已经提供了信任形成的最重要的契机。日本的"制品"能够吸引异乡人、异邦人的信任，表明了这种制品有一种内在的、普遍的品质。日本制品所体现的对人类友好的属性，从根本上说是"利他之心"的结果。换句话说，"信任"的本质就是"利他精神"；日本的企业生产机制，同时也是信任的生产机制。

1　[德]薛凤：《天工开物：17世纪中国的知识与技术》，第3页。

造物

日本生产现场的逻辑

我们已经看到，工匠精神实际上可视为共同体道德在商品生产上的一种表达，是日本文化保守主义思想在生产—生活共同体中活跃的显现与结晶。工匠精神的学习与养成绝非一朝一夕之功，它要在各个民族具体的生产—生活现场找到自身的生长方式。下面我们将聚焦于日本商品的生产现场的逻辑，将从工匠精神到最终商品形成的生产链条完整地呈现出来，进而揭示日本制造具有的超越民族属性的普遍意义。

无需说，从消费者的需求、设计者的观念到具体商品的制造（亦即"造物"）的过程中，每一个环节都可谓"无中生有"，是人的"理念"与物的属性（亦即"物性"）的完美结合，这也正是商品在消费者眼中呈现的"魔性"的本质；商品的生产现场就是商品核心竞争力的最终诞生现场。这正是对日本"造物"原理的表达。只有将精神或观念具体化为现实生产的过程揭示出来，我们才能准确认知日本商品在世界市场上具有高度竞争性的原因。

　　首先，我们还是要从工匠精神的认知开始：工匠精神是日本民族共同体道德的一种外化和呈现，是包括企业经营者、设计人员、工人等在内的生产主体在共同体内获得承认、获得积极评价的一种精神结构。这种制造业主体的人格结构是日本从传统文化与生产现场继承下来的最大遗产。

　　因此，我们在洞察日本制造现场的秘密时，第一步就要去揭示，日本的传统文化与道德精神经历了怎样的现代转化，才转化成现代企业生产过程的一部分。而要回答这个问题，我们首先要考察一下"制造"在日本语境中的真实涵义。

　　有人可能会说，"制造"就是生产商品、制作物品；但在现代日本的经营学领域中，谈论商品的制作时，人们更愿意使用"物造"或者"物作"这个说法，字面的意思就是"物品制造"；这个表达在精神上的意义，就在于它突出了日本文化中"物"的特殊性。日本学者冈田武彦曾提出"崇物"一说，认为它是贯穿日本哲学、宗教等所有思想文化领域的"最基本思维方式"，是一种"心理定式"。[1]这种说法为我们理解日本制造的思想提供了新的视角。

　　我们在这里之所以使用现代汉语中相对陌生的"造物"一语，首先是要对应日本语境中的"物造"这个特殊的说法；但更重要的考量是，"造物"同时将意味着生产过程的"制造"与意味着生产结果的"物品"结合在了一起，非但具备了完整的生产过程的含义，还有着中国古典文明观语境中"创造万物"、"天工开物"

1　[日]冈田武彦：《简素：日本文化的根本》，第348页。

的含义。[1]

关于这种命名方法的辨析并非无关宏旨，因为人们在用语上呈现出的观念差异是认知日本制造属性的关键所在。从结论上说，在日本的生产现场，人们关注的不是消费市场上最终呈现出的"商品"属性，而是他们眼前的"制品"或"物"的属性，而这个制品的成立过程，就是我们这里所说的"造物"。

日本制造业研究领域的有名学者藤本隆宏的一个说法揭示了造物的本质。他说："制品就是设计信息向素材或者说媒体的复刻过程。"换言之，制品就是人们的设计思想在素材上的一种实现，是一种从理念到现实的过程。藤本隆宏继续告诉我们，这个过程包括两个重要因素，一是"制品的设计思想"，一是"与现场组织的匹配能力"；而所谓的造物，就是将各种生产要素编织在一起的过程。[2]

这种解释事实上进一步揭示了日本制造与工匠精神的关系：所谓的工匠精神实际上是一种生产要素，是日本制造现场的一种最顶层的设计与控制思想。这种思想的目的就是要将"制品的设

1　汉语当中的"造物"大致有两种用法：一种是"创造万物"的意思，另一种是"运气"、"造化"。第一种含义来自中国古典，比如《庄子》中就有"造物者"、"造物"的说法，与现代汉语的"制造"的含义有重叠部分，但前者关键的"创造"含义为后者所无。另一方面，儒家经典《礼记》中有"成物"一说，大意是指"成就万物"或"使万物得以成就"；与此类似，儒家经典《周易》中还有"开物"一语，意思是"通晓万物的道理"。我们在前面提到的明代宋应星编撰的古代科技与手工业技术指南《天工开物》，进一步使得"开物"获得了近似"制造"的含义。要注意的是，"天工开物"中的"天工"源于《尚书》中"天工人其代之"一语，而"开物"则出自《周易》中"夫易，开物成务，冒天下之道，如斯而已者也"一句，它们都是中国古典文明的核心观念。
2　[日] 藤本隆宏等：《ものづくり経営学：製造業を超える生産思想，光文社新书，2007年，第21—23页。

计思想"与"现场组织能力"有效、高效地结合在一起。这种将制品思想与实际生产结合在一起的过程，就是"日本制造"。日本制造所体现的竞争能力，等同于制品的"设计思想"在生产现场转化为真实的制品、真实的物的能力。

　　那么，"制品的设计思想"这个说法究竟意味着什么？藤本隆宏在他的《日本制造的哲学》一书中，在原理层面上对日本制品的设计思想进行了分析和总结。[1] 根据他的说法，制品的设计思想分为两类：一类叫"磨合型"，一类叫"组合型"。这个分类本来是1990年代美国的一些管理学者提出的说法，藤本隆宏将其用于日本产业竞争能力的分析与建构。

　　所谓"磨合型"制品或者"基于磨合的制品"是指这样一种思想：为了生产某种制品，需要特别设计开发一些零部件，但如果这些零部件之间不进行相互细微的调整，那么，作为这些零部件的集合的制品，就无法充分发挥它的性能。因此，生产者要从设计思想到工艺对那些零部件进行细微的调整与打磨，也就是所谓的"磨合"。

　　比如，汽车就是一种典型的"磨合型"制品。据统计，制造一辆汽车需要超过一千种功能性部件；如果再细分，则大约需要三万个单体零件。这些零部件的90%以上，汽车制造商都会向零部件制造商订货。不过，在零部件的性能要求、零部件之间的接口设计、外观形状等基本设计方面，汽车制造商必须自己进行。零部件采集起来后，生产现场的员工将这些零部件组装在一起时，还要进一步从性能的角度对它们进行优化处理，进行微妙的调整。

1　[日]藤本隆宏：《日本のもの造り哲学》，日本经济新闻社，2004年。

只有经过这样的"磨合"流程，汽车的设计性能才能最终发挥出来。这也意味着制品的设计思想最终得到了实现。

　　与这个"磨合型"设计思想相对的是"组合型"设计思想，即制造商将已经设计成型的零部件采购回来后，通过各种巧妙的方式将它们组合成最终的商品。由于这类零部件的生产通常有着行业标准，把它们组装起来自然也会发挥制品的性能，所以这类商品也自成一类。比如，我们常用的电脑、自行车等，就是这种"组合型"设计思想的代表制品。在这个过程中，厂商通常不用自己设计零部件；零部件采集回来后，厂商也不会要求它们的制造商进行优化处理。这是一种拿来主义的政策，将市场上的零部件直接拿来使用。

　　说到这里，我们已经看到了两种制品设计思想的不同了。"磨合型"制品设计思想不但要求企业内部各个部门之间相互协调、共同协商设计思想与产品制作，还要求与企业外部的各种配件供应商进行协调，共同实现产品的制造。这意味着在企业生产过程中，技术的发明与使用、零部件的具体制作等各个环节都要有机地结合在一起。现代日本的制造业就是以这种"磨合型制品设计思想"为主流。

　　说到这里，我们就明白了一个深层的道理：日本企业特别注重研发，但其真实的动机并不仅仅因为要保持技术优势，还与这种生产方式时刻向相关制造商提出高标准的产品或新商品要求有关。换言之，日本的各种制造企业实际上处于高效运作的体系中，来自内外的竞争机制为日本商品提供了品质的保障。

　　与此相对，"组合型制品设计思想"就是一种近似于机械拼装的产品制造，或者说就是"组装"。基于这种思想的制品是否能在市场竞争中胜出，取决于制造商的"组合"思想自身，也就是说，工作的重点是如何选择各种标准化的零部件，以及如何将它们巧妙地结合起来。如果组合巧妙，这种思想也会落实为某种新制品。

这种设计思想的优点是生产快捷，可以压缩产品的成本。但它的缺点是，由于各种标准化的零部件均为独立设计，即使每个零部件性能都达到了最优，但在这些零部件组合成的制品整体中，未必能够发挥其最优性能。

在日常生活中，人们可能常常抱怨一些产品有小毛病，或者有不得力的地方。其实，这并不单单是指特定的零部件品质有问题，很多时候组成制品的各种零部件本身并没有问题。但问题在于，它们一旦组合在一起，彼此之间的性能可能会出现不完全匹配的现象。这种不匹配，必然会导致某一零部件成为短板，从而影响制品的整体性能。所以，造成这种用户体验的根本原因，就在于"组合型"制品设计思想自身。

这种"组合型设计思想"还有一个巨大的问题，那就是它不太重视技术研发，结果就是无法掌握关键零部件的核心技术。从短期看，"组合型"生产方式在赢利能力上可能不逊于"磨合型"的生产方式，甚至超过后者，但由于它不掌握核心技术，这对企业的生存却有可能造成致命的威胁。

这一点在手机领域非常典型。一些厂商走的基本上是组合型道路，其中的一部分手机也能取得非常不错的市场表现。不过，一旦制品供应链的某个环节出了问题，轻则会导致商品品质下降，重则导致商品无法生产。比如，如果两个国家发生贸易摩擦，其中的一国企业在核心零部件上不具备自主研发、生产的能力，那么很可能就会面临巨大的压力。

最近数年，世界市场的供应链安全问题正在集中爆发。比如，2019 年 7 月 1 日本宣布对韩国进行出口限制，项目仅仅限于三种用于半导体、芯片以及显示面板的材料，结果让三星这种世界的顶级公司也顿时陷入了困境。日本实施制裁的原因，被普遍视为是日本对韩国在处理二战遗留问题上的不满。也就是说，人们通常将这些事件归因于国家间的政治竞争。除去复杂的政治性因素不谈，这些事件也表明，"组合型"生产方式在本质上是一种初级的生产思想，因而不具有持之久远的竞争能力。走上这条道路的企业，制品也可能有不错的市场表现，但由于忘记或者说忽视了自身"造物"的本质属性，将导致制品进化的停滞，从而无法获得核心的竞争能力。

上文的分析表明，日本制造的竞争力主要表现在它的整体组织能力上。

通常，一个企业在内部对生产要素进行高效的组织，是这个企业生存的基本条件。但日本企业的组织能力，更体现在各个制造商之间的组织和协调。这意味着，我们所见的一些日本商品，尤其是一些复杂精密的技术产品，实质上调动的不是一个企业、一个公司内部的资源，而是调动了相关行业、相关制造商的全部资源。再进一步而言，我们在世界市场上看到的各种商品的出色表现，以及日本企业出色的竞争力，其实还只是表面现象。这些公司并非在单打独斗，其背后是日本这一共同体自身。日本商品在整体上的竞争力正是日本以倾国之力打造的结果。

用前面介绍过的"制造"的两个要素来说，日本的制品设计思想和它的组织能力，形成了正向的相互激励、共同精进的结构。

围绕着一个特定制品的诞生，日本的生产体系的全要素得到了高效的整合和组织。

所以，日本制品呈现出的特定"魔性"，其实就是生产现场、生产组织自身的特性；生产组织的特性则必然忠实地反映到作为其结果的商品的特性上。在世界市场上，我们之所以能将各国的商品区分开来，原因正在于商品有着特定的民族精神属性。这种民族精神并非抽象的事物，而是借助生产思想与生产组织方式，实实在在地刻印在特定的商品中。

再进一步说，对商品"魔性"的无限追求也可以理解为对生产的全要素的最高控制，而掌握核心技术则是这种控制的必然结果。如果缺乏核心技术，缺乏自己的"绝活"，一家企业对制品、对现代制造业的理解就必然不全面，甚至有着致命的缺陷。这是因为，核心技术的本质是对"物性"的最高理解；商品最终呈现出来的"魔性"，其实是物性自身的最高呈现，是整个生产体系高效运作的结果。在这个意义上，"日本"就是一个生产体系；我们这里的讨论，就是从不同的角度解析这个体系的特征，解析这个体系竞争力的源泉。

企业经营
命运共同体的创造

在出类拔萃的商品中，我们看到的是这个民族共同体的精神形态和组织样式。从这个关联性的角度来看，生产体系的主体就不再仅仅是一般经济学当中普通的劳动力，而是有着历史、文化和精神属性的生产要素。将这些要素有效组织起来的单位，就是人们所说的企业。说到日本的企业经营，我们不难想到一些涉及"企业管理"、"企业经营"、"企业文化"等方面的知识。不过，我们现在的目标不是继续在这个"管理学"或"经营学"的实践层面上探讨，而是要更进一步在原理的层面上探讨日本企业制度的本质属性，进而理解现代日本经济生活的逻辑。这要求我们从精神现象的角度来理解现代日本经济的组织和生产方式。

当然，"精神现象"这个说法不是指日本企业与文学、艺术、电影等文化产业一样，以精神产品为主要的产品形态；日本企业的精神现象首先表现在"造物"，亦即对"物"的卓越呈现上面，表现在它的制品的市场占有率以及世界各地的消费者对它的信任上面。那么，当我们将目光从"物"转向企业内部时，又会看到怎样的精神现象？

　　首先，人们在谈论日本"企业经营"的话题时，通常会指出它的一些经典特征。其中，"终身雇用"、"年功序列"和"企业别工会"（特指各个企业内部组织的非行业性的工会）最为有名，被认为是日本企业的三种本质特征，在日本国内甚至有"三种神器"的说法。日本企业经营管理方面的书，内容多数是围绕这几个特征的具体描述。随着时代的变迁，这些特征在内容和形式上都有变化，但从原理上说，这些特征并未发生实质性变化。

　　这些都是教科书上关于日本企业经营的一般说法。事实上，日本企业的经营对象和产出，还有一种往往被人们忽视的"制品"，甚至是一种最重要的"制品"，那就是"人"自身的生产，或者说是企业员工的培养。这一点从日本企业对员工的称呼上就可见一斑。

　　在日本的生产与经营体制中，日本企业的劳动者——包括工人与管理者在内的各种员工——被统称为"社员"。这是一个让我们感觉似曾相识的说法：在过去的人民公社时代，我们曾将农村公社、生产供销合作社的成员称为"社员"。

　　其实，在中国传统社会，"社"有着特殊的民俗与宗教方面的涵义，它一般是指土神、对土神的祭祀以及祭祀的场所，有着公共性的含义。通过在"社"这个公共空间的活动，通过共同参与这些民俗仪式，人们获得了一种"共同"的感觉。这是共同体形成的一个重要契机。在随后的演变中，"社"逐渐获得了团体、组织的含义。我们日常生活中经常使用的"社团"，其实就保留了"社"的这层基本含义。而我们日用而不知的"社会"二字，本质就是人们生活的"共同体"，有着"我们是在一起的"这一根本含义。[1]
只是，这种共同体的感觉往往从人们的观念中脱落了下去，"社会"
变成了人们生活的场所；只有在诸如战争、自然灾害、瘟疫等突
然爆发的危急时刻，"社会"固有的生活共同体与命运共同体的本
质特征才能进入人们的意识与精神世界中。

从这个角度来看，将企业的员工称为"社员"，意味着员工作
为共同体成员的属性得到了日常性突出。社员有着共同体的一员、
主人公、股东、利益攸关者等等涵义。在由语言建构的意义空间中，
日本的"社员"不同于现代企业当中广泛使用的"工人"或"雇员"
或"员工"。当然，日本企业社员的共同观念还有着企业制度上的
要因。比如，日本管理学者伊丹敬之从"企业主权"，也就是"企
业是谁的"角度观察后发现，日本企业"名义上是股东主权，实
际上是员工主权"，或者是"作为习惯的员工主权"。[2]这种观念正
是企业共同体本质在企业股权上的反映。

日本企业员工的这种相对浓厚的共同体成员与主人公意识，
我们已经不陌生。我们在前面谈到的无论是日本的"工匠精神"，
还是它的"制品设计思想"与生产组织能力，归根结底都要由企
业的员工来具体落实。这意味着，这些活跃在日本制造体系中的
观念性要素，最终都体现在"社员"身上，要由企业员工将它们
转化到生产的实际过程中。企业员工将生产视为自己所在的"社"

---

1 事实上，"社会"二字虽然也见于中国的古代典籍，但作为我们当下的词语，实际
　上是近代日本的学者在翻译 society 时创造的一个新语，由传统的表达场所的"社"
　与表达团体形态的"会"结合而成。

2 ［日］伊丹敬之：《日本型コーポレートガバナンス：従業員主権の論理と改革》，
　日本経済新聞社，2000 年，第 49—50 页。

的任务，把企业生产当作自己的事情，这会从根本上激发自己的工作热情和责任感。

人们之所以往往忽视企业作为"社"的这一根本特征，其实是源于一个根深蒂固的观念：人们只是将企业视为商品的生产组织而不是社会组织，认为企业的根本目标在于赢利，获取利润；人们参与企业生产与经营的目的，也只是获取利益。那么，是否日本的企业就不是生产性组织、不以赢利为目标？当然不是。从根本上说，不以赢利为目标的企业就不是真正的现代企业，在现代的世界市场上也不会有优秀的表现。

日本企业当然以赢利为目标，但问题的关键在于，"赢利"这个目标与日本企业的本质属性，即"共同体"属性并行不悖；毋宁说，日本企业因为它强烈的"共同体"属性，才实现了高效的"赢利"目标。再进一步而言，与欧美国家的现代企业形态相比，日本的企业更呈现出一种社会组织、共同体组织的性格。日本的企业员工称为"社员"，正是这种共同体精神的一种外在呈现。

既然赢利是企业的目标，而企业本质上又是一种共同体，那么企业谋求赢利的活动就自然要围绕共同体的建构而展开。换言之，日本企业的这种共同体属性是日本企业实施"终身雇用"、"年功序列"与"企业别工会"等制度的根本原因。反过来说，这些制度的实施又进一步强化了企业的共同体属性。在企业政策和企业属性之间存在着相互建构的关系。下面，我们就以"年功序列"为例，具体看一下这个具有日本特色的企业经营实践，为什么以及怎样反映了日本企业的共同体属性。

首先，"年功序列"这个说法的含义是指企业员工的报酬和晋升资格以年龄为主要依据。对立的说法是"绩效主义"，它是指员工的报酬与晋升的标准是员工的能力表现，而不考虑员工为企业服务的年限以及他们的年龄。显然，"年功序列"制度事实上是以企业的"终身雇用"制度为基础，后者为员工提供了安全的职业保障和稳定的预期。

这些制度共同发挥功能的结果就是，日本企业的经营管理阶层通常都来自内部员工的晋升，而且他们和普通员工在收入上的差距并不明显。这意味着，日本企业共同体还有着强烈的平等主义色彩。这一点和欧美企业有着显见的不同，后者的管理层与雇用层无论在观念上还是在收入上都有巨大的差别。

日本企业的这种平均主义、这种终身雇用制度，很容易让人联想到传统的国有企业制度。那么，日本企业员工怎样才能获得激励，提高工作欲望？因为无论从理论上还是从现实经验的角度，平等主义和终身雇用制度总会让人想到传统国有企业"吃大锅饭"的结果。企业员工如果不管表现如何都能获得相同的报酬，无疑会造成"搭便车"的现象，导致整体上的效率低下和工作伦理的败坏。传统国有企业的平等主义因为缺乏长期有效的激励措施，最终会妨碍企业乃至社会自身的健全发展。

日本企业的一个创举，相对有效地解决了效率与平等的矛盾问题。这个创举就是"人"这一"制品"的生产。日本企业员工的工作激励机制的独特性在于，它提供的报酬与"人"自身的一种特殊属性建立了关联。这种特殊的属性就是，人并不仅仅是为了金钱而工作。这其实是源于现实的观察：工作如果只有金钱的报酬，或者说一个企业给员工提供的报酬只是金钱，那么这个企业迟早会出现工作意欲下降的问题。

现代日本的管理学者高桥伸夫注意到了"人"的这个特殊属性后，提出了一个叫"新工作报酬"的概念，大意是说，企业用持续给员工提供新的工作岗位和机会的方式，对员工的工作欲望进行激励。这个新的工作岗位和机会，当然通常也伴随着薪金报酬的增长，但它首先提供的是一种工作上的满足感。[1] 它和一般的以加薪为工作激励的方式大异其趣。

实际上，由于"年功序列"这个基本制度的存在，日本企业内部的所得分配呈现平均主义的特征；但企业内部的新的工作岗位和工作内容，则是一种基于能力竞争的对象。企业员工为了获得新的，通常也更富有挑战性和意义的工作，会主动激发自己为企业工作、创造价值的热情和欲望。

说到这里，我们可能会产生新的疑问：企业员工为了获得新的工作岗位和机会而勤奋工作，其主要动机难道不还是为了获得相应的金钱报酬吗？高桥伸夫当然注意到了这个问题。他还告诉我们，金钱的激励效果不是没有用，而且还极其强烈。但问题同样出现在这里：正是因为金钱的激励效果过于强烈，它反而剥夺了工作自身固有的乐趣。他通过引述一位美国学者讲述的故事，将金钱激励的界限呈现了出来。这个故事的内容大致如下：

　　第一次世界大战后，美国南部出现了排斥犹太人的风潮。一位犹太人在一条繁华的大街上开了一家服装店。于是，一

1　参见［日］藤本隆宏等《ものづくり経営学：製造業を超える生産思想》第一部分第 3 章。

些穿着破烂的少年就过来骚扰，他们站在店门口起哄，喊着"犹太人！犹太人！"不堪困扰的店主某日想出了一个计策，他对少年们说："对我喊'犹太人'的少年给十美分硬币。"接着，他给每个少年十美分。得到战利品的少年很高兴，第二天又来了，高喊着"犹太人！犹太人！"但店主说，今天只能给你们每个人五美分。少年们拿到硬币后离去。第三天，少年们再次来起哄。店主说，他已经没有余力了，于是给少年们每人一美分。那些少年拿着相当于两天前十分之一的报酬，感到不满："这也太过分了。"于是，他们此后再也没有来过。

管理学者们引述这个故事意在说明，对于那些少年而言，到犹太人商店门口起哄骚扰这种行为自身就是他们的"报酬"，因为他们从中获得了快乐。然而，当这种行为被转换为有金钱报酬的"工作"之后，由于金钱的冲击过于强烈，"快乐"从他们的行为中被分离了出来。当这种行为无法得到预期的报酬，即拿到十美分时，这种行为就变得索然无味，他们也就不愿意继续他们被给定的喊店主是犹太人这一"工作"了。

以工作为报酬，这是学者事后的观察和总结；在企业经营的现场，日本的企业已经实施了这种用新工作、新岗位为激励的措施。比如，日本著名的索尼公司创始人盛田昭夫发明了一种叫"内部招聘制度"的措施，让缺人手的部门在公司内部招聘员工。通常，索尼公司一般会以两年一次的频率，对员工进行岗位轮替；这项措施的发明，就是为了尽可能提早激发那些意愿强烈的员工的工作意欲。盛田总结说，这个措施有两个优势，一是能使员工获得更满意的岗位，二是能发现大量流失员工的部门的问题。[1] 除了这些现实的目的之外，这些举措在最高的意义上是为了实现他心目中的"以人为本"、员工与企业家"同呼吸、共命运"的经营理念。

现在，我们还要继续讨论一个问题：如果说完成工作自身就是一种动机，那么为什么其他国家的企业很少采用这种以工作来激励员工的制度？为什么其他国家的企业，更多地用金钱报酬的激励方式？其实，用我们前面提供的一个说法就能解释这个问题，那就是"共同体"这个概念。

关于日本企业的共同体属性，经济史学家会依据它的历史形成路径加以解释，社会学家和人类学家则认为它是日本社会"集团主义"类型的经济表现。不论怎样解释，企业的共同体属性强烈地影响了员工自身的角色意识。员工不仅仅是生产的要素，更是企业经营的主体，而企业经营又以建构共同体为根本机制。作为企业目标的赢利，以及企业员工获得金钱报酬的欲望，均从属于维持"共同体"这一最高目标。我们前面说过，日本的企业员工称为"社员"，正是企业这种共同体属性的外在反映。

从企业经营合理性的角度来说，这种共同体属性要求企业主动培养员工的共同体意识。正是在这个意义上，"人"是日本企业经营的另外一种"制品"。这种"制品"的出色表现，才是日本企业在国际竞争中脱颖而出的根本保证。

1　[日] 盛田昭夫、下村满子：《日本制造：盛田昭夫的日式经营学》，周征文译，中信出版集团，2016年，第167页。

上面的分析表明，我们的目光如果只是集中在"物"或商品上，就会忽略企业的另外一种制品，也就是人自身。"人"的生产是日本企业在竞争上表现卓越的另外一种核心能力。这正是在精神现象的层面上对日本企业经营的分析和观察。

因此，日本企业的共同体意识，甚至所有的共同体意识，得以成立的基础都不是金钱，而是共同生活自身。这种共同生活，包含着超越利益关系的精神因素。我们在前面讨论的"信任"得以生成、维持的一个制度基础，就是日本企业以维护共同体的方式进行生产与经营活动。盛田昭夫在分析日本和美国企业经营方式的差异时，这样写道：

> 在美国社会蔓延的"法律万能主义"思潮已经在逐渐瓦解人与人之间的信赖关系。在日本，人们习惯于互相信任，因此即便政府和企业之间存在一些摩擦，也还能维持基本信赖关系。反观美国的商业社会……今天与自己一起工作的同事，明天就可能被竞争对手挖走，这在美国可谓家常便饭。在这样的社会环境下，人与人之间的信任关系自然会遭到破坏。公司管理者不相信员工，员工也不相信公司管理者……[1]

美国的企业通常将人分为三种：股东、经营管理者和劳动者。三者之间以利益相合，以法律为调节手段。与此相对，日本企业则有着命运共同体的观念，在利益分配上呈现出平均主义的性格。比如，日本企业管理者和劳动者的平均收入差距只有几倍，远远

1　［日］盛田昭夫、下村满子：《日本制造：盛田昭夫的日式经营学》，第202页。

低于欧美企业动辄达数十倍乃至上百倍的差距。这种平均主义的性格，同样有助于日本企业员工共同体观念的形成。

当然，我们还要从历史演化的角度去看这种企业共同体的形成。它一方面扎根于日本传统的社会组织形态，即村落共同体与传统家族制度的长期实践，另一方面，近代日本的劳工运动、社会主义运动也促进了平均主义观念的普及。[1] 此外，第二次世界大战后占领军主导的经济民主化改革也扮演了极为重要的角色。有学者注意到，"年功序列"制度是进步的占领军，即拥护罗斯福新政的经济学家和社会学家们为日本制定的雇用制度。这个制度高度保护劳动者的利益，企业无法简单裁撤员工。这些看法当然很有道理，但这个制度能顺利运行，并且发展成日本企业经营的特殊制度，其中的理由我们只能从共同体的角度加以理解。

因此，日本社会浓厚的共同体观念是我们理解日式企业经营的关键。日本企业正是因为镶嵌到了这个共同体当中，并扮演了共同体成员再生产的角色，才最终形成了自己的一整套经营措施。在这个意义上，我们说日本企业持续生产着一种不为人知的"制品"，那就是将企业员工转化为共同体成员，即"社员"。这种企业制度同样为"工匠精神"的形成和发展提供了制度上的支持。日本企业之间达成的不互相"挖人"的约定，也有益于企业对熟

1　在这个终身雇用制度形成的过程中，经济史学家一般会注意到第一次世界大战期间的左翼社会主义改革运动，随后朝鲜和中国劳工对日本的冲击以及战争期间军火公司为防止工人流失而采取的措施。参见［美］约翰逊《通产省与日本奇迹——产业政策的成长（1925—1975）》，第 14 页。

练技术劳动者和工匠的长期乃至终身雇用制度。[1]这种约定成为习惯，自然也得益于日本传统的共同体观念。

　　在这个意义上，我们也可以说日本企业是传统村落与家族制度的延续和扩大；而日本政府事实上则将自己视为这个民族共同体的家长。人们熟知的另外一个说法，即"日本株式会社"，同样是将日本整个国家看作一个大的股份公司。这意味着，同其他国家和社会相比，日本有更鲜明的共同体的特征。接下来，我们就聚焦于国家这个规模更大的共同体，来看一看日本企业与其他部门，尤其是政府之间的具体关系。

1　[美]西伦:《制度是如何演化的:德国、英国、美国和日本的技能政治经济学》,王星译,
　　上海人民出版社,2010年,第141—144页。

日本模式

"日本株式会社"的章程

　　在分析现代日本的经济奇迹时，有人将日本自身视为一家大公司，即"日本株式会社"，政府在经济发展过程中扮演了企业的经营管理层的角色；有学者还进一步提出了"日本模式"的说法，认为战后日本的经济体制是国家主导的经济发展体制。不过，日本又是世界公认的市场经济体制国家，是当代世界最重要的自由经济体之一。这两种说法看似非常矛盾。那么，在现代日本经济的发展模式中，政府到底扮演了怎样的角色？

　　我们就从"日本株式会社"这个比喻谈起。"株式会社"也就是股份公司的意思，依照这个说法，日本政府与企业实际上是一种"合伙人"关系。战后日本现代化建设的成功、经济社会体系的高效运转，可以理解为这个股份公司的成功。这个比喻虽然非常形象，但我们还无法从中看到，这个股份公司有着怎样的股权结构，参股双方的权利义务关系以及在公司行为中的真实角色又是怎样。

　　这个问题之所以重要，是因为在这个"日本株式会社"中，政府和企业入股的"资本"性质完全不同。政府是权力的代表，而权力和资本的结合，很容易让我们想到两种经典的经济发展模式。第一种是双方勾结在一起，权力寻租，资本寻求权力的保护，这就是恶名昭著的"权贵资本主义"或者叫"官僚资本主义"。这种模式必然会造成市场垄断、政治腐败和社会不公。第二种是经典的"计划经济模式"，政府会依据国家和社会的目标，制定经济政策，直接或间接对企业进行管理。

显然，"日本株式会社"不符合上面说的任何一种模式，但日本政府又的确在日本的经济发展过程中扮演了重要的，甚至是关键的角色，这迫使我们必须去探讨"日本模式"这个说法的真实含义。

我们在前面讨论日本官员在现代日本政治体制中的角色时，曾经提到过美国学者查默斯·约翰逊的《通产省与日本奇迹》一书。他在书中着重考察了日本政府，尤其是负责制定产业政策的官僚在经济发展中的角色，并将战后日本的国家本质描述为"发展型国家"，政府的最优先目标就是发展经济。在实践中，政府通过产业振兴政策和计划，对钢铁、汽车、电子、机械等至关重要的工业企业进行引导和指导。日本在 1950 年代后期开始的经济高速增长，被认为是政府官员指导、官民一体通力协作的结果。

在这本书的结尾，约翰逊提出了"日本模式"的说法。既然叫"模式"，它一定具有某种普遍的意义。根据约翰逊的分析，这个日本模式有四个要素：第一是"存在着一个规模不大"，但"又具备高级管理才能的精英官僚队伍"；第二是存在着保障官僚队伍"实施创新和有效办事的政治制度"；第三是有能够不断"完善顺应市场经济规律的国家干预经济方式";最后一个必要条件则是"具备通产省这样的导航机构"。

如果再概括一下，约翰逊说的其实是这样一件事：这个政府和它的执行人（也就是官员），既要足够聪明又要足够廉洁自律，才能保证这个模式的成功。政府必须聪明，必须通晓现代经济运作的规律，其核心就是对市场机制的优势和弊端有深刻的认识；政府又必须廉洁自律，必须是一个现代意义上的法治政府。

由此，这个模式的运行就要求非常高的条件。所以，约翰逊对这个模式是否有普遍意义，表现得颇为犹豫。他说："日本的具体历史不必为其他国家所效仿，但是如果要想效仿的话，就需要社会存在着全民万众一心、相互合作等条件（就像本书所要表明的，假定并非必然成为现实）。"[1] 这诚然是学者的审慎的判断，但新的问题似乎随之出现：倘若如此，"日本模式"这个说法还有意义吗？

其实，如果在宽泛的意义上使用"模式"二字，约翰逊的说法并不会自相矛盾。事实上，任何强调某个国家有特殊的发展模式或发展道路的说法，都不意味着这个国家有独特的秉赋，以至于竟然可以违背人类的基本法则而获得发展；毋宁说，特殊发展模式是相对于更为常见的发展模式而言，是对人类社会普遍发展模式的某种修正。因此，要理解"日本株式会社"的特殊性格，要理解"日本模式"这个说法的虚实，前提条件是对这个"会社"所遵循的基本规则有透彻的理解。

约翰逊在讲"日本模式"的第三种要素时，事实上已经触及

1　参见[美]约翰逊《通产省与日本奇迹——产业政策的成长（1925—1975）》，第351页。

这个问题：

> 在执行产业政策时，国家必须注意保持竞争……就必须避免国有控制的痼疾和随之必然产生的低效率，激励的缺失，贪污和官僚主义等消极现象。顺应市场经济规律的方法并不是先天就能产生的，它是在政府管理人员与私营战略产业经理人员的冲突中形成的。……日本的明显教训是政府需要市场，而私营企业则需要政府；一旦双方都认识到这一点，合作就有可能，高速经济增长才会出现。[1]

很多人在读这段话时，注意力会停留在"产业政策"、"合作"等这些能表明"日本模式"或"日本特色"的关键词上，而把其余部分当作一种辅助性的解释。这其实是一种源于先入为主的偏见。约翰逊要表达的实质内容可谓正好相反：如果说"产业政策"或企业和政府的"合作"被视为日本特色的经济行为有意义，那么政府就必须创造一个条件——"国家必须注意保持竞争"；而保持"竞争"的前提正是"市场"的存在。所以，约翰逊说日本政府需要市场，要保证所有当事者都能"顺应市场经济规律"行事。

因此，上述引文中的关键词，是普遍存在于人类社会中的竞争和市场，而不是某种所谓的日本特色。相反，如果没有了竞争和市场，那么"低效率"、"贪污"和"官僚主义"就将大行其道。战后日本经济之所以创造了"奇迹"，首要的原因在于它遵循、尊

1　［美］约翰逊：《通产省与日本奇迹——产业政策的成长（1925—1975）》，第 354 页。

重了市场经济的基本原理，其次才是它有效活用了日本社会传统的文化与制度资源，而不是相反。这里有一个本和末的关系。

日本企业有着强烈的共同体属性，那么，市场对这个共同体的形成和维护，是否也有贡献？如果说市场的优势在于提高经济效率，那么，一切以效率为先的经济原则会不会破坏内在于共同体的平等主义的社会原则？亚当·斯密在《国富论》中提出"看不见的手"的比喻，大意是说人们的利己行为会产生一种有益的秩序。然而，这个说法仍然是对结果的描述。很多主张市场经济的学者的结论其实还只是停留在这一点上。

要回答市场机制能否对共同体的形成作出贡献，我们必须注意市场行为在秩序形成上的本质含义。从根本上说，市场行为是一种符合"正义"的行为；这种正义被称为"等价性正义"。这个"等价性正义"中的"等价"二字，意味着市场交换行为双方的收益和付出是对等的，在换算成"价格"的意义上是相等的；换句话说，市场上的每一次交易行为，都是等价的。与此相对，还有另外一种无法还原为利益的"平等性正义"，它们共同构成了"正义"的本质。[1]

这里要强调的是，日常生活中我们频繁地践行"等价性正义"的场所，正是包括距离我们生活最近的"菜市场"在内的所有市场。人们天然习惯于接受市场，尤其是自由市场所提供的价格机制；人们默认自己在市场中的交易行为，本质上是平等的。

1　[法] 科耶夫：《法权现象学》，邱立波译，华东师范大学出版社，2011 年，第255—350 页。

这当然不是出自误认，而是在长期的共同生活中沉淀下来的本能。人们基于本能会认定，自由市场上不存在强买强卖，所有当事者都可自主决定自己的行为，因而自由市场上的交换是符合正义的。

这种日用而不知的情境意味着，某种经济政策如果没有尊重市场机制，它所造成的消极后果就不仅仅局限于经济效率的低下，更在于它会在社会、在共同体生活的意义上造成一种不平等，一种能被迅速且敏锐感知的不平等。政治的腐败和官僚主义只是这种不平等最为显著的表象。在根本的意义上，它会对生活共同体造成伤害。

现在，我们再重新回到"日本模式"这个主题。很多外国学者关注"日本株式会社"的特殊性格，关注日本政府在经济发展中的角色，这当然无可厚非，因为日本政府确实通过制定产业政策等在其中扮演了重要的角色。不过，国家在经济发展中要扮演这种积极的角色，需要一个根本的前提，那就是它不能扭曲市场机制。对市场机制的扭曲，从长远来说不仅会造成经济效率的低下，更严重的是它会破坏社会正义生成的一个无可替代的源泉。这个源泉如果遭到破坏，就意味着社会自身会走向腐败，并反过来侵蚀经济发展的成果，最终妨碍经济的发展。

所以，"日本株式会社"的成功，除了它自身一部分优秀的传统文化与制度资产外，现代意义上的市场、作为自由竞争机制的市场才是它的根本保证。要谈论"日本模式"，首先就要注意市场在资源配置过程中的主导作用。只有在这个普遍的机制映照下，我们才能深刻理解"日本模式"所强调的日本特殊属性的意义。

离开了普遍模式的对照，人们对日本特殊性的强调很容易沦为一种民族主义的意识形态论述。

　　还要强调的一点是共同体的观念。如果说日本企业经营的特征是共同体逻辑的延伸，那么日本企业和政府之间的关系同样如此。从巨型企业到中小企业，经营者多从和国家关系的角度来制定经营方针，尤其是在涉及雇用和裁员的问题上。国家的目标是建构民族的共同体，反映到经济政策上，就是在保证效率的同时，尽可能扩大雇用，因此企业必须认真考虑这种目标对它们自身的意义。经过一系列政治、经济与社会过程后，这种国家目标就反映在企业的"终身雇用"、"年功序列"等制度设计和实践上。[1]

　　由于政府和企业都有着比较强烈的命运共同体的意识，"日本株式会社"的成功就获得了基于日本自身演进脉络的理解。当然，这种理解有着大前提，那就是"日本株式会社"首先必须遵循现代的市场经济规则，它必须是一个现代的公司。

1　参见［美］アベグレン《日本の経営》，山岡洋一译，日本经济新闻社，2004年，第24—25页。

福利社会

"日本型社会主义"的虚实

关于日本经济，所谓"日本模式"以及"共同体"的说法，当然是一种旁观者的分析；对于现代日本国民而言，"共同体"（亦即"日本社会"）是他们的生活空间自身，是他们维系自身的生活与获得意义的终极场所，并不是理性分析的对象。那么，从现代日本共同体这个宏观的层面上看，日本对于自身的经济发展又有着怎样的主观感受与自我意识呢？

现代社会的一个常识是，经济发展只是手段，而不是最终目的；经济发展最终要还原到共同体与个体福利的增长上才有意义。假如经济发展的结果只是使得一部分人受惠，而另外一部分人则有不同的感受，那么这个共同体就将面临着如何弥补内部裂痕的巨大课题。

现代日本的国家目标正是设定在共同体与个体福利的增长上，其各种政治经济行为有着相互创生、相互加持的效果。这是一种比较均衡的社会发展模式。

　　对于这种社会发展模式，有人提出了一个颇为奇异的说法：日本是"社会主义国家"，甚至是"最后的社会主义国家"。用"社会主义"这样的字眼去描绘日本国民的生产和生活状态，不禁让我们感到惊奇和困惑。众所周知，近代的资本主义和社会主义是两种截然不同的生产方式和社会生活的组织原则；前者生成于近代西欧，有着自然成长的性格，而后者自19世纪后期登上历史舞台以来，很多理论家和革命家对其寄予厚望，认为它是人类历史发展的新阶段。进入20世纪后，出现了许多冠名社会主义的国家。

　　那么，日本国民究竟怎样看待他们的社会？他们是否就像我们在《安徒生童话故事》中读到的，童话的主人公在经历了各种历险和苦难之后，最终过上了快乐、幸福的生活，而且还是被称作"社会主义"的幸福生活？这种疑问再次将我们引向对现代日本社会的自我意识的探寻。

　　不过，我们不会单独依靠各种经济学上的统计数据，诸如人均GDP家庭收入与支出等，来说明他们如何富有。日本既然被认为是当下世界"最发达的资本主义国家"之一，我们首先就要看看这种"发达"的实质是什么。同样，当有人说"日本是最后的社会主义国家"时，我们要具体看一下这种判断的实质标准是什么。

　　概括而言，社会主义是19世纪末在欧洲兴起的、追求美好社会的一种社会组织方案和政治实践。这种理论和实践当然不是凭空而来，而是有着历史根源，那就是19世纪资本主义生产方式造成的社会危机和动乱。当时富有人道精神的自由主义者、思想家们试图重建分崩离析的社会，强调经济平等、保护劳工利益、对贫困人口进行救济等一系列思想和政策，从而对社会进行改良。这是社会主义思想诞生的历史土壤。

　　显然，日本实行的不是传统政治经济学教科书中描绘的"社会主义"，因为日本在政治体制上实行的是类似西欧的自由民主主义制度，在经济上采用自由市场体制。于是，很多评论家提出了一个修正主义的说法，即"日本型社会主义"，来概括二战后日本经济和社会政策的宏观特征。具体来说，它包括政府在经济发展中扮演了一个主导性的角色；在生产过程中，它注意保护劳动者的利益；在财富分配制度上，它表现出更多的平等特征。这些政策都有着传统的社会主义的色彩和内涵。

　　日本是"最后的社会主义国家"这一说法，源于美国的日本专家雷昂纳多·肖帕（Leonard J. Schoppa）的一本著作的日文译本，即《"最后的社会主义国家"日本的苦斗》。这个书名虽然言过其实，但也关系到日本国民对自身生活保障体系的理解。

　　在这本书的第一章中，肖帕介绍了他在 2002 年 12 月作的一个采访，采访对象是日本自民党政治家河野太郎。河野出身于政治世家，父亲曾出任官房长官、众议院议长等要职；2017 年 8 月，他出任日本的外务大臣。

　　在谈到当时日本的现状时，河野太郎跟肖帕说："日本是这个地球上最后的一个社会主义国家。"他接着说，造成这种现状的正是日本自民党；他直接将这个政党称为"日本的共产主义政党"。河野在大学时代曾经去波兰的中央计划统计大学留学，为的就是体验当时所谓的共产主义生活。

　　显然，河野的上述说法非常夸张，许多观察也非常表面，更多的是出于现状批判的"忧国"之言，符合日本政治家常见的言论风格。不过，这也不意味着他就是在信口开河；肖帕就从中受到启发，获得了观察日本的一个独特视角。作者这样写道："在经济体系上，日本和苏联还有一个共同点，那就是'社会主义'政策。日本的经济体系将国家的利润几乎分配给了全体国民。"在判断日本所谓的"社会主义"属性时，这的确是一个非常重要的指标。

　　日本被认为是当今世界上最平等的国家之一，仅次于实行传统社会民主主义制度的瑞典和丹麦。从社会主义理念最为重视的"平等"这一价值的角度来看，日本的确高度实现了社会主义的经济和社会目标。日本在国民所得的平等性上虽然不及瑞典和丹麦，但这只是就结果而言。作者进一步揭示了这个"日本型社会主义"具体的政策内涵：

　　　　这种日本特色社会主义让人惊叹的是，政府没有花费巨额的支出，就建成了有效的社会保障的安全网络。这一点和瑞典或挪威不同，与苏联更是有本质的不同。日本构筑的这个体系，并不是通过政府出钱的方式进行所得再分配，也不是通过公共事业的方式来提供看护服务，而是主要通过企业和家庭（尤其是女性）的负担，建成了一种包括工资和津贴、介护和育儿等在内的服务保障体系。日本的秘密在于，通过将规制、税金、津贴、受益基准等加以体系化，诱导企业采取"终身雇用"的方针，从而使得保障体系得以可能。在这个指针的导引下，作为主要劳动力的男性从业员的工作单位一生都得到了保障，而女性留在家庭内部抚养小孩或照顾需要护理的老人、病人，也被认为是当然的。所有人齐心合力、步调一致地促进日本经济的增长，这被认为比什么都重要。这诚然是一个速度不快，但的的确确是在前进的船队。政府通过规制、干预这一手段，对这个船队进行了护送。[1]

　　上述说法对日本的社会保障体系描述得非常精准，也是日本被称为"护送船队式资本主义"体系的一个例证。这种体系当然要以强大、高效的官僚体系的存在为前提。说日本是"护送船队式资本主义"，这与我们前面讨论的"日本株式会社"有着异曲同工之妙。从社会保障体系与福利政策的角度，这种模式相当于欧洲的福利国家模式。[2]

　　我们的介绍就到此为止，因为作者在上述引文中已经给出了他对日本的一个观察，或者说洞察：日本型社会主义的本质就在于它有一个高效的社会保障体系。换言之，日本内部和外部的观察者多是从实质性的社会保障体系的角度，来理解日本的"社会主义"属性；日本的社会保障制度让所有人都直接获得了福利。从国民直接受益的角度，社会主义或资本主义都不是日本国家建设的目标或原则，而是实现国民福利的手段。

　　其实，肖帕这本书英文原版的书名为《冲向出口：日本社会保障体制的展开》，是一部探讨日本社会保障、社会福利制度的学术著作。日文译本在书名中使用"社会主义"这样的字眼，不但表达了作者内心的真实感受，更揭示了日本国民对社会制度、对现代政治经济制度的直观理解。

　　这里还要强调指出的是，"日本型社会主义"主要是学者、评

1　[美]レナード·ショッパ：《"最後の社会主義国"日本の苦闘》，野中邦子译，每日新聞社，2007年，第14—15页。

2　[日]武川正吾：《福利国家的社会学：全球化、个体化与社会政策》，李莲花等译，商务印书馆，2011年，第152—156页。

论家出于学术探讨而提出的术语；出于政策论辩的目的，日本政治家也愿意使用"社会主义"这个说法来表达他们对特定经济与社会政策或肯定或否定的观点。[1]与此相对，普通的日本国民一般不会有意使用"社会主义"这种用语，当然他们也很少使用"资本主义"来描绘自己的生活。这些说法都有着强烈的观念色彩，很容易引发人们观念上、立场上的争论。毕竟对于普通人而言，如何能从经济发展中直接受益，如何过上体面的、有尊严的生活，才是根本的问题。

因此，"日本型社会主义"这个说法依据的事实是它的社会保障制度：现代日本已经建成了一种国家主导的全方位的福利制度。换句话说，日本是一个"福利国家"，这才是我们认识现代日本所谓的"社会主义"属性的关键视角。日本这种福利国家体制背后，确实有着一些传统社会主义的影子。

事实上，"社会主义"这一政治用语，最初就是日本人率先从欧洲引进、使用的。早在19世纪明治时代的后期，日本就出现了社会主义思想。1903年，著名的社会主义者幸德秋水（1871—1911）出版了《社会主义神髓》一书，一时间在日本广为流行。这本书就提到了生产资料的公有制、以公营的方式经营企业、对生产收入实行社会共有等经典的社会主义思想。

到了1930年代，日本刮起了激烈的国家主义运动的旋风。其实，这种国家主义除了咄咄逼人的对外扩张的一面外，对内的国

1　比如，当代日本的政治家小泉百合子就从高度平等的角度，认为日本"几乎像一个社会主义国家"。参见［英］皮林《日本：生存的艺术》，第199页。

家重建，无论理论资源还是目标，都来自当时非常流行的社会主义以及共产主义思想。当时日本的两个著名右翼思想家北一辉（1883—1937）与大川周明（1886—1957），就是这种思想和运动的代表。这两位右翼理论家有着非常激进的社会改革理念和计划，其中"限制资本"与"国家管制"可以说是核心部分。

观念通常有着寻求自我实现的特征。事实上，随着日本军国主义在日本的得势，日本的"社会主义"成分也得到了一定程度的实现。很多人会认为，日本的福利保障制度是第二次世界大战后，随着经济复兴才逐步建立的，但实际并非如此。日本福利制度的建设，其实开始于日本发动的全面侵华战争期间。

比如，在侵华战争爆发后的第二年，即1938年，日本就制定了《社会事业法》，为政府实施社会保障政策确立了法律依据。同年，日本还创建了一个新的政府部门，名字叫"厚生省"。"厚生"二字，取自儒家经典《尚书》中的"正德利用厚生"这句话，意思是"厚民之生"，也就是政府要实行养民、爱民的政策。紧接着，日本制定了国民健康保险制度。

尤其值得一提的是，日本同样是在这一年制定了《国家总动员法》；这个法案一出来，就得到了当时社会大众党等日本无产阶级政党的欢迎，认为该法案有着"社会主义的模型"。在这些政党看来，国家节制资本，对财富进行重新分配，正是日本国家走向"社会主义化的一步"。[1]另外，为了顺利实施总动员体制，日本内阁设立了"内阁企划院"这一部门；由于这个部门主导经济计划的制定，很多具有马克思主义背景的人进入其中。这些人主张"所

1　[日] 井上寿一：《日中戦争下の日本》，講談社，2007年，第13—15页。

有权和经营权的分离"、"限制资本利润"等理念，于是反对派就以这些政策有利于共产党为由告发，数位官员遭到了逮捕，这就是所谓的"企划院事件"。[1]反过来说，这件事意味着社会主义思想与政策在当时的确产生了有力的影响。

上面介绍的各种措施，目的当然是服务于当时日本的战争政策，但这些政策浓厚的社会主义色彩的确获得了国民的广泛承认和接受，因为人们获得了好处。尤其重要的是，这些社会政策开始实施后，日本就走上了一个不可逆的过程，因为人们总是期望获得更好的社会保障和服务，而不愿意忍受自己已经享受的福利遭到削减或者剥夺。

日本由此走上了通向福利国家的道路。比如，在1945年日本宣布战败后的数年间，尽管百废待兴，社会混乱不堪，但日本还是先后制定了《生活保护法》（1946）、《儿童福利法》（1947）与《残疾者福利法》（1949），随后又制定了《社会福利事业法》（1951）。这些法律的制定，可以说一举扭转了国家的性质——日本完成了从此前所谓的"战争国家"（warfare state）到现代"福利国家"（welfare state）的转换。值得留意的是，这个"福利国家"的目标，最初就载入了1946年制定的《日本国宪法》中：

（第十三条）全体国民都作为个人而受到尊重。对于谋求生存、自由以及幸福的国民权利，只要不违反公共福利，在立法及其他国政上都必须受到最大的尊重。

（第二十五条）全体国民都享有健康和文化的最低限度的

1　[日]野口悠纪雄：《1940年体制：さらば戦時経済》，第52页。

生活的权利；国家必须在生活的一切方面为提高和增进社会
福利、社会保障以及公共卫生而努力。

此前日本政府为国民提供福利，目的是要达成国家的对外
战争目标，要为战争提供后方服务，而此后日本将提高国民福
利视为国家发展经济的最终目的。前者将福利视为国家对国民
的恩赐，是一种对国民忠诚性的变相购买，或者说是对国民的
贿赂，而后者是国民的权利，国家有责任让国民过上体面的生活。
当然，恰当的福利体系也有助于提高国民的工作意欲，这反过
来也有利于国家实现经济增长的目标。这是一个健康的、富有
活力的共同体建构与发展的机制。

从国家对国民生活的保障的角度，与英国等欧洲国家的福利
思想和福利政策相比，日本的发展可以说完全与世界同步。在随
后的发展中，日本在很多领域的政策更是领先世界一步。在这个
福利国家的认知框架中，"福利"是法律规定的公民应该享受的权
利；战后日本的国家目标，由此转向了保护并实现普遍的公民权
利上。当然，经济发展是前提。

在日本国民看来，日本社会在政治上具有怎样的属性，并不
是真正的问题。条条大路通罗马。日本国民现在享受的生活水准，
意味着日本的国家目标已经达成；至于用怎样的说法去描绘它，
其实已经不是问题。因为，为国民的生活提供安全保障，正是现
代政治文明的标准；个体的生活受到的保护有多高，国家的文明
水准就有多高。战后日本建立的福利制度，使得它成为当下文明
水准最高的国家之一。

第九章 | 日本的困境与未来

少子高龄化

人口危机的政治议程

　　我们在前面已经重现了日本成长为文明国家的历史演化道路，也看到日本在很多方面都已经走到了目前人类文明发展的前列。当然，这么说绝不意味着日本已经解决了所有的社会问题，它还面临着诸多亟待解决的政治和社会课题。

　　无论经济发达与否，每个国家都面临一些特殊的问题，它们构成了社会的裂纹，成为全民关心的对象。比如在美国，种族、枪支、毒品等等就是全民关心的问题；而西欧国家的民众，往往会因为移民问题而发生撕裂。现代日本虽然在社会发展上表现卓异，但并不意味着就可以高枕无忧，它同样有着有待克服的困难。

　　接下来，我们将具体考察日本给自己设定的若干有代表性的议题，进一步推进我们对日本演化路径的理解。我们将会看到，当代日本面临的问题并不仅仅是一种消极的存在，还是一种契机。日本上下正是通过致力于解决这些问题，从事实上推进社会与文明的持续发展。

　　我们先看一个事实：2005年，日本总人口数量首次出现减少；与此同时，老年人口的比例达到了20.2%，高居世界第一。到了2019年，日本出生率和新生儿总数都创历史新低，为1899年日本首次进行人口统计以来，一百二十年间最低的一次。其实，我们如果去日本旅行就会很容易注意到，日本一些服务行业的工作人员，比如说出租车司机或大商场的服务员，几乎都是中老年人。而我们到了一些稍微偏僻一点的县市，大街上基本上看不到年轻人的影子。这是日本人口问题的直观呈现。

　　在这种情况下，人口问题一直是最近十几年间日本国内政策的一个主要议题。在今天的日本，人口问题被概括为一个说法：少子高龄化。这个说法的意思是，一方面，日本社会的出生率持续在低位徘徊，新生儿数量减少，无法维持正常的人口新旧更替的水准；另一方面，高龄人口比例持续增长，日本进入了"高龄化"社会，或者说是"老龄化"社会。那么，日本是如何面对少子高龄化这一社会议题的？

　　提到人口政策，很多人可能会想到一个非常熟悉的说法，那就是为了发展经济，要用计划生育的方式去控制人口增长。然而奇怪的是，日本经济非常发达，人口却反而减少了；而且日本自近代以来实行的是自由生育政策，而未实行人口计划政策。说到这里，有人可能会说：既然人口的增减是一个自然的过程，那出生率低，人口减少，不是正好吗？很遗憾，这既不是日本政府的看法，也不是一般日本国民的看法。

　　日本的人口学者根据现在的出生率进行了模拟，结果是，到本世纪末，日本人口将低于五千万，大约五百年后日本列岛将最终变为无人区。这让日本社会意识到了真正的危机：这种危机源于现代化的结果，堪称现代文明的根本危机。这种人口预测的结果当然有些耸人听闻，却也表明了当代日本人口问题的严重性，以及日本对人口问题的重视。

为了理解日本的人口问题，我们要先了解一些经济与人口关系的基础知识。

首先是经济发展对人口的影响。我们如果看各国的统计数据，就会发现一个明显的现象，那就是随着国民收入水平的增加，出生率大致都出现了同步下降的情况；在同一个国家内部，经济发达地区的出生率通常低于欠发达地区的出生率，城市居民的出生率低于农村地区的出生率。因此，在发达的工业化国家和地区，维持人口总数相对稳定的主要贡献者是它的经济相对落后的人口群体以及地区。

对于收入增高、出生率下降这种情况，人们多从经济角度进行解释：随着经济的发展和收入的增加，养育孩子的成本变大，而这又意味着家庭开支会增加，导致当事者生活品质下降，所以很多家庭选择少生。

提到孩子的养育费用，对于多数人而言，教育费用通常最为突出。随着收入水平的提高，更多的人希望自己的孩子获得更好的教育，将来能有更好的职业，过上不低于自己的生活。在选择好的教育的过程中，家庭的教育成本自然增加。而且，随着孩子数量的减少，人们更希望精养，给孩子提供最好的教育机会。于是，参加各种课外兴趣班、补习班成为父母的必然选择，家庭的教育开支进一步增高。另外，在包括中国在内的很多国家，父母为了给孩子争取优质的教育资源，还要去购买价格昂贵的学区房。日本的父母通常要在一般的公立学校和私立学校之间进行选择；后者教育质量更好，但学费也非常高。简言之，教育费用的增大以及父母大量时间的投入，当然会降低家庭的生育欲望。

以前人们常常认为，生育几个孩子是夫妇自主决定的事情，跟家庭收入与花费无关，但实际情况并不是这样。日本政府曾经进行过一项家庭调查，询问为什么孩子的实际数量少于他们理想中的数量，比如说，夫妇双方都认为两个孩子比较理想，但实际上只生育了一个。结果，最多的回答是：养育孩子花费太高。用我们熟悉的说法就是养不起。

在养育孩子所付出的经济代价上，还有一种更重要的成本，那就是经济学上所说的"机会成本"（opportunity cost）。这个术语的含义是指因为选择做了某事而放弃了另外一种选择的机会。在传统的日本社会，女性结婚后专注于家务劳动和育儿，机会成本很小，因为女性除此并没有多少其他的选择。换言之，女性专心在家育儿，放弃的东西并不多。所以，她们倾向于多生育。

随着经济的增长，收入水平的提高，女性受到了更好的教育，可以和男性一样工作，获得同样的报酬。这是第二次世界大战后日本社会演化的趋势。日本最近二十多年间，一直推行"男女共同工作"的社会政策，目的也是要鼓励女性进入社会。女性由此获得了与男性同等的工作机会，这意味着如果专心在家育儿，那么女性要付出更大的机会成本。我们平常说女性为家庭作出了牺牲，意思是说女性失去了自我实现的机会，而在本质上则是指女性牺牲了外出工作的机会成本。

上述各种因素综合作用的结果就是，日本社会经济越发达，国民收入水平越高，出生率就越低。

当然，这个人口与经济关系的规律也可以反过来讲，那就是，经济越落后的社会，人们的生育欲望就越高，因为孩子是潜在的劳动力来源，有助于提高家庭收入。或者说，在经济落后的地区，家庭选择多生育，可以视为一种投资行为。由于机会成本相对来说很低，父母从自己的孩子身上看到"回头钱"的可能性就相对高了。另外，还有个说法叫"养儿防老"，说的就是在经济不发达的社会，因为缺乏有效的社会保障体系，当然是孩子越多越好。相反，经济发达的社会通常有发达的养老金制度，养老的问题就不再和孩子的数量有直接关系了。

综上所述，由于日本实行的是完全自由的生育政策，影响出生率的主要原因，就是经济发展的水平。现代日本社会出现的"少子高龄化"问题，无非是它经济高度发达的结果，反而是现代化成功的标志。

日本政府在人口问题上实行的是放任政策，唯一做的一件事就是发展经济。之所以要强调这一点，是因为18世纪末英国经济学家马尔萨斯在《人口论》中提出的观点曾经在一些学者中很有市场：马尔萨斯认为贫困的根源在于人口过多。当然，无论按照经济学理论，还是迄今为止的人类经验，这都是一个错误的理论。人口与经济发展的关系，在19世纪日本的崛起与1950年代后日本的重建过程中得到了经典的表达。事实上，日本两次崛起的背后，都有着人口数量增长的要因，经济学家一般称其为"人口红利"。

正因为认识到人口问题的重要性，随着"少子高龄化"状况的到来，日本政府第一个站了出来，它要阻止这种状况持续下去。

日本政府的目的很简单，它要保持经济的增长。这里面涉及

人口与经济关系的另外一个方面。概括而言，出生率减少意味着
劳动人口的最终减少，而劳动力减少，则直接影响经济发展。另
外，很多经济学家通过严密的计算发现，出生率低下，还会导致
国民储蓄率下降，国内投资减少，从而影响经济的活力。[1]不管怎样，
从国家理性的角度，日本政府并不希望人口减少。

其实，在历史上很多政府都采取了直接鼓励生育的政策，因
为人口的基数直接决定了可动员的士兵的数量。随着 19 世纪中后
期世界进入帝国主义时代，主要西方国家展开了全方位的竞争，
人口几乎成了西方大国最为重要的政策，国家对生命实行严格的
保护和管理制度。比如在近代法国，各种新老马尔萨斯主义者遭
到了严厉的攻击，而堕胎则被视为对国家和种族的犯罪。[2]最近十
几年间，日本政府为了提高国民的生育欲望，维持劳动力数量的
稳定，作出了各种各样的努力。

一方面，日本政府通过立法的手段，鼓励女性参加工作，为
她们参加工作创造更有利的条件。比如，早在 1999 年，日本就通
过了一项叫《男女共同参画社会基本法》的法律，同时成立了"内
阁府男女共同参画局"这一新的政府部门，目的就是提高女性在
劳动力市场的地位，真正实现男女平等。这是一种在现有人口资
源内部挖掘潜力的方法。日本传统上也有着类似"男主外、女主内"
的家庭分工，女性在结婚后通常会留在家庭内部，也就是做所谓
的"专业主妇"。在男性劳动力充足的情况下，这不失为一个恰当

---

1 参见［日］小峰隆夫编《超長期予測 老いるアジア》，日本経済新聞社，2007 年，
   第二章。
2 ［法］勒纳乌尔、瓦朗蒂：《不存在的孩子：19—20 世纪堕胎史》，高煜译，中国人
   民大学出版社，2012 年。

的分工模式；但当劳动力人口不足时，这种做法就是一种浪费。

　　另一方面，日本政府还通过直接发放津贴的方式，降低家庭的育儿成本。比如，日本政府延长了"儿童津贴"的发放年限，最终期限从以前的小学三年级提高到了六年级；对于生育三个孩子以上的家庭，则提高了津贴的数额。[1]这里面的道理很简单。对于个体而言，降低育儿成本的最直接方式就是减少生育的数量，但这种行为会对社会整体的经济造成不良影响，而这种不良影响最终又会反过来作用到个体的身上。政府通过直接发放津贴的方式降低家庭的育儿成本，目的就是要截断这种不良循环，保护社会的整体利益。

　　当然，上述从法律、社会、经济等角度实施的鼓励生育政策，并非日本的独创，而是适应经济与社会发展规律的通行手段。

　　第二次世界大战后日本能迅速复苏，与它的人口规模、人口素质可谓有直接的关系。因此，追问日本在人口政策上到底做对了什么，并不是一个恰当的问题。我们已经看到，日本做的唯一一件事就是发展经济，让人民过上体面的、有尊严的生活。现代社会的经验表明，人口的出生率与经济发展水平呈相反的关系。日本专心发展经济的结果，固然使得它的人民过上了优渥的生活，但也同时导致了出生率的下降。因此，"少子高龄化"现象出现之后，日本在人口政策领域的根本目的，仍然是要维持经济的增长。

　　不过，这种以经济为中心的政策，并不意味着经济发展是至

1　这里介绍的一些事实，参见［日］金子勇《少子化する高齢社会》，日本放送出版协会，2006 年，第五章和第六章。

上目的，不意味着为了经济目标可以牺牲其他。相反，日本为促进经济发展的各项施策，实际上体现了一种"以人为本"的根本目标：经济发展的目的是增加每一个个体的福利，而非其他。所以，日本可以动用国家财政，以发放津贴的方式对家庭育儿进行直接的补助，这是一种国民直接受益的福利制度。在经济发展过程中，日本自始至终将儿童视为社会自身的"优良资产"，而不是工具，更没有将人口数量视为国家的负担。

中国早在 2000 年就进入了老龄化社会，而且老龄人口的比例持续上升。最近几年，东北三省更是率先在人口总数上出现了负增长。反思日本的应对措施，有助于我们寻找科学的应对措施。日本的经验表明，人口是一个国家最为重要的资源，而不是任何意义上的负担；国家存在的目的是服务于每一个国民，而不是相反。

靖国神社

民族国家的原罪

我们在前面讨论的人口问题，主要还是在日本社会有识之士、政治家视野中的问题；一般而言，普通国民很难从宏观的经济视野与文明存续的角度对人口问题产生关注。与此相对，日本在历史认识上的一个核心议题，即"靖国神社问题"，性质则截然不同：它几乎没有什么门槛，大多数人都会产生兴趣，并以各种方式参与其中。这不难理解，因为靖国神社问题涉及日本历史、文化与社会多层面的要素，与日本国民的日常生活关联紧密。这也决定了靖国神社问题的复杂性。

首先，靖国神社就如同"天皇"、"樱花"、"武士道"等标签，已经成了现代日本社会的一个象征。这里面的根本原因在于，它是一个"供奉护国英灵"的神社；而所谓的"英灵"，则是指从明治维新到太平洋战争期间的战死者，目前有将近二百四十七万个。换言之，在日本，靖国神社有着国家纪念碑与国家公墓的属性。不但如此，它还供奉有"甲级战犯"的牌位，这意味着它与已经灰飞烟灭的日本帝国主义有关联。因为这层关系，当代日本政治家的靖国神社参拜行为，自动将历史问题转化成了现实的政治问题。

日本政治家，尤其是日本首相对它的参拜，通常会被视为一个象征，标志着日本历史认识不彻底，并试图美化过去的侵略战争。这种参拜行为旋即会引发当年战争受害国的批判，并每每演化为外交问题。作为这种政治连锁反应的结果，日本国内针对靖国神社的看法也出现了分裂。在一般日本国民的心目中，参拜靖国神社只是他们表达个体"心情"的行为。神社方面提供的解释，代表了很多人的心声，这里抄录一段如下：

> 日本人从古昔时代开始就相信"森罗万象的大千世界处处有神灵"。这些神灵不是基督教等所言的唯一的造物主；大千世界所有东西当中都有着神秘的灵魂的作用，人们从中发现了"神灵"的存在。那些在战争中殉命的人，他们是为了保护家人、保护家乡，更是为了保护国家，才豁出尊贵的性命而走上战场的。而且，英灵们怀着对家人、对日本将来的强烈挂念，现在依然在冥冥之中保护着我们。我们正是为感谢这些英灵，怀着源于内心的敬畏之念，将他们视为"护国之神"而加以祭祀的。[1]

这段引文出自靖国神社面向一般参拜者发行的小册子，非常清晰地表达了日本普遍的泛神论宗教意识、灵魂信仰传统与神社之间的关系，是一种反映一般民众朴素心声的解释。不过，这个

1　转引自〔日〕保阪正康《"靖国"という悩み》，每日新聞社，2007年，第22页。

说法回避了核心的、容易引发争议的政治因素：靖国神社目前的
身份虽然是"宗教法人"，但在历史上却是国家指定的国家祭祀场
所，是国家机构的一部分，当下还和国家有着千丝万缕的关联。

日本庶民的参拜行为以及他们的民俗信仰，并不会引发争论；
人们争论的正是这个神社与现代日本国家之间的关系。在众多批
评性的声音中，有这样的说法：日本政治家参拜靖国神社，目的
是要为军国主义招魂；他们是在美化过去的侵略行为。

对于复杂问题作出简化回答所遮蔽以及带来的问题，往往比
它揭示的真相还要多。由于靖国神社问题是历史认识问题的焦点
所在，非常复杂，我们有必要从日本社会的内部去观察相关看法
的来龙去脉。换言之，我们接下来探讨的目的并不是要对问题给
出一个最终的结论，而是要进入关于靖国神社争论的语境中，看
看日本的政治家和国民到底在争论什么。我们要描绘出一个关于
靖国神社论争的光谱，以确定各种论点的位置和彼此之间的关系。

描绘这个光谱，其实就是描绘靖国神社的历史演化过程。今
日人们争论的火种，依然在这些历史的灰烬当中发着光和热。这
些火种时刻会激发人们对过去的创伤记忆，这是真切的事实。这
一事实在日本内外造成的困扰和不安，激发了人们从各自的角度
回到历史现场的热情。

靖国神社的前身叫"东京招魂社"，创建于明治二年（1869）。
当时的维新政府为了祭奠在打倒幕府的战役中殒命的"官军"，根
据天皇的命令，创立了这个设施。[1] 值得注意的是，"招魂"这两

1　以下提到的部分历史事实，主要依据［日］赤澤史朗《靖国神社》，岩波书店，2005 年。

个字出自中国经典《楚辞》当中的《招魂》篇。"招魂"本来是一种巫术仪式，但屈原却以凄凉绝美的笔触，通过对这一仪式的再现，表达了对被招魂者的同情和对国家民族深重的忧虑。

或许因为"招魂"二字有着过于浓厚的巫术气息，1879年，明治天皇下赐"靖国"二字，东京招魂社由此成为"靖国神社"。这里同样值得我们留意的是，"靖国"这个词也是大有来历。它来源于中国儒家经典《春秋左传》（僖公二十三年）当中"吾以靖国也"这一句话。"靖"的意思是安定，"靖国"就是"使国家安定"。所以，从命名上我们会看到，这个神社被视为日本近代天皇制国家的守护者，具有特殊的政治地位。

靖国神社成立后，就一直处于军方的管理之下，是一种军事设施。1937年日本发动全面侵华战争之后，靖国神社开始全面渗透到国民生活当中。作为国民精神总动员的一环，靖国神社开始举行"护国英灵合祭"活动；经过这个国家举行的公祭仪式，战场上战死的士兵，就会成为神社祭祀的神灵。从这个时候开始，为天皇战死就成了全体国民的最高道德；而在此前，这种为天皇捐躯的观念还仅限于军人。

由于靖国神社成了日本军国主义思想的重要生产车间，日本战败后，它的命运可想而知。1945年12月25日，主政日本的"联合国军最高司令官总司令部"（GHQ）发布了一条关于神社地位的命令，通常称为"神道指令"。它对靖国神社地位的规定引发了后来的复杂争论。"神道指令"的核心内容有两点。

第一，关于"政教分离"的规定。政教分离，也就是政治和宗教的分离，一方不对另外一方的事务加以干涉。与这种政体相对的是"政教合一"的政权，即政权为宗教提供庇护，宗教为政权提供支持。政教分离是现代绝大多数国家通用的一种政治原则。为了落实这个原则，GHQ 首先将神社定性为一种"国家认定的宗教和祭祀仪式"。在随后制定的《日本国宪法》中，政教分离进一步落实为宪法条文，成为现代日本的根本制度。

第二，神社的"非军国主义化"规定。占领军认为"神道的教义和信仰"遭到了日本统治者的歪曲，成为军国主义和极端民族主义意识形态的工具。军国主义者通过对神道教义和天皇信仰的宣扬，尤其是通过具体的"祭祀仪式或者祭祀形式"，鼓吹日本对其他民族进行统治的正当性。

这两个原则实际上也是日本战后改革的原则，所以"神道指令"实际上给出了靖国神社继续存在的条件，那就是将靖国神社规定为普通的宗教设施，与国家政权剥离开来，同时对它的教义和宗教仪式等进行非军国主义化处理。

根据这项法令，靖国神社在当下日本的法律地位就很清楚了：它的身份就是宗教法人，和日本存在的众多宗教组织在法律地位上并无不同。但问题同样出现在这里。如果靖国神社是宗教法人，那么日本保守派极力推进的"首相公式参拜"，也就是"首相以公职身份参拜"，就构成违背宪法政教分离原则的法律问题。

我们继续看一下相关的历史事实。每当日本首相参拜靖国神社时，记者一定会追问一个问题：首相的这次参拜，是以公职身份还是以私人身份参拜？日本在任首相参拜靖国神社，最早是 1975 年三木武夫首相的"私人"参拜；随后，福田赳夫与铃木善幸也进行了同样性质的参拜。

到了 1985 年 8 月 15 日，这种暧昧的状况终于获得了突破；

这一天，时任首相中曾根康弘正式实施了所谓的"公式参拜"：在参拜者名簿上记名"内阁总理大臣"后，他进入大殿参拜，此行花费的三万日元由国库支出。结果可想而知，舆论立刻被点燃了：包括靖国神社在内的参拜推进派人士纷纷表明支持和感谢；与此相对，所有的在野党和主要新闻媒体，则异口同声地发表声明，批判首相破坏了宪法政教分离的原则。在这种舆论压力下，此后的首相即便进行参拜，也宣称是以私人身份进行的参拜。

这里值得我们注意的是，在中曾根康弘实施"公式参拜"前，日本政府发表了一份正式见解，也就是日本政府的官方解释。见解的内容可以分为两点。第一，日本政府宣称"靖国神社是我国举行战争牺牲者追悼的中心设施"，这就否定了靖国神社的宗教性格，只是将其视为普通的追悼场所。这种声明的目的显然是为了防止出现参拜违宪的批评。第二，针对追悼的目的，日本政府宣称，"我国在过去给以亚洲各国为中心的多数人民造成了巨大的苦痛和伤害。我国对此有强烈的自觉，决意不让这样的事情再次发生。在这种决意和反省的基础上，我国走上了作为和平国家发展的道路。这次参拜并不意味着我国在和平发展的道路上有任何变化"，因为参拜的目的是"在追悼战争牺牲者的同时，也祈愿世界的和平"。[1]

在日本首相的靖国神社参拜史中，2001年出任首相的小泉纯一郎格外惹人注目。他在此前的竞选公约中宣称，一旦当选，他每年都将参拜。他在第一次参拜靖国神社后，进一步表达了日本政府此前发表的见解。他说，"日本基于错误的国策，在过去一个

1　[日]赤澤史朗：《靖国神社》，第204页。

时期实施了殖民统治和侵略行为，将难以估量的惨害和苦痛强加给了亚洲各国人民"；因此，"在深刻反省的同时"，他表示"对于所有的战争牺牲者""致以哀悼之意"。[1]小泉的参拜立刻引发了中国、韩国等亚洲国家的强烈批评，成为当时外交的热点事件；甚至美国的一些政治家也发表看法，表达了不满。但这位首相我行我素，到 2006 年卸任时为止，连续六次参拜；尤其是最后一次选择在 8 月 15 日进行，实现了竞选诺言。

　　单纯从日本政府或政治家的这些声明来看，一般人并不容易看到破绽。不过，如果注意到前面提到的靖国神社"宗教法人"的身份，那么，日本国内出现的批判声音就容易理解了。

　　在中曾根康弘实施了"公式参拜"后不久，日本国内就有人对他提起了行政诉讼，认为他违反了宪法原则。同样，以首相屡次参拜而受到精神打击为由，一百八十八人针对小泉纯一郎提出了诉讼，要求精神赔偿。这些针对首相的诉讼，原告虽然形式上最终都败诉了，却获得了实质性的胜诉——判决文都表明首相的参拜行为违背了宪法的原则。所以，日本国内靖国神社论争的焦点，就是首相的参拜行为是否违宪。

　　说到这里，我们可能已经注意到，所谓的"军国主义"问题并没有被刻意追究。在靖国神社、一般的参拜者乃至一般日本国民看来，将"军国主义"问题带入靖国神社的讨论中是一种他们难以想象的误解。他们通常主张说，神社祭祀的是神灵，一般国民参拜靖国神社，目的是祭奠因战争殒命的人；参拜的人也都是和平主义者，不存在任何让日本军国主义复活的意图。

1　[日] 赤澤史朗：《靖国神社》，第 242 页。

这并不是说"军国主义复活"问题是纯然的虚构；由于日本
在历史认识上的暧昧态度，人们有理由怀疑日本政治家的真正动
机。其实，将靖国神社与军国主义复活关联起来，主要来自新加坡、
韩国、中国等日本军国主义的受害国家，尤其是在1978年靖国神
社开始供奉甲级战犯的牌位之后。这一年，靖国神社也将此前"战
犯死殁者"改为"昭和殉难者"，否认了东京审判的"战犯"说法。
在亚洲受害国家的民众看来，日本首相参拜这样的靖国神社，恰
好表明了日本历史认识的暧昧性格，有为过去军国主义者的侵略
行为进行美化的意图。

这种来自国际社会的批评让靖国神社问题愈发复杂起来。日
本政府虽然一再声明走和平国家的道路，但在军国主义受害者看
来，日本政治家对靖国神社的一再参拜，正表明他们缺乏对历史
的反省。这种内政外交共同作用的结果，使得日本国民时至今日
也未达成对于历史认知的合意。在我们前面谈到的围绕"东京审判"
的论争中，靖国神社问题就一再被提出来。

这里要再次强调的是，我们这里对"靖国神社"问题重新讨论，
目的是描绘出争论的主要论点。我们已经看到，日本国内围绕靖
国神社的争论，大致可分为法律问题、历史认识问题、文化与宗
教信仰问题等几个方面；而进入1980年代之后，又出现了外交问
题。[1]日本国民每年都在这个问题的争论上花费巨大的精力。

靖国神社问题不仅仅是日本一个国家自身的问题；如何纪念、

---

1   日本国内有关靖国神社的主要观点，可参见［日］波多野澄雄《国家与历史：战后
     日本的历史问题》，马静著，社会科学文献出版社，2016年，第四章。

悼念死者，几乎是所有经历过战争与革命的现代国家都要面临的课题。国家层面的追悼或悼念行为，实质上是国家政治意志的一种表达，当然具有强烈的政治属性。比如，美国学者本尼迪克特·安德森在他的名作《想象的共同体》中，就分析了纪念与追悼仪式在近代国家形成中的关键作用。[1] 在现代国家与民族共同体建构中重要的不仅仅是人们对于同胞的"想象"，更是支撑人们想象的具体的政治与社会实践。在这个意义上，靖国神社中所谓的"英灵"既是现代日本民族国家的牺牲品，又是这个民族国家的原罪。

从这个国家与祭祀关系的角度，我们可以对世界各国的国家形态进行观察，从而获得观察现代世界的一个普遍视角。政治、法律、宗教、民俗等诸多因素非常复杂地交织在一起，共同建构着现代的国家形态。今天日本国民围绕靖国神社的激烈争论，实际上是经过放大器放大的结果；这个放大器，就是第二次世界大战后日本的重建过程。在这个意义上，靖国神社问题可以说就是二战后日本国家体制的问题。在前面的历史叙事中，我们已经多次涉及这个体制形成的过程。

1　[美] 安德森：《想象的共同体》，吴叡人译，上海人民出版社，2011 年。

战后体制

东亚世界秩序的缩影

　　靖国神社问题将现代日本的政治与法律、国民的信仰与民俗实践等诸多问题杂糅在了一起，是日本历史认识问题的象征。因此，靖国神社问题给我们提供了一种观察这个体制的内部视角。不过，从根本上说，靖国神社问题从属于战后日本国家体制——通常简称为"战后体制"——问题，或者说是这个体制固有的问题。因此，人们在讨论具体的历史认识问题时，最终会触及这个天花板。由于美国在日本重建的过程中扮演了至关重要的角色，人们往往从日美关系的角度去思考"战后体制"问题。

　　简单地说，日本的战后体制就是指经过麦克阿瑟主导的占领军当局的改造，最终在1951年9月12日旧金山和会上为签约国所承认的日本国家存在形态。1952年4月28日《旧金山和约》正式生效后，日本名义上获得了独立，但在国防上的主权却遭到了大幅度的限制；日本在安全保障上要依赖于同时成立的日美同盟关系。同样，战后日本的主流历史认识——即以日美战争为中心建构的所谓的"太平洋战争史观"——也在这一期间形成。因此，如何认识、理解以及是否要改变这个体制，一直是战后日本社会持续讨论的问题。

我们在前面讨论日美同盟关系时，曾经辨析过"日本是美国的第五十一个州"、"日本是美国的属国"、"日本不是完全独立的主权国家"等说法。我们还介绍了作为"美国军事殖民地"的冲绳地位一说；日本的一些政治评论家、国会议员用这个说法来描述冲绳地位的本质属性，但由于冲绳属于日本，那么在逻辑上也可以说"日本是美国的军事殖民地"。于是有人干脆说，日本不是一个正常的国家。

这些说法虽然都是一些极端的表述，但它们在形式上都指向了二战后的日美关系，在根本上则涉及如何理解"战后体制"的问题。这些极端的说法同时也意味着，日美关系在日本国内必然是一个热门的话题；只要谈到这个话题，日本国民就会发生分裂，围绕"反美"还是"亲美"的问题展开激烈的辩论。

问题虽然复杂，但日本国内还是有一个基本的认知，那就是日本在政治和军事方面从属于或者说依附于美国。这就是说，日本国内关于"战后体制"争论的核心是日美关系。1990年代以后出现的"摆脱战后体制"或"成为普通国家"的呼声，实质上是要求重新安排日美关系。这当然是一个巨大的课题，因为它在根本上又涉及战后东亚世界秩序的问题。

不过，1952年《旧金山和约》生效后的日本，毕竟是国际法上得到承认的完全独立的国家，这是一个明白无误的客观事实；这意味着"战后体制"还包含着日本主动选择的结果。因此，要把握这个日美关系的当下性格，我们有必要具体观察一下日本国民的主观评价。

首先，从日本国民的代表，也就是日本政治家的角度来看，战后日本对美国的"从属"或者说"半从属"状态是客观事实，但并不是一个理想的状态。

比如，2006 年第一次出任首相的安倍晋三，当时非常年轻，意气风发，强势提出了"摆脱战后体制"的施政目标。他当然不是第一个这么提的首相。早在 1980 年代初，时任首相中曾根康弘就提出了"战后政治总决算"的说法。这两个口号代表了日本保守主义的心声。他们觉得战后日本实行的民主主义制度，尤其是美国主导制定的《日本国宪法》，并没有反映日本国民的意志，不符合日本的传统价值，日本需要摆脱这些束缚自身的制度和观念。日本最近数年间出现的修宪运动，就是"摆脱战后体制"的一个关键步骤。

安倍晋三的口号侧重于修改宪法，而 2009 年出任首相的鸠山由纪夫则试图在外交上用力，提出了建构日本—美国—中国等边三角形、建设"东亚共同体"的战略，旨在拉开日本和美国的距离。当然，迄今为止这些努力都未能取得成功。对此，日本政治学者白井聪下了一个斩钉截铁的结论：日本试图改变日美关系的努力，不仅现在没有成功，将来也不会成功。他将这种状况重新命名为"永续战败"，即日本自 1945 年以来一直处于"永远持续下去的战败"状态中。

白井聪"永续战败"的提法，实际上给我们提供了一个理解当下日美关系的新视角。他在 2013 年出版的《永续战败论：战后日本的核心》一书中，详细阐述了这个说法的含义。该书出版后，很快成为畅销书，可以说表达了日本民间的声音。针对战后日本实施的各种内外政策，白井聪这样评论道：

> 　　很明显，日本对外问题的两个侧面紧密关联。追根溯源，
> 问题的本质总会归结为"从属于美国"的这种结构。日本针
> 对亚洲各国（包括俄国）的排外的民族主义主张，不管是否
> 有明晰的意识，都建立在驻日美军这一压倒性的存在感的基
> 础之上。日本即使持续当"东洋的孤儿"也无所谓，这种恃
> 宠撒娇的意识越深入下去，就会和作为庇护者美国的关系越
> 紧密。最终的结果是，无论美国有多么不合理的要求，只要
> 它提出来就必须接受。这是必然的结论。这样一来，就出现
> 了一种循环：对美国的从属让日本愈发从亚洲孤立出来，而
> 这种孤立，又进一步导致了日本对美国的从属。[1]

　　白井聪提到两个对外问题：一个表现在日美关系问题上，利
益冲突正在成为日美关系的主流，尤其以冲绳美军基地问题最为
突出；而另一个问题则是他在文中提到的日本民族主义高扬的问
题。这个解释的特殊之处在于，它提供了一种精神分析的视角，也
就是说，战后日本和美国的关系，从最初的政治安排逐渐演化为一
种日用而不知的心理状态。日本既安于美国庇护的现状，并因这种
庇护而对其他国家显示出咄咄逼人的一面，又试图摆脱这种关系，
因为后者并不是正常的国家间关系。所以，冲绳住民对美军基地
的愤怒和"县外移设"的呼声，其实正是日本本土国民的"本
音"——日本国民内心真正的声音是要求美军基地撤出日本！

1　[日] 白井聪：《永続敗戦論：戦後日本の核心》，太田出版，2013 年，第 27—28 页。

当然，在这个"从属"关系形成的过程中，日本获得了现实利益的激励。战后美国对日本的宽大处理、经济上融入自由贸易体制，这些都让国民切实享受到了和平和繁荣的好处。那么，这种状况为何还让人感到不满？毕竟，日本国民已经过上了非常体面的生活。不过，在具有批判精神的日本知识分子的眼中，事情并不这么简单。在白井聪看来，日本面临的最大的问题是，战后日本的体制其实是延续了战前的体制，因而将战前体制的弊端也同时延续了下来。他认为，这种状况完全源于美国对自身利益的追求。

为了说明这个体制的弊端，白井聪在书中举了一个例子，那就是2011年"3·11日本东海大地震"引发的福岛核电站核泄漏事故。很多人或许会认为，地震及其引发的海啸属于自然灾害，属于不可抗力；在自然伟力造成的巨大破坏面前，核电站出现事故实属无可奈何。不过，对于政治共同体而言，这种将事故原因归结为自然力量的做法，其实是丧失了一次自我新生的机会。福岛核电站事故造成的冲击，让日本国民瞬间意识到了和平与安全的脆弱性，这激发了他们的体制批判意识。日本国民在平静地接受事故"天灾"一面的同时，对于事故的"人祸"一面进行了尖锐的批评和剖析。

白井聪论述说，如果说战前的政治体制几乎让日本国民在1945年遭受灭顶之灾，那么战后体制就要为2011年福岛核事故所带来的对国民生活的破坏负责。他解释说，在日本政治家和官僚体系应对事故的过程中，人们看到的正是第二次世界大战前的情形；他用了诸如"空话大话"、"隐瞒真相"、"盲目的乐观"、"自私自利"、"阿谀奉承"、"缺乏合理的批判精神"、"盲从于权威"

等说法来刻画他看到的现实。他特别指出，这个政治体制"要求
他人付出最终的牺牲"，对结果却无动于衷。这显然是一种激烈的
体制批判。

在承平时代，人们通常不会从根本上质疑体制的正当性，但
福岛核电站核泄漏引发的空前危机，将体制根深蒂固的弊病突显
了出来。白井聪在展开体制批判时引用了"无责任体系"这一说法，
意思是"无人承担责任的体系"；这个说法是著名的政治思想史学
者丸山真男在分析日本军国主义政治体制时提出的概念，他认为
战前日本政治体制的根本问题就是缺乏政治主体意识，没有人主
动承担引领国家的责任。[1]白井聪仔细分析了福岛核电站事故前后
日本官员的各种言论后，得出结论说，日本政治体制的"无责任
体系"属性在今天依然如故。

那么，1945 年日本的惨败为什么没有终结这种体系？白井聪
由此转向了对战后政治安排的分析与批判。他认为，由于 1945 年
后的日美关系剥夺了日本的主体性，"战后"这个说法本身就不
成立；存在的只是"战败"这个基本事实。这个事实具体表现在
两个方面：其一，表现在日本在政治、经济和军事上对美国的从
属体制上，而这个体制正是"战败"的结果；其二，"战败"本身
在认识上遭到了巧妙的遮蔽，大部分日本人的历史意识与历史认
识并未发生变化。这两个因素相互补充，相互加强，使得"战败"
体制无限期地延长，这就是他所描述的"永续战败"状态。

这种战后体制由于它的对美从属性格，在关键时刻无法保护
国民的利益。比如，2011 年 11 月日美两国就 TPP 协定（"环太平

[1]　参见 ［日］丸山真男《现代政治的思想与行动》，陈力卫译，商务印书馆，2018 年。

洋区域经济协定"）进行协商时，日本汽车工业协会表示支持日本
加入。这时，美国突然要求日本"废除轻型汽车规格，因为它们
构成了美国进入日本市场的壁垒"。日本舆论哗然，认为美国纯粹
是在推行帝国主义策略；美国汽车在日本市场所占份额低，完全
是因为它的汽车缺乏市场竞争力，对照样本就是德国汽车在日本
市场的畅销。一位日本评论家对美国吐槽道："美国无法制作出好
东西来，就认为别人的规格是错的。"[1]

　　显然，日本朝野上下对这种规定了日本国家形态的"战后体制"
均有不同程度的不满。日本首相"摆脱战后体制"的说法表明了
为政者的真实意图，而白井聪的观点，则代表了日本国民舆论中
"反美"的一系。不过，我们同时也看到了，日本政治家在正式场
合都表达说，坚持日美同盟体制是其基本的国策。这就出现了显
而易见的矛盾。要理解这一矛盾，我们就得跳出日本国内的对美
批判，进入"东亚世界体系"中看问题。

　　从东亚世界的角度来看，"日美关系"并非仅仅指日本和美国
两个国家的关系。这个日美关系的真正本质，体现在它在战后东
亚世界体系扮演的角色上；再进一步说，体现在它和东亚世界体
系的另外一极，即中国的关系上。尤其是在1990年代美苏冷战体
系解体之后，中国逐步上升为美国的主要战略竞争对手，日美关
系的发展必然要从属于美国世界战略的调整。

　　但这并不意味着日本被绑架到美国的"战车"上，全然身不
由己。很多日本学者指出，如果日本摆脱了日美同盟的束缚，获

1　[日] 白井聪：《永続敗戦論：戦後日本の核心》，第132页。

得真正的自立，它就将单独面对来自中国的压力。这是地缘政治使然。在日本政治家意识乃至无意识的深处，有着对"中国"莫可名状的不安，有人将其视为"中国恐惧症"。这种压力与不安导致日本在追随美国的东亚政策时少了几分顾虑。

这种意识当然其来有自。在我们前面重构的历史叙事中，从"倭王受封"到"卢沟桥事变"的演化史表明，"中国"在日本的自我意识中一直占据着特殊的位置；日本对中国的态度可以说在"尊崇"和"蔑视"的两端之间徘徊不定。进入近代之后，"蔑视"逐渐上升为主流意识，并最终导致它试图武力征服中国。随着1945年日本的战败以及1949年中国革命的成功，以及美国军事力量的介入，中日之间达成了相对平衡的关系。不过，随着中国最近数十年间的高速发展，此前东亚世界体系的平衡状态发生了变化。2012年9月爆发的钓鱼岛争端，将两国间脆弱的关系暴露无遗。按照白井聪的说法，日本在这场危机中表现出的强势，是因为它以日美同盟关系为后盾，而这种做法反过来强化了它试图摆脱的战后体制。

值得注意的是，美国很早就注意到了中日关系的特殊属性。日本对历史上中华王朝的尊崇、对近代中国的蔑视，第二次世界大战后双方的脱钩以及贯穿整个历史的竞争与不安意识，这些在美国的政治家、战略家眼中都非常清晰，并构成了他们制定东亚世界战略时的一种"离间"材料。比如，1951年1月，负责处理对日和约的美国国务卿顾问、随后出任国务卿的杜勒斯访问东京时，和英国的外交官大致说了这样一番话：

　　日本人认为西方文明具有的某种理性取得了胜利，而英

国以及随后的美国则是西方文明的代表。他们将一种国际社
会中更为良善的立场赋予了美国和英国，而且这一立场正在
亚洲各国的面前树立起来。……日本人认为自己在亚洲各国
面前，多少也具有理性上的优越性。于是，日本人认为自己
属于欧美各国一侧，希望能获得欧美各国的接受。为了进一
步助长日本人的这种想法，美国人要尽力做的就是，把日本
人当作我们友好的合作者，通过展现这种吸引力让他们留在
我们的身边。在日本的面前，中国大陆有着经济上的魅力；
而在这个经济条件上，我们大概无法满足日本的希望。所以，
我们更要计算助长日本人那种感情的吸引力。[1]

我这里引用这一段说法，当然不是为了揭露美国在中日之间、
在亚洲国家之间的离间；合纵连横，分而治之，大国使用这些手
段来达成自己的霸权可谓司空见惯，美国自然不例外。上面这段
引文有意思的地方在于，美国给日本开出的代价只是将日本拉入
英美白人的"盎格鲁－撒克逊俱乐部"；换言之，让日本保持针对
中国的心理优势，仅仅这一点就对日本有着莫大的魅力。杜勒斯
的计策未免有乐观的成分，但他并不盲目。我们在前面的历史叙
事中已经多次指出，在近代日本的对外关系上，心理因素往往发
挥着巨大的能量。

因此，无论是从强调权力的现实主义角度，还是从隐微的心

1　转引自［美］ジョン・W・ダワー、ガバン・マコマーック《転換期の日本へ："パ
ックス・アメリカーナ"か"パックス・アジア"か》，明田川融、吉永ふさ子译，
NHK 出版，2014 年，第 105—106 页。

理动机的角度，"摆脱战后体制"对现代日本而言都是一个艰难的任务。我们甚至可以说，除非东亚世界秩序发生急剧的变化，否则约束日本的"战后体制"很难发生变动。当然，这不意味着日本将处于"永续战败"的悲惨境地；毋宁说，当下人们所见的日本，正是包括它自身选择在内的多种因素达成的平衡状态。

　　这里要特别指出的是，传统东亚文明和近代西方文明这两种曾左右近代日本国家道路的力量，如今它们的对立和冲突已经极大缓和。不过，当今天中美两国展开堪称激烈的大国竞争时，源于历史和现状的张力就再次在日本身上呈现出来；日本不得不在"日美同盟"与东亚地缘政治两种压力中进行反复的计算与平衡。在很多持现实主义立场的国际关系学者看来，日本因有着与支配性力量结盟以寻求安全的传统，中国在东亚世界政治中权力地位的变化，最终会决定日本的国家体制。[1]因此，当日本国民讨论"战后体制"时，他们实际上讨论的依旧是日本在东亚世界体系当中的位置问题。

　　日本国民对"战后体制"有着多种看法，非常复杂。人们通常认为这个体制源于日本的战败，但在我们重新设定的东亚世界体系的框架内，这个体制的另外一副面孔显现了出来：它事实上就是东亚世界秩序的缩影。

　　从现状上看，日本政治家一方面高喊着"摆脱战后体制"，表达对二战后日美关系的不满；但另一方面，他们一再声称要坚持日美同盟这个基本路线不动摇。这不意味着日本在采取矛盾的政

1　[美]亨廷顿：《文明的冲突与世界秩序的重建》，第263—265页。

策，不意味着日本进退失据；毋宁说，日本要在"摆脱"和"坚持"这两条路线上，实现自身的最大利益。单纯地说现代日本是不是正常国家并不具有实质意义；在今日的东亚世界体系中，内在的合作、竞争、冲突乃至对抗关系，使得主要的当事者都无法简单用"正常"一语来描述自身的存在状态。

经过长期的实践与调适，第二次世界大战后形成的日美关系自身已经成为日本国家体制的一种不证自明的部分。今天引人注目的日本民族主义的兴起、现代日本的历史认识问题以及日本社会固有的体制弊端等等，都可以从日美关系的角度来进行解释。而且，这个体制在战后日本复兴的过程中也扮演了至关重要的角色。没有这个让日本国民爱恨交加的"战后体制"，可能也就没有所谓的"日本奇迹"与日本复兴。因此，当代日本知识分子的批判性说法，其实表达了日本国民不断追求变革、追求自我革新的意识。

最后要强调的是，在东亚世界体系的框架下，"主权国家"或"国家主权"并不是认知日本最有效的视角；实际上，今天日本面临的"战后体制"问题本质上是现代世界秩序自身的问题。这迫使我们再次去观察日本与现代乃至未来世界秩序的关系问题。

和平宪法
未完的世界主义理想

　　本书对日本二千年演化史的重现与重构已接近尾声。现在，我们以对当代日本政治的一个主要议题的讨论来结束本书的日本探索之旅。这个议题就是"宪法修正"，也就是日本对 1947 年 5 月 3 日正式实施的《日本国宪法》进行修订的问题。

　　宪法是日本国家的最高法规，修宪必然触及日本"战后体制"的核心安排，我们有必要继续从东亚世界秩序的角度来观察日本修宪这一政治课题。

　　我在前面已经指出过，日本战后体制的问题是东亚世界秩序的缩影，或者说，东亚世界秩序在事实和观念层面上一直对日本国家形态发生着影响。随着中国国家力量的增长，东亚世界原有的平衡关系发生了变动，正在进行重新的调整。这种调整主要体现在中美关系上，而作为美国的同盟国以及东亚主要军事基地的日本，不得不在这些复杂的竞争与合作关系中对自身进行定位。这正是日本为政者试图修改宪法的东亚世界秩序背景。

　　事实上，日本政治家一直将《日本国宪法》视为日本展开自身战略时的一个至关重要的支点。一方面，作为最高法规，这部由联合国占领军司令部民政局制定的新宪法规定了日本必须走自由、民主、和平的国家道路；尤其是这部宪法著名的第九条，它剥夺了日本保持军队以及在国际纷争中使用武力的权利。这诚然是近代民族国家主权丧失的象征，但日本政治家旋即发现了这一条的政治效用：他们以宪法的这一条规定为后盾，为日美同盟关系安装了一个"后门"——日本以宪法不承认向海外派兵的条文为由，拒绝自己被无条件绑到美国的战车上。1990年海湾战争期间，日本反对党就通过国会阻止了日本政府试图派遣军事人员的激进行动。这种国家战略上的考量，加上国民对此前战争的反省，最终形成了日本国民的"和平主义"观念和理念。因此，这部宪法在日本又被称为"和平宪法"。

　　但事情还有另外一面，那就是日本的一部分政治家认为这部宪法有问题，要求对它进行修改。修宪是日本国内最为显白的一项政治议题。我们如果留意日本国内的新闻报道，随时都会注意到日本"修宪派"政治家对宪法的讨论；与此相对的是，日本国民经常举行游行集会，反对日本政府的修宪活动。比如，2015年日本出现了几次规模达数万人的大规模抗议集会。示威民众往往举着"保护宪法"、"反对修宪"、"不许杀任何人"等标语进行游行与示威，这些人被称为"护宪派"。这些事实表明，修宪在日本国内的政治议程中有着非常高的优先度，但又是一个会引发分裂乃至对抗的议题。

　　在一部分日本民众看来，修宪意味着为日本走向战争铺就道路；而日本周边的国家，尤其是日本军国主义发动的侵略战争的受害者，同样有这样的担忧。不过，日本的修宪派政治家却一再宣称：修宪的目的是为了更好地维护和平！他们的主要理由是，现行宪法原则上禁止日本向海外派遣军事力量，但如果取消宪法对军队的这种约束，那么日本就可以更积极地参与联合国维护和平的行动，从而更有助于维护世界的和平。

修宪派与护宪派论争的焦点是宪法与和平的问题。那么，日本修改宪法究竟是为战争还是为和平作准备？这个问题其实是日本国内双方争论焦点的尖锐化表述，并无实质性的意义。换言之，日本在未来究竟是走和平主义的道路，还是再次走上战场，并不仅仅取决于当下修宪与否。不过，从日本演化史的角度看，修宪与否则是一个极为重要的标尺，我们可以通过它衡量出日本在自我意识上究竟取得了怎样的高度与成熟度。因为从世界秩序的角度看，这部宪法并不是日本一国的宪法；日本的修宪活动反映的正是它对世界秩序与文明的认知。

我们首先就从这部宪法最容易引发争议的核心条款，也即宪法第九条来观察一下修宪议题的结构。这个条款非常特殊，共分为两款：

（1）日本国民衷心谋求基于正义与秩序的国际和平，永远放弃以国权发动的战争、以武力威胁或武力行使作为解决国际争端的手段；

（2）为达到前项目的,不保持陆海空军以及其他战争力量,不承认国家的交战权。

很明显，这个条款的特殊之处就在于它禁止日本拥有军队，并否认了日本国家的交战权。有人说日本不是完全独立的主权国家，不是正常的国家，一个主要的根据就是这一条，因为按照人们对国家的一般理解，交战权是国家主权的最主要象征之一。这一条是日本宪法被称为"和平宪法"的法律依据。

围绕这一条是否恰当的问题，日本国民分成两派，双方进行了无休止的争论。日本右派或者说保守派认为这个条款限制了日本国家的自由，必欲除之而后快；而左派则认为这个条款是联合国占领军，是美国给日本国民带来的最大福利，因为它在法律上对国家的暴力行为进行了根本的禁止，日本无法参与战争。由于双方依据的标准不同，他们注定无法达成合意。右派强调的是传统意义上的国家主权与安全上的理由，而左派强调的则是近代文明的理想：对权力进行约束正是近代政治文明的起点和要达成的目标。在一部分左派人士看来，在民族国家的内部，文明国家已经通过法治率先实现了对权力的驯化；但在民族国家的外部，国家主权还有待进一步的约束。

在上述问题的争论中，日本修宪派政治家一直强调修宪的第二个理由也出现了：现行宪法是一部美国强加的宪法。这一理由也被称为宪法的"美国强加论"。从原理上说，宪法作为国家的最高法规，它应该反映的是全体国民的意志，但在日本的一部分政治家看来，这个宪法的一些条文脱离了日本固有的价值观和风俗习惯，必须对进行修改，而第九条只是要改动的条款之一。

现在，我们看到了保守派推进修宪运动的全部逻辑链条：日本现行宪法是美国强加给日本的，而不是日本人自己依据自身的观念、习俗制定而成，它对日本共同体的存续造成了损害；宪法

第九条不仅仅是不切实际的幻想，还严重束缚了日本的国家主权；因此，日本必须修改宪法。

值得注意的是，这种宪法的"美国强加论"并不是日本保守主义者的专利，日本的左派人士也持有同样的看法。不过，左派通过建构另外一种逻辑链条，推导出了反对修宪的理由。比如，早在1955年，当时有名的启蒙思想家鹤见俊辅（1922—2015）就发表了一篇文章，叫《弄假成真》。在文章中，他这样写道：

> 战后日本公布了新的和平宪法，但这是一个谎言。这部宪法由美国强加给日本，却佯装是基于日本人自由意志制定的，因此是个不折不扣的谎言。发布当时是谎言，现在依然是谎言。然而，试图从这个谎言中引导出真实的运动，我却是支持的。

我自己在评论日本宪法时，总会引用这段话。这是因为，这段话的前半部分将日本国民的真实感受呈现了出来：日本国民普遍承认宪法的"美国强加论"。如果说这段话的前半部分并无新意，那么后半部分则是洞见迭出。一方面，它将日本知识分子，尤其是进步主义知识分子的理想呈现了出来，代表了后来反对修宪的多数知识分子的心声。这种理想就是宪法所讴歌的民主主义、人权保障以及和平主义思想。另一方面，它还表明了宪法制定的一种机制，即，如果国民通过自己的努力，将这部宪法的理念转化为现实，那么日本国民事实上就成了造法的主体。

上述说法基本上涵盖了目前日本国内关于修宪的主要观点。不过，这些观点和视角依然停留在日本民族共同体的内部，未能揭示日本宪法所具有的超越民族国家的本质特征。我们的认识还要更进一步。

这时，我们就要仔细思考一下"美国强加论"这个日本国民广泛共有的认识，因为它涉及日本宪法"和平主义"的本质问题。其实，如果回到宪法制定的历史现场，我们就不会简单地接受日本宪法是美国强加的看法。为了说明这部宪法的真实起源，我们快速回顾一下我们曾经谈到的几个历史片段。[1]

1945 年 8 月 15 日，裕仁天皇通过广播发布《终战诏书》，日本宣布战败，这是一切问题的起点。如果不回到这个历史现场，很多历史争论就失去了焦点，往往不得要领；而在历史现场，这个诏书的本质非常清晰：它是日本政治家的最高的政治决断，即宣布接受《波茨坦公告》。这个公告由中美英三国在此前的 7 月 26 日联合发布，要求日本无条件投降；如果日本不接受这个最后通牒，将面临灭顶之灾。广岛和长崎遭受原子弹轰炸，正是日本统治集团无视公告的结果。在遭受原子弹打击以及苏联在 8 月 9 日宣布对日作战后，日本自认为失去了继续抵抗或有条件求和的机会，最终在战和两难的局面下，裕仁天皇作出了政治决断。

因此，以美国为首的盟国占领军的入驻，以及随后占领军对日本的一系列施政行为，都是以这个法律文件为基础的。就此而言，占领军司令部为日本起草新宪法，以及日本随后接受并实施宪法，在法律上只是履行《波茨坦公告》条款的行为。这里并不涉及新

---

1 关于日本宪法历史起源与属性的更为细致的介绍和讨论，可参见拙著《分身：新日本论》第六章。

宪法是否应该由日本国民来创制的问题。

　　换言之，接受《波茨坦公告》是日本最高主权的决定。发动战争是日本国家最高主权的呈现，战败接受无条件投降，同样是日本最高主权自我意志的表达。作为履行这个公告的一环，占领军当局为日本制定新宪法，本质上是对日本最高主权的执行，因而不涉及所谓的"强加"问题。宣布放弃战争权利的宪法第九条，同样可视为实现《波茨坦公告》精神的关键条款。

　　宪法的"强加"论逻辑不成立，而"美国强加"论则更不成立，因为在日本宣布战败的时刻，立法者——作为战胜国的美英中三国（苏联宣布对日作战后，在公告上署名）与战败国的日本——的政治意志就是日本必须作为和平国家才能够存在。如果一定要说"强加"，那也只能说是"同盟国强加论"。美国在制定日本宪法中的角色，本质上是对盟国一方政治意志的执行。日本新宪法的大立法者，就是我们这里一再强调的同盟国各国以及日本自身。

　　回到宪法制定的现场，我们还会找到法律以外的证据证明"美国强加论"或者"同盟国强加论"的偏颇。其中最重要的一点就是，宪法第九条实际也是占领军一方和当时日本政府合作的结果，而且还是通力合作的结果。问题的关键就在于天皇和天皇制。在日本宣布战败前后，日本政府的主要关心就是天皇自身的安危，因为无条件投降意味着天皇的命运将由占领军决定；而在当时的美国、中国以及其他诸如澳大利亚、苏联等同盟国一方的国家，都出现了惩治战犯、要求天皇为战争负责的强烈呼声。

　　不过，对于占领军当局而言，以适当的方式维护天皇的地位是实行顺利占领的最佳手段。这个时候就出现了让人惊奇的一幕：面对来自联合国一方惩治天皇的压力，占领军司令部和日本政府一拍即合，要赶在东京审判开始之前创造具体的"事迹"或"业绩"，来为天皇免责。而迅速制定一部新宪法，一部在最高水准上满足所有人的宪法，就成了最佳手段。

经过一系列的互动，麦克阿瑟最终亲自为宪法制定了指导原则，亦即有名的"麦克阿瑟三原则"：（1）天皇为国家的象征元首；（2）日本放弃发动战争的权利；（3）废除封建制度。占领军民政局组织了一个由二十五人构成的宪法起草小组，从 1946 年 2 月 4 日开始，仅用了九天就拿出了宪法草案。这部宪法随后通过了日本国内的立法程序，11 月 3 日正式向国民公布，并于半年后正式实施。各种流行的日本宪法"美国强加论"的观点，只是看到了宪法条文撰写的这个极其有限的历史片段，而选择性地忽视了日本接受新宪法的根本原因。

这样，我们就可以得出结论说，二战后日本新宪法的制定是日本以主权者的身份发动战争以及同样以主权者的身份接受无条件投降这一历史进程演进的结果。对此，当事者倒是有比较清晰的认知。比如，在 1949 年 11 月第六次国会施政方针演说中，时任首相吉田茂（1878—1967）这样说道：

> 正如新宪法庄严宣称的一样，我国作为非武装的国家，领先列国一步而主动放弃战争，并撤销了军备，这是保障我国安全的唯一道路；我国以爱好和平的世界舆论为依托，国民决意为世界文明、世界的和平与繁荣作出贡献。我们要进一步明确宣布这一点。促进文明世界对于我国的理解，我认为这是促进缔结和平条约的唯一道路。……没有军备正是我

国国民幸福的保障，也是让世界信赖我们的理由。[1]

在这个说法中，日本首相还表明了接受新宪法的另一种理由，那就是与世界各国缔结和平条约，从而换取国家主权独立地位。总之，如果将整个宪法的制定与实施过程纳入我们的视野，那么日本宪法的"和平主义"的本质涵义就呈现了出来。——在历史的现场，和平主义是最大的共识；这部宪法的制定是历史进程中的各种力量与观念因素共同作用的结果。这里面的认知要害在于，历史中的那些真实力量和观念最初就超越了民族共同体，而具有了普遍的世界主义的性格。在这个意义上，日本宪法是一部世界主义的宪法。

这就是日本宪法所讴歌的"和平主义"的历史起源。这种和平主义是当时历史参与者的最大共识，有着坚实的法律基础。今天日本国内的修宪派和护宪派，其实都忽视了这部宪法的大前提，忽视了宪法最根本的法律基础。

当鹤见俊辅说他赞成从"谎言"中"导引出真实的运动"时，其实他已经触及了日本宪法之所以为"和平宪法"的根本精神机制。这是因为，对于战争末期饱尝苦难的日本国民来说，宪法讴歌的和平理念并不是无法实现、可有可无的理念，而是必须实现的一个目标；只有实现这个目标，他们的牺牲才不会变得没有意义。在这种意义上，说"和平主义"构成了战后日本民族自我认同的一个核心要素也恰如其分。战后日本一直有一种强大的反对修宪的民意，与民众的真实感觉有着直接的关系。在这个意义上，

1　[日] 外冈秀俊等:《日米同盟半世紀:安保と密約》，每日新聞社，2001 年，第 44 页。

日本国民最初就是新宪法的制定主体。

　　事实上，这部新宪法的最大价值就在于它有着创造现实、构成现实的功用。宪法如果得到遵守，它必然会规范国民的行为，进而将其倡导的理念持续转变为国民生活的现实。有怎样的宪法，就有怎样的国民。当代日本的观察家们对此有如下评论："时至今日，日本人比任何民族都更强烈地献身于和平主义，这是他们的伟大理想，获得了他们感情上和理性上的支持"；"日本人比任何其他民族都更热情洋溢地献身于国际主义思想，并且断然否定任何民族主义的权威。"[1] 战后的《日本国宪法》所创造出的和平主义，已经不再仅仅是理想，而是获得了强烈的现实属性；它所创造的国民主体会在历史进程中要求国家实现他们的和平主义意志。

　　当然，我在这里并不是要宣扬法律或制度的万能主义，因为法律、制度以及国民主体是否最终能防止战争再度发生，还要依赖于其他的条件。但是，这部宪法所创造出的和平主义的事实，在日本演化史上却是新的事物，将对日本国家的欲望与行为产生深远的影响。

　　现在，我们可以得出这样的结论了：日本与传统中华世界以及近代西方世界的恩恩怨怨，或者说日本二千年的演化进程，最终表达为这样一部具有导向永久和平意义的宪法。在这个意义上，日本宪法体现了人类的世界主义理想。这一结果已经超越了它自身的悲喜剧，而获得了世界史的意义。如何将和平主义理想在世界范围内加以实现，这应该是现代日本面临的最大课题。当然，这也应该是当今所有国家和民族的共同理想与课题。

1　[美] 赖肖尔、詹森：《当代日本人：传统与变革》，第 398、472 页。

终章 ｜ 日本二千年的启示

一

　　本书最初的意图是探索日本的"变异"。中日两国在东亚世界体系中有着长期共生、协同演化的关系，日本在我们的眼中形成了一种兼具"分身"和"他者"的混合角色，有着显著的异色。探索日本的变异，就是要探索、理解日本异于其他国家，尤其是我们自身的独特原理与属性。因此，本书始终聚焦于现代日本呈现的卓异品性。

　　同任何国家与民族一样，日本作为国家与民族共同体的品性也都是源于长期演化的结果。我们为此进行了多角度、多层次的分析：在时间上，我们的探索跨越了古代与现代，涉及日本二千年的演化历程；在空间上，我们将日本列岛纳入东亚大陆、欧亚大陆乃至世界自身的大空间中，重新描绘了它与多元的地理及文化空间的互动过程。

　　在这个过程中，我们一再提出我们当下的疑问，期待来自"日

本"的应答。本书对日本的探索实际上是我们与日本进行的一场
"对话"。因此，本书的日本演化史叙事不是传统的以时间和事件
为经纬组织的编年史叙事，而是在我们当下的问题意识——即日
本何以成为我们当下所见的"日本"——导引下建构的精神史叙事。
这种由问题意识导引的日本探索，在本质上是对日本的重新认识，
是一种新的日本论。

那么，当我们回望本书的探索历程时，会获得怎样的认知？
在回答这个问题之前，我们首先要回顾一下，我们已经看到了什么。

我们看到了生活在欧亚大陆东端海外列岛上的人群，从苍茫
的历史深处走出；他们的生活共同体从原始的部落状态逐步演变
为"倭国"，又从倭国转变为"日本"，最后在 19 世纪下半叶开始
成长为"大日本帝国"。我们还看到了这个帝国最后灰飞烟灭，并
随即摇身一变，转化为和平主义国家。这就是日本二千年演化的
历史事实。

但我们的目光并未仅仅停留在表面的事实上；从起点开始，
我们在历史事件上每一次短暂驻足，都是为了更好地观察下一个
事件得以发生的来龙去脉。这种对历史事件的重构与历史事实的
重现，亦是我们对自身问题意识的回应。所以，本书的核心是对
已知的历史事实进行重新的观察与解释，以丰富我们对历史事实
的认知。

当然，这并不意味着本书只是提供了一种相对主义的日本历
史叙事。"草蛇灰线，伏脉千里"；一条从草丛中穿过的蛇，一条
在炉灰里拖过的细线，总会留下一些若隐若现的痕迹，留下一些
线索，让人们意识到它们曾经的存在。种瓜得瓜，种豆得豆，人
们通常称其为因果关系。

　　我这里要说的是，一部有意义的历史叙事同样如此；历史中的因果链条就如同草蛇灰线，要经过特别的观察、洞察和省察，它的历史脉络才能最终呈现在我们面前。这意味着，在我们对日本演化史进行重新叙述时，首要任务就是沿着历史事件留下的蛛丝马迹，找到事件背后或者说历史深处的逻辑。

　　为此，我们从最初就将"日本"从日本列岛解放了出来，将其置于一个更大的格局中。这意味着，"日本"首先不是人们观念中仅仅存在于"日本列岛"这一特定地理空间的一个国家和一群人共同生活的组织。当我们把日本放到东亚世界这个框架中时，它此前隐匿的属性就顿时鲜明地呈现出来。由于独特的地理位置，它成功地和传统中华世界建立了一种若有若无的联系。

　　说这种关系"有"，是指日本列岛的人们一直在吸收东亚大陆形成的古典文明，使其呈现出与东亚世界各国并行演化的状态。比如，它吸收了汉字书写体系，吸收了隋唐的律令制度，吸收了儒家思想和文化，吸收了禅宗佛教，吸收了大陆的各种农业和手工业技术……最终，它还形成了与大陆中华王朝同型的"天下"意识，形成了自身作为"中华"、作为"文明之花"的自我意识。它的最高统治者自称"天皇"，将东亚王权思想与它自身的神话体系完美地结合在一起。历史上它还创造了以自身为中心的朝贡－册封体系，先后将北海道、朝鲜半岛的一部分以及琉球王国纳入自己的统治范围。

　　16世纪末一统天下的丰臣秀吉，将这种天下秩序推至极处——他妄图将朝鲜王国、大明王朝、印度乃至南洋诸国悉数纳入自己的统治范围。在随后的江户时代，日本的儒者与经略学家们分别在观念与战略上，继续展开天下想象。明治日本奋发图强，在近代工业力量的加持下，帝国观念如虎添翼，"大陆政策"日渐明朗，最终在昭和时代形成一套建立在东西文明对决基础上的世界战略。

说这种关系"无"，是指它最初就试图形成同中华王朝对等、平等的关系，有明确的竞争与对抗意识。因此，只是在一些特定的历史时期，比如在相当于童年时代的倭国时期，或者在它急需海外贸易的15世纪初期，日本才主动选择进入中华世界体系；而在更多的时刻，它主动和这个体系保持着距离。同时，它的意识深处还潜藏着一种欲望：它要成为这个体系的核心，想象着有一天能入主中原。近代以来的中日关系史，实际上就是日本挑战并试图取代中国的历史。日本在与中华世界的互动过程中形成了非常复杂的心理意识。

日本这种独特的自我意识的生成、演化与变异，正是我们追溯日本演化路径的核心线索。日本特殊的地理位置，亦即孤悬海外的列岛特征，给它的自我意识的独自演进提供了空间保障。在古典东亚的时间和空间中，我们看到了日本演化的各种讯息。

上述说法并不是要指出一种观念决定论或地理决定论；在人类事务中，并不存在着有意义的"决定论"。不过，这也不意味着"决定论"这个词语自身没有意义。事实上，在给定的时空中，我们的理性总倾向于去探寻其中发生的各种事件的关联，并将那种关联称为因果关系，而如果可以追溯到一个源头，我们就会用"决定"这个说法来表达那种关联。在人类的历史上，神祇、地理、物质、精神等等，这些都曾充当过那个莫须有的源头，充当了各种决定论预设的前提。问题在于，理性自身尚不足以说明人类历史复杂的演化过程。

这么说的目的不是要进行理论思辨。从古代日本的形成以及近代以来与大陆的互动过程中，我们发现了一种非常强烈的关联：日本在有文献记录以来，乃至在此之前形成的认知与欲望，在意识深处甚至是无意识的层面上，深刻影响了此后日本的国家形态。如果将这种影响关系与作用形式用"因果"来表达，说日本的演化过程是注定的也恰如其分。当然，在这个过程中有形形色色的因素在发挥着作用，它们时刻决定着一个特定事件的微观走向。当这些事件串联起来而成为历史时，我们就隐约看到了它特定的或者说注定的走向。

在上述的意义上，日本就是它的精神、观念、意识在其演化进程中的显现；但这个显现只有通过与我们有意义的关联，才能最终转化为我们自身对日本的认知。这个关联就是作为文明与地理关系的东亚世界体系。

透过东亚世界体系的框架，日本演进过程中草蛇灰线般的蛛丝马迹就变得昭然若揭了：日本的本质正是东亚世界体系演化的特定结果。日本在19世纪中后期崛起的动力机制，形成于东亚世界内部；日本的崛起就是东亚自身在近代世界中的崛起。20世纪展开的中国革命和现代化建设过程，同样是东亚世界演进的一部分。我们当下正处在这个历史巨变的进程中。

二

如果我们将视角继续扩大，便可获得理解东亚世界史的框架，那就是近代文明进程与世界秩序的变迁。伴随着工业革命和全球资本主义的兴起，东亚世界逐渐卷入这个世界巨变的进程中。传统中华帝国由于是东亚世界体系的主导国家，它始终与新世界体系处于一种抵抗和竞争的关系。

我们首先看到的是抵抗，然后是全方位的竞争。在这个过程中，日本因其在文明和地理上的特殊位置，迅速驯化了新时代的工业力量。日本在传统东亚世界体系中形成了高度发达的自我意识，这使得它在新世界体系中如鱼得水。19 世纪末世界进入殖民帝国时代时，日本已经成了殖民帝国不折不扣的样本。它是西方世界的闯入者，以全方位吸收西方文明的方式，同西方列强展开抵抗与竞争。日本是近代世界文明与世界秩序的嫡子，但有着桀骜不驯的叛逆性格。

因此，近代日本的毁灭与重生也就获得了多重的含义。在我们的叙事中，我们努力揭示的是内在于东亚文明的力量。日本帝国通过吸收这种力量，最终改变了东亚乃至世界的历史和文明进程。1945 年以后，人们多看到的是它的失败；但是，我们的目光不应该为它的失败所束缚，因为下述事实更有意义：仿佛附体得到了驱逐一样，"和平"和"文化"成为新生日本的标签，使其迅速走到了世界文明演化的前沿地带。

作为东亚王权的竞争者和日本帝国扩张的受害者，我们昔日的位置和处境影响了我们对日本的认知。但在今天，我们自身的境况让我们获得了新的问题意识和视角。我们说的"日本"，最终就是我们在此刻的意识下对"日本"进行的观照与呈现。这么说当然不意味着"日本"只是我们的想象，而是指在新的历史意识和自我意识的导引下，我们对日本进行了重新的认知。

这个说法实际上揭示了我们自身的历史观。英国著名的历史学家 E. H. 卡尔在讨论了各种历史学的观念后，得出了一个非常有名的结论：“历史是历史学家与历史事实之间连续不断的、互为作用的过程，就是现在与过去之间永无休止的对话。”他的另外一个说法是：“历史学家的作用是……作为把握现在的关键来把握过去、体验过去。”[1]过去发生的各种事件只有纳入我们当下意识所建构的意义体系中，才能构成我们所知的历史。重要的是，我们当下的意识也不是凭空而来，而是源于各种历史的、现实的与心理的因素相互作用所形成的意义空间。我们所追求的历史和我们所关注的当下，都存在于我们此时此刻对历史的表述与重现中。

我们对日本演化史的重新叙述与呈现，正是为了把握现在，以便审慎地探索未来。叙述与呈现，事实上是我们共同进行的一次历史体验。我们体验到了居住在日本列岛的人们，在仿佛宿命一般的自然地理环境和世界政治环境中生成和演化的历史。我们努力进入它的精神世界的深处，剖析并理解它的欲望、激情和信仰，并理解它的精神。我们进一步通过它外在的行动对此加以印证，进而确认了它生成和演化的逻辑。我们描述的日本表象，就是它的本质。

因此，对“什么是日本”这个问题的每一个回答，都构成了我们所要认知的日本的一部分。我们的日常观念中有一个叫“让事实本身说话”的说法，但它并不准确。事实能说出什么，最终取决于我们的发问和解释，因为事实本身并不会说话。同时我更要指出的是，“事实”自身同样取决于我们的取舍，取决于我们的认知体系对它的呈现。

只有在这种关于“事实”的取舍、建构和解释的过程中，我

1　[英] E. H. 卡尔：《历史是什么？》，陈恒译，商务印书馆，2017 年，第 110—115 页。

们才会获得对于对象的认知。认知一个对象，从根本上说是关于
这个对象的建构。我们所能看到的"日本"，依赖于我们所建构的
认知体系。在这个意义上，我在本书中关于日本二千年历史的探索，
就是这个认知体系的建构。

　　这个认知体系的建构过程，也是对日本演化史的重现过程。
我选取了这个演化史的一些节点和现象，试图将每一个特殊事件
和现象背后的逻辑揭示出来。我们已经看到，这些事件和现象在
逻辑结构上有着惊人的一致。这个深层的逻辑，就是本书试图提
供的日本认知，它同样也是对我们自身的认知。

　　从"分身"到"变异"，我们看到了东亚世界的历史与现实呈
现。在这个东亚世界呈现的画面或者说巨幅的表象中，一部分我
们称其为"日本"，而另一部分，我们则称其为"中国"。

三

　　每当提到中日关系时，我的头脑中都会浮现出这样一种说法：
"中日两国隔海相望，一衣带水，拥有许多共同的文化遗产。然而，
令人遗憾的是，今天他们彼此之间竟是如此陌生。……将来，这
两个大国之间的关系肯定是世界上最重要的关系之一，既决定着
他们自己，也决定着全人类的命运。因此，他们之间的相互理解
和合作，对于两个民族和全人类，都是至关重要的。"[1]这是美国的
日本专家赖肖尔在其《当代日本人》中文版序言中的说法。这段

1　[美]赖肖尔、詹森：《当代日本人：传统与变革》，第 vii 页。

话写于 1988 年，但我们今天读来也不禁为之共鸣。从东亚世界史演化的脉络看，说中日关系既决定着彼此又决定着全人类的命运，并非言过其实。

赖肖尔所言的日本在我们中国人眼中的"陌生"性，我在本书中将其表述为"日本变异"。我们对日本的"陌生"的感受，首先表现在我们内心的比较中，表现为作为这种比较结果的"异己感"。现代日本对于我们而言，正是这种集自身与他者为一体的存在，是一种特殊类型的"陌生"。如果说东亚世界在数千年前可能有着共同的开端，那么，在我们的眼中，日本的演化历程就是它转变为异质性的他者，也即"变异"的过程。

因此，本书就是一部呈现、探求日本"变异"——变得"奇异"和"卓异"——的演化史。通过重构这一演化史，我们看到了一个民族从蒙昧状态走向文明的全景视图，看到了人类文明演化的一个真实事例。在这个意义上，我们这场探索之旅的"终点"，同时也是一个"起点"：我们要带着新的认知和省察，投入到现实的人类文明进程中，去推进我们共同的文明化事业。

附论 | 我们是谁：从日本的回望

一

　　我们终于走到了这个从日本回望自身、省察自身的时刻。什么是中国？这是当下的时代要求我们直接面对的问题。中国最近数十年间的高速经济发展和现代化的成就，堪称这个时代最大巨变的表象，是全球化时代的象征。中国以其超大规模的属性，时时刻刻都在对世界的政治经济格局发生着不可忽视的影响。人们对于中国的成长，有着各种评价。美国前国务卿基辛格、新加坡前总理李光耀等著名的政治家，日裔美国政治学者弗朗西斯·福山等人，都在著述中专门讨论过中国的发展与文明角色。

　　这些名人的论述并非没有争议，更不是定论，但通过他们提供的视角与认知体系，我们也看到了过去不曾看到的中国。而从日本回望中国，我们同样会获得新的认知。这里所说的"日本"，并非具有永恒不变的属性，不是日本列岛上那个民族朴素的自在，而是我们建构的认知体系自身。我们要从"日本"这个认知体系来反观中国自身。

　　事实上，我们对任何有关日本"事实"的认知，最终都依赖于我们自身的位置和意图，依赖于二者建构的意义空间，所以它们决定着我们认知的广度和深度；而它们与历史事实的结合，就是我们经过慎重思虑后形成的历史观。这意味着，我们对日本演化史的重述，时刻都在呼应着"我们是谁"、"什么是中国"的根本问题。

　　中国曾长期是东亚世界体系的核心，是东亚文明的中心。这个体系的另外一个说法是朝贡—册封体制，是传统中国"天下"观念的制度表达。在这个体系内，"天朝"、"上国"以及"天朝上国"成为中国的自我意识。这些说法同样被这个体系的参与者所承认，并为富有野心或雄心的政治家所主动追求。这正是历史上东亚大陆上的各个政权逐鹿中原的根本动力机制。日本国内将这一套政治观念称为"中华思想"，对此颇有微词，但历史上也数次参与到这一游戏中来，最终在 1945 年出局。

　　这里我要说的是，历代中华王朝作为"天朝"的自我意识并非仅仅源于所谓的"自民族中心主义"（ethnocentrism）的傲慢，还有着一种特定的"文明国家"与"世界国家"真实的历史内容。在中国的自我意识中，这个"天朝"创制的世界体系的根本原理不在于武力的强大，而是由其文明水准所显示的"天意"。"中华"这个观念有着它固有的政治哲学与政治神学的涵义。

　　传统中国在东亚世界体系中的位置，现在的学者们通常使用国际关系学中的"霸权国家"这一术语来描述。"以力假仁者霸，以德服人者王"。（《孟子》）但如果我们知道中国政治思想史中有名的"王霸之辩"，就会认识到"霸权国家"这个标签与古代中国的自我意识和行为大异其趣。

日本的演化史将传统东亚世界的"中华"属性和原理突显了出来。日本二千年演化有一个不断获得"中华"意识并将其具体落实的历史脉络，是日本获得"大国意识"与"文明国家"自我意识的历史。但这种自我意识毕竟和传统中国不同；由于日本处在文明体系的边缘位置，它在演进过程中逐渐积蓄了一种非常特殊的心理能量：赶超中国和文明化。这是一种传统中国不容易觉察与理解的异质性事物。

日本的这种特殊的演化路径，到近代之后最终释放出巨大的能量。这种能量带来了日本的崛起，但同时也产生了巨大的破坏性；它对中国造成的冲击和影响，持续至今。我们的历史叙事，也揭示了日本这种心理机制的生成和演化的路径。日本的成长，可以理解为日本自我意识演化并现实化的历史。1930 年代以后日本对西方主导的世界秩序的挑战，正是这种演化的极致情形：它要成为新文明的中心，成为世界史的推动者。

正是在这种极致情形中，我们看到了日本自我意识中致命的危险因素。它虽然获得了成为"大国"与"文明国家"的自我意识，但对文明的理解极其偏颇。尤其是进入近代西方殖民帝国以暴力为基础的世界秩序后，日本演化成一个彻底的"霸权国家"，而暴力则成为它落实自己"大国"与"文明国家"自我意识的唯一手段。结果，日本彻底与近代文明的演化进程分道扬镳。1930 年代的日本一意孤行，对中国发动侵略战争，就是其逆时代而动的表现和结果。

这里重提日本演化逻辑的目的不是要再次指出它的失败，而是要从日本的失败之处反观中国何以成为"中国"，何以在历史上长期集"大国"与"文明国家"于一体的现实。当然，这么说不意味着历史上的中华王朝从未对其他民族或国家动用过暴力，也不是指它的某个时刻的特定行为完全符合文明的标准。我们不能求全责备。

中国之所以是"中国"，是因为它的自我意识和行为有着内在的关联。中国的行为受到了文明意识的规范和约束，而且，这种约束在多数的历史时刻名副其实，并尤其表现在它的对外关系中。传统中国主导的东亚世界秩序，亦即朝贡—册封体制，本质上是一种基于贸易与礼仪的秩序。这个秩序的输入是周边国家的朝贡和接受册封，二者在本质上都是象征，而输出的却是区域的安定、和平与繁荣；暴力是维持和平的最后手段。这是一种文明的世界秩序。

二

第二次世界大战后，日本被强制从传统的东亚世界体系中分离出来，编入美国主导的西方世界秩序中。这种突如其来的变异，激发了日本国民去理解什么是真正的文明。在新宪法体制下，和平主义思想在国民中逐渐生根发芽；坚持和平主义的平民成长为日本政治生活中的一个重要角色。

从日本的角度看，中国在东亚世界体系中的地位并未发生根本的变化。日本在东亚世界体系中形成的历史记忆，加上它作为西方世界体系一员的自我意识，会让它持续对中国保持着竞争甚至是对抗性的关系。换言之，日本认为，中国的发展给它造成了持续的不安和压力。这意味着，无论中国怎样强调自己是和平崛起、文明崛起，都不容易改变自己在日本眼中的形象。这种情况源于所谓"地缘政治学"的动力机制，但更有着日本演化史自身的内在逻辑在发挥着作用。包括日本在内的很多国家首先会联想到传统中华帝国的复兴。这是中日关系面临的深层课题。

这里面的根本问题在于，在现代民族国家的主权与民族主义观念的反观之下，传统中国主导的东亚世界体系变成了不堪忍受的"霸权体系"。随着经济规模的持续增大，中国面对的压力将会越来越大。民族国家体系是一种结构性的约束，我们无法简单地改变自己在他人眼中的形象，因此我们就需要真正和真实地理解这个世界对中国的感受和认知。

对日本演化进程的重现，实际上就是认知框架的建构，并借此更新我们自身的历史认知。对于个体而言，新的自我和世界认知会成为自我变革的起点；对于国家而言，同样如此。我们对包括日本在内的世界的重新认知，实际上是在当下的、新的文明意识导引下的认知。借助他者的视线，我们要再一次确认自己面向文明的欲望、激情和信仰，确认中国作为"世界"的历史记忆和现实属性。如果获得了这种面向世界文明的自我意识，我们就可以称自己为真正的"世界历史民族"。

从而，中国近代以来的演化过程，也将是这个"世界历史民族"从自在到自觉、从传统的自觉走向现代的自觉，并最后自我实现的过程。这种自觉意识，我们也可以表达为"世界主义"。这就是我们的"世界主义的中国"。

参考文献

（按章节顺序）

周作人：《苦竹杂记》，北京十月文艺出版社，2011年。

[日] 内田树：《日本边境论》，郭勇译，上海文化出版社，2012年。

Ezra F. Vogel，Japan as Number One；日文版：《ジャパン　アズ　ナンバーワン》），阪急コミュニケーションズ，2004年。

李永晶：《分身：新日本论》，北京联合出版公司，2020年。

李永晶：《友邦还是敌国？——战后中日关系与世界秩序》，上海人民出版社，2018年。

[日] 竹村公太郎：《日本文明的谜底：藏在地形里的秘密》，谢跃译，社会科学文献出版社，2015年。

[日] 丸山真男：《丸山真男讲义录》（第六册），唐永亮译，四川教育出版社，2017年。

[美] 赖肖尔、詹森：《当代日本人：传统与变革》，陈文寿译，商务印书馆，2016年。

[日] 冈仓天心：《东洋的理想》，陈小妹译，商务印书馆，2018年。

[日] 和辻哲郎：《风土：一项人间学的考察》，朱坤容译，东方出版社，2017年。

[法] 列维-斯特劳斯：《月亮的另一面：一位人类学家对日本的评论》，于姗译，中国人民大学出版社，2018年。

[法] 柏格森：《道德与宗教的两个来源》，彭海涛译，北京时代华文书局，2018年。

[日] 谷川健一：《日本的众神》，文婧等译，社会科学文献出版社，2015年。

［日］津田左右吉：《日本的神道》，邓红译，商务印书馆，2011 年。

［美］大贯美惠子：《神风特攻队、樱花与民族主义：日本历史上美学的军国主
　　义化》，石峰译，商务印书馆，2016 年。

李永晶：《东京留学忆记》，广西师范大学出版社，2015 年。

何新：《诸神的起源》，民主与建设出版社，2018 年。

［日］大山誠一：《聖德太子と日本人》，角川書店，2005 年。

［日］冈田英弘：《日本史的诞生》，王岚等译，海南出版社，2018 年。

［日］小泉八云：《神国日本》，曹晔译，吉林人民出版社，2008 年。

［日］荒木博之：《日本人の心情論理》，講談社，1976 年。

［日］本田総一郎：《日本神道》，日本文藝社，2006 年。

［日］河合隼雄：《神话与日本人的心灵》，王华译，生活·读书·新知三联书店，
　　2018 年。

［日］松岡正剛：《日本という方法：おもかげ・うつろいの文化》，日本放送
　　出版協会，2006 年。

［日］白川静：《汉字的世界：中国文化的原点》，陈强译，四川人民出版社，
　　2018 年。

［日］《万叶集精选集》，钱稻孙译，上海书店出版社，2012 年。

［日］柄谷行人：《民族与美学》，薛羽译，西北大学出版社，2016 年。

［日］笹原宏之：《日本の漢字》，岩波書店，2006 年。

［日］吉野耕作：《文化民族主义的社会学：现代日本自我认同意识的走向》，
　　刘克申译，商务印书馆，2004 年。

陈力卫：《东往东来：近代中日之间的语词概念》，社会科学文献出版社，2019 年。

沈国威：《一名之立 旬月踟蹰：严复译词研究》，社会科学文献出版社，2019 年。

［美］亨廷顿：《文明的冲突与世界秩序的重建》，周琪等译，新华出版社，2002 年。

［以］艾森斯塔特：《日本文明：一个比较的视角》，王晓山译，商务印书馆，
　　2008 年。

［英］汤因比：《历史研究》，郭小凌等译，上海人民出版社，2010 年。

［日］福泽谕吉：《文明论概略》，北京编译社译，商务印书馆，2007 年。

［德］雅斯贝尔斯：《论历史的起源与目标》，李雪涛译，华东师范大学出版社，
　　2018 年。

［英］皮林：《日本：生存的艺术》，张岩译，中信出版集团，2020 年。

［日］大矢根淳等编：《灾害与社会 1：灾害社会学导论》，蔡骥等译，商务印书馆，
　　2017 年。

李泽厚：《美的历程》，生活·读书·新知三联书店，2012 年。

［日］大西克礼：《日本风雅》，王向远译，吉林出版集团，2012 年。

徐复观：《中国艺术精神》，辽宁人民出版社，2019 年。

［日］冈仓天心、九鬼周造：《茶之书·"粹"的构造》，江川澜等译，上海人民
　　出版社，2011 年。

［日］冈田武彦：《简素：日本文化的根本》，钱明译，社会科学文献出版社，
　　2016 年。

戴季陶：《日本论》，九州出版社，2005 年。

［德］席勒：《审美教育书简》，张玉能译，译林出版社，2009 年。

钱穆：《晚学盲言》，九州出版社，2011 年。

［法］涂尔干：《自杀论》，冯韵文译，商务印书馆，2005 年。

李永晶：《正眼看世界：历史、国家与文明新论》，广西师范大学出版社，2015 年。

［美］本尼迪克特：《菊与刀》，吕万和等译，商务印书馆，2002 年。

［日］佐藤健志：《バラバラ殺人の文明論：家族崩壊というポップカルチャー》，
　　PHP 研究所，2009 年。

［法］范热内普：《过渡礼仪》，张举文译，商务印书馆，2016 年。

［日］诹访春雄：《日本的祭祀与艺能》，王保田等译，南京大学出版社，2013 年。

［日］山折哲雄：《神と仏——日本人の宗教観》，講談社，1983 年。

［日］铃木范久：《宗教与日本社会》，牛建科译，中华书局，2005 年。

杨庆堃：《中国社会中的宗教》，范丽珠译，四川人民出版社，2016 年。

［美］伊利亚德：《神圣的存在：比较宗教的范型》，晏可佳等译，广西师范大
　　学出版社，2018 年。

［法］涂尔干：《宗教生活的基本形式》，渠东等译，商务印书馆，2011 年。

［日］加地伸行：《沈黙の宗教——儒教》，筑摩書房，1996 年。

［日］九鬼周造：《九鬼周造著作精粹》，彭曦等译，南京大学出版社，2017 年。

王汝梅：《王汝梅解读〈金瓶梅〉》，时代文艺出版社，2015 年。

［日］小谷野敦：《日本売春史》，新潮社，2007 年。

［荷］布鲁玛：《日本之镜：日本文化中的英雄与恶人》，倪韬译，上海三联书店，2018 年。

［日］冲浦和光：《"恶所"民俗志：日本社会的风月演化》，张博译，上海三联书店，2015 年。

［日］藤本箕山、九鬼周造、阿部次郎：《日本意气》，王向远译，吉林出版集团，2012 年。

［日］梅原猛：《梅原猛、日本仏教をゆく》，朝日新聞社，2009 年。

［日］佐伯顺子：《爱欲日本》，韩秋韵译，新星出版社，2016 年。

［日］上野千鶴子：《発情装置：エロスのシナリオ》，筑摩書房，1998 年。

［日］上野千鶴子：《スカートの下の劇場》，河出書房新社，1992 年。

［日］谷崎润一郎：《疯癫老人日记》，郑民钦等译，南海出版公司，2016 年。

［德］恩格斯：《家庭、私有制和国家的起源》，载《马克思恩格斯选集》（第四卷），人民出版社，2008 年。

［法］巴塔耶：《色情史》，刘晖译，商务印书馆，2004 年。

［美］莫德尔：《文学中的色情动机》，刘文荣译，文汇出版社，2006 年。

［法］基尔伯：《爱欲的统治》，苣蓿译，商务印书馆，2019 年。

汪公纪：《日本史话》，中国书籍出版社，2011 年。

［英］韩歇尔：《日本小史：从石器时代到超级强权的崛起》，李晋忠等译，北京联合出版公司，2016 年。

［日］西嶋定生：《日本歴史の国際環境》，東京大学出版会，1985 年。

［日］宫崎市定：《谜一般的七支刀：五世纪的东亚与日本》，马云超译，中信出版社，2018 年。

［日］藤堂明保等訳注：《倭国伝：中国正史に描かれた日本》，講談社，2010 年。

［日］丸山真男：《開国》，载《丸山真男集》（第八卷），岩波書店，1996 年。

［日］胧谷寿、仁藤敦史：《倒叙日本史 04：平安·奈良·飞鸟》，韦平和译，商务印书馆，2018 年。

［日］鬼頭清明：《七世紀後半の国際政治史試論：中国·朝鮮三国·日本の動向》，载上田正昭等编：《古代の日本と朝鮮》，学生社，1974 年。

［日］舍人亲王编：《日本书纪》，四川人民出版社，2019 年。

［日］中村修也：《天智天皇的日本：白村江之战后的律令国家与东亚》，吴明浩译，

社会科学文献出版社，2019 年。

［日］杉山正明：《忽必烈的挑战》，周俊宇译，社会科学文献出版社，2013 年。

姚大力：《追寻"我们"的根源：中国历史上的民族与国家意识》，生活·读书·新
　　知三联书店，2017 年。

［日］赖山阳：《日本外史》，久保天随订，北京大学出版社，2015 年。

［日］杉山正明：《蒙古帝国的兴亡》，孙越译，社会科学文献出版社，2015 年。

［日］前坂俊之：《太平洋战争与日本新闻》，晏英译，新星出版社，2015 年。

［日］梅津一朗：《蒙古襲来：対外戦争の社会史》，吉川弘文館，1998 年。

［日］杉山正明：《游牧民的世界史》，黄美蓉译，中华工商联合出版社，2014 年。

［日］北岛万次：《豊臣秀吉の朝鮮侵略》，吉川広文館，1995 年。

［美］贝里：《丰臣秀吉：为现代日本奠定政治基础的人》，赵坚等译，江苏人
　　民出版社，2017 年。

郑洁西：《跨境人员、情报网络、封贡危机：万历朝鲜战争与 16 世纪末的东亚》，
　　上海交通大学出版社，2017 年。

［美］邓恩：《从利玛窦到汤若望：晚明的耶稣会传教士》，余三石等译，上海
　　古籍出版社，2003 年。

［美］韩利：《近世日本的日常生活》，张键译，2010 年。

［美］麦克莱恩：《日本史（1600—2000）》，王翔等译，海南出版社，2014 年。

葛兆光：《想象异域：读李朝朝鲜汉文燕行文献札记》，中华书局，2014 年。

葛兆光：《宅兹中国：重建有关"中国"的历史论述》，中华书局，2011 年。

［日］北岛正元：《江户时代》，米彦军译，新星出版社，2019 年。

［日］藤井让治：《江户开幕》，刘晨译，社会科学文献出版社，2018 年。

覃启勋：《朱舜水东瀛授业研究》，人民出版社，2005 年。

梁启超：《中国近三百年学术史》，东方出版社，2003 年。

［日］桂岛宣弘：《从德川到明治：自他认识思想史》，殷晓星译，中国社会科
　　学出版社，2019 年。

［日］陆奥宗光：《蹇蹇录》，赵戈非等译，生活·读书·新知三联书店，2018 年。

王芸生编著：《六十年来中国与日本》，生活·读书·新知三联书店，2005 年。

［英］凯恩斯：《和约的经济后果》，张军等译，华夏出版社，2008 年。

孔祥吉、［日］村田雄二郎：《罕为人知的中日结盟及其他：晚清中日关系史新

探》，巴蜀书社，2004 年。

广西师范大学出版社编：《马关议和中之伊李问答》，广西师范大学出版社，
　　2008 年。

［美］任达：《新政革命与日本：中国，1898—1912》，李仲贤译，江苏人民出版社，
　　2006 年。

［日］实藤惠秀：《中国人留学日本史》，谭汝谦等译，北京大学出版社，2012 年。

［美］孔飞力：《现代中国国家的起源》，陈兼等译，生活·读书·新知三联书店，
　　2013 年。

［日］纐纈厚：《田中义一：日本总体战争体制的始作俑者》，顾令仪译，社会
　　科学文献出版社，2017 年。

唐启华：《被"废除不同等条约"遮蔽的北洋修约史》，社会科学文献出版社，
　　2010 年。

［意］范士白：《日本的间谍》，赵京华整理，中国青年出版社，2012 年。

［日］绪方贞子：《满洲事变》，李佩译，社会科学文献出版社，2015 年。

［日］田原総一郎：《日本の戦争》，小学館，2000 年。

解学诗：《伪满洲国史》，人民出版社，2008 年。

［美］入江昭：《第二次世界大战在亚洲及太平洋的起源》，李响译，社会科学
　　文献出版社，2016 年。

［日］丸山真男：《现代政治的思想与行动》，陈力卫译，商务印书馆，2018 年。

［日］藤原彰：《日中全面戦争》，小学館，1982 年。

［美］入江昭：《权力与文化：日美战争 1941—1945》，吴焉译，中信出版集团，
　　2019 年。

茅海建：《近代的尺度：两次鸦片战争军事与外交》，生活·读书·新知三联书店，
　　2011 年。

［日］加藤祐三：《黑船异变：日本开国小史》，蒋丰译，东方出版社，2014 年。

［美］贝拉：《德川宗教：现代日本的文化渊源》，王晓山、戴茸译，生活·读书·新
　　知三联书店，1998 年。

［日］小路田泰直：《日本史の思想：アジア主義と日本主義との相克》，柏書房，
　　1997 年。

［日］和田春树：《日俄战争：起源和开战》，易爱华等译，生活·读书·新知

三联书店，2018 年。

罗福惠：《非常的东西文化碰撞：近代中国人对"黄祸论"及人种学的回应》，北京大学出版社，2018 年。

严安生：《灵台无计逃神矢：近代中国人留日精神史》，陈言译，生活·读书·新知三联书店，2018 年。

[美]麻田贞雄：《宿命对决：马汉的幽灵与日美海军大碰撞》，朱任东译，新华出版社，2018 年。

[日]鸟海靖编：《近代日本的机运》，欧文东等译，社会科学文献出版社，2014 年。

[日]福泽谕吉：《文明论概略》，商务印书馆，2007 年。

[美]格鲁：《使日十年》，沙青青译，社会科学文献出版社，2020 年。

[日]服部卓四郎：《大东亚战争全史》，张玉祥等译，世界知识出版社，2016 年。

[日]竹内好：《竹内好全集》（第 14 卷），筑摩书房，1981 年。

[美]道尔：《无情之战：太平洋战争中的种族与强权》，韩华译，中信出版社，2019 年。

[日]井上寿一：《日中戦争下の日本》，講談社，2007 年。

[日]前田哲男：《从重庆通往伦敦、东京、广岛的道路——二战时期的战略大轰炸》，王希亮译，重庆出版社，2015 年。

[日]伊香俊哉：《战争的记忆：中日两国的共鸣和争执》，韩毅飞译，社会科学文献出版社，2016。

王国林：《1942：轰炸东京》，生活·读书·新知三联书店，2016 年。

[美]内伯格：《1945：大国博弈下的世界秩序新格局》，宋世锋译，民主与建设出版社，2019 年。

[日]高桥哲哉：《国家与牺牲》，徐曼译，社会科学文献出版社，2008 年。

[日]小森阳一：《天皇的玉音放送》，陈多友译，生活·读书·新知三联书店，2004 年。

[日]西尾干二：《天皇と原爆》，文藝春秋社，2014 年。

[日]冈仓觉三：《茶の本》，岩波书店，1991 年。

[美]惠特尼：《麦克阿瑟：1880—1964》，王泳生编译，京华出版社，2008 年。

[美]曼彻斯特：《美国的凯撒大帝：麦克阿瑟》，黄瑶译，中信出版集团，2017 年。

[美]道尔：《拥抱战败：第二次世界大战后的日本》，胡博译，生活·读书·新

知三联书店，2008 年。

［日］田中利幸等：《超越胜利者之正义：东京战罪审判再检讨》，梅小侃译，
　　　上海交通大学出版社，2014 年。

［日］中里成章：《帕尔法官：印度民族主义与东京审判》，陈卫平译，法律出版社，
　　　2014 年。

［日］孙崎享：《日美同盟真相》，郭一娜译，新华出版社，2014 年。

［日］外冈秀俊等：《日米同盟半世紀：安保と密約》，毎日新聞社，2001 年。

［日］毛里和子：《中日关系——从战后走向新时代》，徐显芬译，社会科学文
　　　献出版社，2009 年。

［美］费正清编：《中国的世界秩序：传统中国的对外关系》，杜继东译，中国
　　　社会科学出版社，2010 年。

［日］赤嶺守：《琉球王国：東アジアのコーナーストーン》，講談社，2004 年。

［日］西里喜行：《清末中琉日关系史研究》，胡连成等译，社会科学文献出版社，
　　　2010 年。

［日］安冈昭男：《明治前期日中关系史研究》，胡连成译，福建人民出版社，
　　　2007 年。

［日］新崎盛辉：《冲绳现代史》，岩波书店，2005 年。

［日］岩波书店编：《记录·冲绳“集体自杀”审判》，陈言等译，上海译文出版社，
　　　2016 年。

［日］矢吹晋：《钓鱼岛冲突的起点：冲绳返还》，张小苑等译，社会科学文献
　　　出版社，2016 年。

［美］麦考马克、［日］乘松聡子：《冲绳之怒：美日同盟下的抗争》，董亮译，
　　　社会科学文献出版社，2015 年。

［日］細谷千博、本間長世編：《日米関係史：摩擦と協調の一四〇年》（新版），
　　　有斐閣，1991 年。

［美］沃尔克、［日］行天丰雄：《时运变迁：世界货币、美国地位与人民币的未来》，
　　　于杰译，中信出版社，2016 年。

［英］洪特：《贸易的猜忌：历史视角下的国际竞争与民族国家》，霍伟岸等译，
　　　译林出版社，2016 年。

［日］园部逸夫：《思考皇室制度》，陶旭译，社会科学文献出版社，2012 年。

［日］安万侣：《古事记》，周作人译，上海人民出版社，2015 年。

［日］福永光司：《道教と古代日本》，人文書院，1987 年。

［德］卢克曼：《无形的宗教：现代社会中的宗教问题》，覃方明译，中国人民
大学出版社，2005 年。

［美］斯特伦斯基：《二十世纪的四种神话理论：卡西尔、伊利亚德、列维－斯
特劳斯与马林诺夫斯基》，李创同等译，生活·读书·新知三联书店，2012 年。

［美］伯格、卢克曼：《现实的社会构建》，汪涌译，北京大学出版社，2009 年。

［日］安丸良夫：《近代天皇观的形成》，刘金才等译，北京大学出版社，2010 年。

［法］布洛赫：《国王神迹：英法王权所谓超自然性研究》，张绪山译，商务印书馆，
2018 年。

［法］列维－施特劳斯：《神话与意义》，杨德睿译，河南大学出版社，2016 年。

［日］北冈伸一：《自民党：政権党の 38 年》，中央公論社，2008 年。

［意］萨托利：《政党与政党体制》，商务印书馆，2006 年。

［美］斯塔林：《公共部门管理》，陈宪等译，上海译文出版社，2003 年。

［日］辻清明：《日本官僚制研究》，王仲涛译，商务印书馆，2008 年。

［美］科尔：《犬与鬼》，周保雄译，中信出版社，2006 年。

［美］约翰逊：《通产省与日本奇迹：产业政策的成长（1925—1975）》，金毅等
译，吉林出版集团，2010 年。

［日］飯尾潤：《日本の統治構造》，中央公論新社，2007 年。

［日］野口悠紀雄：《1940 年体制：さらば戦時経済》，東洋経済新聞社，2002 年。

李永晶：《马克斯·韦伯与中国社会科学》，华东师范大学出版社，2015 年。

［日］新渡户稻造：《武士道》，张俊彦译，商务印书馆，1993 年。

［美］斯托克斯：《美与暴烈：三岛由纪夫传》，于是译，北京联合出版公司，
2020 年。

［日］三岛由纪夫：《叶隐入门》，隰桑译，江苏文艺出版社，2010 年。

唐月梅：《怪异鬼才——三岛由纪夫》，九州出版社，2015 年。

［日］猪野健治：《日本的右翼》，张明扬等译，东方出版社，2013 年。

沈国威编著：《汉语近代二字词研究：语言接触与汉语的近代演化》，华东师范
大学出版社，2019 年。

［日］東浩紀：《観光客の哲学》，株式会社ゲンロン，2017 年。

［美］弗朗西斯·福山：《信任：社会美德与创造经济繁荣》，郭华译，广西师范大学出版社，2016 年。

［日］常盤文克：《创新之道：日本制造业的创新文化》，董旻静译，知识产权出版社，2007 年。

［日］稻盛和夫：《干法》，曹岫云译，机械工业出版社，2018 年。

［日］北康利：《工匠之国：日本制造何走向卓越》，徐艺乙译，中信出版集团有限公司，2018 年。

宋应星：《天工开物》，潘吉星译注，上海古籍出版社，2016 年。

［德］薛凤：《天工开物：17 世纪中国的知识与技术》，吴秀杰等译，江苏人民出版社，2015 年。

［日］藤本隆宏等：《ものづくり経営学：製造業を超える生産思想，光文社新書，2007 年。

［日］藤本隆宏：《日本のもの造り哲学》，日本経済新聞社，2004 年。

［日］伊丹敬之：《日本型コーポレートガバナンス：従業員主権の論理と改革》，日本経済新聞社，2000 年。

［日］盛田昭夫、下村满子：《日本制造：盛田昭夫的日式经营学》，周征文译，中信出版集团，2016 年。

［美］西伦：《制度是如何演化的：德国、英国、美国和日本的技能政治经济学》，王星译，上海人民出版社，2010 年。

［法］科耶夫：《法权现象学》，邱立波译，华东师范大学出版社，2011 年。

［美］アベグレン：《日本の経営》，山岡洋一译，日本経済新聞社，2004 年。

［美］レナード·ショッパ：《"最後の社会主義国" 日本の苦闘》，野中邦子译，每日新聞社，2007 年。

［日］武川正吾：《福利国家的社会学：全球化、个体化与社会政策》，李莲花等译，商务印书馆，2011 年。

［日］小峰隆夫编：《超長期予測 老いるアジア》，日本経済新聞社，2007 年。

［法］勒纳乌尔、瓦朗蒂：《不存在的孩子：19—20 世纪堕胎史》，高煜译，中国人民大学出版社，2012 年。

［日］金子勇：《少子化する高齢社会》，日本放送出版協会，2006 年。

［日］保阪正康：《"靖国" という悩み》，每日新聞社，2007 年。

［日］赤澤史朗：《靖国神社》，岩波書店，2005 年。

［日］波多野澄雄：《国家与历史：战后日本的历史问题》，马静著，社会科学文献出版社，2016 年。

［美］安德森：《想象的共同体》，吴叡人译，上海人民出版社，2011 年。

［日］白井聡：《永続敗戦論：戦後日本の核心》，太田出版，2013 年。

［美］ジョン・W・ダワー、ガバン・マコマーック：《転換期の日本へ："パックス・アメリカーナ"か"パックス・アジア"か》，明田川融、吉永ふさ子译，NHK 出版，2014 年。

［英］E. H. 卡尔：《历史是什么？》，陈恒译，商务印书馆，2017 年。

后 记

　　本书是我计划中的"日本三部曲"的第二部。我最初设想，在书中提出一种包括性的解释框架，而不再局限于特定的时代和事件。但在具体构想和写作过程中，我意识到这个目标并不容易实现。于是我尝试再次聚焦于人们所关注的日本文化、历史与社会领域中的特定事件或现象，让它们在我们的问题意识中得到重新的解释，并期待借此获得新的认知。

　　当然，这种尝试并非没有益处。孟子云："观水有术，必观其澜。"我们只需观察水面的波澜，就能够获知水体、水源乃至一般的水文特征。在本书中，我正是通过再现日本二千年演化史中的一些波澜壮阔之处，通过分析现代日本在政治、经济与文化上的一些卓异表现，试图将这个共同体的演化历程呈现出来。在这个过程中，此前曾经让我们感到奇异甚至不可理喻的一些现象，自然褪去了它们或暧昧或神秘的面纱，显现出了真实的面目。

　　我在本书中试图重新理解的不仅仅是日本，更是我们自身。从根本上说，二千年来的日本历史与文化所显现出的种种"异象"，更多的是我们观察者心智的产物。我们中国人观察日本的心智，初开于 19 世纪中后期。在东西交汇的世界史进程中，我们开始了艰难的自我更新的历程。明治维新后，日本率先从危机中突围而出，随即成为中国面临的"艰难"的一部分，但也是促使传统中国进行自我"更新"的一种动力机制。

在某种意义上，今天的日本依然扮演着同样的角色，这得益于日本在文明进程中的位置。因时制宜，与时协行，君子豹变，这是日本文明演进的根本机制。"齐一变，至于鲁；鲁一变，至于道。"从公元 7 世纪的大化改新到 19 世纪的明治维新，再到第二次世界大战后的民主化改革，日本这个古老的民族最终走上了文明发展的正道，如今已经行进至人类文明发展的前列。

晚清著名的外交家、曾出任日本大使的黎庶昌（1837—1898）有言："君子之观于人国者，第取其长而已。"这同样是我们今日观察日本乃至观察世界列国的不二法门。因此，本书多用力于对日本"长处"的揭示和分析。我们只有看到其他国家与民族的长处，才能形成激励自己进取的意志。我们已经看到，现代日本之所以在科学、技术、艺术、文化等领域异彩纷呈，实得益于人类文明自身的哺育。"一明珠内，万象俱现。"如果将人类文明比作一颗明珠，那么我们在现代日本的身上就看到了这颗明珠的真实光华。让人类文明的明珠持续生辉，而不是让其蒙垢，每一个民族、每一个人都责无旁贷。

本书重述日本二千年演进历程的最终目的，其实就是要为我们优化自身的心智结构服务。因此，我在本书中对日本演化进程中的每一个节点、事象的描述，在深层的意义上都指向了精神分析的目标。这其实是一种理论探索。我期待本书的这种尝试，对我们的自我认知与理解、对我们内心的丰富能有所助益。

在撰写的过程中，我一再经历了从日本观察中国、从中国观察日本以及从中日两国观察世界的反复的认知过程。这当然不是刻意为之，而是在各种具体情境中的自然反应。进而言之，借助"他者"的眼光重新审视"自我"，在判断人类事务时形成一个一以贯之而非双重的标准，正是我所理解的现代人文社会科学研究的意义所在。

本书表述的一些想法最初出现于 2009 年我在汕头大学法学院开设的"现代日本社会论"、"日本地方政府"与"东亚政治制度"三门本科课程的讲稿中。随后在华东师范大学的教学与研究过程中，这些想法得到了进一步的发展。2018 年 3 月，"得到 App"约我撰写关于日本的音频课程，我获得了将此前的想法整理成文的机会。在此我要对罗振宇先生及其团队致以特别的谢意。

在本书最终形成书稿的过程中，范新先生对全书进行了极为细致的审读，提出了非常珍贵的阅读反馈和修改意见，在此我也要再次表达谢忱。然而，由于学殖不足，言不逮意，拙笔未能将本书部分主题涉及的闳奥之处完全呈现，对于未涉及的主题更只能存而不论，为此我要向读者表达歉意，也请各位方家不吝批评赐教。

作者谨识

于昆山市花桥镇寓所

2020 年 7 月 6 日

一頁 folio

始于一页，抵达世界
Humanities · History · Literature · Arts

出品人　范　新

特约编辑　任建辉

版权总监　吴攀君

印制总监　刘玲玲

装帧设计　陈威伸

内文制作　燕　红

Folio (Beijing) Culture & Media Co., Ltd.
Bldg. 16C, Jingyuan Art Center,
Chaoyang, Beijing, China 100124

一頁 folio
微信公众号

官方微博: @一頁 folio | 官方豆瓣: 一頁 folio | 联系我们: rights@foliobook.com.cn